UTB **2710**

Eine Arbeitsgemeinschaft der Verlage

Beltz Verlag Weinheim · Basel
Böhlau Verlag Köln · Weimar · Wien
Wilhelm Fink Verlag München
A. Francke Verlag Tübingen und Basel
Haupt Verlag Bern · Stuttgart · Wien
Lucius & Lucius Verlagsgesellschaft Stuttgart
Mohr Siebeck Tübingen
C. F. Müller Verlag Heidelberg
Ernst Reinhardt Verlag München und Basel
Ferdinand Schöningh Verlag Paderborn · München · Wien · Zürich
Eugen Ulmer Verlag Stuttgart
UVK Verlagsgesellschaft Konstanz
Vandenhoeck & Ruprecht Göttingen
Verlag Barbara Budrich Opladen · Bloomfield Hills
Verlag Recht und Wirtschaft Frankfurt am Main
VS Verlag für Sozialwissenschaften Wiesbaden
WUV Facultas Wien

HEINZ GROSSEKETTLER |
ANDREAS HADAMITZKY | CHRISTIAN LORENZ

Volks-
wirtschafts-
lehre

UTB basics

UVK Verlagsgesellschaft

Zu den Autoren: Heinz Grossekettler ist Professor für Volkswirtschaftslehre und Direktor des Instituts für Finanzwissenschaft der Universität Münster sowie Vorsitzender des Wissenschaftlichen Beirats beim Bundesministerium der Finanzen. Andreas Hadamitzky und Christian Lorenz sind wissenschaftliche Mitarbeiter im Institut für Finanzwissenschaft der Universität Münster.

Einbandvorderseite v. li. nach re.: Porträts von Adam Smith (Gemälde: Scottish National Portrait Gallery, Edinburgh), Walter Eucken (Foto: Universitätsarchiv Freiburg), Ludwig Erhard (Foto: Rosemarie Claussen).

Bibliografische Information der Deutschen Bibliothek
Die Deutsche Bibliothek verzeichnet diese Publikation in der Deutschen Nationalbibliografie; detaillierte bibliografische Daten sind im Internet über http://dnb.ddb.de abrufbar.

ISBN 3-8252-2710-3

Einbandgestaltung und Grundlayout: Atelier Reichert, Stuttgart
Lektorat: Andrea Vogel, Zürich
Satz: Claudia Wild, Stuttgart
Druck: Ebner & Spiegel, Ulm

UVK Verlagsgesellschaft mbH
Schützenstr. 24 D-78462 Konstanz
Tel.: 07531-9053-0 Fax: 07531-9053-98
www.uvk.de

Inhalt

Vorwort

Was dieses Buch enthält und an wen es sich wendet

Dieses Buch beschreibt den Bau und die Funktionsweise von Volkswirtschaften. Es tut dies in einer Sprache, welche die Volkswirte „untechnisch" nennen, weil auf den Gebrauch von Mathematik entweder ganz verzichtet wird oder – wo dies nicht möglich ist – auf sehr einfache Formen dieser Sprache zurückgegriffen wird. Angehenden Volkswirten soll damit die Chance geboten werden, sich einen Überblick über die „Basics" ihrer Wissenschaft zu verschaffen, der es ihnen erlaubt, „technische" Kurse besser zu verstehen und sie in ein sinnvolles Gesamtbild einzuordnen. Solche Kurse heißen an den Universitäten „Mikroökonomik" und „Makroökonomik". Sie sind – ebenso wie die zugehörigen Lehrbücher – meist recht abstrakt, beziehen sich also nicht auf eine konkrete Volkswirtschaft mit einer bestimmten Geschichte und spezifischen institutionellen Rahmenbedingungen.

Die Volkswirtschaft, an deren Beispiel der Bau und die Funktionsweise von Volkswirtschaften geschildert werden, ist die deutsche. Das mag bei einem für den deutschsprachigen Raum geschriebenen Buch selbstverständlich erscheinen. Das Beispiel der deutschen Volkswirtschaft ist aber auch deshalb erhellend, weil es keine andere Volkswirtschaft auf der Welt gibt, in deren Geschichte so viele verschiedene wirtschaftliche Ordnungsformen praktisch ausprobiert worden sind: In Deutschland gab es im 19. Jahrhundert eine „Freie kapitalistische Marktwirtschaft", in der Zeit der Weimarer Republik eine „Organisierte kapitalistische Verbandswirtschaft", in der Endphase des Dritten Reiches eine „Kapitalistische Zentralverwaltungswirtschaft", in der ehemaligen DDR eine „Sozialistische Zentralverwaltungswirtschaft" und in der Bundesrepublik Deutschland eine „Gebundene kapitalistische Marktwirtschaft" mit dem Namen „Soziale Marktwirtschaft". Alle diese Wirtschaftsordnungen wiesen spezifische Eigenschaften auf, und der Übergang zwischen ihnen war mit charakteristischen Transformationsproblemen behaftet, die zum Teil heute noch nachwirken.

Weil diese Wirtschaftsordnungen in einem geschichtlichen und institutionellen Kontext vorgestellt werden, haben wir als Leser neben Volks- und Betriebswirten sowie Wirtschaftsinformatikern auch angehende Juristen, Politologen, Soziologen, Geschichtswissenschaftler und Journalisten ins Auge gefasst und nicht nur an Hörer in den Universitäten und Fachhochschulen gedacht, sondern auch an Hörer in Verwaltungs- und Berufsakademien sowie an interessierte Laien ohne berufliches Verwertungsinteresse.

Das Buch beginnt mit einem Überblick über die Entstehungsgeschichte der Volkswirtschaftslehre und über die wichtigsten Probleme, mit denen sich Volkswirte befassen. Anschließend werden „Bausteine von Wirtschaftssystemen" untersucht. Hier wird am Beispiel einer Robinson-Wirtschaft gezeigt, welche wirtschaftlichen Verhaltensdispositionen Menschen aufweisen, wie man Hypothesen darüber testen kann und welche Gesetze des Individualverhaltens sich empirisch bewährt haben. Anschließend werden zwei wichtige Fragen analysiert: (1) Warum wirkt der freiwillige Übergang von autarken Selbstversorgungswirtschaften zu stark arbeitsteiligen Wirtschaftssystemen für alle Systemmitglieder wohlstandssteigernd, d. h. was sind die Quellen von Wohlstand und Entwicklung? (2) Welche Einrichtungen müssen in allen stark arbeitsteiligen Wirtschaftssystemen – wie sie auch immer im Einzelnen organisiert sein mögen – vorhanden sein, damit sie funktionsfähig werden können?

Auf dieses Grundlagenkapitel folgen Analysen des Baus („Anatomie"), der Funktionsweise („Physiologie") und typischer Funktionsdefekte („Pathologie") konkreter Volkswirtschaften. Geordnet danach, wie schwer die jeweilige Funktionsweise zu verstehen ist, werden ausführlich die Zentralverwaltungswirtschaft der DDR, die Organisierte Verbandswirtschaft der Weimarer Republik und die Funktionsweise der Sozialen Marktwirtschaft besprochen. Gestreift werden außerdem die Freie Marktwirtschaft im 19. Jahrhundert und die Kapitalistische Zentralverwaltungswirtschaft gegen Ende des Dritten Reiches. Das letzte Kapitel ist den Aufgaben gewidmet, die der Staat in einer wohlorganisierten Marktwirtschaft mit Hilfe von Ausgaben und Einnahmen öffentlicher Körperschaften lösen sollte.

Münster, im Herbst 2005

Heinz Grossekettler
Andreas Hadamitzky
Christian Lorenz

Nationalökonomie – Wozu? 1

Ein erster Überblick über die Entstehung der Volkswirtschaftslehre und ihr Erkenntnisinteresse[1]

Übersicht

Wer sich noch nie mit Nationalökonomie beschäftigt hat, wird am Anfang eines Lehrbuches eine Definition des Erkenntnisinteresses dieser Wissenschaft erwarten. Geht man davon aus, dass „Wirtschaften" soviel heißt wie „Umgehen mit knappen Gütern" (d. h. mit solchen Gütern, von denen man gerne mehr zur Verfügung hätte) und dass Volkswirte sich folglich mit dem Verhalten der Menschen beim Umgang mit knappen Gütern befassen, kann man zu einer detaillierteren Beschreibung des Erkenntnisinteresses auf zwei Wegen gelangen:

▶ Man schaut sich an, welche Fragen Volkswirte im Laufe der Geschichte dieses Faches immer wieder analysiert haben (→ vgl. Abschnitt 1.1), und/oder

▶ man fragt, wann die Volkswirtschaftslehre entstanden ist, denn Wissenschaften entstehen oft als Antwort auf neu auftretende Probleme (→ vgl. Abschnitt 1.2, S. 14 ff.).

Sodann wird beschrieben, welche wissenschaftlichen Schulen man in der Frühzeit der Volkswirtschaftslehre unterscheiden kann (→ vgl. Abschnitt 1.3, S. 22 ff.).

Typische volkswirtschaftliche Fragestellungen 1.1

Ein berühmter Volkswirt, der Nobelpreisträger JAN TINBERGEN (1903–1994; Nobelpreis 1969), hat als Hauptfrage der Volkswirtschaftslehre – als Raison d'être dieser Wissenschaft, wie er sagt – die Frage nach den Vor- und Nachteilen verschiedener volkswirtschaftlicher Organisa-

Hauptfrage der Volkswirtschaftslehre

---

1 „Nationalökonomie – Wozu?" ist der Titel eines Buches, das WALTER EUCKEN (1891–1950), ein geistiger Gründungsvater der Sozialen Marktwirtschaft, 1938 veröffentlicht hat [2. Aufl. 1947]. Statt von Nationalökonomie oder Volkswirtschaftslehre spricht man auch von Sozialökonomik; in der Frühzeit dieser Wissenschaft war zudem die Bezeichnung Politische Ökonomie üblich.

tionsformen bezeichnet. Organisiert werden Volkswirtschaften über die rechtlichen Rahmenbedingungen für das Wirtschaften. Mit Bezug auf diese Bedingungen haben schon die Gründungsväter der Volkswirtschaftslehre verlangt, dass das positiv gesetzte Recht der menschlichen Natur entsprechen müsse (also z. B. nicht auf idealistischen Fiktionen beruhen dürfe). In einer Arbeitsgruppe von Volkswirten, die während des Zweiten Weltkriegs in Verbindung mit deutschen Widerstandskämpfern an Plänen für eine marktwirtschaftliche Rechtsordnung nach der Zerschlagung des Nazi-Regimes arbeiteten, wurde dann darüber gestritten, ob man bei der Planung von solchen Rahmenbedingungen

▶ von einem System von Zielen ausgehen müsse, das für alle Volkswirtschaften zu allen Zeiten als gültig betrachtet werden könne – so ADOLF LAMPE (1897–1948) – oder ob man

▶ lediglich ein System von Prinzipien berücksichtigen müsse, das den Prozess der Schöpfung des Rechtsrahmens zu leiten habe – so der schon genannte WALTER EUCKEN.

Da letztlich beides sinnvoll ist, werden wir sowohl auf ein allgemeingültiges Ziel- oder besser Aufgabensystem als auch auf den EUCKENschen Prinzipienkatalog noch eingehen (→ vgl. Infokästen 2.3, S. 95 und 4.1, S. 221).

In der Nachkriegszeit hat RICHARD MUSGRAVE (geb. 1910) dann den mittlerweile weltweit anerkannten Vorschlag gemacht, drei große *Aufgabenkomplexe der Volkswirtschaftslehre* zu unterscheiden und hierfür den jeweils passenden Rechtsrahmen zu schneidern:

Allokation
(1) die **Allokationsproblematik** (→ Glossar). – Bei diesem Fragenkomplex geht es darum, wie die Ressourcen einer Volkswirtschaft (ihre Produktionsfaktoren) in der Güterproduktion eingesetzt werden sollen, d. h.

▶ wer welche Güter in welcher Menge produzieren soll,

▶ in welcher zeitlichen Vernetzung (nach welchem Netzplan) sie produziert werden sollen,

▶ wie die logistischen Probleme einer räumlich verteilten Produktion und eines räumlich verteilten Konsums gelöst werden sollen und

▶ welche Produktionstechniken angewandt werden sollen.

Bei der Entscheidung dieser Fragen nach dem Wer, Was, Wann, Wo und Wie soll – so eine allgemein anerkannte Maxime – danach gestrebt werden, die Güterproduktion möglichst gut an die Präferenzen der Konsumenten anzupassen.

Distribution
(2) die **Distributionsproblematik** (→ Glossar). – Hier geht es um die Einkommensverteilung in einer Volkswirtschaft. Einkommen entsteht dadurch, dass die Eigentümer von Produktionsfaktoren diese Faktoren

in den Produktionsprozess einbringen und hierfür eine Gegenleistung (z. B. den Arbeitslohn) erhalten. Einkommen stellt Kaufkraft dar und repräsentiert eine abstrakte Anweisung auf einen nur wertmäßig, nicht aber sachlich bestimmten Anteil am Gesamtprodukt (dem Bruttoinlandsprodukt), das gemeinschaftlich erwirtschaftet wurde. Gefragt wird, wie dafür gesorgt werden kann, dass die Einkommensverteilung und damit letztlich das „Für wen" bestimmten Gerechtigkeitsüberlegungen genügt und dass einerseits Anreize zur Teilnahme am Produktionsprozess gesetzt werden, andererseits aber auch allen Bürgern ein menschenwürdiges Dasein gewährleistet wird.

(3) die **Stabilitätsproblematik** (→ Glossar). – Hier geht es um die Vermeidung von Erscheinungen in einer Volkswirtschaft, die – wie etwa Arbeitslosigkeit oder Inflation – in ausgeprägter Form für alle schädlich sind und von niemand bewusst herbeigeführt werden. Ist ausgeprägte Arbeitslosigkeit z. B.

▶ das Ergebnis zu hoher Löhne und damit eine ungewollte Folge der Gewerkschaftspolitik oder

▶ das Ergebnis zu hoher Steuern und Sozialabgaben und damit eine ungewollte Folge der staatlichen Politik oder

▶ das Ergebnis zu hoher Zinsen und damit eine ungewollte Folge der Zentralbankpolitik oder

▶ das Ergebnis eines ungünstigen Wechselkurses im Außenhandel und damit eine ungewollte Folge des Zusammenspiels jener, die für diesen Kurs verantwortlich sind?

Allgemein wird hier gefragt, wie eine Stabilisierungspolitik aussehen müsste, die Geldwertstabilität, Vollbeschäftigung, hinreichendes Wirtschaftswachstum und gleichgewichtige Beziehungen mit dem Ausland garantiert.

Stabilisierung

Die eben erläuterten Komplexe von Forschungsfragen der Volkswirtschaftslehre markieren gleichzeitig Aufgaben, die in Volkswirtschaften gelöst werden müssen. Allen diesen Aufgaben ist gemeinsam, dass es um das Zusammenwirken von Menschen in arbeitsteiligen Sozialsystemen *(Wirtschaftssystemen)* geht und dass dieses Zusammenwirken in einer koordinierten Form erfolgen muss.

Man kann deshalb sagen, dass die Spezialkompetenz der Volkswirte in der Analyse und Lösung von *Koordinationsproblemen* besteht, die in komplexen Wirtschaftssystemen auftreten und die Gestalt von Allokations-, Distributions- und Stabilisierungsproblemen annehmen. Aus der Beschreibung dieser Arten von Koordinationsproblemen dürfte schon deutlich geworden sein, dass es sich hierbei um grobe Problemgruppen

Spezialkompetenz der Volkswirte

handelt, die zu sehr differenzierten Forschungsfragen führen. Im Abschnitt 2.2.3 (→ vgl. S. 93 ff.) wird näher auf die Koordinationsaufgaben eingegangen, die in allen Wirtschaftssystemen gelöst werden müssen. Zunächst soll aber nach den Umständen gefragt werden, unter denen die Volkswirtschaftslehre entstanden ist.

1.2 | Entstehung der Volkswirtschaftslehre

Dass Allokations-, Distributions- und Stabilisierungsfragen wichtig sind, wird jedermann unmittelbar zugeben. Warum ist die Volkswirtschaftslehre dann aber keine Wissenschaft, die dem Alter nach mit der Philosophie oder der Medizin vergleichbar ist, und was hat den Anlass zu ihrer Entstehung gegeben?

Wissenschaftliche Volkswirtschaftslehre

Wer diese Frage beantworten will, muss zunächst einmal klären, ab wann man denn überhaupt von der Existenz einer wissenschaftlichen Nationalökonomie sprechen kann. Hierbei ist klar, dass es zwar schon seit der Antike so etwas wie eine „Hausväterliteratur" über Fragen geschickter Wirtschaftsführung gegeben hat, dass man von einer wissenschaftlichen Volkswirtschaftslehre aber frühestens ab dem 16. Jahrhundert sprechen kann und spätestens seit dem Erscheinen der „Bibel der Nationalökonomen" sprechen muss, dem 1776 veröffentlichten Buch „Der Wohlstand der Nationen" von ADAM SMITH (1723–1790). Dies deutet darauf hin, dass die Volkswirtschaftslehre im Zusammenhang mit dem Übergang vom Mittelalter zur Neuzeit und vor allem mit der um die Mitte des 18. Jahrhunderts beginnenden Industriellen Revolution entstanden ist. Was war nun aber das entscheidend Neue, das uns in diesem Zeitpunkt der Wirtschaftsgeschichte entgegentritt? Die Antwort lautet: Die Koordinationsprobleme in komplexen Wirtschaftssystemen und damit die Lenkung von Wirtschaftsprozessen wurden erstmals zu einem nicht trivialen Problem. Um das besser verstehen zu können, wollen wir nun zunächst einen kurzen Blick auf die Struktur der mittelalterlichen Wirtschaft werfen.

Struktur der mittelalterlichen Wirtschaft

Wie die mittelalterliche Wirtschaft als solche im Anschluss an die Völkerwanderungszeit entstanden ist, spielt bei der Klärung des Aufkommens der Nationalökonomie keine Rolle und ist auch noch nicht vollkommen geklärt. Historisch nicht wirklich korrekt, dafür aber anschaulich, mag man sich in unserem Erklärungszusammenhang vorstellen, dass ein (anfangs gewählter) König am Ende der Völkerwanderung Herrschaftsrechte über Grund und Boden gemäß der so genannten Heerschildordnung auf die Unterführer seines Heeres verteilt hat und dass unter deren Grundherrschaft vor allem Bauern arbeiteten. Wichtig ist, dass es in der mittelalterlichen Wirtschaft keinen (Flächen-)Staat im heutigen Sinn gab, sondern ein gewohnheitsrechtliches Netz von Verträgen zwischen Personen, und dass innerhalb dieses *Personenverbandsstaates* auch die staatlichen Grundfunktionen „Schutz nach Außen" sowie „Garantie von Recht und Ordnung im Inneren" und „minimale Armenfürsorge" erfüllt wurden. Charakteristisch für den Personenverbandsstaat sind vier Arten von Herrschaftsverträgen, die aus der Verbindung germanischen, römischen und kirchlichen Rechts entstanden sind: die Lehens-, die Grund-, die Stadt- und die Hausherrschaft.

Personenverbandsstaat

Die *Lehensherrschaft* entspricht einer im Sachsenspiegel (einem bedeutenden mittelalterlichen Rechtsbuch) geschilderten Rangfolge von expliziten Lehensverträgen, welche die so genannte Heerschildordnung widerspiegelte. In einem Lehensvertrag versprach ein Vasall einem höherrangigen Lehensherrn Gehorsam und (bei Bedarf) militärische Dienstleistungen und wurde dafür vom Lehensherrn mit der Herrschaft über einen Grundbezirk (dem Lehen) entlohnt. Dies sollte seinen Lebensunterhalt sichern. Als Heerschildordnung wird die Lehenspyramide König/Kaiser $\rightarrow$ Hochadel (= geistige und weltliche Fürsten, Herzöge sowie gefürstete Äbte, Pröbste und Grafen) $\rightarrow$ Niederadel (= Reichsritter, landsässige Grafen und Freiherrn) bezeichnet. Die Lehensherrschaft bestand also aus einem hierarchisch gegliederten Vertragsgeflecht zwischen Trägern militärischer Macht, die zugleich Grundherren waren und denen Städte und Pächter als Schutzbefohlene und Abgabenpflichtige gegenüber standen.

Lehensherrschaft

Die *Grundherrschaft* war Ausdruck eines ursprünglich expliziten Vertrages,

Grundherrschaft

▶ der einem Grundherrn (Fürst, Ritter, Kloster) die Pflicht zur Verteidigung der Grundholden (Bauern = Erbpächter) und meist auch zur Entscheidung von Rechtsstreitigkeiten (Gerichtsherrschaft) auferlegte und

▶ der für die Grundholden im Gegenzug Abgabenpflichten spezifizierte. Das waren Ernteabgaben wie der Zehnte, Frondienste (= Arbeitstage auf dem Herrenhof) und Spanndienste (= mit Tieren zu verrichtende Arbeiten auf dem Herrenhof).

Im Rahmen der Grundherrschaft im weiteren Sinn konnte man folgende Unterformen unterscheiden:

Formen der Grundherrschaft

▶ die Villikation als eine Frühform mit einem Herrenhof und wenigen Bauernhöfen in der Umgebung,

▶ die Grundherrschaft i. e. S. als Weiterentwicklung von Villikationen zu einer Herrschaftsform mit z. B. einem Ritter und bis zu 10 Dörfern als Grundholden und

▶ die Gutsherrschaft als speziell in Ostdeutschland im Spätmittelalter entstandene Form, in der die Bauern nicht mehr selbstständig wirtschafteten, sondern sich in ein Arbeitsprogramm des Gutsherrn einordnen mussten, das zu einer arbeitsteiligen Gutswirtschaft führte.

Die Grundherrn versuchten, ihren Grundholden das Wegzugsrecht und das Erbrecht zu nehmen („Eigenbehörigkeit", oft als „Leibeigenschaft" bezeichnet), was ihnen über weite Teile der Geschichte aber nicht gelang und nur in der Gutsherrschaft ausgeprägt war. Dies zeigt, dass das Verhältnis zwischen Grundherren und Grundholden eine Marktbeziehung war: Die Grundherren wurden für ihre Schutzleistungen bezahlt. Es hat Fälle gegeben, in denen ganze Dörfer auf Grund von Unzufriedenheit mit den Leistungen ihres Grundherren weggezogen sind und sich einen anderen Anbieter von Schutzleistungen (einen anderen Grundherren) gesucht haben. Das war möglich, weil Land im Mittelalter oftmals brach lag.

Im Rahmen der Grund- bzw. der Gutsherrschaft fand die landwirtschaftliche *Primärproduktion* statt. Es konnte dabei aber durchaus vorkommen, dass ein Bauer nicht etwa einem Ritter, sondern einem fürstlichen Grundherrn als Grundholde untergeordnet war. Zwischen den verschiedenen Grundherrn in der Adelspyramide bestand über lange Perioden Wettbewerb um Grundholden: Sie konkurrierten in ähnlicher Weise um Erbpächter (Bauern) für ihr Land wie heute Staaten um umsiedlungsbereite Unternehmen.

Stadtherrschaft   Die *Stadtherrschaft* wies eine externe und eine interne Seite auf:

▶ Extern stellte sie einen Vertrag zwischen den Bürgern einer Stadt (vertreten durch das Stadtregiment) und dem Stadtherrn (= Grundherr in Form eines Fürsten oder Bischofs) dar, der als Gegenleistung für kollektiv zu erbringende Abgaben (bald schon in Geldform) Schutz versprach, wobei dem einzelnen Bürger aber viele Entscheidungsfreiheiten belassen wurden („Stadtluft macht frei").

▶ Intern wurden die Städte durch Kooperationen von Zünften der Handwerker und Kaufleute regiert, die das Stadtregiment bildeten und zusammen die Stadtpolitik bestimmten.

Im Rahmen der Stadtherrschaft fanden die *Sekundärproduktion* (Handwerksleistungen) und die *Tertiärproduktion* (Handelsleistungen) statt.

Hausherrschaft   Die *Hausherrschaft* war Ausdruck eines impliziten Vertrages, der dem Hausherrn (Pater Familias) die Dispositionsgewalt über die Arbeitskraft der Familienmitglieder im engeren und weiteren Sinn sowie des Gesindes gab, ihm aber auch die Fürsorgepflicht (z. B. bei Krankheit und im Alter) für seine Schutzbefohlenen übertrug.

Die *Güterproduktion* innerhalb der mittelalterlichen Wirtschaft war dadurch gekennzeichnet, dass der so genannte Primärsektor (die Urproduktion und speziell die Agrarwirtschaft) einen extrem hohen Anteil aufwies und dass die Anteile des Sekundärsektors „Handwerk und Gewerbe" und des Tertiärsektors „Handel und Dienstleistungen" entsprechend gering waren. Die Primärerzeugung fand vor allem auf dem Land in der Organisationsform der Grund- bzw. Gutsherrschaft statt, die Sekundär- und Tertiärproduktion in den Städten im Rahmen der Stadtherrschaft und der Zunftordnung. Aus der Auflösung dieser Organisationsformen entstand später – dies sei hier schon im Vorgriff auf das 19. Jahrhundert angedeutet – die so genannte *Freie Marktwirtschaft*: Die Grund- und die Gutsherrschaft wurden durch die Bauernbefreiung abgelöst, und im Sekundär- und Tertiärsektor wurde die Gewerbefreiheit eingeführt.

Arbeitsteilung und Gütertausch wurden im Mittelalter durch extrem hohe Transport- und Informationskosten behindert, und technischer Fortschritt spielte – geknebelt von den Zünften – im Vergleich zu heute eine vernachlässigbar geringe Rolle. Insgesamt war die mittelalterliche Wirtschaft durch Überschaubarkeit und Traditionsverhaftung gekennzeichnet: Ein mittelalterliches Dorf hatte 50–500 Einwohner; eine Grundherrschaft kann man sich als Gebietsorganisation unter einem Kloster oder Ritter mit 2 bis 10 Dörfern vorstellen. Solch eine Grundherrschaft war nach außen weitgehend abgeschlossen und nach innen schwach arbeitsteilig organisiert.

Im Osten Deutschlands kam es aber wie gesagt zur so genannten Gutsherrschaft, die sich dadurch auszeichnete, dass es ein Zentralgut des Grundherrn (eines Junkers) gab, das von diesem wie von einem Großbauern bewirtschaftet wurde, wobei der Gutsherr gleichzeitig wie ein Herrscher in einem kleinen Territorialstaat agierte und seinen Herrschaftsbereich stärker arbeitsteilig auf den Export von Agrarerzeugnissen aus dem Gutsbezirk heraus ausrichtete. Die Gutsherrschaft ähnelte damit einem größeren Agrarunternehmen mit Haupt- und Nebenbetrieben.

Die Städte entstanden – soweit nicht aus römischen Vorläufern hervorgegangen – als von Mauern geschützte Marktplätze an verkehrsgünstig gelegenen Burgen, Bischofssitzen oder Dörfern. Ursprünglich einem Stadtherrn wie z. B. einem Bischof unterstellt oder gar von ihm gegründet, erlangten die Städte im Laufe der Zeit mehr und mehr Selbstverwaltungsrechte und zum Teil auch die Reichsunmittelbarkeit, d. h. die Abschüttelung aller Zwischenherrschaften und die Direktunterstellung unter den Kaiser. In der Stadt lebten Kaufleute, Handwerker und Ackerbürger, wobei die Fernkaufleute das höchste Prestige genossen. Dies lag

Güterproduktion

Gutsherrschaft

Stadtherrschaft

daran, dass der Fernhandel damals sehr risikoreich war und dass nur diejenigen Kaufleute ein kontinuierliches Fernhandelsgeschäft durchführen konnten, die am Anfang sehr viel Glück gehabt hatten und mit den hohen Risikoprämien in Form von Differenzen zwischen An- und Verkaufspreisen große Vermögen aufgebaut hatten. Hinzu kam, dass der Rechtsschutz so gering ausgeprägt war, dass der Fernhandel nur zwischen eng befreundeten oder – wie bei den Fuggern – verwandten Kaufleuten stattfand, die in den international wichtigen Handelsplätzen ihre Kontore unterhielten. Die hohen Transportkosten hatten außerdem zur Folge, dass sich nur Waren mit einem hohen spezifischen Wert zum Fernhandel eigneten, d. h. Waren, mit denen sich ein hoher Verkaufspreis pro Transporteinheit erzielen ließ, wie das etwa bei Gold, edlen Waffen, Seide oder Gewürzen der Fall war.

Die Städte waren sehr viel stärker arbeitsteilig als das Land organisiert und wurden vom jeweiligen Stadtrat (Senat) mit Hilfe von Zünften regiert. Sie betrieben eine städtische Wirtschaftspolitik, die vor allem auf den Schutz vor außerstädtischer Konkurrenz gerichtet war. Die Stadtregierungen entwickelten sich aus den so genannten Ministerialen (= Verwaltungsbeamten) der ehemaligen Stadtherren sowie aus den reichen Fernkaufleuten und später auch aus reichen Handwerkern, welche gemeinsam mehr und mehr zum so genannten Patriziat verschmolzen. Das Patriziat besaß das passive Wahlrecht zum Stadtrat und wurde im Rahmen der Feudalgesellschaft als Stadtadel dem niedrigen Adel als ebenbürtig anerkannt.

Im Vergleich zu heute waren die Städte jedoch klein: Um 1500 gab es im Deutschen Reich ca. 4.000 Städte, von denen nur 10 mehr als 20.000 und 90 bis 95 % weniger als 2.000 Einwohner hatten; die größte von ihnen war Köln mit 40.000 Einwohnern. Dass Städte und Dörfer klein waren, wurde durch die Langsamkeit und Kostspieligkeit des Verkehrs bedingt: Bei Dörfern mit deutlich mehr als 500 Einwohnern wurden die Wege in die Felder zu lang, bei Städten mit hohen Einwohnerzahlen wurde der Import der benötigten Lebensmittel zum Problem, obwohl in der Stadt Vieh gehalten wurde und viele Bürger Ackerbürger waren, d. h. Felder vor der Stadt bewirtschafteten.

Wenn die Arbeitsteilung in der Stadt damals auch sehr viel intensiver als auf dem Land war, erscheint sie aus heutiger Sicht doch eher gering: Neben den Kaufleuten gab es im 16. Jahrhundert etwa 60 Arten von Handwerkern, die meist nur auf Bestellung arbeiteten. Hinzu kam, dass die Städte sich vor auswärtigen Handwerkern durch Bannmeilen schützten, in denen kein Handwerk ausgeübt werden durfte, und dass Binnenzölle (am Rhein und an der Donau z. B. alle 10 bis 15 km erhoben) starke Handelshemmnisse darstellten. Großbetriebsformen gab es praktisch nicht, ab dem 17. Jahrhundert allenfalls Vorläufer davon: In Manufakturen wurden Einzelarbeiten von bis zu 100 Menschen hintereinander geschaltet, also in fabrikähnlich zentralisierter Form verrichtet, allerdings ohne Maschinenhilfe. In solchen Manufakturen wurde z. B. Porzellan hergestellt, was man heute noch an manchen Bezeichnungen erkennen kann. Daneben gab es das Verlagswesen, bei dem von einem Kaufmann beschaffte Rohstoffe dezentral im Wege der Lohnfertigung verarbeitet und vom Verleger dann weiter verkauft wurden; diese Heimarbeits- oder Lohnfertigungsform war z. B. in der Tuchweberei weit verbreitet.

Insgesamt kann man die mittelalterliche Wirtschaft als in ihrer Struktur überschaubar, kleinräumlich und kleinbetrieblich bezeichnen. Alle Koordinationsaufgaben konnten durch innerbetriebliche Anordnungen der Kaufleute, Handwerker und Landwirte oder durch zwischenbetriebliche Abmachungen und mit Hilfe von Zünften geregelt werden; Fernhandel spielte sich meist zwischen Filialen von verzweigten Familienbetrieben ab, die von Familienmitgliedern geleitet wurden.

Erfüllung der Koordinationsaufgaben im Mittelalter

Eine Änderung dieses Zustands wurde durch eine Veränderung der Lehensordnung ausgelöst: durch die *Herausbildung von Flächenstaaten* im Zuge eines Konzentrationsprozesses innerhalb der grundherrschaftlichen Anbieter von äußerer und innerer Sicherheit. Dieser Machtkonzentrationsprozess führte schließlich zum heutigen Machtmonopol des Staates, welches sich als Gewalt-, Rechtsprechungs- und Besteuerungsmonopol umschreiben lässt.

Entstehung von Flächenstaaten

Innerhalb des Adels fanden im gesamten Mittelalter Kämpfe mit dem Ziel statt, die jeweils eigene Herrschaft auf Kosten anderer zu erweitern und zu festigen, d. h. den Marktanteil auf dem Markt für Schutzleistungen zu vergrößern und direkten Zugriff auf die Steuerkraft der Bauern und Städter zu gewinnen. Im Zuge dieses Konzentrationsprozesses wurde der niedrige Adel durch Kriege, Heiratspolitik und Heiratsregeln des Hochadels als Machtträger ausgeschaltet – das war der historische Hintergrund für GOETHES „Götz von Berlingen" – und durch fürstliche Beamte ersetzt. Deren Ämter waren nicht vererbbar, wodurch Verselbständigungstendenzen ausgeschlossen und bei jeder Neubesetzung von Stellen loyalitätsstiftende Verhältnisse begründet wurden. Nach dem 30-jährigen Krieg entstanden auf diese Weise in Deutschland Territorialstaaten (in England und Frankreich dagegen Nationalstaaten), jeweils mit Beamtenschaft, stehendem Heer, absolutistischer Verfassung und Zugriff des Landesherrn auf die Steuerkraft der Bürger.

Innerhalb dieser *Landesherrschaft* betrachteten die jeweiligen Herrschaftsträger ihr Land als Einkommensquelle für ihre Dynastie und behandelten es, wie es heute ein Projektentwickler tut, der Einkaufszen-

Landesherrschaft

tren, Altenstädte oder Erholungs- und Vergnügungsparks errichtet: Sie bauten die Infrastruktur aus und versuchten Subunternehmer anzulocken, sei es zur Errichtung von Manufakturen, sei es – wie etwa KATHARINA DIE GROSSE (1729–1796) – zur Errichtung von Bauernstellen in bisher wüstem Land.

Obwohl die Fürsten – subjektiv gesehen – eher betriebswirtschaftlich dachten und ihre Tätigkeit als Projektentwickler nicht etwa gemeinwohlorientiert verrichteten, sondern im Sinne der Vergrößerung ihres Reichtums und zur Füllung ihrer Schatzkammer, führte der Bau von Chausseen und Kanälen und die Abschaffung der Binnenzölle sowie der Abbau von Zunftvorrechten doch dazu, dass sich aus der weitgehend isolierten mittelalterlichen Wirtschaft der Städte und Grundherren nun arbeitsteilige und mehr und mehr industrialisierte Volkswirtschaften

Freie Marktwirtschaft und Wurzeln der Nationalökonomie entwickelten. Im 19. Jahrhundert beschleunigte sich diese Tendenz: Bauernbefreiung und Gewerbefreiheit wirkten wie Katalysatoren und führten zur so genannten *Freien Marktwirtschaft* (→ hierauf wird im Abschnitt 4.2, S. 215 ff. näher eingegangen).

Die mit diesen Vorgängen verbundene Vervielfältigung der Koordinationsaufgaben hatte zur Folge, dass die Organisation der Wirtschaft nun auf einmal ein Problem darstellte, das auf Grund seiner Komplexität eine neue Qualität annahm. Im Rahmen der Energieversorgung ist es z. B. eine ganz andere Aufgabe, Millionen von Tonnen Kohle auf Tausende oder gar Millionen von Betrieben und Haushalten zu verteilen, als die Holzlese-Rechte in einem mittelalterlichen Gemeindewald zu organisieren. Diese Koordinationsprobleme entwickelten sich rasch zum Gegenstand politischer Auseinandersetzungen und wissenschaftlicher Diskussionen. So entstanden die *Wurzeln der Nationalökonomie*, denn die spezifische Kompetenz von Volkswirten besteht wie gesagt ja darin, erklären zu können, wie Wirtschaftssysteme unter alternativen institutionellen Rahmenbedingungen funktionieren. Diese Kompetenz war nun erstmals gefragt, weil die Koordinationsprobleme so komplex wurden, dass sie sich der unmittelbaren Anschauung entzogen und mit Hilfe von Gedankenmodellen gelöst werden mussten.

Wurzeln der Betriebswirtschaftslehre Mit dem Aufkommen von industriellen Großbetrieben ereignete sich in der zweiten Hälfte des 19. Jahrhunderts Vergleichbares im innerbetrieblichen Bereich: Großbetriebe sind nicht unmittelbar überschaubar und müssen mit Hilfe eines Rechnungswesens geführt werden, das den Betrieb in Form eines Modells abbildet. Dies führte zur *Entstehung der Betriebswirtschaftslehre*.

Neben den geschilderten Veränderungen in den Wirtschaftsformen muss man sich zum Verständnis der Entstehung der Volkswirtschaftslehre aber auch den geistigen Aufbruch vor Augen halten, der den Be-

Infokasten 1.1

Politischer und geistesgeschichtlicher Hintergrund der Entstehung der Volkswirtschaftslehre

1) *Bedeutende Herrscher*
Preußen: FRIEDRICH II., DER GROSSE (1712–1786)
Österreich: MARIA THERESIA (1717–1780)
England: HAUS HANNOVER (1714 ff.): GEORG I. (1714–1727),
              GEORG II. (1727–1760)
Frankreich: LUDWIG XIV. (1638–1715) mit seinem merkantilistischen Oberintendenten JEAN B. COLBERT (1619–1683),
              LUDWIG XV. (1710–1774), LUDWIG XVI. (1754–1793)
Russland: PETER I., DER GROSSE (1672–1725), bekannt aus
              A. LORTZINGS (1801–1851) „ZAR UND ZIMMERMANN" (1837),
              KATHARINA DIE GROSSE (1729–1796)

2) *Bekannte Vertreter der Aufklärungsphilosophie und des Naturrechts*
IMMANUEL KANT (1724–1804): „Aufklärung ist der Auszug des Menschen aus einer selbst verschuldeten Unmündigkeit zur Freiheit von aller dogmatischen Vorherrschaft."
„Enzyklopädisten": FRANÇOIS M. VOLTAIRE (1694–1778),
DENISE DIDEROT (1713–1784)
Staatsrechtler: HUGO GROTIUS (1583–1645),
SAMUEL PUFENDORF (1632–1694), JOHN LOCKE (1632–1704),
CHARLES DE MONTESQUIEU (1669–1775),
JEAN-JACQUES ROUSSEAU (1712–1778)

3) *Berühmte Naturwissenschaftler und Ingenieure*
GOTTFRIED WILHELM LEIBNITZ (1646–1716): u.a. Differentialrechnung, Lehre von den unteilbaren Kraftzellen („Monaden"), welche als Träger der Natur- und Gesellschaftsgesetze für eine „prästabilierte Harmonie" sorgen
ISAAC NEWTON (1643–1727): u.a. Differentialrechnung, Trägheits-, Beschleunigungs-, Wechselwirkungs- und Gravitationsgesetz
JAMES WATT (1736–1819): Dampfmaschine mit Fliehkraftregler (wichtigste Starterfindung der Industriellen Revolution), Freund von ADAM SMITH

ginn der Neuzeit kennzeichnete und im 18. Jahrhundert vor allem mit dem Begriff der Aufklärung verbunden wurde. Im *Infokasten 1.1* wird dieser politische und geistesgeschichtliche Hintergrund anhand von bedeutenden Herrschern, Philosophen und Naturwissenschaftlern schlagwortartig verdeutlicht. In dieser geistigen Stimmung wurde die Gesellschaft auf einmal nicht mehr als von Gott geordnete Ständegesellschaft begriffen, sondern als arbeitsteiliges System, in dem Gesetze wirken, die zum Teil zwar (veränderbares) gesetztes Recht darstellen, zum Teil aber auch (unveränderbare) Naturgesetze sind. Die Erfassung und Nutzung solcher Gesetze interessierte viele Intellektuelle, und die aufkommende Nationalökonomie wurde geradezu zu einer modischen Salonwissenschaft. Die ersten nationalökonomischen Schulen, die sich damals (z. T. zeitlich überlappend) herausbildeten, sollen im folgenden Abschnitt besprochen werden.

1.3 | Frühe Schulen der Nationalökonomie

Die früheste volkswirtschaftliche Schule wurde in England und Frankreich als Merkantilismus, in Deutschland als Kameralismus bezeichnet. Auf sie folgte die Schule der Physiokraten und hierauf dann die Schule derjenigen Nationalökonomen, die als Klassiker bezeichnet werden. Stichwortartig kann man diese Schulen wie folgt charakterisieren.

Merkantilismus/ Kameralismus (17. bis frühes 18. Jahrhundert)

Die *Merkantilisten/Kameralisten* versuchten, eine Theorie der Wirtschaftspolitik für absolutistische Fürsten zu entwickeln. Sie analysierten, welche rechtlichen Anordnungen ein Fürst in seiner Rolle als Projektentwickler für sein Land treffen und welche Infrastrukturpolitik er im Einzelnen durchführen sollte (insbesondere im Verkehrs- und Ausbildungsbereich),

▶ um den Wohlstand des Landes und damit auch die Steuereinnahmen seiner Schatzkammer (lateinisch: camera) im Interesse seiner Dynastie und der Bürger dauerhaft zu mehren,

▶ um im Standortwettbewerb mit anderen Staaten mobile Produktionsfaktoren (Unternehmer, ausgebildete Arbeitskräfte) anzuziehen und Brachland zu „peuplieren" und

▶ um im internationalen Verteilungskampf um Handelsgewinne zu einer aktiven Handelsbilanz zu gelangen, die ihm internationale Liquidität (insbesondere Gold) verschafft, das zur Mehrung der eigenen Machtbasis eingesetzt werden kann (Vergrößerung der Streitkräfte, Arrondierungsfeldzüge, weitere Infrastrukturinvestitionen).

Die Literatur umfasste Schriften zur „Politischen Ökonomie" (Volkswirtschaftslehre), zur „Politischen Arithmetik" (Statistik) und zum „Wesen der (Wohlfahrts-)Polizey" (Sozialpolitik). Ein bekannter Vertreter dieser Schule in Frankreich war neben dem bereits erwähnten COLBERT mit seinen Versuchen zu einer reglementierten Wirtschaftsentwicklung der Marschall SÉBASTIAN DE VAUBAN (1633–1707) mit der Forderung nach Ersatz der Binnenzölle durch eine Steuer für den König. In England ist vor allem THOMAS MUN (1571–1641) mit der Forderung nach Außenhandelsförderung zu nennen und in Deutschland JOHANN J. BECKER (1635–1682) mit der Forderung nach Förderung des Manufakturwesens und des Handels. Der erste kameralwissenschaftliche Lehrstuhl in Deutschland wurde 1727 in Halle errichtet, das berühmteste Lehrbuch stammt von dem Spätkameralisten KARL HEINRICH RAU (1792–1870). Dieser führte in einer Schrift „Über die Kameralwissenschaft" (Heidelberg 1825) die bis heute übliche Einteilung der Volkswirtschaftslehre in Allgemeine Volkswirtschaftslehre, Wirtschaftspolitik und Finanzwissenschaft ein. Die Allgemeine (theoretische) Volkswirtschaftslehre umfasst die Gesamtheit aller Erklärungen für volkswirtschaftlich wichtige Prozesse im Bereich der Allokation, der Distribution und der Stabilisierung (z. B. die Erklärung des menschlichen Verhaltens bei Konsumentscheidungen). Die (wissenschaftliche) Wirtschaftspolitik i. e. S. diskutiert die Nutzungsmöglichkeiten dieser Erkenntnisse zur Erreichung bestimmter Ziele (z. B. des Ziels der Vollbeschäftigung); sie beschäftigt sich also mit Gestaltungsmöglichkeiten, die auf Erklärungszusammenhängen aufbauen. Und die Finanzwissenschaft ist ein Teilbereich der Wirtschaftspolitik i. w. S. und befasst sich speziell mit der Gestaltung staatlicher Einnahmen und Ausgaben. Außer der „Kameralwissenschaft" ist auch RAUS „Lehrbuch der Politischen Ökonomie" (Heidelberg, ab 1826) bekannt geworden. Hierin verließ er die merkantilistische Ausrichtung z. T. und schwenkte auf die Linie der klassischen Ökonomie ein (vgl. unten).

Die *Physiokraten* fragten, wie der einseitigen und unsystematischen merkantilistischen Handels- und Gewerbeförderung des Staates ein Ende bereitet und die staatliche Rechtsordnung („ordre positif") den natürlichen Verhaltensdispositionen der Menschen („ordre naturel") und der Bedeutung der Landwirtschaft für die Produktion von Wohlstand angepasst werden kann. Sie entwickelten den Grundsatz des „laissez faire, laissez passez, le monde va lui-même", d. h. der bürgerlichen Freiheit zu wirtschaftlichem Handeln und des Abbaus staatlicher Interventionsmaßnahmen. Eine wichtige Frucht der theoretischen Überlegungen war die erstmalige Darstellung des volkswirtschaftlichen Einkommenskreislaufs durch FRANÇOIS QUESNAY (1694–1774). Sie diente der Untermauerung der Ansicht, dass alle Steuern letztlich – wenn auch unbewusst – nur von den (adeligen!) Grundbesitzern getragen werden müssen und diesen deshalb auch gleich auferlegt werden können (Alleinsteuergedanke mit dem Ziel der Einschränkung adeliger Privilegien und Verschwendung). Man identifizierte sich mit der „produktiven Klasse" der Landwirte (Pächter), die alleine Güter schaffe und solche nicht nur umwandele (Handwerk/Handel) oder verprasse (adelige Grundbesit-

Physiokratie/ „Ökonomisten" (zweite Hälfte des 18. Jahrhunderts)

zer). Entsprechend dieser Prädisposition wurde der Boden als wichtigster Produktionsfaktor angesehen.

Wichtige Vertreter neben QUESNAY waren in Frankreich A.R. JACQUES TURGOT (1727–1781), der von LUDWIG XVI. zum Finanzminister ernannt wurde, und V.R. DE MIRABEAU (1715–1789). SMITH (vgl. unten) hat sich mit physiokratischem Gedankengut auseinandergesetzt; ansonsten spielten diese Ideen außer in Frankreich aber nur in Deutschland eine Rolle. Der bekannteste Vertreter war hier J.A. SCHLETTWEIN (1731–1802). Der Markgraf KARL FRIEDRICH VON BADEN hat 1770–1772 den Alleinsteuergedanken in ein praktisches Experiment übertragen, hierbei aber für alle Seiten unbefriedigende Ergebnisse erzielt.

Klassik (18. bis frühes 19. Jahrhundert)

Die *Klassiker* fragten danach, welche der Mechanik vergleichbaren Naturkräfte und Naturgesetze die Bewegungen der Preise und Güterströme beherrschen, welche Aufgaben der Staat in der Wirtschaft erfüllen muss und wie Märkte für die Entstehung und Verwendung von Wohlstand sorgen.

Sie betonten die Bedeutung bürgerlicher Freiheitsrechte und des Produktionsfaktors Arbeit für die Entwicklung von Industriegesellschaften. Die bis dato eher zerstreute Literatur zur Volkswirtschaftslehre wurde systematisch in einer vor allem für Politiker und hohe Staatsbeamte bestimmten „Bibel der Volkswirtschaftslehre" zusammengefasst, dem 1776 von ADAM SMITH (1723–1790) verfassten Buch „Der Wohlstand der Nationen. Eine Untersuchung seiner Natur und seiner Ursachen". Man forderte ein „System natürlicher Freiheiten", insbesondere Freihandel und Gewerbefreiheit, d. h. ökonomischen Liberalismus in Ergänzung zum politischen Liberalismus (Verfassungsrechte) und zum kulturellen Liberalismus (religiöse Toleranz und Freiheit der Wissenschaft).

Die bürgerliche Industriegesellschaft entsteht – so die neue Sichtweise – aus der Befreiung der „Arbeit und des Fleißes" (lateinisch: industria) der Bürger und ihres individuellen Wohlstandsstrebens aus den Fesseln des Staates und der Ständegesellschaft und stützt sich auf die Anwendung von Naturgesetzen in der Physiotechnik (Maschinen) und der Soziotechnik (gesellschaftliche Institutionen zur Förderung der Arbeitsteilung). Das individuelle Wohlstandsstreben führt i. d. R. auch zu einer Mehrung des Wohlstandes der Nation. Hierzu zwei Zitate von SMITH [2005, S. 98, S. 465]: „Nicht vom Wohlwollen des Metzgers, Brauers und Bäckers erwarten wir unsere Mahlzeit, sondern von deren Bedachtnahme auf ihr eigenes Interesse." Und: „Jeder einzelne ist ständig bemüht, die vorteilhafteste Beschäftigung für das ihm verfügbare Kapital zu finden. Dabei hat er freilich seinen eigenen Vorteil und nicht den der Gesellschaft im Auge. Doch natürlich, besser gesagt: notwendigerweise führt ihn die Erwägung seines eigenen Vorteils dazu, diejenige Beschäftigung zu wählen, die für die Gesellschaft am vorteilhaftesten ist." Aufgeklärter (sozialverträglicher) Egoismus und die Beachtung der „natürlichen Ordnung" führen so im Wege einer „Lenkung durch die verborgene Hand" der Natur- und Gesellschaftsgesetze im Normalfall zur Mehrung des Wohlstandes der Nationen. Es gibt allerdings auch nach den Klassikern Situationen, in denen private Märkte versagen und staatliche Maßnahmen erforderlich werden.

ADAM SMITH hatte interessanterweise vor seinem Buch über den Wohlstand der Nationen als Professor der Moralphilosophie bereits ein Buch über die Rolle moralischer Empfindungen veröffentlicht und plante vor seinem Tod noch ein Buch über „Recht und Regierung". Wichtige Vertreter der Klassik waren neben ihm THOMAS ROBERT MALTHUS (1766–1834), DAVID RICARDO (1772–1823), JOHN STEWART MILL (1806–1873), JEAN BAPTISTE SAY (1767–1832), F.J. WILHELM VON HERMANN (1795–1868) und JOHANN HEINRICH VON THÜNEN (1783–1850).

Damit können wir das Einführungskapitel abschließen. Das Wichtigste ist der folgenden Zusammenfassung zu entnehmen. Im Anschluss daran finden diejenigen, die dieses Buch nicht als Lese-, sondern als Lernbuch verwenden wollen, Kontrollfragen. Musterlösungen zu diesen Übungsaufgaben sind am Schluss des Buches abgedruckt. In *Kapitel 2* wollen wir uns nun Grundbegriffen und Gesetzmäßigkeiten zuwenden, die für das Verständnis der Funktionsweise von Volkswirtschaften erforderlich sind.

Zusammenfassung

In diesem Kapitel wurden drei Fragen geklärt: (1) Was analysieren Volkswirte, und was ist ihre Spezialkompetenz? (2) Wann und warum ist die Volkswirtschaftslehre entstanden? (3) Welche geistigen Schulen kann man in der Frühphase der Volkswirtschaftslehre unterscheiden?

Es wurde gezeigt,

► **dass die Spezialkompetenz der Volkswirte in der Analyse der Funktionsweise komplexer arbeitsteiliger Wirtschaftssysteme besteht und dass dabei Allokations-, Distributions- und Stabilisierungsfragen geklärt werden müssen,**

► **dass die Volkswirtschaftslehre in der Übergangszeit vom 17. auf das 18. Jahrhundert nach Beendigung des Prozesses der Machtkonzentration entstanden ist, der im Anschluss an den mittelalterlichen Personenverbandsstaat zum neuzeitlichen Flächenstaat mit ausgeprägter Arbeitsteilung führte und damit Nachfrage nach der Spezialkompetenz der Volkswirte schuf, und**

▶ dass man in der Frühzeit der Volkswirtschaftslehre die Schulen der Merkantilisten und Physiokraten sowie die Vertreter der ökonomischen Klassik unterscheiden kann. Zur letzteren gehörte auch ADAM SMITH, der als „Bibel der Nationalökonomen" 1776 ein Buch mit dem Titel „Der Wohlstand der Nationen" veröffentlicht hat.

Kontrollfragen

1 Was kann man als Spezialkompetenz der Volkswirte bezeichnen, und was ist im Einzelnen unter Allokations-, Distributions- und Stabilisierungsaufgaben zu verstehen?

2 Welche Charakteristika zeichneten die mittelalterliche Wirtschaft aus, und wie wurden damals die volkswirtschaftlichen Koordinationsaufgaben gelöst?

3 Warum entstand die Volkswirtschaftslehre in der Folge der Entwicklung von Flächenstaaten?

4 Welche Schulen kann man in der Anfangszeit der Volkswirtschaftslehre unterscheiden?

Literatur

Einen Überblick über die allgemeine Wirtschafts- und Sozialgeschichte bietet HENNING [1994–1997]. Den Prozess der Machtkonzentration in der Feudalgesellschaft und die Herausbildung des staatlichen Machtmonopols schildert VOLCKART [2002a und 2002b]. Zur Entstehung der Volkswirtschaftslehre als Wissenschaft und der frühen Vertreter vgl. SCHEFOLD/CARSTENSEN [2002] sowie SCHMIDT [2002] und WINSCH [1976].

Bausteine von Wirtschaftssystemen | 2

Grundbegriffe und Gesetze des wirtschaftlichen Individualverhaltens: die Robinson-Wirtschaft | 2.1

Übersicht

Im Kapitel 2 werden Grundbegriffe verdeutlicht und Bauelemente von Wirtschaftssystemen untersucht. Diese Bauelemente kann man in zwei Gruppen einteilen: solche, die bereits in einer Robinson-Wirtschaft eine Rolle spielen (einem so genannten „unechten" Wirtschaftssystem aus nur einer Person), und solche, die erst dann ins Spiel kommen, wenn man zu einem arbeitsteiligen („echten") Wirtschaftssystem übergeht, im Minimalfall also zu einer Robinson-Freitag-Wirtschaft, normalerweise aber zu einem Wirtschaftssystem mit komplexer Arbeitsteilung, wie sie für entwickelte Volkswirtschaften typisch ist.

Im ersten Abschnitt des Kapitels 2 werden die Zusammenhänge erläutert, die schon in einer Robinson-Wirtschaft eine Rolle spielen und das wirtschaftliche Verhalten determinieren: die Zusammenhänge (1) zwischen Bedürfnissen, freien und knappen Gütern sowie Nutzen (→ vgl. Abschnitt 2.1.1, S. 28 ff.), (2) zwischen Faktoren und Kosten sowie (3) zwischen Kapitalintensivierung, technischem Fortschritt und Wohlstandssteigerung (→ vgl. Abschnitt 2.1.3, S. 63 ff.). Außerdem wird in einem Exkurs gezeigt, welche Kategorien von wissenschaftlichen Aussagen man zur Vermeidung von Missverständnissen unterscheiden muss und wie man Gesetze des wirtschaftlichen Verhaltens auf ihren Wahrheitsgehalt hin überprüfen kann (→ vgl. Abschnitt 2.1.2, S. 50 ff.).

2.1.1   Bedürfnis und Bedarf – Arten von Gütern – Güterkonsum und Nutzenproduktion – Gossensche Gesetze

Das wirtschaftliche Leben in einer Volkswirtschaft wird von vielen Faktoren bestimmt. Einige davon würden bereits eine Rolle spielen, wenn Menschen isoliert voneinander als Einzelgänger wirtschaften würden. Das war in der Menschheitsgeschichte nie generell, sondern nur in Ausnahmesituationen der Fall, denn die Menschen gehören zu jenem Typ von Primaten, die von Anfang an in Gruppen lebten. Schon in der grauen Vorzeit der Jäger und Sammler hat es deshalb schwache Formen von Arbeitsteilung gegeben. Aus heuristischen Gründen ist es jedoch zweckmäßig, Zusammenhänge zu untersuchen, die für das isolierte Wirtschaften gelten. Diese Zusammenhänge spielen in arbeitsteiligen Systemen vieler Menschen zwar *nicht allein* eine Rolle, sie spielen aber *auch* eine Rolle, und zwar eine wichtige.

Als Beispiel für eine isolierte Wirtschaftsführung wollen wir uns eine Robinson-Wirtschaft vorstellen. Daniel Defoe (1659–1731) veröffentlichte 1719 – also in der Entstehungszeit der Nationalökonomie – seinen berühmten Roman „Robinson Crusoe" nach dem historischen Vorbild eines Matrosen mit dem Namen A. Selkirk, der als Schiffbrüchiger von 1704–1708 auf der Isla Robinson Crusoe gelebt hatte. Im Roman werden daraus 28 Jahre, die Robinson zum Teil allein, zum Teil in Gesellschaft mit einem Eingeborenen verlebt, den er Freitag nennt.

Die Vorstellung einer Robinson-Wirtschaft ist in der Nationalökonomie mehrfach zur Illustration elementarer wirtschaftlicher Zusammenhänge herangezogen worden. In Deutschland geschah dies z.B. in zwei Versionen einer „Wirtschaftsfibel", die im Dritten Reich von Widerständlern mit Blick auf die Nachkriegszeit verfasst wurden. Beide hatten das Ziel, via Aufklärung der Bevölkerung über wirtschaftliche Zusammenhänge dafür zu sorgen, dass es ökonomischen Rattenfängern – wie damals den Nationalsozialisten und heute noch vielen Interessenvertretern – schwerer gemacht wird, die wirtschaftliche Entwicklung durch Scheinargumente und Scheinerfolge zu beeinflussen. Man hatte dabei vor allem die Arbeitsbeschaffungsmaßnahmen der Nationalsozialisten im Visier, die langfristig von der Bevölkerung bitter bezahlt werden mussten. Eine erste – fachlich nicht besonders empfehlenswerte – Version dieser Wirtschaftsfibel stammt aus der Feder des als Widerstandskämpfer hingerichteten Carl Goerdeler (1884–1945), die andere – auch heute noch interessante – wurde von den Professoren Constantin von Dietze, Walter Eucken und Adolf Lampe verfasst. Wegen ihrer historischen Bedeutung für die Zielsetzungen der Widerstandsbewegung werden diese Fibeln im Bundesarchiv Koblenz aufbewahrt. Im Folgenden

werden wir uns weder streng an dem Buch von DEFOE noch an den Wirt-
schaftsfibeln orientieren, sondern die Robinson-Geschichte lediglich zur
Illustration wichtiger Zusammenhänge benutzen.

Der erste Grundbegriff, mit dem wir uns vertraut machen wollen, ist
der des **Bedürfnisses** (→ Glossar). Er ist grundlegend für die Volkswirtschaftslehre, denn man wirtschaftet, um Bedürfnisse zu befriedigen. Weltweit
verstehen die Nationalökonomen unter einem „Bedürfnis" die Empfindung eines Mangels, verbunden mit dem Wunsch, diesen Mangel zu beseitigen. Diese Definition zeigt, dass Bedürfnisse keine objektive Kategorie sind, sondern innermenschliche Spannungszustände beschreiben:
Wenn ich Hunger empfinde, so habe ich das Bedürfnis, etwas zu essen.
Tue ich das, findet eine Bedürfnisbefriedigung und damit eine Spannungsreduktion statt.

Es ist wichtig, sich vor Augen zu halten, dass es keine „objektiven" Bedürfnisse gibt. Wir wissen natürlich, dass alle Menschen so genannte
Grundbedürfnisse nach Nahrung, Kleidung und Wohnung haben; wie
diese Bedürfnisse im Einzelnen ausgeprägt sind und wie sie im Verhältnis zueinander und zu weiteren Bedürfnissen stehen, hängt jedoch sehr
stark von der Lebensgeschichte eines Menschen und der Umgebung ab,
in der er aufgewachsen ist. Dies wird deutlich, wenn man den Vorgang
der *Bedürfnisentstehung* betrachtet.

Hierzu müssen wir zwei *Kategorien von Bedürfnissen* unterscheiden: solche, die sich auf konkrete Gegenstände richten und deshalb auch „manifeste Bedürfnisse" genannt werden, und solche, die zwar einen Mangelzustand darstellen, den man beseitigen möchte, bei denen aber noch
nicht klar ist, wie man die Mangelempfindung beseitigen kann, und die
deshalb „diffuse Bedürfnisse" heißen.

Manifeste Bedürfnisse entstehen im Wege eines Lernvorgangs aus *diffusen
Bedürfnissen*, welche uns zum Teil in grob gerichteter Form angeboren
sind, zum Teil aber auch aus dem uns ebenfalls angeborenen Neugier-
und Abwechslungsstreben resultieren. Wenn ein diffuses Bedürfnis in
ein manifestes Bedürfnis umgewandelt wird, tritt ein Schlüssel-Schloss-
Effekt ein, den man sehr schön bei Babys beobachten kann. Wenn diese
eine diffuse Mangelempfindung im Nahrungsbereich haben, dann
schreien sie. Tun sie dies das erste Mal, wird ihnen die Mutter Milch geben. In diesem Moment wandelt sich bei dem Baby im Wege eines
Schlüssel-Schloss-Effekts ein diffuses in ein manifestes Bedürfnis: Das
Baby lernt, dass die seltsame Mangelempfindung, die es vorher hatte,
ein Bedürfnis nach Milch war. Wächst das Baby nun heran, so wird nach
einiger Zeit die Mutter bei einem Schreien nicht mehr Milch, sondern
Brei zuführen. Nun kann zweierlei passieren: Hatte das Baby überwiegend Durst, so wird es den Brei ausspucken; hatte es dagegen überwie-

Marginalien:

Bedürfnis

Bedürfnisentstehung/
diffuse und manifeste
Bedürfnisse

gend Hunger, so tritt eine Bedürfnisdifferenzierung ein: Das Baby kann nun zwischen zwei manifesten Bedürfnissen unterscheiden, dem nach Milch und dem nach Brei.

Wir können hieraus ersehen, dass es zwar angeborene *diffuse Grundbedürfnisse* gibt, dass die Differenzierung unserer Bedürfnisstruktur und das Ausbilden manifester Bedürfnisse jedoch auch von unserer Umgebung und damit von den *Lernchancen* abhängen, die wir zur Bedürfnisdifferenzierung haben. Diese waren und sind zu verschiedenen Zeiten, an verschiedenen Orten und in verschiedenen Schichten höchst unterschiedlich und hängen darüber hinaus auch noch von Zufällen ab. Wenn Robinson und Freitag zusammentreffen, dann prallen also – bildlich gesprochen – zwei ganz unterschiedliche Bedürfniskulturen aufeinander.

Mit dem Begriff eines manifesten oder konkreten Bedürfnisses verwandt, aber davon zu unterscheiden, ist der Begriff des **Bedarfs** ($\rightarrow$ Glossar). Hierunter verstehen die meisten Volkswirte (nicht alle) in einer Geldwirtschaft Bedürfnisse, die mit Zahlungskraft ausgestattet sind und sich auf Märkten als diejenigen Gütermengen zeigen, welche bei gegebenem Preis effektiv nachgefragt werden. Die *Bedarfskonkretisierung* kann auf unterschiedliche Weise erfolgen. Sie kann von einem einzelnen Menschen vorgenommen werden, der sich entschließt, Teile seines Einkommens zum Kauf bestimmter Mengen eines Gutes und damit zur Befriedigung des darauf gerichteten Bedürfnisses zu nutzen; sie kann aber z. B. auch von Politikern vorgenommen werden, die der Meinung sind, dass der Bevölkerung eine bestimmte Anzahl von Einheiten eines Gutes zur Verfügung gestellt werden sollte. Während die Bedürfnisempfindung also immer ein subjektiver, innermenschlicher Vorgang ist, kann die Bedarfskonkretisierung innerhalb einer Volkswirtschaft auch von Stellen vorgenommen werden, die Bedürfnisse nicht selbst empfinden, sondern Hypothesen darüber aufstellen, welche Bedürfnisse existieren oder ihrer Meinung nach existieren sollten. In der DDR z. B. erfolgte ein Großteil aller Bedarfskonkretisierungen durch Politiker, und im Bereich der Infrastruktur ist das auch bei uns der Fall; die Verbrauchsgüterbedarfe werden in Marktwirtschaften dagegen typischerweise von den einzelnen Privathaushalten selbst konkretisiert und in Bedarf gewandelt.

Nun wollen wir uns dem Güterbegriff zuwenden. Alles, was Bedürfnisse befriedigen kann, nennen wir **Güter** ($\rightarrow$ Glossar), seien es Waren oder Dienstleistungen oder auch nur Rechte auf Nutzung oder Nichtnutzung eines Gegenstandes. Verwenden wir ein Gut, um ein Bedürfnis zu befriedigen, so wird die Bedürfnisspannung reduziert. Diese Spannungsreduktion bezeichnen wir als *Entstehung von Nutzen*. Der Nutzen, der mit dem Konsum eines Gutes verbunden ist, ist also ebenfalls eine rein subjektive

Bedarf

Güter und Nutzen

Größe, die innermenschlicher Natur ist und deshalb auch nur von einzelnen Menschen abgeschätzt werden kann. Auch Tiere können Nutzen empfinden. Bei ihnen verwendet man zwei Methoden zur *Nutzenmessung:* Entweder man misst die Leiden, die sie in Kauf nehmen, um ein bestimmtes Gut – z. B. ein Stück Käse – konsumieren zu können. Bei Mäusen oder Ratten kann man z. B. die Spannung messen, die ein Tier gerade noch toleriert, wenn es nur über ein elektrisch aufgeladenes Gitter an ein Stück Käse gelangen kann. Eine andere Methode besteht darin, Erregungspotenziale im Lustzentrum des Gehirns zu messen.

Nutzenmessung

Bei Menschen macht man von solchen Methoden natürlich keinen Gebrauch. Über die Frage, wie man den Nutzen hier messen kann und soll, gibt es in der Volkswirtschaftslehre eine ausgedehnte Literatur. Für praktische Organisationszwecke und Experimente geht man jedoch von der recht plausiblen Hypothese aus, dass der Preis, den jemand zu zahlen bereit ist, um in den Genuss einer bestimmten Menge eines Gutes zu kommen, ein relativ guter Nutzenindikator ist. Das wichtigste Mittel, das man bei einer praktischen Organisation von Volkswirtschaften zur Nutzenmessung verwendet, ist deshalb die in Geld ausgedrückte *Zahlungsbereitschaft.* Letztere ist dabei in einem sehr allgemeinen Sinne zu verstehen, kann also auch in Arbeitsleistungen oder zu überwindenden Gefahren bestehen. Bei Robinson könnte sich „Zahlungsbereitschaft" z. B. in Arbeitsstunden (Arbeitsäquivalenten) äußern, die er aufzuwenden bereit ist, um in den Genuss bestimmter Gütereinheiten zu gelangen.

Die Zusammenhänge zwischen den Gütern, die ein Mensch konsumiert, und dem Nutzen, den er erreicht, kann man mit Hilfe einer *Nutzenfunktion* beschreiben. Zum Zwecke der Begriffserläuterung wollen wir einmal so tun, als könnten wir solche Nutzenfunktionen eindeutig quantitativ ausdrücken. In Wirklichkeit ist das meist nicht der Fall; in Experimenten kann man Abbilder von Nutzenfunktionen aber sichtbar machen. Wir gehen darauf gleich noch ein, wollen zunächst aber einmal ein Beispiel für die Nutzenfunktion Robinsons betrachten. Es findet sich in *Abbildung 2.1* ($\rightarrow$ vgl. S. 32). Die Höhe des Gesamtnutzens, den Robinson in einer Zeitperiode empfindet, hängt hier von den Gütermengen ab, die er in dieser Periode konsumiert. Abgekürzt schreibt man dies $N = N(x_1, x_2)$: Der Nutzen ist eine Funktion der Gütermengen x_1 und x_2. Da es in Abbildung 2.1 nur um die Erklärung von Begriffen geht, ist die Gesamtmenge der Güter auf zwei reduziert worden. Nehmen wir an, x_1 repräsentiere nach Robinsons Ankunft auf der Insel nicht lagerfähige Nahrungsmittel, gemessen in Nahrungsmittelportionen, während x_2 alle anderen Güter repräsentiere, bei Robinson vor allem Trinkwasser und eine Behausung. Die Annahme, dass x_1 nicht lagerfähig sei, soll in unserem Beispiel bedeuten, dass x_1-Mengen innerhalb von wenigen Ta-

Nutzenfunktion

gen konsumiert werden müssen. Diese Annahme dient nur zur Vereinfachung. Robinsons Nutzenfunktion hätte unter diesen Umständen die Form, die in der obersten Gleichung in Abbildung 2.1 aufgeschrieben ist. Nehmen wir nun weiter an, Robinson habe ein Haus in der Nähe einer Quelle gebaut und gehe auf Nahrungssuche. In der Zeitspanne, die wir betrachten, hat das Güterbündel x_2 dann einen konstanten Wert, der über eine Indexskala gemessen werden kann und für den $x_2 = 8$ gelte.

Allgemeine und partielle Nutzenfunktion

Unter diesen Umständen wird aus der allgemeinen Nutzenfunktion eine partielle Nutzenfunktion, die nur unter der Bedingung $x_2 = 8$ gilt.

Abb. 2.1 | **Nutzen, Grenznutzen und Sättigungsmenge**

Zur Erklärung von Begriffen sei als Beispiel angenommen, dass eine Nutzenfunktion $N = N(x_1, x_2)$ lautet:

$$N = 5x_1 - \frac{1}{4}x_1^2 + 10x_2 - \frac{1}{2}x_2^2.$$

Dann gilt an der Stelle $x_2 = 8$:

$$N|_{x_2=8} = 48 + 5x_1 - \frac{1}{4}x_1^2$$

und

$$\frac{\partial N}{\partial x_1} = 5 - \frac{1}{2}x_1.$$

Hierfür lässt sich die folgende Wertetabelle aufstellen:

x_1	N	$\partial N/\partial x_1$	$\Delta N/\Delta x_1$
0	48,00	5	
			4,75
1	52,75	4,5	
			4,25
2	57,00	4	
			3,75
...	...	...	
9	72,75	0,5	
			0,25
10	73,00	0	
			−0,25
11	72,75	−0,5	
			−0,75
...	...	...	
14	69	−2	
			−2,25

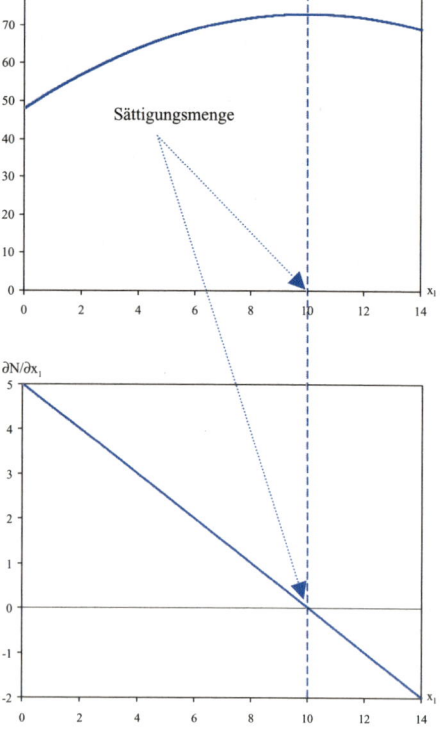

Diese partielle Nutzenfunktion ist in der Abbildung 2.1 als zweite Gleichung angeschrieben. Den Buchstaben N mit dem Strich und dem tiefgestellten $x_2 = 8$ liest man: „N unter der Bedingung $x_2 = 8$". Wie man aus der allgemeinen Nutzenfunktion durch Einsetzen von $x_2 = 8$ ableiten kann, lautet diese partielle Nutzenfunktion $N|_{x_2=8} = 48 + 5x_1 - 1/4x_1^2$. Die Steigung dieser partiellen Nutzenfunktion ist ihre partielle Ableitung nach x_1 und lautet $N' = 5 - 1/2x_1$. In der Schule verwendet man für die erste Ableitung einer Funktion wie der Nutzenfunktion das Symbol N'. Eine in der Ökonomie vielfach verwendete Alternativschreibweise ist dN/dx_1 bzw. – bei Betrachtung der *partiellen* Abhängigkeit von x_1 – die Schreibweise $\partial N/\partial x_1$. Hierin kommt besser als im Symbol N' zum Ausdruck, dass hier ein Differenzialquotient betrachtet wird, der Zusammenhänge zwischen kleinen Mengendifferenzen auf der N- bzw. der x_1-Achse beschreibt: Der Differenzialquotient $\partial N/\partial x_1$ ist die Steigung der Nutzenfunktion in x_1-Richtung und wird (partieller) Grenznutzen genannt. Die Bezeichnung von ersten Ableitungen oder Steigungen als „Grenzgrößen" findet man in vielen Bereichen der Ökonomie. Sie kommt dadurch zustande, dass die Steigung eine Antwort auf die Frage gibt, wie sich eine erklärte Variable (hier N) verändert, wenn man die Menge der erklärenden Variablen „in einem kleinen Grenzbereich" um eine (infinitesimale) Einheit vergrößert.

> **Nutzen und Grenznutzen**

In der Wertetabelle der Abbildung 2.1 findet man die Werte für x_1, N und $\partial N/\partial x_1$ sowie eine weitere, zeilenmäßig versetzte Spalte, in der ein so genannter Differenzenquotient $\Delta N/\Delta x_1$ dargestellt ist (Δ kennzeichnet eine Differenz). Dieser kann als Näherungsgröße für den Grenznutzen aufgefasst werden und ist besonders anschaulich interpretierbar: Er stellt den Zusatznutzen ΔN einer weiteren *endlichen* Einheit von x_1 dar ($\Delta x_1 = 1$), während der Grenznutzen i. e. S. der Zusatznutzen einer weiteren *infinitesimalen* Einheit von x_1 ist.

Außer der Wertetabelle findet man in der Abbildung 2.1 zwei Diagramme, in denen der Verlauf der Nutzenkurve (oberes Diagramm) und der Grenznutzenkurve (unteres Diagramm) dargestellt werden. Die Nutzenkurve steigt mit abnehmenden Zuwächsen bis zu einem Maximum, das hier bei der *Sättigungsmenge* von $x_1 = 10$ Nahrungsportionen erreicht wird; anschließend vermindert sich das erreichte Nutzenniveau, d. h. die Konsummenge $x_1 = 11$ und alle weiteren Konsummengen würden von Robinson nur noch mit Widerwillen und damit allenfalls unter Zwang verbraucht. Die Grenznutzenkurve im unteren Diagramm fällt über den gesamten Bereich, weil die Steigung der Nutzenkurve fortlaufend abnimmt. Im Nutzenmaximum – also nach dem Konsum von 10 x_1-Einheiten – erreicht sie den Wert 0; danach ist sie negativ, was besonders gut zum Ausdruck bringt, dass die zusätzlichen Nahrungspor-

> **Sättigungsmenge**

tionen jeweils einen negativen Zusatznutzen (einen Schaden) stiften und deshalb nicht freiwillig konsumiert werden.

Bisher haben wir einfach unterstellt, dass wir die Nutzenkurve Robinsons kennen. Nun stellen sich zwei Fragen: (1) Könnte man eine solche Nutzenkurve in einem Experiment auch praktisch ermitteln, und (2) entspricht der Verlauf dieser Kurve vielleicht einer allgemeinen Gesetzmäßigkeit? Die Antwort auf die erste Frage lautet ja, denn Robinson hat seine Hütte mit Hilfe von Arbeitskraft und gesammeltem Holz gebaut und erwirbt seine Nahrungsmittel ebenfalls mit Hilfe von Arbeit (Jagd- und Sammelarbeit). Dies könnte man auch in einem Experiment abbilden. Man müsste eine Versuchsperson dabei künstlich in eine vergleichbare Lage versetzen und sie zunächst fragen, wie viele Arbeitsstunden sie freiwillig für den Experimentator verwenden würde, wenn der ihr dafür die Hütte an der Quelle zur Verfügung stellen würde (oder – im Experiment – irgendein anderes Gut). Die Antwort auf diese Frage zeigt, wie groß der in Arbeitsäquivalenten ausgedrückte Absolutwert der partiellen Nutzenfunktion der Versuchsperson ist. Anschließend würde man der Versuchsperson nacheinander eine, dann zwei usw. Nahrungsmittelportionen zum „Kauf" gegen Arbeitsstunden anbieten und fragen, wie lange die Versuchsperson für die erste, die zweite usw. Portion zu arbeiten bereit ist. Das sind die in Arbeitsäquivalenten ausgedrückten Werte des jeweiligen Zusatznutzens einer weiteren Nahrungsmittelportion. Sie sind wie gesagt ein Näherungswert für den Grenznutzen (genauer: ein Äquivalent des Grenznutzens gemessen in dafür akzeptiertem Arbeitsleid). Aus den so gemessenen Werten des Zusatznutzens kann man über eine Rechnung, die Regressionsrechnung heißt, die Grenznutzenkurve ermitteln. Wer über einen wissenschaftlichen Taschenrechner verfügt, kann dies nachprüfen, indem er dem Wert $\Delta N/\Delta x_1 = 4,75$ den Wert $x_1 = 0,5$ zuordnet, dem Wert $\Delta N/\Delta x_1 = 4,25$ den Wert $x_1 = 1,5$ usw., dann diese Werte nach dem Aufrufen des Programms „(lineare) Regression" oder „(lineare) Trendrechnung" in den Rechner eingibt und sich die Funktionsgleichung anzeigen lässt. In unserem Gedankenbeispiel ergibt sich als Grenznutzenkurve die Kurve $\partial N/\partial x_1 = 5 - 1/2x_1$. Integriert man diese Funktionsgleichung und verwendet man zusätzlich die oben schon angegebene Information über den (in Arbeitsäquivalenten angegebenen) Wert der Hütte an der Quelle, erhält man die in unserem Beispiel für Robinson verwendete partielle Nutzenfunktion.

Die Antwort auf die zweite Frage (Zusammenhang mit einem allgemeinen Gesetz) lautet ebenfalls ja: Robinsons Nutzenfunktion entspricht in ihrem qualitativen Verlauf (d. h. in Bezug auf das Fallen der Steigung) einem 1854 formulierten Gesetz, das nach seinem Entdecker –

HERMANN HEINRICH GOSSEN (1810–1858) – **Erstes Gossensches Gesetz** (→ Glossar) oder *Sättigungsgesetz* heißt: Für alle Güter gilt, dass der Grenznutzen ceteris paribus (d. h. bei konstanter Verfügbarkeit aller anderen Güter, konstantem Geschmack und konstanter gesellschaftlicher Umgebung) mit steigenden Ver- bzw. Gebrauchsmengen auf Grund fallender Bedürfnisspannung abnimmt, bis schließlich ein Sättigungspunkt erreicht wird.

GOSSEN war mit seinem Gesetz vom fallenden Grenznutzen ein früher Vorläufer der so genannten *Grenznutzenschule*. Diese wird in der angelsächsischen Literatur vor allem mit den Namen W.S. JEVONS (1834–1882), M.L. WALRAS, (1834–1910) und C. MENGER (1840–1921) in Verbindung gebracht, obwohl die einschlägigen Veröffentlichungen dieser Nationalökonomen erst ca. 20 Jahre nach der Veröffentlichung der Gossenschen Gesetze erschienen sind und JEVONS auf GOSSEN hingewiesen hatte.

Die Menge, bei der die Nutzenkurve ihr Optimum erreicht und der Grenznutzen den Wert 0 annimmt, nennen wir – wie gesagt – Sättigungsmenge. Erfahrungsgemäß gibt es für alle Güter Sättigungsmengen. Gleichwohl spielen Sättigungsmengen als solche und Verläufe von Nutzen- und Grenznutzenkurven in der Umgebung der Sättigungsmenge im Rahmen von ökonomischen Kalkülen kaum eine Rolle. Das liegt daran, dass ein noch zu besprechendes *Zweites Gossensches Gesetz* (→ vgl. S. 41) dafür sorgt, dass Sättigungsmengen im Normalfall nicht erreicht werden. Sie spielen aber bei einer wichtigen Frage eine bedeutsame Rolle: bei der Unterscheidung *freier und knapper Güter*.

Wir sprechen dann von einem *freien Gut*, wenn dieses Gut in einem Raum-Zeit-Gebiet so reichlich vorhanden ist, dass alle Menschen ohne das Zahlen irgendeiner Art von Preis ihre Sättigungsmenge an diesem Gut realisieren können. Man beachte, dass diese Definition sich auf ein bestimmtes Raum-Zeit-Gebiet bezieht. Sand ist in der Sahara ein freies Gut, bei uns ist es ein knappes Gut. Atemluft ist bei uns normalerweise ein freies Gut; in einem U-Boot, das erst nach dem Eintreffen von Helfern auftauchen kann, ist sie dagegen ein knappes Gut.

Aus der Definition *freier Güter* folgt, dass man für freie Güter keinen Preis erzielen kann: Luft in Tüten kann man nicht verkaufen. Aus unserer Erfahrung wissen wir außerdem, dass Menschen an freien Gütern kein Eigentum erwerben, d. h. dass sie diese Güter nicht gegen andere verteidigen: Niemand käme auf die Idee, in der Sahara eine bestimmte Menge Sand für sich zu reservieren und gegen andere zu verteidigen. Für *knappe Güter* wird dagegen ein Preis gezahlt, und an bisher herrenlosen knappen Gütern erwerben Menschen Eigentum. In seiner ursprünglichsten Form können wir diesen Eigentumserwerb auch bei anderen Primaten beobachten: Es wird um den Besitz einer Sache gekämpft, bis diese Sache eindeutig in den Verteidigungsbereich eines Besitzers über-

Erstes Gossensches Gesetz/Sättigungsgesetz

Freie und knappe Güter

gegangen ist und dieser auch demonstriert hat, dass er die Sache zu verteidigen versteht. Danach wird das Eigentum ohne weitere Enteignungsversuche als solches respektiert, und zwar bei Menschenaffen ebenso wie bei Menschen. Der Eigentümer kann nun im Prinzip mit der Sache umgehen, wie er will; die anderen kümmern sich nicht mehr darum. Eigentumsbildung dient also dem Frieden in der Gesellschaft.

Das eben Gesagte hat Folgen für den Fall, dass ein bis dato freies Gut in den Zustand der Knappheit eintritt, was historisch meist der Vermehrung der Zahl der Nutzer des Gutes geschuldet war. Für solch einen Fall erwarten wir in einer staatsfreien Wirtschaft, dass ein Kampf um Eigentumsrechte ausbricht und dass sich ein Preis für das Gut herausbildet; in einer staatlich geordneten Wirtschaft erwarten wir dagegen, dass die Rechtsordnung so umgestaltet wird, dass den neuen Knappheitsverhältnissen Rechnung getragen wird. Die Wirtschaftsgeschichte zeigt uns, dass genau dies auch eingetreten und häufig mit großen gesellschaftlichen Auseinandersetzungen einhergegangen ist: Wild etwa war zunächst ein freies Verbrauchsgut, und alle Germanen hatten z. B. das Recht, es zu jagen. Mit dem durch eine Bevölkerungsvermehrung bedingten Übergang in den Zustand der Knappheit wurde das Jagdrecht dann auf Privilegierte (den Adel) beschränkt, und es entstand die – auch literarisch bedeutsame – Figur des Wilderers. Die Umwelt (z. B. das Wasser von Flüssen) war zunächst ein freies Gebrauchsgut (das u. a. zum Abwassertransport genutzt wurde); sie wurde aber nach dem Überschreiten natürlicher Grenzen der Regenerationsfähigkeit auf Grund eines wachsenden Gebrauchs zu einem knappen Gut. Das machte einen (heute noch anhaltenden) Prozess der Umstellung der Rechtsordnung erforderlich, in dem der Staat als Eigentümer der Umwelt auftritt und Nutzungsordnungen sowie Nutzungspreise festsetzt.

Im Bereich der Ökonomie beschäftigen wir uns ausschließlich mit Gütern, die knapp sind. Wie bei der Besprechung des Zweiten Gossenschen Gesetzes noch näher verdeutlicht werden wird, verwenden wir Menschen unsere Mittel zur Bedürfnisbefriedigung in diesem Bereich so, dass in der Regel von keinem Gut die Sättigungsmenge realisiert oder gar überschritten wird. Bei manchen Studenten sollen beim Bierkonsum freilich Ausnahmen von dieser Regel beobachtet worden sein. Man drückt den Normal-Sachverhalt, dass im Bereich derjenigen Güter, die in der Ökonomie untersucht werden, keine Sättigungsmengen realisiert werden und die Preise folglich höher als Null sind, in abgekürzter Sprechweise gerne auch so aus, dass ein *Axiom der Nichtsättigung* gelte. Dieses lautet: Lässt man einen Menschen zwischen zwei Bündeln knapper Güter wählen, die sich nur dadurch unterscheiden, dass Bündel 1 von irgendeinem Gut eine Einheit mehr als Bündel 2 enthält, so wird er stets Bündel 1 wäh-

Axiom der Nichtsättigung

len. Es dürfte unmittelbar einleuchten, dass dieses Axiom nur im Bereich von knappen Gütern gilt. Wäre ein Beduine in der Wüste indifferent zwischen zwei Güterbündeln und gäbe man ihm als Bonus eine Schaufel Sand zum Bündel 1 hinzu, bliebe er natürlich indifferent.

Zur näherungsweisen Beschreibung der qualitativen (d. h. nur richtungsmäßig geltenden) Verhältnisse im Bereich knapper Güter verwenden die Nationalökonomen aus rein rechnerischen Vereinfachungsgründen, die keine Auswirkung auf die Ergebnisse haben, gerne eine allgemeine Nutzenfunktion vom so genannten *Cobb-Douglas-Typ*. Sie ist nach zwei amerikanischen Ökonomen benannt – C. W. COBB und P. H. DOUGLAS –, die sie 1928 zur Beschreibung von Produktionsprozessen verwendet haben (vorher ist sie allerdings schon von dem schwedischen Ökonomen K. WICKSELL gebraucht worden). Wie wir es bisher schon gemacht haben, betrachtet man auch bei dieser Funktion normalerweise nur zwei Güterbündel (x_1 und x_2) als Erklärungsgrößen für den Gesamtnutzen N. Die Verbindung zwischen N, x_1 und x_2 wird über die Cobb-Douglas-Funktion (C-D-Funktion) $N = ax_1^b x_2^c$ hergestellt. Dabei setzt man gerne $a = 1$, $b = 0,5$ und $c = 0,5$, d. h. benutzt die C-D-Nutzenfunktion $N = x_1^{0,5} x_2^{0,5}$.

Diese Funktion hat zwei Nachteile: Sie setzt implizit voraus, dass stets beide Güterbündel konsumiert werden (hätte x_1 oder x_2 den Wert 0, würde sich auch für N der Wert 0 ergeben), was bei Bündeln von Gütern zwar meist erfüllt sein dürfte, aber nicht erfüllt sein muss. Außerdem kann man mit Hilfe dieser Funktion keine Sättigungsmengen darstellen (der Grenznutzen nähert sich der x_1- und der x_2-Achse jeweils asymptotisch), was im Bereich knapper Güterbündel allerdings vernachlässigt werden kann. Diesen Nachteilen steht als Vorteil gegenüber, dass sich mit Hilfe der C-D-Nutzenfunktion das Erste Gossensche Gesetz recht anschaulich in einer Weise umformulieren lässt, in der es als *Gesetz von der fallenden Grenzrate der Substitution* bezeichnet wird. Mit Hilfe dieser Darstellung ist es später leichter, weitere Gesetze abzuleiten.

Zur Beschreibung des Gesetzes von der fallenden Grenzrate der Substitution wollen wir von einem *Nutzengebirge* ausgehen, das sich mit Hilfe unserer C-D-Nutzenfunktion sehr schön beschreiben lässt. Ein „Gebirge" ist dreidimensional: x_1 = Nord-Süd-Achse, x_2 = Ost-West-Achse und x_3 = Höhenachse. Bei einem „Nutzen"-Gebirge setzt man an die Stelle der Höhenachse die Nutzenachse, und an die Stelle der beiden anderen Achsen treten die Achsen für die Güter. Ein solches Nutzengebirge ist mit Hilfe unserer C-D-Nutzenfunktion in *Abbildung 2.2* (→ vgl. S. 38) dargestellt. Seine Oberfläche ist eine Nutzenfläche.

In einem dreidimensionalen Raum kann man drei Schnitte entlang der jeweiligen Achsen durchführen. Tut man dies bei x_1 und x_2, entste-

Cobb-Douglas-Nutzenfunktion

Gesetz von der fallenden Grenzrate der Substitution

Nutzengebirge

hen aus dem Nutzengebirge Flächen, deren oberer Begrenzungsrand jeweils eine partielle Nutzenkurve ist. Diese bildet die Nutzenvariation ab, die sich bei der Veränderung nur eines Gutes ergibt. Die vordere Schnittfläche und deren Begrenzungskurve ergibt sich z. B., wenn man für x_1 den Wert 1 festsetzt, und sich entlang der x_2-Achse sodann von $x_2 = 1$ bis $x_2 = 10$ bewegt. Die obere rechte Schnittfläche resultiert, wenn man $x_2 = 10$ setzt und sich von $x_1 = 1$ bis $x_1 = 10$ bewegt. Die dick eingezeichneten Kurven sind die jeweiligen partiellen Nutzenfunktionen.

Abb. 2.2 | **Grafische Darstellung eines Nutzengebirges sowie von allgemeinen und partiellen Nutzenfunktionen**

Als Beispiel für die näherungsweise Abbildung einer Nutzenkurve im Nichtsättigungsbereich gelte:

$$N = x_1^{0,5} \cdot x_2^{0,5}.$$

Diese Nutzenfunktion lässt sich in einem dreidimensionalen Raum mit den Achsen für x_1, x_2 und N folgendermaßen darstellen:

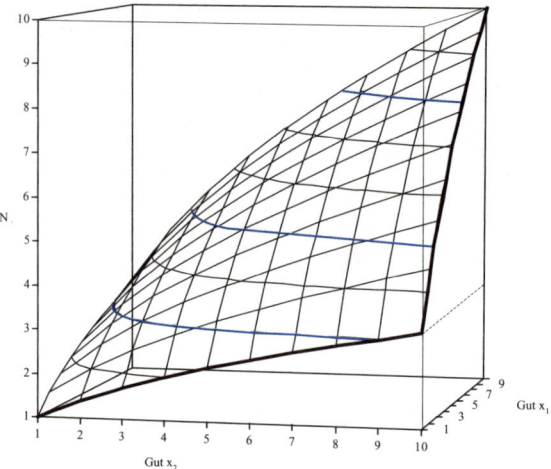

Legt man einen Wert für x_1 oder x_2 fest, entsteht jeweils eine Schnittfläche mit einer partiellen Nutzenfunktion als Rand. Wählt man als Ausgangspunkt einer partiellen Nutzenfunktion für x_2 den Wert $x_1 = 1$, erhält man: $N|_{x_1=1} = 1^{0,5} x_2^{0,5} = x_2^{0,5}$. Wählt man als Ausgangspunkt einer partiellen Nutzenfunktion für x_1 den Wert $x_2 = 10$, ergibt sich: $N|_{x_2=10} = x_1^{0,5} 10^{0,5} \approx 3{,}2 x_1^{0,5}$. Diese beiden Kurven sind in der Grafik dick eingezeichnet. Die blauen Kurven sind Höhenlinien, auf die in Abbildung 2.3 näher eingegangen wird.

Legt man statt für x_1 oder x_2 dagegen einen konstanten Wert für N – also die senkrechte Dimension – fest, entsteht eine Kurve gleichen Nutzens, die man Isonutzenkurve nennen könnte, meist aber **Indifferenzkurve** ($\rightarrow$ Glossar) nennt. Den Namen Indifferenzkurve verwendet man, weil auf dieser Kurve alle x_1-x_2-Kombination liegen, die aus der Sicht der Nutzenvorstellungen eines Menschen gleichwertig sind und denen gegenüber er sich bei einer Wahl deshalb indifferent verhält. Geometrisch entsprechen Indifferenzkurven Höhenlinien im Nutzengebirge. Projiziert man sie auf die x_1-x_2-Ebene, nehmen sie die in *Abbildung 2.3* dargestellten Formen an. Wie in der Abbildung an Beispielrechnungen gezeigt, erhält man die entsprechenden Gleichungen, indem man zunächst einen Wert für N festlegt, und sodann nach x_2 auflöst. Da Indifferenzkurven ex definitione jeweils nur ein einziges Nutzenniveau abbilden, können sie sich niemals schneiden. Außerdem ist es so, dass Indifferenzkurven mit einem höheren Nutzenniveau jeweils weiter vom Nullpunkt entfernt sind.

Die *Steigung* einer Indifferenzkurve erhält man, indem man die Kurvengleichung für x_2 an der jeweiligen Stelle nach x_1 ableitet. Für das Nutzenniveau $N = 3$ folgt aus der Gleichung $x_2 = 9/x_1$ z. B. die Ableitung

$$x_2' = \frac{dx_2}{dx_1} = \left(\frac{9}{x_1}\right)' = -\frac{9}{x_1^2}.$$

Grafische Darstellung von Indifferenzkurven | Abb. 2.3

Legt man in der C-D-Nutzenfunktion $N = x_1^{0,5} \cdot x_2^{0,5}$ einen bestimmten Wert für N fest, entsteht als „Höhenlinie" eine Isonutzenkurve, die *Indifferenzkurve* heißt, weil die Nutzengleichheit der von dieser Kurve repräsentierten x_1-x_2-Kombinationen dazu führt, dass ein Mensch alle Kurvenpunkte als gleichwertig empfindet und sich ihnen gegenüber bei einer Wahl deshalb indifferent verhält.

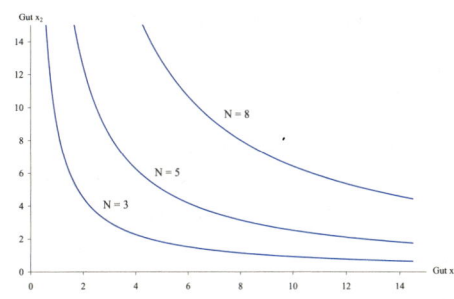

Für $N = 3$ folgt aus $3 = x_1^{0,5} \cdot x_2^{0,5}$ z. B. die Indifferenzkurve $x_2 = 9/x_1$,

für $N = 5$ folgt aus $5 = x_1^{0,5} \cdot x_2^{0,5}$, dass $x_2 = 25/x_1$, und

für $N = 8$ folgt aus $8 = x_1^{0,5} \cdot x_2^{0,5}$, dass $x_2 = 64/x_1$.

Grenzrate der
Substitution (GRS)

Der Absolutwert dieser Steigung heißt **Grenzrate der Substitution** ($\rightarrow$ Glossar) von x_2 durch x_1. Im Namensteil „Grenzrate" kommt dabei zum Ausdruck, dass es sich um eine Steigung handelt; durch den Namensteil „Substitution von x_2 durch x_1" wird angedeutet, dass man – beginnend mit einer Startmenge von x_2, die relativ hoch ist – laufend x_2-Einheiten durch x_1-Einheiten ersetzt. Aus der Kurvenform ersieht man unmittelbar, dass die Grenzrate der Substitution von x_2 durch x_1 bei hohen x_2- und niedrigen x_1-Werten so beschaffen ist, dass man – weil man zunächst ja relativ reichlich mit x_2 ausgestattet ist – für einen kleinen Zugewinn an x_1 auf viele x_2-Einheiten verzichten kann, ohne eine Nutzeneinbuße zu erleiden; eine „reichliche Ausstattung" bedeutet nach dem Ersten Gossenschen Gesetz ja, dass der Grenznutzen relativ niedrig ist. Je geringer die Ausstattung mit x_2-Einheiten und je höher die Ausstattung mit x_1-Einheiten wird, desto flacher verläuft die Kurve jedoch. Das bedeutet, dass man nun sehr viele zusätzliche Einheiten von x_1 benötigt, um einen weiteren Verzicht auf x_2 auszugleichen: Ist die Restausstattung mit x_2 gering, ist der Grenznutzen von x_2-Einheiten, auf die man verzichten muss, hoch. Möchte man dies illustrieren, so gilt für kleine Differenzen $\Delta x_2 / \Delta x_1 \approx dx_2 / dx_1$. Also kann man z.B. bei $N = 3$ und $dx_2 / dx_1 = -9/x_1^2$ auch schreiben:

$$\Delta x_2 \approx -\frac{9}{x_1^2} \Delta x_1.$$

Variiert man in Schritten von $\Delta x_1 = +1$, so folgt aus obiger Gleichung $\Delta x_2 = 9/x_1^2$. Für die x_1-Werte 1, 2 und 3 ergeben sich damit die Δx_2-Werte -9, $-2{,}25$ und -1. Dies zeigt, dass man für einen gleich bleibenden x_1-Zuwachs ($\Delta x_1 = +1$) immer weniger x_2-Einheiten hergeben muss.

Das eben Gesagte dürfte schon verdeutlicht haben, dass das Gesetz von der fallenden Grenzrate der Substitution eigentlich nur eine Anwendung des Ersten Gossenschen Gesetzes auf den nutzenbewahrenden Austausch von Einheiten der Güter 1 und 2 darstellt. Man kann das jedoch auch mathematisch zeigen. Bei zwei Gütern gilt für eine Nutzenveränderung ΔN bei kleinen Variationen die folgende Gleichung:

$$\Delta N \approx \frac{\partial N}{\partial x_1} \Delta x_1 + \frac{\partial N}{\partial x_2} \Delta x_2.$$

Sie besagt, dass die totale Nutzenvariation von der Variation der Gütermengen von x_1 und x_2 abhängt, und zwar nach Maßgabe der jeweiligen Steigungen im Variationsbereich. Bewegt man sich auf einer Indifferenzkurve, muss man $\Delta N = 0$ setzen. Also gilt:

$$\frac{\partial N}{\partial x_1}\Delta x_1 + \frac{\partial N}{\partial x_2}\Delta x_2 = 0 \text{ oder}$$

$$\frac{\Delta x_2}{\Delta x_1} = -\frac{\partial N/\partial x_1}{\partial N/\partial x_2} = -\frac{\text{Grenznutzen von } x_1}{\text{Grenznutzen von } x_2}.$$

Diese Gleichung zeigt, dass das Austauschverhältnis beim Tausch von x_2 gegen x_1 bei einer Bewegung auf einer Indifferenzkurve absolut gesehen – also unter Vernachlässigung des Vorzeichens – dem umgekehrten Grenznutzenverhältnis entspricht (das Minuszeichen macht nur deutlich, dass beim Tausch von x_2 gegen x_1 die x_2-Mengenvariation negativ, die x_1-Variation dagegen positiv ist). Der Differenzenquotient auf der linken Seite der Gleichung entspricht bei infinitesimaler Betrachtungsweise der Steigung der Indifferenzkurve. Es gilt somit, dass die Steigung der Indifferenzkurve negativ ist und betragsmäßig durch das umgekehrte Grenznutzenverhältnis bestimmt wird. Wie groß dieses Verhältnis ist, ergibt sich nun aber aus der Anwendung des Ersten Gossenschen Gesetzes einmal auf x_1 und einmal auf x_2; es hängt von der relativen Reichlichkeit der Ausstattung mit dem jeweiligen Gut ab.

Neben dem Ersten Gossenschen Gesetz gibt es auch ein **Zweites Gossensches Gesetz** ($\rightarrow$ Glossar). Dieses kann man als eine Handlungsanweisung interpretieren, die eine Aussage darüber macht, wie man sich verhalten sollte, wenn man nur ein beschränktes Budget von z. B. 100 € zur Verfügung hat und mit diesem knappen Budget nun ein Nutzenmaximum erreichen möchte. Diese Handlungsanweisung befolgen Menschen normalerweise intuitiv, d. h. auf naturgesetzliche Weise. Sie lautet: Teile die zu betrachtenden Güter (hier: x_1 und x_2) gedanklich zunächst in Mengeneinheiten, die jeweils für einen € gekauft werden können. Vergleiche sodann den Grenznutzen einer 1-€-Mengeneinheit von x_1 mit dem Grenznutzen einer 1-€-Mengeneinheit von x_2 und kaufe die Einheit mit dem größeren Grenznutzen, d. h. – wie man auch sagen könnte – kaufe die 1-€-Gütereinheit, welche die größere *Kostenwirksamkeit* des Kaufpreises in Bezug auf die Nutzenproduktion aufweist. Vergleiche anschließend erneut und kaufe abermals diejenige Gütereinheit, welche den größeren Nutzenzuwachs und damit die größere Kostenwirksamkeit bietet. Fahre nach dieser Regel fort, bis das Budget aufgebraucht ist.

Kann man sehr kleine Gütereinheiten bilden, führt diese Methode dazu, dass der letzte €, den man für x_2 ausgibt, den gleichen Grenznutzen stiftet, wie der letzte €, den man für x_1 ausgibt. Das drückt man auch so aus, dass man sagt, der Grenznutzen eines € sei bei optimaler Budgetaufteilung in allen Verwendungsrichtungen gleich groß. Oder in Gesetzesformulierung: Menschen teilen ein gegebenes Budget so auf die

Zweites Gossensches Gesetz

Güter ihres Begehrkreises auf, dass ein Nutzenmaximum erreicht wird und der *Grenznutzen des Geldes* (= Quotient des Grenznutzen und des Preises eines Gutes) in allen Verwendungsrichtungen gleich ist. Man spricht deshalb auch vom *Genussausgleichsgesetz*. Würde dieses Gesetz nicht befolgt, könnte man durch Abziehen eines € aus einer Verwendungsrichtung mit relativ kleinem Grenznutzen und Umlenkung in eine Verwendungsrichtung mit relativ großem Grenznutzen eine Nutzensteigerung erzielen. Nur wenn das nicht mehr möglich ist, ist die Budgetaufteilung optimal. Das Zweite Gossensche Gesetz behauptet wie gesagt, dass Menschen intuitiv nach einer solchen optimalen Budgetaufteilung streben. Dies bedeutet gleichzeitig, dass die Nachfragemenge nach knappen Gütern, deren Preise größer als Null sind, immer kleiner als die Sättigungsmenge ist, denn die Verwendung eines € zur Erzielung eines Grenznutzens von Null kann nicht optimal sein (→ vgl. Axiom der Nichtsättigung, S. 36).

Axiom der Nichtsättigung

In *Abbildung 2.4* wird die optimale Budgetaufteilung alternativ mit Hilfe von Indifferenzkurven dargestellt, wie sie oben abgeleitet wurden. Bei der vollständigen Aufteilung einer vorgegebenen Budgetsumme auf die Güter x_1 und x_2 gilt, dass die Budgetsumme B mit der Summe aus

Abb. 2.4   **Optimale Budgetaufteilung**

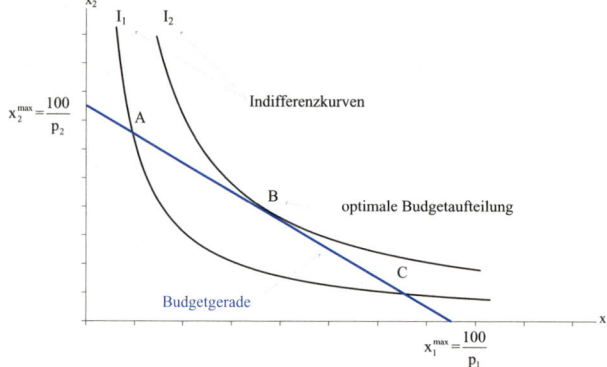

Budgetgleichung und Achsenabschnitte:

1) Für die Budgetgleichung gilt bei B = 100:
$B = p_1x_1 + p_2x_2$
oder speziell: $100 = p_1x_1 + p_2x_2$.

2) Für $x_2 = 0$ folgt hieraus $100 = p_1x_1$ oder $x_1^{max} = 100/p_1$.

3) Für $x_1 = 0$ ergibt sich hingegen: $100 = p_2x_2$ oder $x_2^{max} = 100/p_2$.

4) Für die x_2-x_1-Gleichung der Budgetgeraden folgt:
$$x_2 = \frac{100}{p_2} - \frac{p_1}{p_2}x_1.$$

den Ausgaben für x_1 (d. i. p_1x_1) und x_2 (d. i. p_2x_2) identisch ist. Auf unseren Beispielfall von $B = 100$ angewandt, erhält man somit die unter der Grafik angeschriebene und nach B aufgelöste Gleichung für die Budgetgerade. Außerdem sind die Achsenabschnitte dieser Gerade dargestellt und schließlich auch noch eine Form der Budgetgeraden, die zeigt, wie x_2 bei vorgegebener Budgetsumme von x_1 abhängt, bei der die Gleichung also nach x_2 aufgelöst ist.

Der x_2-x_1-Gleichung der Budgetgeraden kann man entnehmen, dass der Achsenabschnitt dieser Geraden auf der x_2-Achse der Gesamtmenge von x_2 entspricht, die man bei alleiniger Verwendung des Budgets für den Kauf von x_2 hätte realisieren können; die Steigung der Geraden entspricht dagegen dem Verhältnis der Preise p_1 und p_2. Eine Veränderung der Budgetsumme würde somit zu einer Parallelverschiebung der Budgetgeraden führen, eine Änderung des Preisverhältnisses dagegen zu einer Drehung.

In der Grafik sind außerdem zwei Indifferenzkurven und drei Punkte eingezeichnet, die auf der Budgetgeraden liegen und bei denen die Budgetsumme folglich voll verausgabt wird. Wollte man nur das Nutzenniveau realisieren, das zur Indifferenzkurve I_1 gehört, könnte man den Punkt A oder den Punkt C verwirklichen. Wie man unmittelbar sieht, kann man jedoch das höhere Nutzenniveau I_2 erreichen, wenn man den Punkt B wählt. In diesem Punkt wird die Budgetgerade zur Tangente an die höchste erreichbare Indifferenzkurve. Dies bedeutet, dass die Steigung der Budgetgeraden bei optimaler Budgetaufteilung der Steigung der höchsten erreichbaren Indifferenzkurve entspricht (absolut gesehen also der *Grenzrate der Substitution*).

Ob die von einem Menschen vorgenommene Aufteilung eines Budgets auf zwei Güter tatsächlich optimal ist, kann man in der Realität nicht direkt beobachten, da die Indifferenzkurven, in denen sich die Nutzenvorstellungen eines Menschen – sein Geschmack – spiegeln, ja nicht beobachtbar sind. Es ist einzig und allein beobachtbar,

▶ dass ein Mensch ein bestimmtes Budget zur Verfügung hat,
▶ dass die Preise zweier Güter eine bestimmte Höhe haben, so dass die Budgetgerade einen errechenbaren Verlauf hat, und
▶ dass als Konsumpunkt irgendein Punkt auf der Budgetgerade ausgewählt wird, in Abbildung 2.4 der Punkt B.

Ausgehend von der Darstellung in Abbildung 2.4 kann man aber empirisch überprüfbare Vorhersagen für den Fall machen, dass sich das Verhältnis der Preise von x_2 und x_1 und damit die Steigung der Budgetgeraden wie in *Abbildung 2.5* (→ vgl. S. 44) ändert.

In der Ausgangssituation gilt hier die Budgetgerade BG_1 mit dem Optimalpunkt O^v (v = *vor* einer Änderung). Würde nun ausschließlich der Preis p_2 geändert, ergäben sich zwei Effekte: Zum einen würde sich die

---

Abb. 2.5 | **Wirkung einer kaufkraftkompensierten Preisvariation auf die Budgetaufteilung**

„Kaufkraftkompensiert" heißt, dass der Kaufkrafteffekt der Preisvariation so ausgeglichen wird, dass das Individuum nach der Preisvariation das gleiche Güterbündel kaufen kann wie vor der Preisvariation. Das ist hier der Fall, denn es ergeben sich folgende Budgets:

▶ Das Anfangsbudget $B^v = 100$ wird voll verausgabt. Das optimale Güterbündel vor Preisvariation wird im Tangentialpunkt einer Indifferenzkurve mit der Budgetgeraden BG_1 erreicht. Bei
$O^v(x_1 = 5; x_2 = 2,5)$ gilt damit bei $p_1 = 10$ und $p_2 = 20$:
$B^v = 5 \cdot 10 + 2,5 \cdot 20 = 50 + 50 = 100$.

▶ Nun sinkt der Preis des Gutes 2 auf $p_2 = 10$. Wird eine Kaufkraftkompensation durchgeführt, soll die Versuchsperson weiterhin das optimale Güterbündel $O^v(x_1 = 5; x_2 = 2,5)$ konsumieren können. Damit ergibt sich für das kaufkraftkompensierte Budget B^n:
$B^n = 5 \cdot 10 + 2,5 \cdot 10 = 50 + 25 = 75$.

▶ Optimal ist es für die Versuchsperson nun aber nicht mehr, das Güterbündel $O^v(x_1 = 5; x_2 = 2,5)$ zu konsumieren, sondern eine Gütermengenkombination, die ihr einen höheren Nutzen stiftet; dies ist die Gütermengenkombination $O^n(x_1 = 3,75; x_2 = 3,75)$, bei der die Indifferenzkurve 2 die neue Budgetgerade BG_2 tangiert. Auch für diesen Punkt muss gelten, dass das Budget voll verausgabt wird, was auch der Fall ist:
$B^n = 3,75 \cdot 10 + 3,75 \cdot 10 = 37,5 + 37,5 = 75$.

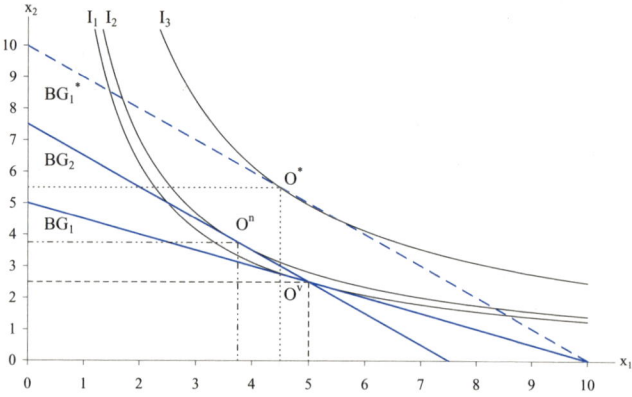

Lage des Optimalpunktes O ändern, weil sich die Steigung der Budgetgeraden ändert und damit auch die Lage des Tangentialpunktes, in dem die Steigungen der Budgetgeraden und die einer Indifferenzkurve gleich sind; zum anderen würde sich aber auch die Kaufkraft des Budgets ändern, denn ein Anstieg eines Preises führte ja zur Verminderung der Kaufkraft und ein Fallen zu einer Vermehrung. In Abbildung 2.5 wird unterstellt, dass der Preis von x_2 bei einer Budgetsumme $B^v = 100$ von 20 auf 10 fällt. Der Achsenabschnitt der neuen Budgetgerade steigt auf der x_2-Achse deshalb von $100/20 = 5$ auf $100/10 = 10$. Dies ist die Gerade BG_1^*. Der Optimalpunkt auf ihr wäre O^*. Wie gesagt repräsentiert BG_1^* nun aber im Vergleich zu BG_1 nicht nur ein anderes Preisverhältnis, sondern auch eine erhöhte Kaufkraft. Will man die Kaufkraftveränderung ausschalten, muss man die Budgetsumme so verändern (d. h. BG_1^* so parallel verschieben), dass die so entstehende Budgetgerade BG_2 die alte Budgetgerade BG_1 im Punkt O^v schneidet. Die so konstruierte Budgetgerade BG_2 zeigt, dass das neue Budget den betrachteten Menschen kaufkraftmäßig exakt in die Lage versetzt, den alten Warenkorb aus x_1 und x_2 auch nach der Preisänderung erneut zu kaufen.

Obwohl die Bereinigung der Budgetsumme um die Kaufkraftveränderung eine Versuchsperson in die Lage versetzt, die vor der Preisänderung gewählte Güterkombination O^v mit $x_1 = 5$ und $x_2 = 2,5$ beizubehalten, kann man als Ökonom voraussagen, dass Menschen dies nicht tun werden. Stattdessen werden sie die Zusammensetzung des Warenkorbes so verändern, dass von dem relativ billiger gewordenen Gut mehr gekauft wird. Dies liegt daran, dass eine 1-€-Einheit dieses Gutes nun größer geworden ist und im Vergleich zum Status quo ante einen höheren Grenznutzen vermittelt. Nach dem *Zweiten Gossenschen Gesetz* wird deshalb mehr von diesem Gut gekauft. Argumentiert man mit der *Grenzrate der Substitution*, kann man das auch so ausdrücken, dass die über die Preisvariation geänderte Steigung der Budgetgeraden dazu führt, dass der Tangentialpunkt O^n (der Optimalpunkt *nach* Preisänderung und Kaufkraftkorrektur) nicht mehr beim Punkt O^v liegen kann, denn hier entsprach die Steigung der höchsten erreichbaren Indifferenzkurve ja der Steigung der alten Budgetgeraden. Stattdessen muss die Steigung der maximal erreichbaren Indifferenzkurve nun der Steigung der kaufkraftkompensierten neuen Budgetgerade BG_2 entsprechen. Da diese steiler verläuft, muss der Tangentialpunkt O^n in einem steileren Abschnitt der Indifferenzkurven und damit bei höheren x_2-Mengen liegen. Den Vektor $\overrightarrow{O^v O^n}$ nennt man **Substitutionseffekt** (→ Glossar) (genauer: Substitutionseffekt nach Kaufkraftkompensation). Er führt stets zu einer mengenmäßigen Substitution zugunsten des relativ billiger gewordenen Gutes. Verbindet man O^n mit O^*, macht man die Kaufkraftkorrektur

Substitutionseffekt und Einkommenseffekt

rückgängig. Auch für diesen Vektor gibt es einen Namen. Da diese Bewegung der Kaufkraftveränderung geschuldet ist, heißt sie **Einkommenseffekt** (→ Glossar). Der Weg von O^v zu O^* besteht also aus zwei Effekten (Teilwegen): dem Substitutionseffekt $\overrightarrow{O^vO^n}$ und dem Einkommenseffekt $\overrightarrow{O^nO^*}$. Der Substitutionseffekt wirkt wie gesagt stets zugunsten eines relativ billiger gewordenen Gutes; der Einkommenseffekt kann diesen Substitutionseffekt aber verstärken (das ist der Normalfall), abschwächen oder – in einem gedanklichen Extremfall – sogar überkompensieren (→ vgl. den so genannten GIFFEN-Fall, S. 174).

In Bezug auf das vorstehende Ergebnis sind zwei Anmerkungen erforderlich:

(1) In nahezu allen Lehrbüchern wird der Substitutionseffekt so beschrieben, dass statt der Kaufkraftkompensation eine Nutzenkompensation durchgeführt wird, d. h. dass die Gerade BG_1^* derart verschoben wird, dass sie zur Tangente der Ausgangsindifferenzkurve I_1 wird und die Versuchsperson somit auf ihrem alten Nutzenniveau verbleibt [SCHUHMANN et al., [1999], S. 64]. Die Bewegung von O^v zu diesem im Abbildung 2.5 nicht eingezeichneten (weil fiktiven) Punkt wäre der *Substitutionseffekt nach Nutzenkompensation*. Der Einkommenseffekt verläuft dann vom Tangentialpunkt auf I_1 zu O^*. Fiktiv ist so etwas natürlich denkbar; experimentell umsetzbar ist es wegen der faktischen Unbeobachtbarkeit von Indifferenzkurven aber – wenn überhaupt – allenfalls nur mit einem sehr großen Aufwand. Wer Effekte empirisch überprüfen möchte, wird deshalb den geschilderten Weg der Kaufkraftkompensation gehen müssen.

(2) Man beachte, dass Lage und Form des *Nutzengebirges* und damit auch der Indifferenzkurvenschar von der Preisvariation nicht berührt werden. Die Nutzenvorstellungen, die wir mit zwei Gütern verbinden, sind normalerweise ja nicht von deren Preisen, sondern lediglich von deren Verbrauchseigenschaften abhängig. Von dieser Regel gibt es Ausnahmen; diese betreffen aber nur wenige Güter und sollen erst später besprochen werden.

Für Preisänderungen können wir uns damit *zusammenfassend* merken,

▶ dass sie einen Substitutions- und einen Einkommenseffekt erzeugen,

▶ dass man den Einkommenseffekt dadurch ausschalten kann, dass man die Budgetsumme so korrigiert, dass der Warenkorb vor der Preisvariation exakt wieder gekauft werden kann, d. h. – geometrisch gesprochen – dass sich die neue und die alte Budgetgerade im Punkt O^v schneiden,

▶ dass der reine Substitutionseffekt sich stets zugunsten desjenigen Gutes auswirkt, das relativ billiger geworden ist, dass vom billiger gewordenen Gut also normalerweise mehr gekauft wird,

▶ dass der Einkommenseffekt den Substitutionseffekt normalerweise verstärkt, ihn manchmal aber auch abschwächen und in einem gedanklichen Extremfall sogar überkompensieren kann, und

▶ dass diese Verhaltensprognose bei einigen wenigen Ausnahmegütern nur eingeschränkt gilt, Ausnahmen, auf die noch nicht eingegangen worden ist, die aber aufzählbar sind (→ vgl. Abschnitt 3.3.1, S. 173–175 ff.).

Die vorstehende Verhaltensprognose verdeutlicht, dass sich aus dem *Zweiten Gossenschen Gesetz* empirisch überprüfbare Verhaltensprognosen ableiten lassen. Diese könnten – rein logisch gesehen – auch falsch sein, denn es wäre ja z. B. denkbar, dass sich kein Substitutionseffekt ergibt oder gar einer zugunsten eines relativ teurer (statt billiger) gewordenen Gutes. Tatsächlich haben Experimente aber gezeigt (→ vgl. Abschnitt 2.1.2, S. 50 ff.), dass sich das Zweite Gossensche Gesetz bewährt und dass es nach einer kaufkraftkompensierten Preisänderung außer in den aufzählbaren Ausnahmefällen immer zu einer Mengensubstitution zugunsten des relativ billiger gewordenen Gutes kommt.

Dass wir Menschen die Tendenz haben, ein uns vorgegebenes Budget optimal aufzuteilen, liegt daran, dass wir gleichsam von Natur aus darauf „programmiert" sind, uns nach dem **Wirtschaftlichen Prinzip** (→ Glossar) zu verhalten. Dieses Prinzip kann man in zwei Versionen formulieren, als so genanntes Minimal- oder als so genanntes Maximalprinzip:

▶ Die *Minimalvariante* des Wirtschaftlichen Prinzips verlangt, ein vorgegebenes Ziel mit minimalen Mitteln zu erreichen.

▶ Die *Maximalvariante* des Wirtschaftlichen Prinzips fordert dagegen, mit vorgegebenen Mitteln eine maximale Zielrealisation zu bewerkstelligen.

Im Rahmen der optimalen Budgetaufteilung war das Budget vorgegeben; die Maximalvariante des wirtschaftlichen Prinzips verlangte also, mit diesem Budget ein Maximum an Nutzen zu realisieren. Man könnte dies als reine Verhaltensempfehlung auffassen; die Erfahrung zeigt jedoch, dass Menschen dazu disponiert sind, sich auch tatsächlich entsprechend dieser Regel zu verhalten.

Die Betrachtung der Nutzenkurve in Abbildung 2.1 (→ vgl. S. 32 ff.) hat uns in die Lage versetzt zu definieren, was wir unter einer Sättigungsmenge verstehen wollen, und mit Hilfe dieser Definition konnten wir freie und knappe Güter voneinander unterscheiden. Für den wirtschaftlichen Bereich sind nur knappe Güter von Belang.

Unter diesen können wir weitere *Gütergruppen* unterscheiden, die in verschiedenen Bereichen der Ökonomie eine besondere Rolle spielen.

(Marginalie: Wirtschaftliches Prinzip)

(Marginalie: Gütergruppen)

Dabei sei nochmals wiederholt, dass der Begriff *Gut* ein Oberbegriff zu Waren, Dienstleistungen und Rechten aller Art ist.

Substitutions- und Komplementärgüter

Eine erste wesentliche Unterscheidung ist die von *Substitutions- und Komplementärgütern*. Wir nennen alle Güter Substitutionsgüter, die einander – wie etwa Butter und Margarine – aus der Sicht eines Verwenders in einem gewissen Umfang zu ersetzen in der Lage sind und die gemeinsamen Obergruppen von Gütern angehören, im Beispiel der Gruppe der Streichfette. Komplementärgüter sind dagegen solche Güter, die – wie Autos, Benzin und Straßen – nur gemeinsam ihren Zweck erfüllen können. Es dürfte unmittelbar einleuchten, dass diese Unterscheidung die Gütermenge nicht vollständig aufteilt, sondern dass es auch Güterpaare gibt, die zueinander weder in einem substitutiven noch in einem komplementären Verhältnis stehen.

Ge- und Verbrauchsgüter

Eine weitere Unterteilung der Güter ist die in *Ge- und Verbrauchsgüter*. Diese Unterscheidung braucht man nicht näher zu erläutern, denn sie deckt sich mit dem Sprachgebrauch in der Umgangssprache. Sie ist von Bedeutung, weil daran eine weitere Unterscheidung anknüpft: diejenige

Individual- und Kollektivgüter

von *Individual- und **Kollektivgütern*** (→ Glossar). Individualgüter sind alle Verbrauchsgüter und diejenigen Gebrauchsgüter, deren Nutzung man – wie etwa bei einem Füllfederhalter – nicht mit anderen teilen möchte. Kollektivgüter sind dagegen Gebrauchsgüter, die typischerweise nicht von einzelnen Menschen, sondern von Gruppen von Menschen gemeinsam genutzt werden. Deshalb heißen sie Kollektivgüter (→ Näheres im Abschnitt 5.1, S. 264 ff.).

Schutz- und Errichtungsgüter

Man kann hierbei wiederum *Schutz- und Errichtungsgüter* unterscheiden. Die Schutzgüter sind von Natur aus da; der gemeinsame Gebrauch durch viele Menschen kann – wie beim Fischbestand der Meere oder dem für die Ozonschicht so wichtigen Bestand an tropischen Urwäldern – aber dazu führen, dass sie zerstört werden, wenn man sich nicht auf eine Nutzungsordnung einigt. Bei Errichtungsgütern wie etwa einem Deich kann es ebenfalls zu Problemen kommen, diesmal nicht zu Problemen einer Übernutzung, aber zu dem Problem, dass sich die Mitglieder der potenziellen Nutzergruppen unter bestimmten Umständen als Schwarzfahrer davor drücken wollen, einen Beitrag zur Errichtung und zum Unterhalt des Gutes zu leisten. Wie wir noch sehen werden, finden sich solche Phänomene insbesondere im Bereich der Infrastruktur; sie stellen einen Grund dafür dar, dass der Staat bestimmte Tätigkeiten übernehmen muss.

Zwischen- und Endnachfragegüter

Eine weitere Unterscheidung der Güter knüpft an deren Nutzungsart an: die Unterteilung in *Zwischennachfragegüter und Endnachfragegüter*. Zwischennachfragegüter sind solche Güter, die im gleichen Jahr wieder in Produktionsprozessen eingesetzt werden. Endnachfragegüter sind dagegen Güter, für die das nicht gilt. Sie werden für vier Gruppen von Nachfragern produziert: Ausländer (Exportgüter), öffentliche Haushalte (Güter für den öffentlichen Konsum und die öffentlichen Investitionen), Unternehmen (private Investitionsgüter) und private Haushalte (privater Konsum). Die eben genannten Investitionsgüter dienen dazu, in Form von Bauinvestitionen, Anlageinvestitionen wie z.B. Maschinen und in Form von Lagerinvestitionen die Produktions- und Lieferkapazitäten der Wirtschaft zu erhöhen. Konsumgüter nennen wir demgegenüber alle Güter, die von privaten Haushalten gekauft werden.

Die Tatsache, dass man einerseits Investitions- und Konsumgüter voneinander unterscheiden kann und andererseits End- und Zwischennachfragegüter, zeigt, dass man in einer Volkswirtschaft eine so genannte *Stromrichtung von Gütern* erkennen kann: *Stromaufwärts* liegen Güter, die dem Konsum noch sehr fern sind und hauptsächlich als Zwischennachfrage- und Investitionsgüter verwendet werden; je weiter man *stromabwärts* geht, desto größer wird die so genannte *Konsumreife* von Gütern und desto größer wird auch der Anteil der Güter, die direkt an private Haushalte verkauft werden.

Stromrichtung von Gütern

Konsumreife

Insbesondere unter Volkswirten, aber vermutlich auch unter den meisten anderen Bürgern, ist man sich weitgehend einig darüber, dass der Sinn des gemeinsamen Wirtschaftens in einer Volkswirtschaft letztlich darin besteht, eine möglichst bedarfsgerechte und umfangreiche Konsumgüterstruktur zu erzeugen. Damit sind Konsequenzen bezüglich der politischen *Gewichtung von Produzenten- und Konsumenteninteressen* verbunden, die ADAM SMITH [2005, S. 645] bereits 1776 in unübertrefflicher Klarheit formuliert hat: „Konsum ist der einzige Sinn und Zweck aller Produktion; und das Interesse des Produzenten sollte nur insoweit berücksichtigt werden, als es für die Förderung des Konsumenteninteresses nötig sein mag. Diese Maxime ist so selbstverständlich, dass es unsinnig wäre, sie beweisen zu wollen. Doch im Merkantilsystem wird so gut wie immer das Interesse des Konsumenten dem des Produzenten geopfert; und es dürfte die Produktion, nicht den Konsum, als Endzweck und Ziel aller Erwerbstätigkeit und allen Handels sehen."

Gewichtung von Produzenten- und Konsumenteninteressen

Man bezeichnet diese SMITHsche Maxime als Primat der Konsumenteninteressen oder als Streben nach *Konsumentensouveränität*. Sie ist im Prinzip ein Kennzeichen von Marktwirtschaften; gleichwohl tendieren Politiker immer wieder zu einem Schutz von Produzenteninteressen. Die Verbraucher in Deutschland wären z.B. sicher daran interessiert, Lebensmittel billiger einkaufen zu können. Nahezu alle Bundesregierungen haben sich bei der EU „im Namen Deutschlands" aber für überhöhte Mindestpreise im Agrarbereich eingesetzt, um sich so die Wahlstimmen der ländlichen Bevölkerung zu erkaufen. Der erste Wirtschaftsminister der

Konsumentensouveränität

Bundesrepublik Deutschland – LUDWIG ERHARD (1897–1977) [1978, S. 12] – hat das Primat der Konsumenteninteressen bei der Wiedereinführung der Marktwirtschaft nach dem Zweiten Weltkrieg dagegen bewusst betont und es als Leitlinie deklariert. Auch bei der Einführung des noch zu besprechenden Gesetzes gegen Wettbewerbsbeschränkungen ist man bewusst dem Primat der Konsumenteninteressen gefolgt: Das Gesetz soll wirtschaftliche Macht da beseitigen, wo sie „die bestmögliche Versorgung der Verbraucher in Frage stellt".[2]

2.1.2 Exkurs: Wesen und Prüfung erfahrungswissenschaftlicher Theorien

Mit den beiden Gossenschen Gesetzen haben wir erste Naturgesetze oder – wie man auch sagt – *Erfahrungsgesetze* kennen gelernt, die angeborene menschliche Dispositionen für den Umgang mit knappen Gütern zeigen. Solche Aussagen über allgemeine menschliche Verhaltenstendenzen werden in der Wissenschaft nicht einfach geglaubt, sondern nur dann akzeptiert, wenn sie Prüfungen in Bezug auf ihren Wahrheitsgehalt bestanden haben. Deshalb wollen wir uns jetzt der Frage zuwenden, wie man solche Gesetze auf ihren Wahrheitsgehalt hin prüfen kann. Außerdem wollen wir uns fragen, ob man neben erfahrungswissenschaftlichen Aussagen über Verhaltensdispositionen auch noch andere Klassen von Aussagen unterscheiden kann oder sogar muss. Die Klärung dieser Frage ist wichtig, weil man im Alltag oder unter Politikern oft Auseinandersetzungen wie etwa die folgende erleben kann:

Person 1: „Wir brauchen ein Konjunkturprogramm, um endlich die Arbeitslosigkeit zu beseitigen."

Person 2: „Das wäre eine völlig falsche politische Maßnahme und würde nur zur Vergrößerung der Staatsverschuldung führen."

Person 1: „Sie haben offenbar die Schwere des Problems nicht begriffen oder sind sozialen Problemen gegenüber herzlos. Die Arbeitslosigkeit ist das größte Problem unserer Gesellschaft und muss unbedingt bekämpft werden!"

In diesem Dialog reden beide Partner aneinander vorbei. Dies wird deutlich, wenn man verschiedene *Kategorien von Aussagen* unterscheidet, für die jeweils spezifische Wahrheitskriterien maßgeblich sind: analytische, empirische oder erfahrungswissenschaftliche und normative Aussagen. Im *Infokasten 2.1* ist dargestellt, welches die zugehörigen Wahrheitskrite-

---

2 Begründung zum Entwurf eines Gesetzes gegen Wettbewerbsbeschränkungen, zitiert nach E. J. MESTMÄCKER [1976, S. 57].

rien sind und in welchen Wissenschaften welche Aussagen ein besonders starkes Gewicht haben.

Infokasten 2.1

Formen von Wahrheit: analytisch wahre, empirisch bewährte und normativ anerkannte Aussagen

1) **Analytische Aussagen**

   Beispielaussage: Nach den Regeln der Mathematik folgt aus $a > b$ und $b > c$, dass $a > c$.

   Wahrheitsdefinition: Aussagen sind „analytisch wahr", wenn sie sich in logischer Weise aus Definitionen und Umformungsregeln ergeben. Ist das der Fall, sind sie objektiv und endgültig wahr.

   Hauptanwendungsbereiche: formale Logik, Mathematik, Anwendung von Messvorschriften.

2) **Erfahrungswissenschaftliche Aussagen**

   Beispielaussage: Immer wenn der Preis eines Gutes bei konstanter Kaufkraft der Konsumenten sinkt, wird von dem Gut pro Kopf mehr gekauft.

   Wahrheitsdefinition: Empirische Immer-wenn-dann-Aussagen gelten solange als wahr, wie sie sich in Experimenten oder Ersatzuntersuchungen für Experimente als erfahrungskonform herausstellen, d. h. solange sie „sich bewähren" und „nicht falsifiziert werden". Ist das der Fall, sind sie zwar objektiv wahr, aber nur vorläufig (denn ein weiteres Experiment könnte ja zur Falsifikation führen).

   Hauptanwendungsbereiche: Erfahrungswissenschaften wie die Physik, die Biologie oder die Volkswirtschaftslehre.

3) **Normative Aussagen**

   Beispielaussage: Volkswirtschaften sollen menschenwürdig organisiert werden.

   Wahrheitsdefinition: Normative Aussagen gelten als „wahr in individueller Hinsicht", wenn ein Mensch ihnen für sich persönlich zustimmt, und als „wahr in sozialer Hinsicht", wenn ihnen eine Mehrzahl von Gruppenmitgliedern zustimmt oder wenn die betreffende Ansicht als herrschende Lehre unter Experten gilt. Sie sind dann jedoch nur subjektiv und vorläufig wahr.

   Hauptanwendungsbereiche: ethische und ästhetische Aussagen in den Kulturwissenschaften; Festlegung von Handlungszielen in Demokratien.

Analytisch wahre Aussagen — *Analytisch wahre Aussagen* spielen vor allem in den so genannten Formalwissenschaften eine Rolle, also in der Mathematik und in der formalen Logik. Sie ergeben sich aus Umformungen und Kombinationen von Definitionen und sind dann „wahr", wenn bei diesen Tätigkeiten keine logischen Fehler begangen werden. In diesem Sinn sind sie dann *endgültig wahr* und für jedermann, der die erforderlichen Definitionen und Regeln beherrscht, nachprüfbar und damit objektiv.

Empirisch bewährte Aussagen — *Empirisch bewährte Aussagen* sind dagegen Aussagen, die vor allem in den Naturwissenschaften eine Rolle spielen, aber auch in der Volkswirtschaftslehre. Es sind Aussagen, die Ursache-Wirkungs-Zusammenhänge zwischen verschiedenen Phänomenen behaupten, z. B. Aussagen wie: „Immer wenn der Preis eines Gutes bei konstanter Kaufkraft sinkt, wird von diesem Gut pro Kopf mehr gekauft." Aussagen dieser Art können nicht anhand eines definitorischen Regelsystems überprüft werden, sondern letztlich nur mit Hilfe von Experimenten. Da Experimente nun aber immer nur die Vergangenheitserfahrungen widerspiegeln können und es immer denkbar ist, dass ein Experiment in Zukunft auf Grund bisher nicht aufgetretener oder bisher nicht messbarer Effekte gegen die Wahrheit einer behaupteten Kausalbeziehung spricht, müssen empirisch bewährte Aussagen der Erfahrungswissenschaften als zwar objektiv, aber nur *vorläufig wahr* eingestuft werden.

Normativ anerkannte Aussagen — *Normativ anerkannte Aussagen* ethischer und ästhetischer Art spielen hauptsächlich in den Kulturwissenschaften eine Rolle. Sie beschreiben z. B. moralische Gebote oder Aussagen darüber, was als Kunst und was als Kitsch gelten soll. Diese Aussagen sind weder über ein System von Definitionsregeln noch über Experimente kontrollierbar; sie beruhen vielmehr auf *subjektiven Urteilen* und können nur dann als *vorläufig wahr* eingestuft werden, wenn sie bei Abstimmungen auf ein großes Maß an Zustimmung stoßen, insbesondere bei Abstimmungen unter Experten, die in dem jeweiligen Wissenschaftsbereich literarisch ausgewiesen sind.

Zusammenfassend können wir also sagen, dass für alle Wissenschaften das Streben nach Wahrheit und Überprüfbarkeit ihrer Aussagen eine Rolle spielt, dass man aber drei unterschiedliche Wahrheitskriterien unterscheiden muss, die jeweils für spezifische Aussagenkategorien gelten:

▶ das formalwissenschaftliche Wahrheitskriterium der Übereinstimmung einer Aussage mit einem System von Definitionen und Regeln,

▶ das erfahrungswissenschaftliche Wahrheitskriterium der Übereinstimmung einer Aussage mit bisher durchgeführten empirischen Untersuchungen, d. h. die Erfahrungskonformität der Aussage, und

▶ das kulturwissenschaftliche Wahrheitskriterium der Übereinstimmung einer Aussage mit der Meinung der Mehrheit der Bevölkerung oder doch wenigstens der Experten.

Mit Bezug auf unseren Eingangsdialog kann man Folgendes sagen: Person 1 ist in ihrer ersten Aussage von einer normativen Forderung ausgegangen (Arbeitslosigkeit ist schlecht und sollte bekämpft werden) und hat diese Forderung mit einer erfahrungswissenschaftlichen Behauptung verknüpft: Immer wenn man ein staatliches Konjunkturprogramm durchführt, wird die Arbeitslosigkeit reduziert. Person 2 hat der erfahrungswissenschaftlichen Behauptung der Person 1 widersprochen und ihr eine andere erfahrungswissenschaftliche Behauptung entgegengehalten. Person 1 hat darauf mit der Unterstellung geantwortet, dass Person 2 andere Normvorstellungen als sie selbst oder nicht begriffen habe, dass die Bekämpfung von Arbeitslosigkeit aus normativer Sicht wichtig sei. Normative Forderungen und empirische Behauptungen wurden also nicht klar voneinander getrennt, und dies führte dazu, dass Person 1 und Person 2 aneinander vorbeiredeten.

Nun wollen wir uns der *Prüfung volkswirtschaftlicher Theorien* zuwenden. In der Volkswirtschaftslehre gibt es zwar auch formalwissenschaftliche und normative Aussagen (z. B. bei der Anwendung von Messvorschriften oder der Formulierung von Handlungszielen), die wichtigste Rolle spielen aber erfahrungswissenschaftliche Aussagen. Sie werden zusammen mit rein deskriptiven (beschreibenden) Aussagen auch als *positive Aussagen* bezeichnet. Es erhebt sich nun die Frage, wie man die Wahrheit von erfahrungswissenschaftlichen Aussagen in der Volkswirtschaftslehre feststellen kann, denn es ist ja unmittelbar ersichtlich, dass Experimente, in denen man – wie in den Laborexperimenten der klassischen Physik – dafür sorgen kann, dass ein und nur ein Faktor isoliert verändert wird, in der Volkswirtschaftslehre auf nicht unerhebliche Schwierigkeiten stoßen. Gleichwohl benötigen wir Methoden, um bewährte (also erfahrungskonforme) erfahrungswissenschaftliche Aussagen von so genannten falsifizierten (also erfahrungsinkonformen) Aussagen unterscheiden zu können. Es gibt vier Methoden zur Prüfung solcher Aussagen, die nun an vier Beispielen erläutert werden sollen: Laborexperimente (Beispiel 1), Parallelgruppenexperimente (Beispiel 2) (→ vgl. S. 57), ökonometrische Analysen (Beispiel 3) (→ vgl. S. 58) und Fragen zur Einschätzung der Erfahrungskonformität (Beispiel 4) (→ vgl. S. 59).

Als erstes Beispiel soll ein *Laborexperiment* besprochen werden. Ausgangspunkt soll das in *Abbildung 2.6* (→ vgl. S. 54) dargestellte Ergebnis eines Laborexperiments zum Zweiten Gossenschen Gesetz sein.

Das Diagramm zeigt den *Substitutionseffekt*, der sich in einem Verbrauchsexperiment aus einer kaufkraftkompensierten Preisänderung ergeben hat: Ein Konsument wurde bei vorgegebenem Budget vor die Wahl zwischen zwei Getränken mit vorgegebenen Preisen gestellt. Zunächst galt die Budgetlinie BG_1 mit gleichen Preisen für die beiden Ge-

Prüfung volkswirtschaftlicher Theorien

Laborexperimente

tränke, und der Verbraucher wählte den Punkt O^v. Dann wurde der relative Preis des Gutes 2 stark gesenkt, wobei die dadurch induzierte Kaufkrafterhöhung so ausgeglichen wurde, dass der Punkt O^v weiterhin hätte realisiert werden können. Die Budgetlinie BG_2 verlief nun wesentlich steiler. Wie es dem *Zweiten Gossenschen Gesetz* und der äquivalenten Aussage entspricht, dass Optimalpunkte dort liegen, wo Budgetlinien zu Tangenten an Indifferenzkurven werden, wählte der Verbraucher jedoch nicht mehr den Punkt O^v, sondern den Punkt O^n. Dies trägt der Tatsache Rechnung, dass die Budgetlinie nun wesentlich steiler verläuft und deshalb auch einen Tangentialpunkt im steileren Abschnitt der Indifferenzkurven hat.

Abb. 2.6 | **Ergebnisse eines Laborexperiments zum Zweiten Gossenschen Gesetz**

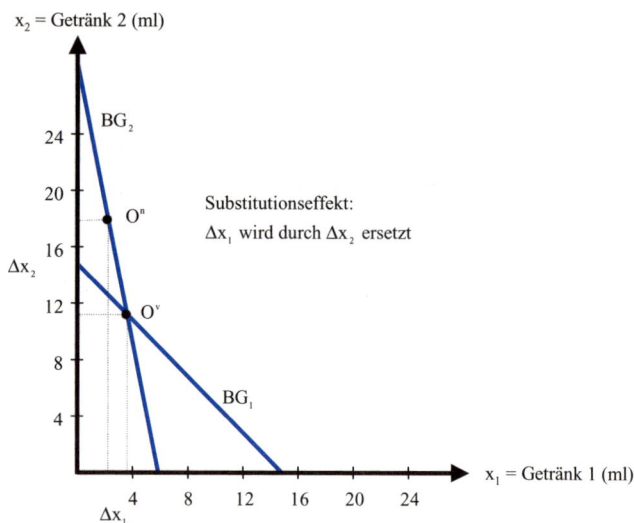

Für das Experiment wurde ein zweistufiger Versuchsaufbau gewählt, der das Wahlverhalten vor und nach einer Preisänderung zeigte. In der *ersten Runde* (vor Preisänderung) wurde der Versuchsperson Folgendes vorgegeben:

▶ das Ausgangs-Budget in Höhe von $B^v = 14{,}8$ und
▶ der Ausgangs-Preisvektor für zwei Güter, nämlich $p_1 = 1$ und $p_2 = 1$.

Das Budget musste voll verausgabt werden, als Budgetverwendung konnte eine beliebige x_1-x_2-Mengenkombination gewählt werden.

Die Gleichung der Budgetgeraden erhält man unter diesen Umständen, wenn man die vorgegebene Budgetsumme (hier 14,8) und den Preisvektor (hier $p_1 = 1; p_2 = 1$) in die allgemeine Gleichung einer Budgetgeraden einsetzt:

$$B^v = p_1 x_1 + p_2 x_2$$
$$14,8 = 1 \cdot x_1 + 1 \cdot x_2 \text{ oder}$$
$$x_2 = 14,8 - x_1 \text{ (Gleichung für } BG_1\text{)}.$$

Bei Gültigkeit dieser Budgetgeraden wurde die Budgetverwendung O^v mit

$$x_1 = 3,6 \text{ und } x_2 = 11,2$$

beobachtet. Hierdurch wird das Budget vollständig aufgebraucht, denn

$$1 \cdot 3,6 + 1 \cdot 11,2 = 14,8.$$

In der *zweiten Runde* wurde ein neuer Preisvektor vorgegeben: $p_1 = 1$ und $p_2 = 0,2$. Die Budgetsumme wurde so gewählt, dass die durch die Variation von p_2 bedingte Kaufkraftänderung gerade kompensiert wurde, d. h. dass die Kombination O^v auch nach der Preisänderung wieder hätte gekauft werden können. Die erforderliche Budgetsumme B^n wurde ermittelt, indem man fragte, welche Budgetsumme beim neuen Preisvektor zum Kauf der alten Mengenkombination ($x_1 = 3,6; x_2 = 11,2$) erforderlich ist:

$$B^n = 1 \cdot 3,6 + 0,2 \cdot 11,2 = 3,6 + 2,2 = 5,8.$$

B^n und der neue Preisvektor wurden der Versuchsperson vorgegeben. Die Gleichung der neuen Budgetgeraden BG_2 erhält man, wenn man die neue Budgetsumme und den neuen Preisvektor in die allgemeine Gleichung für Budgetgeraden einsetzt:

$$B^n = p_1 x_1 + p_2 x_2$$
$$5,8 = 1 \cdot x_1 + 0,2 \cdot x_2$$
$$x_2 = 29 - 5x_1 \text{ (Gleichung für } BG_2\text{)}.$$

Beobachtet wurde in dem konkreten Experiment, dass die Versuchsperson die Kombination $x_1 = 2,2$ und $x_2 = 18,1$ realisierte. Dies entspricht der Prognose des *Zweiten Gossenschen Gesetzes*. Die Budgetsumme wurde im neuen Optimalpunkt O^n aufgebraucht, denn

$$1 \cdot 2,2 + 0,2 \cdot 18,1 = 5,8.$$

Der Verbraucher, dessen Konsumverhalten in dem in Abbildung 2.6 dargestellten Experiment getestet wurde und der den Substitutionseffekt so schön illustrierte, war eine männliche Albinoratte. Die Budgetlinie wurde dadurch erzeugt, dass die Ratte nur für eine beschränkte Zeit in einen Käfig mit zwei Tasten gelassen wurde, die gedrückt werden mussten, um die beiden Getränke abzugeben. In der vorgegebenen Zeit (= Budgetbeschränkung) war es lediglich möglich, eine begrenzte Zahl von Tastendrücken zu vollziehen. Auf jeden Tastendruck hin wurde eine bestimmte Menge der Flüssigkeiten 1 bzw. 2 abgegeben. Die Preissenkung bei Getränk 2 wurde dadurch erzeugt, dass die jeweils abgegebene Flüssigkeitsmenge nach der Preisvariation größer war als vorher. Die Ratte stand also vor der Situation, dass sie Ein-Tastendruck-Einheiten bilden, deren Grenznutzen intuitiv ermitteln und ihn mit dem Grenznutzen der Ein-Tastendruck-Menge der jeweils anderen Flüssigkeit vergleichen musste. Das Experiment ist von einem Forscher – JOHN KAGE [1975] – berichtet worden, der sich mit dem ökonomischen Verhalten von Tieren beschäftigt. Ein weit verbreitetes angelsächsisches Lehrbuch beschrieb es unter der Überschrift: „Substitution: Even rats do it" [BECK et al., 1994, S. 89].

Selbstverständlich hätte man solch ein Experiment auch mit Menschen durchführen können. Das ist sogar leichter, und man tut so etwas auch. So hätte man z. B. freiwilligen Versuchspersonen einen bestimmten Geldbetrag mit der Auflage zuteilen können, ihn in zwei Kaufrunden vollständig auf den Kauf zweier Güter zu verwenden, die sie dann als Belohnung für die Teilnahme am Experiment behalten dürften. Dass sich im Rattenexperiment ein Ergebnis einstellte, das man von Experimenten mit Menschen schon kannte, ist ein Indiz dafür, dass das Verhalten nach dem Zweiten Gossenschen Gesetz in unserem Erbgut verankert ist und dass wir dieses Verhaltensprogramm mit anderen Säugetieren teilen. Experimente mit Tieren, die zeigen, dass menschliche Verhaltensdispositionen für ganze Gruppen von Säugetieren gelten, verstärken deshalb unser Vertrauen in solche Gesetzmäßigkeiten.

Laborexperimente wie das eben geschilderte führen – wie bereits erwähnt – nur dann zu sinnvollen Ergebnissen, wenn man eine wichtige Voraussetzung erfüllen kann: Die Variation, deren Wirkung man untersuchen will (im Rattenexperiment also die Senkung des Preises p_2), muss die einzige Bestimmungsgröße für eine zu erklärende Erscheinung (hier die Budgetaufteilung) sein, deren Wert geändert wird. Ist dies der Fall, sagen wir, dass eine *Ceteris-paribus-Variation* vorliegt, d. h. dass die Variation „bei sonst gleich bleibenden" übrigen Bestimmungsfaktoren stattfindet. Um dies im Rattenexperiment sicherzustellen, haben wir den Kaufkrafteffekt der Variation von p_2 eliminiert und konnten so den reinen Substitutionseffekt beobachten. Ist die Ceteris-paribus-Bedingung nicht erfüllt, beobachtet man als Ergebnis eines Experiments nicht Einzel-, sondern Kombinationseffekte. Ohne Kaufkraftkompensation hätten wir im Rattenexperiment die Kombination von Kaufkraft- und Substitu-

Ceteris-paribus-Variation

tionseffekten beobachtet. Es ist wichtig, sich dies ganz klar zu machen; unterlässt man es, sich zu fragen, ob die Ceteris-paribus-Bedingung bei einem Experiment erfüllt war, kann man nämlich zu völlig falschen Schlussfolgerungen gelangen. Aus der Tatsache, dass Flugzeuge fliegen, darf man also z. B. nicht schlussfolgern, dass die Gesetze der Schwerkraft nicht mehr gelten, denn das Nicht-Herabfallen wird ja dadurch bedingt, dass die an sich durchaus wirksamen Fallgesetze von entgegengesetzt wirkenden Strömungsgesetzen in Bezug auf die Effektsumme kompensiert (Horizontalflug) oder überkompensiert (Steigflug) werden.

Nahezu alle volkswirtschaftlichen Gesetzesaussagen sind Ceteris-paribus-Aussagen. Es ist aber oft sehr schwer, die Ceteris-paribus-Bedingung zu realisieren. Wie wir noch sehen werden, folgt aus dem Gesetz, dass eine Preisvariation bei allen Menschen i. d. R. eine Budgetumverteilung zugunsten des relativ billiger gewordenen Gutes verursacht, dass ein wichtiges Nachfragegesetz aufgestellt werden kann. Dieses beschreibt die Reaktion von Nachfragern auf Variationen des Preises eines Gutes und besagt, dass die nachgefragte Menge eines Gutes bei Preissenkungen in aller Regel zunimmt. Diese Aussage ist über ein Laborexperiment nicht überprüfbar, denn auf einem konkreten Markt gibt es sehr viele Nachfrager, und es ändern sich fast immer viele Faktoren gleichzeitig, welche für die Nachfragemenge insgesamt von Bedeutung sind. Da wir die Nachfrager zur Isolierung des Preiseffektes nicht gleichsam unter eine Glasglocke stellen können, muss man deshalb auf andere Prüfmethoden zurückgreifen.

Eine Methode, von der man in solchen Fällen Gebrauch machen kann, ist das so genannte *Parallelgruppenexperiment*, das aus der Prüfung von Arzneimitteln auch als *Doppelblindversuch* bekannt ist: Will man die Wirksamkeit eines Arzneimittels prüfen, zieht man zunächst (z. B. durch Würfeln) eine Zufallsauswahl von Patienten und teilt diese – abermals nach einem Zufallsmechanismus – in eine Versuchs- und eine Kontrollgruppe. Vergleicht man nun die Eigenschaften der Patienten der Versuchs- mit denen der Kontrollgruppe, wird man feststellen, dass die Mittelwerte jeder denkbaren Variablen (also z. B. der Geschlechterproportion, der Körpergröße, des Gewichts, der Haarfarbe usw.) nur durch kleine Zufallsunterschiede voneinander abweichen. Nun gibt man den Patienten der Versuchsgruppe das Medikament, denen in der Kontrollgruppe ein Placebo und lässt die Patienten, die selber nicht wissen, ob sie zur Versuchs- oder Kontrollgruppe gehören (Blindheit 1), von einem Arzt auf Heilung untersuchen, der die Gruppenzugehörigkeit ebenfalls nicht kennt (Blindheit 2). Der einzige systematische Unterschied zwischen den Patienten in der Versuchs- und in der Kontrollgruppe besteht somit darin, dass alle Patienten in der Versuchsgruppe das Medikament

Parallelgruppen-
experiment/
Doppelblindversuch

erhalten (Durchschnittswert 1), alle Patienten in der Kontrollgruppe dagegen nicht (Durchschnittswert 0). In Bezug auf die systematischen Differenzen zwischen den beiden Gruppen, die sich in großen Mittelwertdifferenzen spiegeln, ist die Ceteris-paribus-Bedingung somit erfüllt. Zeigen sich nun auch bei den Heilungs-Mittelwerten die erhofften systematischen Unterschiede, kann man sagen, dass das Parallelgruppenexperiment für die Wirksamkeit des getesteten Arzneimittels spricht.

Völlig analog können wir auch das Nachfragegesetz von der mengenerhöhenden Wirkung einer Preissenkung prüfen: Man würfelt z. B. aus, in welchen Postleitzahlengebieten die Preise für ein Gut versuchsweise gesenkt werden sollen, und prüft anschließend, ob es systematische Unterschiede zwischen den Mengen pro Kopf gibt, die in Postleitzahlengebieten der Versuchsgruppe bzw. in denen der Kontrollgruppe gekauft wurden. Filialisierte Unternehmen führen ähnliche Experimente z. B. durch, um herauszubekommen, wie sich eine Preissenkung auf den Umsatz auswirken würde.

Ökonometrische Analysen   Eine dritte Testmöglichkeit besteht in so genannten *ökonometrischen Analysen* im Rahmen *vollständiger Erklärungsmodelle.* Hierfür muss man zunächst eine Hypothese darüber aufstellen, welche Variablen überhaupt einen Einfluss auf eine zu erklärende Größe ausüben. Im Falle der Nachfrage nimmt man z. B. an, dass der eigene Preis des betrachteten Gutes (p^E), die Preise aller Substitutions- und Komplementärgüter (p^S und p^K) sowie die Zahl (b) und das Durchschnittseinkommen (e) der als Nachfrager in Betracht kommenden Bürger die Höhe der Nachfragemenge systematisch (fühlbar) beeinflussen. Von allen anderen Einflussgrößen nimmt man an, dass sie zu einem Zufallsterm (u) mit vernachlässigbar geringem Einfluss zusammengefasst werden können. Gibt es nur ein Substitutions- und auch nur ein Komplementärgut, kann man diese Hypothese kompakt folgendermaßen schreiben:

$$x = f(p^E, p^S, p^K, e, b, u).$$

Gibt es mehrere Substitutions- und/oder Komplementärgüter, muss man dafür mehrere Variablen in die Bestimmungsgleichung für x aufnehmen. Es gibt nun Rechenverfahren wie z. B. die mehrdimensionale Regressionsanalyse, die es gestatten, solche Funktionen anhand von Beobachtungsdaten zu spezifizieren (also die konkrete Funktionsgleichung aufzustellen) und damit auch die Einflussstärke der einzelnen Erklärungsvariablen zu zeigen. Wenn die Hypothese der Vollständigkeit des Vektors der Erklärungsvariablen stimmt, wird sich x niemals fühlbar ändern, wenn sich nicht wenigstens eine der aufgezählten Erklärungsvariablen geändert hat. Ist Vollständigkeit gegeben und die Funktion insgesamt spezifiziert, kann man die Einflussstärke einer speziellen Erklärungsvariablen durch partielle Differentiation aus der Erklärungsgleichung ableiten. Gälte z. B.

$$x = 0,5p^E + 0,2p^S + 0,1p^K + 0,6e + 0,4b + u, \text{ so folgte:}$$

$$\partial x / \partial p_1 = 0,5.$$

Hier wird die Ceteris-paribus-Bedingung also rechnerisch realisiert. *Tabelle 2.1* zeigt Ergebnisse einer solchen Untersuchung. Unter den dort aufgeführten **Elastizitäten** (→ Glossar) versteht man die prozentuale Änderung einer Effektvariablen (hier einer prozentualen Mengenänderung), die sich aus der Veränderung bei einer Ursachenvariablen (hier einer Preisbzw. einer Einkommensänderung) ergibt. Das Problem bei solchen Analysen ist, dass die Vollständigkeitsbedingung oft nicht erfüllt ist und dass versteckte Bestimmungsfaktoren dafür sorgen, dass die partiellen Ableitungen im Zeitablauf nicht stabil sind.

Elastizität

Eine vierte Möglichkeit zur Überprüfung von Hypothesen besteht schließlich in *Befragungen zur Erfahrungskonformität*. So könnte man z. B. eine Umfrage darüber durchführen, ob das Gesetz vom abnehmenden Grenznutzen mit den jeweiligen persönlichen Erfahrungen übereinstimmt. Man muss dabei beachten, dass es nicht um Zustimmungen zu normativen Aussagen geht, sondern um die Beantwortung von Fragen nach der Übereinstimmung von Gesetzesaussagen mit persönlichen Erfahrungen. Das Testen von Hypothesen über Befragungen ist bei sehr einfachen und klaren Aussagen durchaus möglich; bei etwas komplizierteren Aussagen zeigt sich jedoch oft, dass es Verständigungsschwierigkeiten gibt und dass die Befragten in Wirklichkeit jeweils andere Fragen beantworten, weil sie die einzelnen Fragen anders interpretieren.

Befragungen zur Erfahrungskonformität

Preis- und Einkommenselastizitäten wichtiger Gütergruppen | Tab. 2.1

Gütergruppe	Preiselastizität für 1993	Einkommenselastizität für 1993
Nahrung	− 0,296	0,637
Kleidung	− 0,323	1,028
Pflege	− 0,353	1,742
Bildung	− 0,352	1,101
Mobilität	− 0,357	1,209
Wohnen	− 0,324	0,720
Sonstiges	− 0,445	1,565

Quelle: MISSONG, M. [2004, S. 189 und S. 191–194].

Außerdem ist die Vertrautheit der einzelnen Teilnehmer an einer Befragung mit bestimmten Erfahrungstatbeständen oft sehr unterschiedlich. Deshalb muss man diesem Prüfmittel gegenüber misstrauisch sein.

Nun wollen wir uns der Frage zuwenden, welche Unterschiede zwischen Hypothesen, Gesetzen, Theorien und Modellen bestehen. Diese Begriffe werden in der Nationalökonomie häufig benutzt, und zwar zum Teil als Synonyma, zum Teil aber auch mit verschiedenen Bedeutungen.

Hypothesen versus Gesetze

Zunächst zum Unterschied zwischen *Hypothesen und Gesetzen*. Wie implizit schon deutlich geworden sein dürfte, aber noch nicht betont wurde, gibt es zwischen der logischen Struktur von Gesetzen und Hypothesen keinen Unterschied. Diese Struktur sieht so aus, dass man einen Satz der Form bildet: „Immer wenn man ceteris paribus eine Aktion x ergreift, dann zeigt sich eine Wirkung y." Haben sich solche Immer-wenn-dann-Aussagen bei empirischen Überprüfungen mehrfach als erfahrungskonform erwiesen, nennt man sie üblicherweise Gesetze; sind sie noch nicht häufig getestet worden, nennt man sie Hypothesen.

Hypothesen/Gesetze versus Theorien; Axiome

Nun zu *Hypothesen und Theorien*. Auch diese Worte werden oft im gleichen Sinne gebraucht. Wenn man einen Unterschied macht, dann bezeichnet man als Theorie ein echtes (d. h. wenigstens zwei Elemente umfassendes) System von Hypothesen/Gesetzen. So sind die beiden Gossenschen Gesetze z. B. Elemente der Konsumtheorie. Man strebt in allen Erfahrungswissenschaften an, dass Theorien in diesem Sinne aus Hypothesen/Gesetzen bestehen, die sich alle logisch aus möglichst einfachen Grundhypothesen (*Axiomen*) ableiten lassen.

Theorien versus Modell

Jetzt zum Unterschied zwischen *Theorien und Modellen*. Wenn man eine Theorie in mathematischer Form darstellen – d.h. durch Gleichungen beschreiben – kann, dann bezeichnet man die zugehörige Gleichung bzw. das Gleichungssystem gerne als ein Modell oder auch Formalmodell. Vielfach werden auch die Worte *Modell* und *Theorie* als Synonyma gebraucht. Es ist jedoch zweckmäßig, nur solche Modelle auch als *Theorien* zu bezeichnen, bei denen die Gleichungssysteme wenigstens in Bezug auf die Funktionsform und die Vorzeichen der Steigungen spezifiziert sind und bei denen die Variablen nicht nur einen Namen tragen, sondern so mit Messvorschriften verknüpft sind, dass sich aus der Theorie empirisch überprüfbare Aussagen ergeben.

Operationaldefinitionen

Solche Messvorschriften heißen *Operationaldefinitionen*. Diese Bezeichnung tragen sie, weil es sich um Definitionen handelt, in denen festgelegt wird, welche Operationen man durchführen muss, um in der Realität z. B. festzustellen, wann eine „Preisvariation" vorliegt. In einer solchen Messvorschrift muss dann z. B. geklärt werden, wie Rabatte zu behandeln sind. Wie man sich sicher vorstellen kann, ist es nicht immer einfach, Begriffe zu operationalisieren. Die statistische Bestimmung dessen, was „technischer Fortschritt" genannt werden soll, ist z. B. umstritten und kompliziert.

Nur Theorien im eben erläuterten Sinn haben einen *Realitätsbezug*. Damit sie hilfreich für uns sind, müssen sie außerdem *falsifizierbar* sein. Hierunter versteht man die Eigenschaft, dass sie etwas aussagen müssen, was im Prinzip falsch sein könnte, sich gleichwohl aber immer wieder als richtig erweist. Die Aussage: „Kräht der Hahn auf dem Mist, ändert sich das Wetter oder es bleibt wie es ist", ist z. B. nicht falsifizierbar, denn sie ist immer richtig. Sie vermittelt auch keine verwertbaren Informationen. Hieße die Aussage dagegen: „Kräht der Hahn auf dem Mist, ändert sich das Wetter", wäre die Aussage falsifizierbar; da sie darüber hinaus dann aber auch noch falsifiziert wäre – d. h. sich als nicht erfahrungskonform herausgestellt hätte –, wäre sie aber weiterhin uninformativ. *Verwertbar oder informativ* sind Theorien nur, wenn sie sowohl falsifizierbar als auch bewährt (d. h. nicht falsifiziert) sind. Damit Theorien informativ sind, brauchen sie keine vollständigen Abbilder der Realität zu sein. Im Gegenteil: In einem beschreibenden Sinn müssen sie sogar teilweise falsch sein. Das hat etwas mit einer Funktion von Theorien zu tun, die man als *Landkartenfunktion* bezeichnen kann: Eine Landkarte soll uns eine geographische Orientierung ermöglichen; dies verlangt, dass in dieser Karte Unwichtiges weggelassen wird. Würde man dies nicht tun, ginge die Orientierungsfunktion verloren. Man stelle sich bloß einmal einen Stadtplan vor, der im Maßstab 1:1 erstellt wird und alle Details enthält, die auf Straßen und an Häuserwänden feststellbar sind!

Wenn der *Grad der Abbildungstreue* von Theorien nun aber kleiner als 1 sein kann, stellt sich die Frage, was man an Fehlern denn tolerieren kann. Ist es – um einmal ein naturwissenschaftliches Beispiel zu benutzen – z. B. tolerierbar, einen Riesenplaneten wie etwa den Saturn bei einer Überprüfung der Gravitationsgesetze als idealen Punkt zu behandeln, oder muss man seiner Ausdehnung Rechnung tragen? Auf diese Frage soll ALBERT EINSTEIN (1879–1955) eine Antwort gegeben haben, die alles Wesentliche in zugespitzter Form auf den Punkt bringt: „Man muss versuchen, alles so einfach zu machen wie möglich, aber nicht einfacher!" Das bedeutet, dass man alles weglassen soll, was unwichtig in dem Sinn ist, dass die Prognosen, die eine Theorie ermöglichen soll, lediglich Fehler aufweisen, die mit Blick auf einen bestimmten Zweck als tolerierbar erscheinen. Wollen wir mit Hilfe der Gesetze der Schwerkraft also lediglich erklären, wie häufig wir einen Planeten in einer vorgegebenen Zeitspanne beobachten können, so dürfen wir seine Masse als in einem idealen Punkt konzentriert betrachten; wollen wir mit Hilfe einer Theorie dagegen ein Raumschiff dicht an diesem Planeten vorbeifliegen lassen, müssen wir auch auf seine Ausdehnung Rücksicht nehmen.

Falsifizierbarkeit

Verwertbarkeit
Informationsgehalt

Homo oeconomicus

Genauso verhält es sich in der Volkswirtschaftslehre. Hierzu ein Beispiel: In vielen Bereichen der volkswirtschaftlichen Theorie macht man von der Fiktion des so genannten **Homo oeconomicus** (→ Glossar) Gebrauch. Das ist ein Wesen, das als Unternehmer nichts anderes im Kopf hat, als egoistisch seinen Gewinn zu maximieren, und das als Konsument nur nach Nutzenmaximierung strebt und in beiden Rollen darüber hinaus als (nahezu) perfekt informiert gilt. Da es natürlich keine perfekt informierten Menschen gibt und die meisten auch keine krassen Egoisten sind, ist diese Annahme empirisch falsch. Sie ist im Bereich der Analyse von Individualgütermärkten – anders als im Bereich der Analyse von Kollektivgütermärkten – jedoch tragbar, weil zunächst fehlende Informationen hier auf Grund bestimmter Umstände sehr schnell erworben werden können und Benevolenz keine große Rolle spielt. Wir können in diesem Bereich also z. B. so tun, als ob Menschen keine Informationsprobleme hätten, weil sich diese objektiv falsche Annahme auf Grund der Möglichkeit eines schnellen Informationserwerbs auf unsere Prognosen so wenig auswirkt, dass einschlägige Fehler tolerierbar sind.

Der Fehlerbereich einer Theorie hängt außer von ihrem Abstraktionsgrad auch von Messfehlern ab, die beim Messen der Gegenstände gemacht werden, über deren Zusammenhänge eine Theorie etwas aussagt. Da man niemals alle Details berücksichtigen und keine beliebig genauen Messinstrumente konstruieren kann, gilt grundsätzlich, dass es *keine Messung ohne Fehler* gibt (Merkwort: KMOF). Welchen Abstraktionsgrad und welche Messfehler wir tolerieren können, hängt von dem Genauigkeitsgrad ab, den wir für unsere Prognosen auf Grund der sozialen Bedeutsamkeit der jeweiligen Theorie und des betrachteten Sachgebiets benötigen. Damit gilt auch: Es gibt *kein Messziel ohne Toleranzbereich* (Merkwort: KMOT). Bezeichnet man die gerade noch akzeptierbare Toleranzgrenze mit T, muss die mit Blick auf die Informationsfunktion einer Theorie anzustrebende Abbildungstreue also so beschaffen sein, dass der *Mess- und Abstraktionsfehler* gerade *unter T* liegt (Merkwort: MUT = *Mess- und Abstraktionsfehler unter T*, aber auch *Mut* zur Abstraktion). Also: Aus KMOF und KMOT folgt MUT. Im Raumschiffbeispiel könnte man folglich einen Planeten als Kugel mit symmetrischer Gewichtsverteilung modellieren, die einen bestimmten Durchmesser hat und von deren Mittelpunkt ein bestimmter Abstand eingehalten werden muss. Man würde dann dem Messziel „sichere Steuerung des Raumschiffes" genügen, obwohl auch das Kugelbild eines Planeten in rein beschreibender Hinsicht „unrealistisch" ist. Allgemein folgt hieraus: Eine Theorie darf nie abgelehnt werden, weil sie im beschreibenden Sinn „unrealistisch" ist. Sie muss aber (1) falsifizierbar, (2) nicht falsifiziert und (3) im Sinne des obigen Merksatzes so einfach wie möglich sein.

Produktionsfaktoren, Produktionspotenzial und Kosten der Güterproduktion – Kapitalintensivierung, technischer Forschritt und Gesetz vom abnehmenden Grenzertrag

2.1.3

Produktionsfaktoren (→ Glossar) oder kurz Faktoren nennen wir alles, was geeignet ist, Güter zu produzieren. Güter, die als Zwischenprodukte ihrerseits wiederum in der Güterproduktion eingesetzt werden, sind ebenfalls Faktoren.

Produktionsfaktoren

Wie bei den Gütern kann man auch bei den Produktionsfaktoren *freie und knappe Produktionsfaktoren* unterscheiden. Sonnenlicht ist in südlichen Ländern z.B. ein freier Produktionsfaktor, der bei der Produktion von Südfrüchten genutzt wird. Will man solche Früchte bei uns im Norden herstellen, muss man den freien Faktor Sonnenenergie durch den knappen Faktor künstliches Licht ersetzen.

Freie und knappe
Produktionsfaktoren

Neben knappen und freien Faktoren unterscheidet man – je nach dem Klassifikationszweck – *weitere Arten von Produktionsfaktoren*. In der Betriebswirtschaftslehre verwendet man in der Regel feinere Unterteilungen als in der Volkswirtschaftslehre. Die Nationalökonomen sind an der Prognose von maximal herstellbaren Gütermengen interessiert und unterschieden früher gerne zwischen den Produktionsfaktoren *Arbeit* mit dem Lohn als Preis, *Kapital* mit dem Zins als Preis und *Boden* mit einem Preis, für den auch heute vielfach noch der etwas altmodische Begriff „(Boden-)Rente" verwendet wird. Als Kapital bezeichnete man alle produzierten Produktionsmittel, das also, was man heute auch Produktivvermögen nennt. Der Boden bezeichnete dagegen den Boden, den wir als Standfläche für Gebäude nutzen, den Boden, den wir in der Landwirtschaft nutzen, und die Bodenschätze, die über den Bergbau zutage gefördert werden können.

Arbeit, Kapital, Boden

Die Verwendung des Begriffes „Kapital" für „produzierte Produktionsmittel" entspricht nicht der heutigen Umgangssprache und ist deshalb erklärungsbedürftig. Das Wort „Kapital" geht auf eine Zeit zurück, als Herden von Vieh (lateinisch pecus) als Geld benutzt wurden (daher unser Wort „pekuniär"). Eine Geldmenge wurde damals als Anzahl der „Köpfe" (lateinisch caput) in der Viehherde gemessen. „Kapital" bezeichnete ursprünglich also ein Vermögen, wie es von einer Viehherde repräsentiert wurde. Dies deutet schon auf die Verwendung zur Kennzeichnung von Produktivvermögen hin. Noch besser können wir uns den Sachverhalt aber klar machen, wenn wir wieder auf unser Robinson-Beispiel zurückgreifen.

Nehmen wir an, Robinson habe eines Tages Glück beim Fischefangen und Früchtesammeln gehabt und verfüge nun über einen Lebensmittelvorrat, der die Nahrung für einige Tage sicherstellt. Dies nutzt er, so wollen wir weiter annehmen, um ein Netz zu knüpfen, das den zukünftigen Fischfang erleichtern soll. Oder in der Fachsprache der Ökonomen: Robinson knüpft ein Netz, um damit seine *Produktivität* beim Fischefangen (d. h. die Zahl der pro Arbeitsstunde gefangenen Fische) zu erhöhen. Was ihn dazu in die Lage versetzt, sind die angesparten Konsumgütereinheiten. Dies entspricht dem *Startkapital* von jemandem, der sich selbstständig machen und seinen Lebensunterhalt auch in der Anlaufzeit des Geschäftes sicherstellen will. Hat Robinson das Netz fertig gestellt, kann er dieses Kapital (= Produktivvermögen) mit Arbeit kombinieren und damit die Arbeitsproduktivität vergrößern. Weil das Netz als solches nun aber ebenfalls mit Hilfe von Arbeit hergestellt wurde, sprachen die älteren Nationalökonomen – so auch v. DIETZE, EUCKEN und LAMPE in ihrer oben erwähnten Wirtschaftsfibel (→ vgl. S. 28) – davon, dass Kapital „vorgetane Arbeit" sei und dass die Produktivität Robinsons über einen „Produktionsumweg" erhöht worden sei. Statt von einem „Vortun" von Arbeit spricht man auch von einem „Einkleiden" von Arbeit in *Investitionen* (abgeleitet aus lateinisch vestis = Kleidung). In unserem Beispiel wurde der Lebensmittelvorrat als Startkapital angespart und dann zur Schaffung eines *Kapitalstocks* (des Netzes) investiert.

Produktivität

Kapitalstock/Investition

Die Unterscheidung von *Arbeit*, *Kapital* und *Boden* als Produktionsfaktoren entsprach den Produktionsbedingungen in einer Volkswirtschaft, die landwirtschaftlich geprägt ist und in der es keinen fühlbaren technischen Fortschritt gibt. Diese Bedingungen sind heute nicht mehr realisiert. Daher benutzt man eine *moderne Einteilung der Produktionsfaktoren* in erstens *Arbeit*, zweitens *Kapital* im Sinne von Produktivvermögen, das sowohl produzierte Produktionsmittel als auch den Boden im bis dato verwendeten Sinn umfasst und genauer als Sachkapital bezeichnet wird, und drittens technisches *Wissen* oder *Know-how*. Letzteres wird – jedenfalls wenn und soweit es sich in den Fähigkeiten von Arbeitskräften niederschlägt – auch *Humankapital* genannt, weil es das Ergebnis von arbeitsaufwändigen Lernprozessen ist. Der Arbeitseinsatz wird in Arbeitsstunden, der Kapitaleinsatz mit Hilfe des Wiederbeschaffungswertes des eingesetzten Produktivvermögens und das technische Wissen über durchschnittliche Ausbildungsjahre oder über besondere Fortschrittsmaße gemessen, auf die in diesem Einführungsbuch nicht näher eingegangen werden kann.

Robinson verfügte nach seiner Ankunft auf der Insel zunächst nur über zwei Produktionsfaktoren: seine Arbeitskraft A und das Humankapital T, das er aus der zivilisierten Welt mitgebracht hatte. Wir können nun eine *Produktionsfunktion* aufstellen, die zeigt, welches Produktionsergebnis (welchen *Output*) Y Robinson auf Grund dieser Produktionsfunktion mit seinem *Input* erreichen könnte. Dabei kann man zwischen

Produktionsfunktion/ Input/Output

einer tatsächlichen, einer normalen und einer maximalen Beanspruchung der Inputfaktoren unterscheiden. Lässt man diese Nuancierung aber zunächst einmal beiseite, lautet Robinsons Produktionsfunktion in allgemeiner Form:

$$Y = Y(A, T).$$

In dieser Funktion wird das Produktionsergebnis als abhängig von den Inputwerten A und T beschrieben.

Produktionsfunktionen kann man aber nicht nur als Funktionsgleichungen, sondern auch mit Hilfe verschiedener Kennzahlen beschreiben. Eine sehr wichtige ist die *Arbeitsproduktivität* π^A. Dies ist eine auch von den übrigen Produktionsfaktoren abhängige Kennzahl, die man erhält, wenn man das Produktionsergebnis Y rechnerisch auf die eingesetzten Arbeitsstunden bezieht, also den Bruch $\pi^A = Y/A$ bildet. Produktivitätskennziffern ergeben sich ganz allgemein, wenn man das Ergebnis eines Produktionsprozesses auf einen oder mehrere Inputfaktoren bezieht. Diese Kennziffern werden stets danach benannt, was im Nenner steht. **Arbeitsproduktivität**

Kennt man den Wert von π^A, kann man Y daraus ermitteln, indem man das Produkt von π^A und A bildet: $Y = \pi^A A$. Da sich π^A in einem Land längerfristig mit einer gewissen Kontinuität entwickelt und A kalendermäßig abschätzbar ist, verwendet man diese Gleichung gerne für Prognosen von Y.

Wie im Netzbeispiel schon erläutert, kann π^A über eine *Kapitalintensivierung* erhöht werden. Das lässt sich mit Hilfe der folgenden Erweiterung verdeutlichen (K = Kapital):

$$\pi^A = \frac{Y}{A} = \frac{Y}{K} \cdot \frac{K}{A}.$$

Y/K ist die *Kapitalproduktivität* π^K, K/A nennt man dagegen *Kapitalintensität* ι^K. Allgemein kennzeichnen Intensitäten (die man gerne mit dem griechischen Buchstaben ι bezeichnet) Faktoreinsatzverhältnisse. **Kapitalintensität**

Die Kapitalintensität ι^K zeigt, mit wie viel Produktivvermögen ein Arbeitsplatz (d. h. ein „Paket" von Arbeitsstunden) ausgestattet ist. Für Robinson hat ι^K den Wert „ein Fischernetz".

Nach Fertigstellung des Netzes wird aus der Produktionsfunktion $Y = Y(A, T)$ die Funktion $Y = Y(A, K, T)$. Unter Verwendung von Produktivitäts- und Intensitätskennziffern können wir hierfür auch schreiben:

$$Y = \pi^A \cdot A = \pi^K \cdot \iota^K \cdot A.$$

Der Output ergibt sich nach dieser Gleichung als Produkt der Kapitalproduktivität, der Kapitalintensität und der Zahl der eingesetzten Arbeitsstunden. Kennt man diese Werte (was in modernen Volkswirtschaften der Fall ist), kann man den Wert des erzielbaren Outputs also abschätzen, wenn man die verfügbaren Arbeitsstunden mit π^K und ι^K multipliziert.

Produktionspotenzial   Mit Hilfe von statistischen Aufzeichnungen über die Höhe des Bestandes an Produktionsfaktoren kann man das **Produktionspotenzial** ($\rightarrow$ Glossar) einer Volkswirtschaft feststellen. Hierunter wollen wir in einer noch etwas unscharfen Definition den Wert der Leistungen verstehen, die bei Normalauslastung des Produktionsfaktorbestandes innerhalb eines Jahres in einer Volkswirtschaft produziert werden können. Dieses Produktionspotenzial, das man auch als potenziellen Output bezeichnen kann, wird in Wertgrößen – normalerweise in Mrd. € – angegeben. Es wird mit Hilfe von Produktivitäts- und Intensitätskennziffern oder mit Hilfe einer Produktionsfunktion aus den Beständen an Produktionsfaktoren ermittelt. Für Deutschland lautet die Produktionsfunktion, die – wie wir noch sehen werden – einer Nutzenfunktion ähnelt, in vereinfachter Form:

$$Y = T \cdot A^{0,7} \cdot K^{0,3}.$$

A ist der Einsatz an Arbeitsstunden (entweder der tatsächliche Einsatz oder – bei einer Potenzialermittlung – das Arbeitspotenzial), K ist der Kapitalstock, d. h. der Wert des eingesetzten Produktivvermögens, und T ist die so genannte *totale Faktorproduktivität*, eine Kennziffer für den Stand des technischen Wissens. Logarithmiert man diese Gleichung und differenziert sie nach der Zeit, entsteht eine Wachstumsratengleichung. Bezeichnet man mit $w(Y)$ die Wachstumsrate des Produktionspotenzials, mit $w(T)$ die Wachstumsrate des technischen Wissens, mit $w(A)$ die Wachstumsrate des Arbeitspotenzials und mit $w(K)$ die Wachstumsrate des Sachkapitalstocks, ergibt sich [DEUTSCHE BUNDESBANK, 2003, S. 48]:

$$w(Y) = w(T) + 0{,}7w(A) + 0{,}3w(K).$$

Abbildung 2.7 zeigt, wie sich die Wachstumsraten des deutschen Produktionspotenzials in den letzten 30 Jahren entwickelt haben.

Wir haben oben die Produktionsfunktion für Deutschland mit $Y = T \cdot A^{0,7} \cdot K^{0,3}$ angegeben. Will man das Produktionspotenzial Y für ein bestimmtes Jahr ausrechnen, muss der Wert des Kapitalstocks K (in Mrd. €), der Wert des Arbeitspotenzials A (in Mrd. Arbeitsstunden) und der Wert für T eingegeben werden. T ist wie gesagt ein Maß für den Stand des technischen Wissens (die so genannte totale Faktorproduktivität) und hatte im Jahr 2000 etwa den Wert 10. Damit galt damals die Produktionsfunktion $Y = 10 \cdot A^{0,7} \cdot K^{0,3}$. Diese Funktion ist in *Abbildung 2.8* abgebildet. Setzt man in dieser Funktion außer für T auch für einen weiteren Produktionsfaktor einen Wert fest (z. B. für K den Wert K = 7500),

Wachstum des deutschen Produktionspotenzials | Abb. 2.7

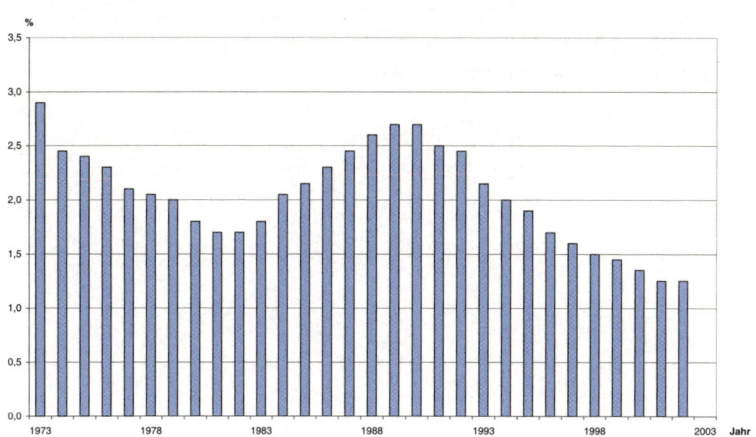

Quelle: Darstellung in Anlehung an DEUTSCHE BUNDESBANK [2003, S. 48].

Darstellung einer C-D-Produktionsfunktion | Abb. 2.8

Graph der C-D-Produktionsfunktion $Y = 10 \cdot A^{0,7} \cdot K^{0,3}$

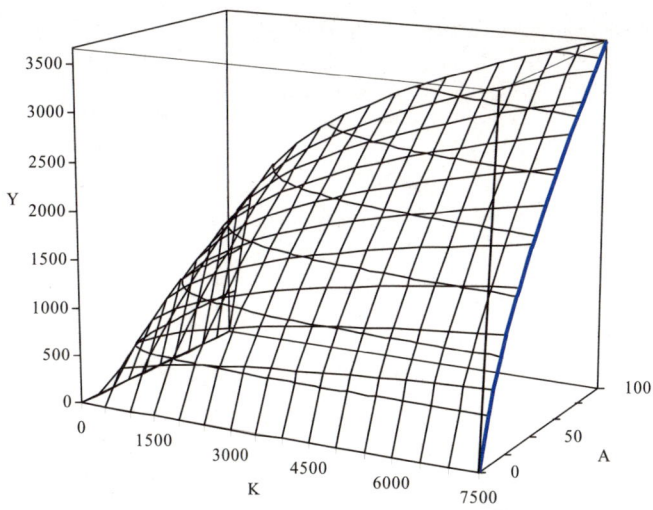

Partielle Ertragsfunktion   erhält man eine *partielle Ertragsfunktion*. Diese Funktion ist in *Abbildung 2.9* in einem zweidimensionalen Diagramm dargestellt. Sie zeigt in unserem Beispiel, um wieviel Y kurzfristig steigen würde, wenn man den Arbeitseinsatz bei gegebener Ausstattung mit Produktivvermögen durch eine Erhöhung des Beschäftigungsgrades (z.B. im Wege von Überstunden)

Abb. 2.9 | **Darstellung der partiellen Ertragsfunktion und der partiellen Grenzertragsfunktion**

Graph der partiellen Ertragsfunktion $Y|_{K=7500} = 145{,}4 \cdot A^{0,7}$.

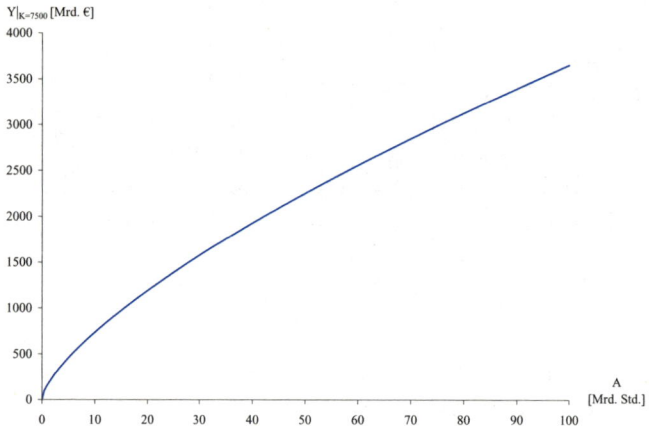

Graph der partiellen Grenzertragsfunktion $\frac{\partial Y}{\partial A}\big|_{K=7500} = 101{,}8 \cdot A^{-0,3}$.

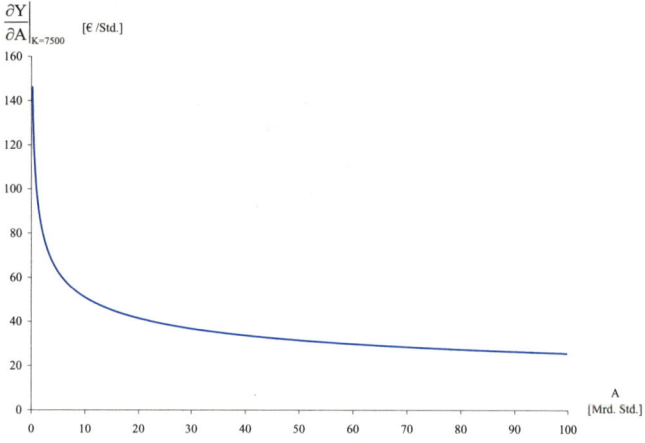

vergrößern würde. Wie eine partielle Nutzenfunktion steigt auch die partielle Ertragsfunktion mit abnehmenden Zuwächsen. Und wie eine Grenznutzenfunktion fällt auch die in der Abbildung abgebildete *partielle Grenzertragsfunktion*. Dies entspricht einem allgemeinen Erfahrungsgesetz, dass auf den Physiokraten A.R.J. TURGOT (1727–1781) zurückgeht. Es ist für alle Arten von Produktionsprozessen gültig und heißt *Gesetz vom abnehmenden Grenzertrag*.

Ausgehend vom Begriff des Produktionspotenzials wollen wir nun erarbeiten, wieso in einer Volkswirtschaft *Kosten* entstehen und was man genau darunter zu verstehen hat. Zur rein begrifflichen Erläuterung wollen wir uns dabei wieder des vereinfachten Modells unserer Robinson-Wirtschaft bedienen und annehmen, dass nur zwei Güterbündel produziert werden (z. B. x_1 = Jagd- und x_2 = Sammelgüter). Das Produktionspotenzial dieser Wirtschaft kann man mit Hilfe einer Kurve darstellen, die in *Abbildung 2.10* abgebildet ist und entweder als *Transformationskurve* (TK) oder als *Produktionsmöglichkeitenkurve* bezeichnet wird. Die Bezeichnung *Produktionsmöglichkeitenkurve* macht deutlich, dass es sich um eine Darstellung des Produktionspotenzials einer Wirtschaft handelt. Dies wird in der Grafik näher erläutert. Auf den beiden Achsen des hier dargestellten Zwei-Güter-Raumes wird abgetragen, was man bei Normalauslastung des Produktionspotenzials der betrachteten Wirtschaft maximal an x_2 bzw. x_1 produzieren könnte. Nun braucht man sich aber natürlich nicht auf eines der Güter 1 oder 2 zu spezialisieren, sondern kann auch eine Kombination dieser Güter herstellen. Welche Kombinationsmöglichkeiten produktionstechnisch realisierbar sind, wird von

Marginal notes:
Gesetz vom abnehmenden Grenzertrag

Kosten

Transformationskurve oder Produktionsmöglichkeitenkurve

Die Transformations- oder Produktionsmöglichkeitenkurve | Abb. 2.10

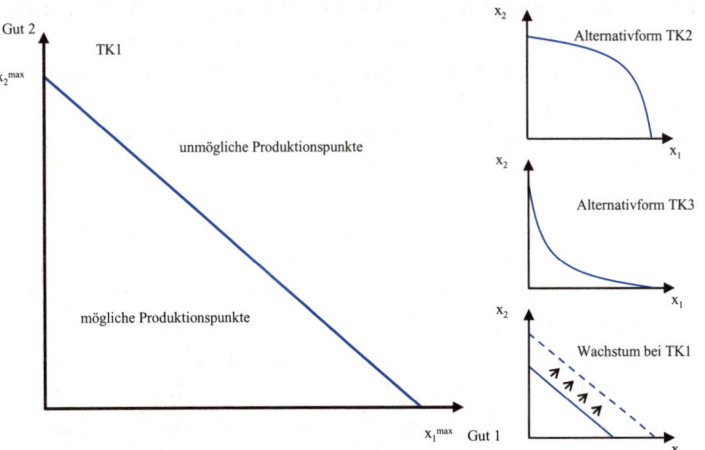

der Produktionsmöglichkeitenkurve gezeigt. Diese ist in dem sehr einfachen Fall, der im linken Teil der Abbildung betrachtet wird, eine Gerade. In Abhängigkeit von den technischen Zusammenhängen könnte es aber auch eine Kurve wie TK 2 oder TK 3 oder eine noch kompliziertere Kurve sein. TK 2 und TK 3 sind im rechten Teil der Abbildung dargestellt, und dort ist auch gezeigt, wie sich ein – z. B. durch Kapitalintensivierung und technischen Fortschritt erzeugtes – *Wachstum des Produktionspotenzials* bemerkbar machen würde: Es würde zu einer Außenverschiebung der Produktionsmöglichkeitenkurve führen. Der linke Teil der Abbildung zeigt uns, warum die Produktionsmöglichkeitenkurve ihren Namen trägt: Sie trennt nämlich das Gebiet der möglichen Produktionen vom Gebiet der unmöglichen Produktion.

Wachstum des Produktionspotenzials

Warum die Produktionsmöglichkeitenkurve auch als *Transformationskurve* bezeichnet wird, soll nun erläutert werden. Wir stellen uns hierzu vor, dass das Produktionspotenzial in einem Ausgangszeitpunkt ausschließlich zur Produktion des Gutes 1 eingesetzt wird, dass der realisierte Produktionspunkt also bei x_1^{max} liegt. Will man nun auch Einheiten des Gutes 2 produzieren, muss man Produktionsfaktoren aus der Produktionsrichtung 1 abziehen und sie in die Produktionsrichtung 2 überführen. „Überführen" heißt lateinisch „transformare", und hieraus leitet sich der Name Transformationskurve ab. Da die Transformationskurve das Gebiet der möglichen Produktionen beschränkt, zeigt sie auch, was man zusätzlich an Gut 2 produzieren kann, wenn man auf eine Einheit von x_1 verzichtet, wenn man sich also von x_1^{max} in Richtung Nullpunkt bewegt. Die Steigung der Transformationskurve entspricht bei linearem Verlauf der Kurve dem Differenzenquotienten $\Delta x_2 / \Delta x_1$. Vermindert man die Produktion von Gut 1 um eine Einheit, nimmt Δx_1 den Wert 1 an. Die Steigung der Transformationskurve zeigt uns in diesem einfachen Fall dann also, wieviel Einheiten an Gut 2 man zusätzlich herstellen kann, wenn man auf eine Einheit von Gut 1 verzichtet.

Kosten als Nutzenverzicht

Dass man bei einer verstärkten Nutzung des Produktionspotenzials einer Wirtschaft zur Produktion des Gutes 2 auf Einheiten des Gutes 1 verzichten muss, führt zu einem *Nutzenverzicht*, den wir als *Kosten* bezeichnen. Dies ist in *Abbildung 2.11* näher dargestellt. Um die Zusammenhänge besser verdeutlichen zu können, wird hier von einer speziellen Transformationskurve ausgegangen, deren Gleichung im oberen Teil der Abbildung aufgeschrieben ist. Diese Gleichung, zeigt, welche Mengen an x_2 man produzieren kann, wenn x_1 vorgegeben wird. Hieraus kann man eine Gleichung für die *Verzichtsmenge* ableiten. Sie ergibt sich, wenn man von der maximal möglichen Produktion an Gut 2 diejenige Produktion an x_2 abzieht, die bei vorgegebenem x_1 ausweislich der Transformationskurve noch realisierbar ist. Man erhält die Verzichtsmenge also, wenn man die Gleichung der Transformationskurve in die Definitionsgleichung $v = x_2^{max} - x_2$ einsetzt. Wie in der Abbildung gezeigt wird, lautet die Gleichung für die Verzichtsmenge im vorliegenden Fall: $v = 0,5x_1$. Im rechten Teil der Abbildung 2.11 sind Wertetabellen für die

Von der Transformationskurve zur Kostenfunktion

Abb. 2.11

1) Transformationskurve und Verzichtsmenge
Gleichung der Transformationskurve: $x_2 = 5 - 0,5x_1$.
Gleichung der Verzichtsmenge: $v = x_2^{max} - x_2 = 5 - (5 - 0,5x_1) = 0,5x_1$.

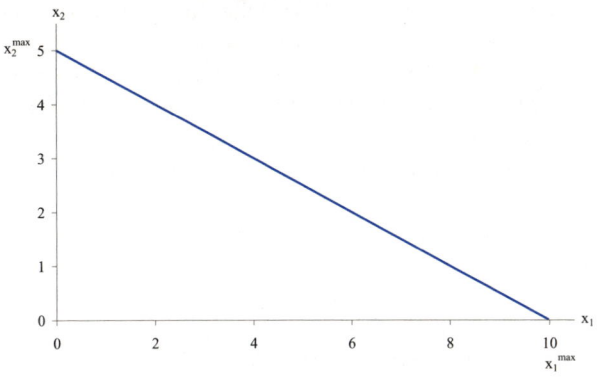

	Wertetabelle	
x_1	$x_2 = 5 - 0,5\,x_1$	$v = 0,5x_1$
0	5,0	0,0
1	4,5	0,5
2	4,0	1,0
...	...	...
10	0,0	5,0

2) Bewertung der Verzichtsmenge
Für Gut x_2, auf das verzichtet wird, gelte der Preis $q = 10$.
Hieraus ergibt sich folgende Kostenfunktion K:
$K = q \cdot v = 10 \cdot 0,5x_1 = 5x_1$.

3) Verlauf der Kostenfunktion

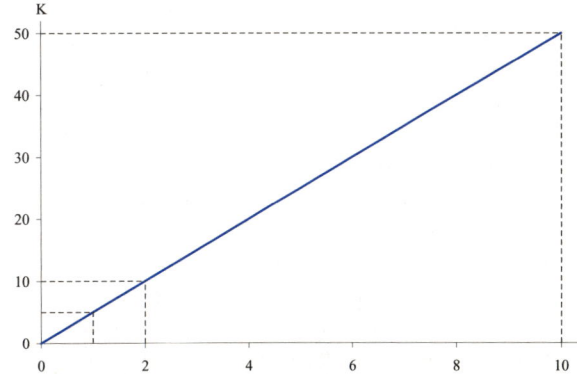

	Wertetabelle
x_1	$K = 10\,v = 5\,x_1$
0	0
1	5
2	10
...	...
10	50

Gleichungen der Transformationskurve und der Verzichtsmenge aufgeführt.

Die Verzichtsmenge hätte als solche natürlich einen Nutzen gestiftet. Ein Indikator für die Höhe des Nutzens einer Gütereinheit ist der Preis dieser Gütereinheit. Der *Wert der Verzichtsmenge* spiegelt also den Nutzenverzicht wider, welcher mit einer teilweisen Umstellung von der x_1- auf die x_2-Produktion verbunden ist, und diesen Nutzenverzicht nennen wir **Kosten** ($\rightarrow$ Glossar). Kosten können wir mithin als jenen Nutzenverzicht definieren, der sich daraus ergibt, dass man wegen der Knappheit des Produktionspotenzials bei einer verstärkten Produktion von Gut 1 auf Einheiten des Gutes 2 verzichten muss. Man spricht deshalb oft auch von Verzichts- oder *Opportunitätskosten*. Will man unter Bezug auf die Transformationskurve die Verlagerung des Produktionsprozesses von der x_2- in die x_1-Produktion betonen, spricht man auch von *Transformationskosten*. In Abbildung 2.11 ist angenommen worden, dass der Preis für eine Einheit der Verzichtsmenge 2 10 € betrage. Bewertet man die Verzichtsmenge mit diesem Preis, ergeben sich die im unteren Teil der Abbildung dargestellte Wertetabelle der Kostenfunktion und die zugehörige Grafik. Man beachte, dass sich in den Kosten der Produktion zwei unterschiedliche Sachverhalte spiegeln: technische Zusammenhänge, wie sie in der Transformationskurve zum Ausdruck kommen, und subjektive Wertungen, wie sie in die Zahlungsbereitschaft einfließen.

Will man Kosten in der Realität ermitteln, kann man natürlich nicht so vorgehen, wie das in der Abbildung getan wurde. In der realen Welt gibt es ja nicht nur eine Alternativproduktion, sondern Billionen von Alternativproduktionen. Wir können aber davon ausgehen, dass die Eigentümer von Produktionsfaktoren wissen, was ihre Produktionsfaktoren verdienen könnten, wenn man sie in einer anderen Produktionsrichtung einsetzte. Vermietet der Eigentümer eines Geschäftshauses seine Räume z. B. an einen Supermarkt, so wird er vorher sicherlich geprüft haben, ob er nicht mehr Mieteinnahmen erzielen könnte, wenn er diese Räume an irgendeinen anderen Unternehmer vermieten würde. Die Eigentümer von Produktionsfaktoren können den Wert der ihnen gehörenden Produktionsfaktoren, der sich seinerseits aus dem Wert der damit im Prinzip produzierbaren Güter ableitet, also abschätzen. Dies nutzend, kann man die folgende *operationale Kostendefinition* aufstellen: Als **Kosten** ($\rightarrow$ Glossar) bezeichnen wir den bewerteten Faktorverzehr, der durch eine Produktion bedingt ist. Diese Definition enthält *drei wesentliche Elemente:*

▶ *Bewerten* bedeutet, dass wir die eingesetzten Faktormengen mit denjenigen Preisen multiplizieren müssen, welche die Faktoren an anderer Stelle in der Volkswirtschaft hätten verdienen können. Nutzt ein Einzelhändler z. B. ein Ladenlokal im eigenen Haus, so muss er als Mietkos-

Kosten = Nutzenverzicht
= Wert der Verzichtsmenge

Opportunitätskosten

Transformationskosten

Operationale
Kostendefinition

Kosten = *bewerteter*,
produktionsbedingter
Faktorverzehr

ten dafür diejenigen Einnahmen ansetzen, die er von einem anderen Unternehmen bei einer Vermietung des Ladenlokals hätte erzielen können.

▶ Ein *Faktorverzehr* liegt nur vor, wenn auch tatsächlich Produktionsfaktoren in der Produktion eingesetzt werden. Kauft ein Autohersteller z. B. Stahl ein und fertigt daraus Karosserien, so liegt ein Faktorverzehr vor; legt er den Stahl dagegen vorerst auf Lager, entstehen zwar mit dem Kauf verbundene Ausgaben, aber noch keine Kosten, denn der Gegenwert für den eingekauften Stahl ist im Lager ja noch vorhanden.

Kosten = bewerteter, produktionsbedingter *Faktorverzehr*

▶ *Produktionsbedingt* bedeutet, dass die Produktion eines Gutes tatsächlich auch die Ursache des Faktorverzehrs gewesen sein muss. Zahlt ein Unternehmer seinen Arbeitnehmern z. B. aus reiner Gutmütigkeit eine Weihnachtsgratifikation, so ist die Gutmütigkeit Ursache dieser Ausgabe, nicht jedoch die Produktion. In solch einem Fall lägen keine Kosten vor, sondern Ausgaben für eine Spende. Ist die Weihnachtsgratifikation dagegen erforderlich, um die Arbeitnehmer bei der Stange zu halten, sind die Ausgaben von der Produktion veranlasst und zählen damit zu den Kosten des entsprechenden Jahres.

Kosten = bewerteter, *produktionsbedingter* Faktorverzehr

Der über die vorstehende Operationaledefinition konkretisierte Kostenbegriff ist von grundlegender Bedeutung für wirtschaftliche Entscheidungen, bei denen letztlich immer Nutzen und Kosten gegeneinander abgewogen werden. Deshalb sollte jeder Leser sicherstellen, dass er diesen Kostenbegriff verstanden hat. Man kann dies testen, indem man die folgende *Übungsfrage* beantwortet: Welcher Kostenunterschied besteht zwischen Streitkräften aus Freiwilligen bzw. Wehrpflichtigen, die ansonsten – also z. B. hinsichtlich der qualifikatorischen und zahlenmäßigen Zusammensetzung und der Ausrüstung – keinerlei Unterschiede aufweisen?

Übungsfrage zum Kostenbegriff

Die richtige Antwort lautet: Die Kosten sind gleich, denn sie ergeben sich aus den Arbeitsstunden, welche die Soldaten in der Sicherheitsproduktion einsetzen und die in anderen Produktionszweigen fehlen. Was in diesen anderen Produktionszweigen an Wertschöpfung hätte erbracht werden können, spiegelt sich in den Löhnen wider, welche die Soldaten an anderer Stelle hätten verdienen können. Dies sind die Löhne, die man Freiwilligen zahlen muss und die man auch Wehrpflichtigen zahlen müsste, wenn nicht das Mittel der Zwangsverpflichtung zur Verfügung stünde. Eine Wehrpflichtarmee führte unter sonst gleichen Umständen also zu geringeren *Ausgaben* für den Staat, nicht aber zu geringeren *Kosten* für die Volkswirtschaft. Statt von der Wehrpflicht Gebrauch zu machen, könnte der Staat auch mehr Steuern erheben und alle Soldaten mit den Löhnen von Freiwilligen besolden. Das würde in der Volkswirtschaft für Kostenklarheit sorgen. Man ersieht hieraus, dass die Wehrpflicht kein Mittel zur Kostensenkung ist, sondern dass sie eine Sondersteuer für junge Männer darstellt, die anders als über angebliche Kostensenkungen gerechtfertigt werden muss.

Zusammenfassung

In diesem Abschnitt wurden Zusammenhänge erläutert, die man schon in einer Robinson-Wirtschaft beobachten kann. Zunächst wurden die Entstehung von Bedürfnissen, die Bedarfskonkretisierung und die Nutzenentstehung durch Güterkonsum besprochen. Hierbei haben wir das Erste Gossensche Gesetz kennen gelernt, das einen fallenden Grenznutzen und die Existenz von Sättigungsmengen vorhersagt. Letztere scheiden knappe von freien Gütern. Nur an knappen Gütern wird von Menschen Eigentum erworben und nur für knappe Güter lassen sich Preise erzielen. Im Laufe der Wirtschaftsgeschichte sind ehemals freie Güter mehrfach zu knappen Gütern geworden, was stets mit erheblichen sozialen Auseinandersetzungen einhergegangen ist und heute zur Ausbreitung einer Bepreisung von Umweltgütern führt.

Wendet man das Erste Gossensche Gesetz auf den nutzenbewahrenden Austausch von Gütern an, ergibt sich das Gesetz von der fallenden Grenzrate der Substitution, d. h. des fallenden Absolutwertes der Steigung von Indifferenzkurven. Mit Hilfe einer Indifferenzkurvendarstellung und mit Hilfe einer fiktiven Handlungsanweisung wurde anschließend das Zweite Gossensche Gesetz abgeleitet (Genussausgleich und Ausgleich des Grenznutzens des Geldes bei optimaler Budgetaufteilung). Es sagt voraus, dass eine kaufkraftkompensierte Preisvariation zu einem mengenmäßigen Substitutionseffekt zugunsten eines relativ billiger gewordenen Gutes führen wird. Dieses Gesetz ist von großer Bedeutung für die Volkswirtschaft und Teil der allgemeineren Aussage, dass Menschen sich stets nach dem so genannten wirtschaftlichen Prinzip verhalten.

Nach der Unterscheidung verschiedener Arten von Gütern wurden in einem Exkurs wichtige methodologische Grundbegriffe geklärt (Aussagenkategorien, Falsifizierbarkeit, Informationsgehalt/Verwertbarkeit von erfahrungswissenschaftlichen Aussagen), und es wurde gezeigt, wie man erfahrungswissenschaftliche Aussagen im Bereich der Volkswirtschaftslehre empirisch überprüfen kann (Laborexperimente, Parallelgruppenexperimente, ökonometrische Untersuchungen und Befragungen zur Einschätzung der Erfahrungskonformität). Der letzte Unterabschnitt war der Einteilung von Produktionsfaktoren, der Darstellung von Produktionsfunktionen und damit verbundenen Kennziffern (Produktivitäten, Intensitäten), der Möglichkeit einer Wohlstandserhöhung durch Kapitalintensivierung und technischen Fortschritt und dem Gesetz vom fallenden Grenzertrag gewidmet sowie der Ableitung des Kostenbegriffes aus der Transformationskurve und seiner Operationalisierung.

Kontrollfragen und Aufgaben

1 Grenzen Sie die Begriffe Bedürfnis und Bedarf voneinander ab und beschreiben Sie zwei verschiedene Formen der Bedarfskonkretisierung.

2 Welcher Zusammenhang besteht zwischen Bedürfnissen, Gütern, Sättigungsmengen und Nutzen?

3 In der philosophischen und älteren ökonomischen Literatur findet sich ein so genanntes „klassisches Wertparadoxon": Trinkwasser, das ja lebensnotwendig ist, hat einen relativ niedrigen Preis, Diamanten, die letztlich nur Tand darstellen, haben einen relativ hohen Preis. Zeigen Sie sowohl mit Hilfe der Gossenschen Gesetze als auch mit Hilfe des Gesetzes von der fallenden Grenzrate der Substitution, dass dieses angebliche „Paradoxon" gar keines ist.

4 In einem Labor wird ein Experiment durchgeführt, mit dem das Verhalten von Menschen bei Preisänderungen überprüft werden soll. Die Versuchsperson kann in diesem Laborexperiment zwischen dem Konsum zweier Güter wählen. Der Preis des Gutes 1 beträgt 10 € und der des Gutes 2 beträgt 5 €. Bei einem Ausgangsbudget in Höhe von $B^v = 200$ wird beobachtet, dass die Versuchsperson die Gütermengenkombination O^v mit $x_1 = 10$ und $x_2 = 20$ wählt.

   a) Berechnen Sie die Gleichung der Ausgangs-Budgetgeraden BG_1.

   b) Der Preis des Gutes 2 verdoppelt sich ceteris paribus. Berechnen Sie die Gleichung der nicht kaufkraftkompensierten Budgetgeraden BG_1^*.

   c) Berechnen Sie das kaufkraftkompensierte Budget B^n und die kaufkraftkompensierte Budgetgerade BG_2 und zeichnen Sie diese Gerade in ein Diagramm ein.

   d) Nach Preisänderung und Kaufkraftkompensation konsumiert die Versuchsperson die Gütermengenkombination O^n mit $x_1 = 5$ und $x_2 = 25$. Entspricht dies dem Zweiten Gossenschen Gesetz?

5 Fertigen Sie eine Tabelle an, aus der hervorgeht, welche Kategorien von wissenschaftlichen Aussagen sich unterscheiden lassen, welchen spezifischen Wahrheitskriterien sie jeweils genügen müssen und in welchen Wissenschaftszweigen welche Aussagenarten dominieren.

6 Welche Methoden der Prüfung volkswirtschaftlicher Theorien kennen Sie?

7 Erklären Sie die Begriffe Produktionsfaktoren, Produktionsfunktion und Produktionspotenzial und erläutern Sie, was man unter den Begriffen Elastizität, Produktivität und Intensität versteht und was das Gesetz vom fallenden Grenzertrag beinhaltet.

8 Ein Unternehmen stellt zwei Güter her. Zur Herstellung des Gutes 1 werden 12 Arbeitsstunden benötigt, zur Herstellung des Gutes 2 benötigt das Unternehmen hingegen 4 Arbeitsstunden. Der Betrieb beschäftigt 300 Mitarbeiter, die pro Monat durchschnittlich 100 Stunden arbeiten.

    a) Ermitteln Sie die jährliche Produktionsmenge von Gut 2 für den Fall, dass sich das Unternehmen auf die Produktion dieses Gutes spezialisiert.

    b) Ermitteln Sie die Grenzrate der Transformation. Erläutern Sie Ihren Rechenweg!

    c) Wie lautet die Gleichung der Transformationskurve?

    d) Ermitteln Sie die Gleichung für die Verzichtsmenge in Bezug auf Gut 1.

Literatur

Zur allgemeinen Methodologie der Volkswirtschaftslehre vgl. ALBERT [1984] und MAURER [2004]. Zu Experimenten in der Ökonomie sei auf BURTLESS [1995] sowie FRIEDMAN/SUNDER [1994], KAGEL/BATTALIO/GREEN [1995] und V. L. SMITH [1976] verwiesen. Die Gossenschen Gesetze und das Gesetz von der abnehmenden Grenzrate der Substitution werden in SCHUMANN/MEYER/STRÖBELE [1999] erläutert.

2.2 | Arbeitsteilige Wirtschaftssysteme

Übersicht

Im Abschnitt 2.2 wenden wir uns zunächst einer Robinson-Freitag-Wirtschaft zu. Anhand einer solchen Zwei-Personen-Wirtschaft (des denkbar einfachsten echten Wirtschaftssystems) wird gezeigt werden, dass der Wohlstand nicht nur durch Kapitalintensivierung und technischen Fortschritt erhöht werden kann, sondern auch durch kooperationsorientierte Arbeitszerlegung und tauschorientierte Arbeitsteilung (→ vgl. Abschnitt 2.2.1). Hinzu tritt eine Nutzensteigerung, die sich durch Tausch realisieren lässt und die Basis für Handelstätigkeiten bildet, mit denen räumliche und zeitliche Spannungen überbrückt werden können, die allerdings auch zu Lager- und Transportkosten führen. Diese beiden Kostenarten bilden zusammen mit den Produktionskosten die Transformationskosten, welche der Umwandlung von Gütern in sachlicher, räumlicher und zeitlicher Hinsicht dienen und denen Transaktionskosten zur Organisation verschiedener Typen von Wirtschaftssystemen gegenüberstehen (→ vgl. Abschnitt 2.2.3, S. 93 ff.).

Damit eine Wohlstandssteigerung durch Kapitalintensivierung, technischen Fortschritt, Arbeitszerlegung und Arbeitsteilung, Tausch und Handel in komplexen Wirtschaftssystemen funktioniert, muss ein Einkommenskreislauf geschaffen und die Wirtschaft mit Geld versorgt werden. Bei der Besprechung der damit zusammenhängenden Fragen werden wir auch auf die Unterscheidung von Mikro- und Makroökonomik eingehen (→ vgl. Abschnitt 2.2.2, S. 84 ff.).

Wohlstandssteigerung durch Arbeitsteilung, Tausch und Handel | 2.2.1

Dass man Nutzen durch den Konsum von Gütern und Güter durch den Einsatz von Faktoren produziert und dass Konsum- und Produktionsentscheidungen koordiniert werden müssen, gilt für jeden einzelnen Menschen und damit auch für ein so genanntes „unechtes" Wirtschaftssystem wie die Ein-Personen-Wirtschaft von Robinson. Die Koordination der Produktions- und Konsumentscheidungen erfolgt hier in Robinsons Kopf und ist deshalb relativ einfach, noch einfacher sogar als die Lösung der Koordinationsprobleme in der mittelalterlichen Wirtschaft. „Echte" Wirtschaftssysteme (d. h. solche mit wenigstens 2 Personen) und vor allem die hochdifferenzierten Wirtschaftssysteme der Neuzeit zeichnen sich dagegen durch sehr viel kompliziertere Koordinationsprobleme aus. Sie sind analog zur Robinson-Wirtschaft auf ein gemeinsames Ziel aller Bürger in der Volkswirtschaft ausgerichtet: möglichst viel „Wohlstand für Alle".[3] Dieses Ziel wird hier nicht nur durch Kapitalintensivierung und technischen Fortschritt erreicht, sondern vor allem auch durch Spezialisierung und Tausch.

---

3 „Wohlstand für Alle" ist der Titel eines bekannten Buches, das der erste Wirtschaftsminister der Bundesrepublik Deutschland – LUDWIG ERHARD (1897–1977) – 1957 veröffentlicht hat [LUDWIG ERHARD, 1990].

Es ist schon mehrfach angeklungen, dass ein Großteil der Wohlstandssteigerung, welche die Menschheit insbesondere seit Beginn der industriellen Revolution erfahren hat, dadurch zustande gekommen ist, dass der Grad der Arbeitsteilung in einer Volkswirtschaft im Wege der Spezialisierung immer größer geworden ist. Man kann zwei Formen von Arbeitsteilung unterscheiden: die team- oder kooperationsorientierte Spezialisierung (die man auch Arbeitszerlegung nennt) und die tauschorientierte.

Spezialisierung im Rahmen eines Teams (Arbeitszerlegung)

Eine *Spezialisierung im Rahmen eines Teams* (d. h. einer Kooperationsgruppe oder eines Betriebes) liegt vor, wenn Mitglieder einer Gruppe ein gemeinsames Ergebnis dadurch herbeiführen, dass sie sich auf die Übernahme unterschiedlicher Rollen im Team spezialisieren, in der Regel darauf, was jeder – relativ gesehen – am besten kann. So sind Menschen in der Zeit der Jäger und Sammler bei der Großwildjagd vorgegangen, und Ähnliches kann man schon bei rudelweise jagenden Tieren beobachten. Auch heute noch bilden sich Arbeitsgemeinschaften aus z. B. verschieden spezialisierten Bauunternehmen zur Fertigstellung eines Großbaus, Konsortien zur Platzierung von großen Aktienpaketen, Praxisgemeinschaften zur umfassenden Behandlung von Patienten oder Sozietäten aus Rechtsanwälten und Wirtschaftsprüfern mit unterschiedlichen Spezialgebieten. Auch Betriebe sind in diesem Sinne Teams, allerdings hierarchisch gegliederte. Voraussetzung eines erfolgreichen Zusammenwirkens dieser Art ist eine Einigung über die Verteilung der „Beute", d. h. des gemeinsam bewirkten Erfolgs. Kommt sie nicht zustande, scheitert die arbeitsteilige Kooperation.

Stecknadelbeispiel

ADAM SMITH hat den Erfolg einer teamorientierten Spezialisierung mit Hilfe eines von ihm beobachteten *Stecknadelbeispiels* erläutert. Ein Arbeiter, der isoliert arbeitet, konnte damals pro Tag nicht mehr als allenfalls 20 Stecknadeln herstellen. Verteilte man die 18 verschiedenen Arbeitsgänge dieser Produktion aber auf 10 Arbeiter, so konnten sie etwa 48.000 Stecknadeln herstellen, pro Arbeitskraft also 4.800 und damit das 240fache der isolierten Produktion [SMITH, 2005, S. 90]. Man ersieht aus diesem Beispiel, dass eine innerbetriebliche Arbeitsteilung zu einer gewaltigen Erhöhung der Arbeitsproduktivität führen kann.

Tauschorientierte Spezialisierung (Arbeitsteilung i. e. S.)

Neben solch einer teamorientierten Spezialisierung und kombinierbar damit gibt es aber auch eine *tauschorientierte Spezialisierung.* Hierbei werden spezialisierte Arbeitsvorgänge in der Erwartung durchgeführt, das Arbeitsergebnis über Tauschprozesse mit anderen so verwerten zu können, dass im Endeffekt alle Beteiligten besser gestellt sind. Diese Form der Arbeitsteilung kommt in ausgeprägter Form nur bei Menschen vor: „[Die] Neigung, zueinander in Beziehung zu treten, zu handeln und zu tauschen [, …] ist allen Menschen gemeinsam und findet sich bei keiner anderen Art von Lebewesen" [SMITH, 2005, S. 97]. Da die Arbeitszerlegung innerhalb eines Betriebes mit von der Betriebsführung organisierten Produktionsketten und Einkommensverteilungsmaßnahmen letztlich auch eine Form von „*Tausch*" darstellt (allerdings keinen, der über Märkte verläuft), kann die teamorientierte Arbeitszerlegung als Spezialfall einer tauschorientierten Arbeitsteilung im weiteren Sinn betrachtet werden.

Die tauschorientierte Arbeitsteilung hat zur Berufsbildung sowie zur regionalen, nationalen und weltwirtschaftlichen Arbeitsteilung geführt. Man wendet sich hierbei bewusst vom Autarkiezustand ab, in dem alle alles machen. Wieso das zu einer Wohlstandssteigerung führt, wollen wir uns im Folgenden am vereinfachten Beispiel einer Robinson-Freitag-Wirtschaft klarmachen, in der nur zwei Güterbündel – Sammel- und Jagdgüter – hergestellt werden, und zwar zunächst sowohl von Robinson als auch von Freitag. Die Transformationskurven, die das jeweilige Produktionspotenzial der beiden und seine Verwendung darstellen, sind in *Abbildung 2.12* abgebildet.

Wir wollen wie gesagt annehmen, dass Robinson und Freitag *vor der Arbeitsteilung* beide Güter herstellen und dass von Robinson folglich der

---

Wohlstandssteigerung durch tauschorientierte Arbeitsteilung | Abb. 2.12

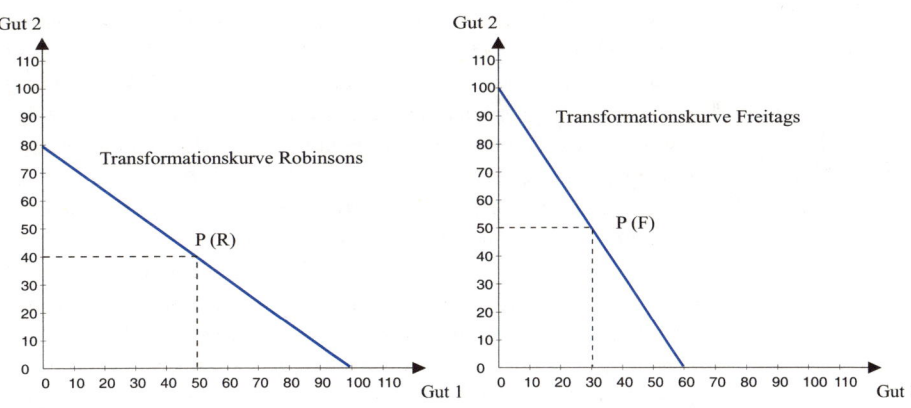

	Produktionsrichtung	
	Gut 1	Gut 2
vor der Arbeitsteilung	50 ME (R) + 30 ME (F) = 80 ME	40 ME (R) + 50 ME (F) = 90 ME
nach der Arbeitsteilung	100 ME (R)	100 ME (F)
Outputsteigerung durch Arbeitsteilung	20 ME	10 ME

Produktionspunkt $P(R)$ und von Freitag der Produktionspunkt $P(F)$ realisiert wird. Diese Produktionspunkte stellen gleichzeitig auch die jeweiligen Konsumpunkte dar. Ein Güteraustausch findet zunächst nicht statt. Vor Aufnahme der Arbeitsteilung werden in der Robinson-Freitag-Wirtschaft folglich 80 Mengeneinheiten des Gutes 1 und 90 Mengeneinheiten des Gutes 2 hergestellt.

Die Transformationskurven bilden die technischen Fähigkeiten von Robinson und Freitag ab. Man sieht unmittelbar, dass diese technischen Fähigkeiten unterschiedlich sind. Robinson könnte mit seinem Produktionspotenzial im Extremfall 100 Einheiten des Gutes 1 herstellen, während Freitag bei voller Spezialisierung auf dieses Gut lediglich 60 Einheiten produzieren könnte. Nahezu umgekehrt verhält es sich bezüglich der Fähigkeiten zur Produktion von Gut 2. Dies legt es nahe, die Produktion der beiden Güter neu auf Robinson und Freitag zu verteilen und dabei nach der *Spezialisierungsregel* vorzugehen, dass jeder das tun soll, was er am besten kann. Wir wollen annehmen, dass Robinsons Vorsprung bei Gut 1 daraus resultiert, dass er geschickter in Bezug auf den Umgang mit den von ihm gefertigten Kapitalgütern ist (Jagdwaffen), während Freitags Vorsprung bei Gut 2 Folge der Tatsache ist, dass er geschickter beim Sammeln ist. Infolgedessen spezialisiert sich Robinson voll auf die Produktion der (kapitalintensiveren) Jagdprodukte (Gut 1), wohingegen sich Freitag voll auf die Produktion der (arbeitsintensiveren) Sammelprodukte (Gut 2) spezialisiert. Das hat zur Folge, dass *nach der Arbeitsteilung* in der Robinson-Freitag-Wirtschaft 100 Mengeneinheiten des Gutes 1 und 100 Mengeneinheiten des Gutes 2 produziert werden. Durch die Arbeitsteilung ist also ein Spezialisierungsgewinn in Form einer Outputsteigerung erzielt worden, der 20 Mengeneinheiten bei Gut 1 und 10 Mengeneinheiten bei Gut 2 beträgt.

Die Erzielbarkeit solcher Spezialisierungsgewinne hat die Nationalökonomen schon früh geradezu elektrisiert. SMITH [2005, S. 89] war der Meinung, dass die Arbeitsteilung unsere produktiven Kräfte mehr als alles andere vergrößert habe. Welche Spezialisierungsgewinne in Volkswirtschaften erzielbar sind, hängt davon ab, welche Fähigkeitsunterschiede es gibt und wie gut diese im Zuge der volkswirtschaftlichen Arbeitsteilung ausgenutzt werden. Es gibt nicht nur Unterschiede in den angeborenen Berufsfähigkeiten, sondern auch solche, die durch die Spezialisierung von Maschinen, durch die Spezialisierung von Betrieben, durch die Spezialisierung von Regionen und durch die Spezialisierung von ganzen Ländern im Rahmen der Weltwirtschaft erzielt werden. Hinzu kommt, dass eine Spezialisierung im Rahmen gegebener Fähigkeiten typischerweise zu Lerneffekten im Wege des Learning by doing führt, dass die Arbeitsteilung also Voraussetzungen für eine weitere Spe-

Spezialisierungsregel

zialisierung schafft. Das dabei angewandte Prinzip ist aber immer das gleiche: die Befolgung der Regel, dass sich jeder auf das spezialisieren sollte, was er am relativ besten kann. In Lehrbüchern zum internationalen Handel wird dies in einer differenzierteren Form dargestellt, auf die hier aber nicht eingegangen werden kann.

In der Realität wird diese Regel leider nicht immer befolgt. Tauschorientierte Arbeitsteilung setzt nämlich voraus, dass Robinson und Freitag ihre Produkte auch tatsächlich austauschen können, weil unsere Spezialisten ja *beide* Produkte konsumieren wollen, d. h. weil Produktions- und Konsumpunkte nach der Arbeitsteilung auseinanderfallen. Ob ein Tausch zustande kommt, hängt aber auch von den Preisen ab, die für die einzelnen Güter gefordert werden. Verzerrt man die Preisverhältnisse, kann es zu einer falschen Arbeitsteilung kommen. Hält man die Preise für Agrarprodukte in der EU z. B. künstlich hoch, spezialisieren die Bauern sich hier auf Produkte, die sonst nur in Entwicklungsländern hergestellt würden. Die von der EU herbeigeführte Erhöhung des Bananenpreises hat inzwischen z. B. dazu geführt, dass man überlegt, in Kreta Bananen in Gewächshäusern anzubauen. Hätte die EU keine wettbewerbsbeschränkenden Maßnahmen ergriffen, wäre es nicht dazu gekommen, denn die Herstellung von Bananen in Gewächshäusern ist so teuer, dass sie sich bei unverfälschtem Wettbewerb niemals lohnen würde.

Als *Zwischenergebnis* bleibt gleichwohl festzuhalten, dass die Arbeitsteilung bei richtiger Spezialisierung in der Lage ist, den Gütervorrat bei gegebenem Faktorvorrat zu vergrößern.

Es wurde eben schon darauf hingewiesen, dass die tauschorientierte Arbeitsteilung tatsächliche Tauschmöglichkeiten voraussetzt. Der *Austausch von Gütern* schafft seinerseits aber auch noch zusätzliche Nutzensteigerungsmöglichkeiten. Dies soll nun besprochen werden. Wir wollen annehmen, dass Robinson und Freitag, die sich ja auf Jagd- bzw. Sammelgüter spezialisiert haben, eines Abends mit Paketen von jeweils 20 Handelseinheiten ihrer Güter nach Hause kommen (die Zahlen der jeweiligen Gütereinheiten spielen für die folgende Ableitung keine Rolle und können durch andere ersetzt werden). Um einem Streit über die Aufteilung ihrer jeweiligen Beute aus dem Wege zu gehen, haben unsere Inselbewohner beim Übergang zur Arbeitsteilung den folgenden Vertrag geschlossen: „Wir teilen unsere täglichen Produktionsergebnisse so auf, dass zunächst jeder die Hälfte der Produktion an x_1- und x_2-Gütern erhält, lassen aber zu, dass anschließend eine freiwillige Umverteilung erfolgt. Diese muss jeweils situationsgerecht ausgehandelt werden."

In Anwendung dieses Vertrages verfügen Robinson und Freitag am Ende des von uns betrachteten Tages jeweils über eine Anfangsausstattung von je 10 Handelseinheiten x_1 und 10 Handelseinheiten x_2. Dies

Austausch von Gütern

kann man in einem *Schachteldiagramm* abbilden, das in *Abbildung 2.13* dargestellt ist. Es wird nach seinem Erfinder – dem englischen Ökonomen F. Y. EDGEWORTH (1845–1926) – auch *Edgeworth-Box* genannt. Die Güter, die Robinson gehören, werden hier von demjenigen Nullpunkt abgetragen, der – wie auch sonst in Diagrammen üblich – links unten liegt. Die Güter, die Freitag gehören, werden dagegen von einem Nullpunkt aus abgetragen, der rechts oben liegt. Die Seitenlängen der Edgeworth-Box entsprechen dem jeweiligen Gesamtbestand an x_1- bzw. x_2-Einheiten. Die linke obere Ecke zeigt auf diese Art und Weise einen Punkt, in dem Robinson mit 0 Einheiten an x_1 und 20 Einheiten an x_2 ausgestattet ist, während Freitag über 20 Einheiten x_1 und 0 Einheiten x_2 verfügt. Mit Hilfe einer solchen Box kann man eine über Tauschprozesse veränderbare Verteilung eines *gegebenen* Vorrats von zwei Gütern auf zwei Personen darstellen; der Punkt A zeigt dabei wie gesagt die Anfangsverteilung des Gütervorrats.

In das Schachteldiagramm sind neben der Anfangsverteilung Indifferenzkurven unserer beiden Inselbewohner eingezeichnet, welche die Präferenzen für die beiden Sorten von Gütern widerspiegeln. Indifferenzkurven sind immer zum Ursprung hin gekrümmt. Die dunkel gezeichneten Indifferenzkurven sind folglich die von Robinson, die heller gezeichneten diejenigen von Freitag.

Edgeworth-Box *(Randbegriff)*

Abb. 2.13 | **Nutzensteigerung durch Tausch**

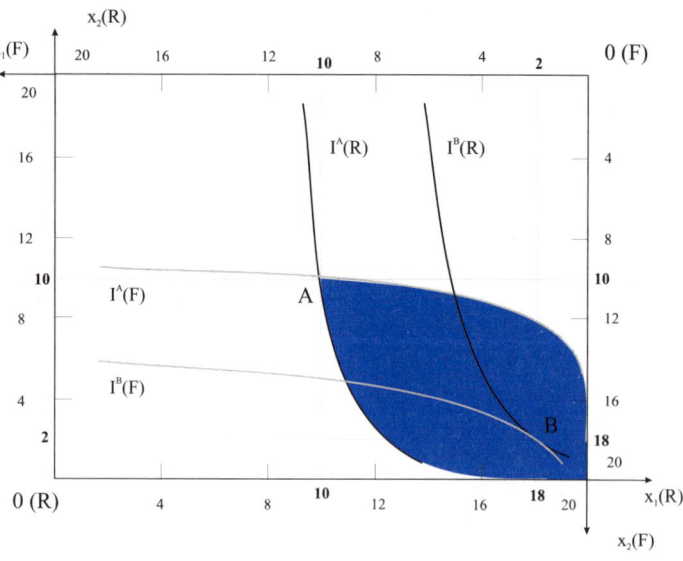

Bei der Anfangsverteilung befindet sich Robinson auf seiner Indifferenzkurve $I^A(R)$, während sich Freitag auf der Indifferenzkurve $I^A(F)$ befindet. Diese beiden Indifferenzkurven, die sich im Punkt A schneiden, markieren eine so genannte *Tauschlinse*, die blau gezeichnet ist. Dieses Gebiet zeichnet sich dadurch aus, dass es – vom jeweiligen Nullpunkt aus gesehen – oberhalb der Anfangsindifferenzkurve von Robinson *und* oberhalb der Anfangsindifferenzkurve von Freitag liegt. Es markiert damit ein Gebiet, in dem von *beiden* Inselbewohnern Indifferenzkurven erreicht werden können, welche weiter vom Ursprung entfernt liegen als die Anfangsindifferenzkurven und die damit Nutzensteigerungsmöglichkeiten indizieren.

Tauschlinse

Wenn unsere Inselbewohner ihren Nutzen durch einen Austausch von x_1 und x_2 steigern und damit in das Innere der Tauschlinse gelangen wollen, müssen sie sich auf ein Austauschverhältnis $\Delta x_1 / \Delta x_2$ einigen (aus der Sicht Robinsons gesehen z. B. $-8x_2$ gegen $+8x_1$). Tun sie das, können sie z. B. den Punkt B erreichen, der auf den Indifferenzkurven $I^B(R)$ und $I^B(F)$ liegt. Durch den Tausch können somit beide ihren Nutzen steigern. Wo man in der Tauschlinse landet, hängt allerdings vom Verhandlungsgeschick der Tauschpartner ab. Der Punkt B stellt ein optimales Ergebnis dar, weil sich hier die Indifferenzkurven von Robinson und Freitag tangieren. Das bedeutet, dass nach dem Erreichen dieses Punktes keine weiteren Tauschmöglichkeiten mehr denkbar sind, bei denen *beide* Partner profitieren würden. Nimmt man nämlich den Punkt B als Ausgangspunkt für weitere Tauschversuche, würde man feststellen, dass die Fläche der Tauschlinse auf den Wert 0 geschrumpft ist. Ein freiwilliger Tausch birgt somit zwei Elemente in sich: Zum einen stellt er ein so genanntes *Positivsummenspiel* dar, eine „Win-win-Möglichkeit", in der beide Partner profitieren. Zum anderen stellt es ein so genanntes *Nullsummenspiel* dar, eine Bewegung innerhalb der Tauschlinse von Südwest nach Nordost oder umgekehrt. Das ist eine Bewegung, bei der einer einen Gewinn auf Kosten des anderen macht. Die Größe der Tauschlinse und damit auch das Gewicht des Positivsummenspiels hängen von den Geschmacksunterschieden zwischen Robinson und Freitag ab; das Ergebnis des Nullsummenspiels wird dagegen wie gesagt vom relativen Verhandlungsgeschick bestimmt.

Eine Tauschsituation wie die zwischen Robinson, und Freitag nennt man auch einen *isolierten Tausch*. Solche Tauschformen gibt es in der Realität, aber sie stellen nicht die wichtigste Tauschform dar. Die meisten Tauschgeschäfte von Menschen werden nicht wie in einer *Realtauschwirtschaft* (auch Barterwirtschaft genannt) abgewickelt, sondern in der für eine *Geldwirtschaft* typischen Form „Gut 1 gegen Geld gegen Gut 2". Sie finden i. d. R. auch nicht in einem ganz bestimmten Raum-Zeit-Punkt statt,

Isolierter Tausch

Realtausch- und Geldwirtschaft

sondern sind mit der Überwindung von mengenmäßigen, räumlichen und zeitlichen Spannungen verbunden. Die Überwindung dieser Spannungen durch Händler bezeichnet man als *Handelsfunktionen*: Der Handel beseitigt

Handelsfunktionen

▶ Spannungen mengenmäßiger Art durch Bildung von nachfragegerechten Sortimenten (*Sortimentsbildungsfunktion*),
▶ Spannungen zeitlicher Art durch die Bildung von Puffern zwischen Produktion und Verwendung (*Lagerbildungsfunktion*) und
▶ Spannungen räumlicher Art durch die Gestaltung von Transportketten (*Transportfunktion*).

Zusammenfassend kann man auch sagen, dass der Handel *Logistikprobleme* löst. Hierbei fallen keine Produktionskosten an, wohl aber Transformationskosten in Form von Lagerhaltungs- und Transportkosten, denn der Handel formt die Güter zwar nicht sachlich um (wie das Gewerbe), er steigert die Konsumreife der Güter aber durch zeitliche und räumliche Umformung sowie Sortimentsgestaltung.

2.2.2 Mikro- und Makroökonomik sowie Einkommenskreislauf und Geldfunktionen

Damit von Arbeitsteilung und Tausch im großen Stil Gebrauch gemacht werden kann, muss man von einer Realtauschwirtschaft zu einer Geldwirtschaft übergehen und die Verteilung des Outputs einer Volkswirtschaft über die Verteilung von in Geld ausgedrücktem *Einkommen* organisieren. Dieses konkretisiert wertmäßig (nicht aber gütermäßig) bestimmte Ansprüche auf Outputanteile.

Einkommen

Wir wenden uns damit Bausteinen von Wirtschaftssystemen zu, die in Robinson-Freitag-Wirtschaften noch nicht benötigt werden, sondern erst in komplexen Wirtschaftssystemen eine Rolle spielen. In solchen Systemen kann man verschiedene *Gruppen von Wirtschaftssubjekten* unterscheiden, d. h. von Organisationseinheiten, die – wie z. B. Familien oder Unternehmen – gemeinsam Entscheidungen über die Verwendung von Budgets zum Kauf von Gütern oder Faktoren treffen. Diese Wirtschaftssubjekte kann man in so genannten *Aggregaten* zusammenfassen, die sich dadurch auszeichnen, dass ihre Mitglieder in einer Volkswirtschaft gleichartige Rollen übernommen haben:

Komplexe
Wirtschaftssysteme
Gruppen von
Wirtschaftssubjekten

Aggregate

▶ Im Aggregat der *Produktionsunternehmen* entsteht Einkommen aus der Transformation von Faktoren in Gütern,
▶ im Aggregat *Ausland* wird Einkommen aus der Lieferung von Faktoren und Gütern in das Inland u. a. zur Nachfrage nach inländischen Exportgütern verwendet,

▶ im Aggregat *Staat = Öffentliche Haushalte* wird Einkommen, das der Staat über das Einziehen von so genannten Transformationsabgaben (vor allem Steuern) erhält, für Nachfrage nach Faktoren und Gütern für öffentliche Investitionen (wie etwa Straßenbau) oder kollektiven Konsum (wie z.B. den Genuss von innerer und äußerer Sicherheit) verwendet,

▶ im Aggregat *Finanzinstitute* bzw. im Marktkomplex *Kapitalmarkt* wird Geldkapital, das durch Sparen und damit durch den Verzicht auf eine Nutzung des Produktionspotenzials zu Konsumzwecken entstanden ist, in Mittel zur Finanzierung von Investitionen und damit zur Bildung von Sachkapital umgewandelt, und

▶ im Aggregat *private Haushalte*, das zusammen mit den Unternehmen zum Aggregat „Private" gehört, wird Einkommen in Konsumausgaben einerseits und in Mittel zur Geldkapitalbildung andererseits aufgeteilt.

Betrachtet man die Beziehungen zwischen solchen Aggregaten, befindet man sich im Bereich der **Makroökonomik** (→ Glossar); betrachtet man dagegen Marktbeziehungen zwischen den Anbietern und Nachfragern von Gütern, die auf einem einzigen Markt gehandelt werden, befindet man sich im Bereich der **Mikroökonomik** (→ Glossar). Im Bereich der Makroökonomik sind globale Größen wie das Preisniveau und der Auslastungsgrad des Produktionspotenzials und speziell des Arbeitspotenzials Gegenstand ökonomischer Überlegungen, im Bereich der Mikroökonomik wird dagegen analysiert, was die Höhe der Preise und Mengen einzelner Güter bestimmt und – in der Betriebswirtschaftslehre – was man bei der Organisation von Unternehmen beachten muss.

Makroökonomik

Mikroökonomik

Wenn wir über das Produktionspotenzial einer Volkswirtschaft sprechen, haben wir eine makroökonomische Größe vor Augen, wenn wir über die Produktionskapazität eines Betriebes sprechen, eine mikroökonomische. Beide Perspektiven haben ihre Berechtigung, weil sie jeweils zur Lösung unterschiedlicher Fragen besser geeignet sind. Betrachtet man eine Volkswirtschaft – metaphorisch gesprochen – als einen Organismus, in dem bestimmte Teilaufgaben erfüllt werden, entspricht der Unterschied von Makro- und Mikroökonomik der medizinischen Unterscheidung von makroskopischer und mikroskopischer Anatomie. Diese Analogie wird in *Infokasten 2.2* (→ vgl. S. 86) näher erläutert. Es gibt allerdings einen wichtigen Unterschied: In einer Volkswirtschaft sind die mikroökonomischen Wirtschaftssubjekte unmittelbar beobachtbar, während die makroökonomischen Aggregate statistische Konstrukte darstellen, die man erst nach der Anwendung besonderer Techniken beobachten kann. In der Medizin sind dagegen die makroskopischen Gebilde unmittelbar beobachtbar, während man bei den mikroskopischen ein Mikroskop benötigt.

Infokasten 2.2

Mikro- und Makroökonomie:
Ein Vergleich mit der medizinischen Terminologie

Sprachsystem der Mediziner		Sprachsystem der Volkswirte	
Begriff	Kurzdefinition	Analogbegriff	Kurzdefinition
Organismus	Gesamtheit aller Strukturen und Funktionen (z. B. eines Menschen)	Wirtschaftssystem „Volkswirtschaft"	Gesamtheit aller Strukturen und Funktionen im arbeitsteiligem Sozialsystem der Bewohner eines Landes
Organsysteme	Träger übergeordneter Funktionen (z. B. Blutkreislauf = Träger des Organversorgungssystems)	Kreislaufsysteme	Einkommenskreislauf / Geldkreislauf in einer Volkswirtschaft
Organe	Träger spezieller Funktionen innerhalb eines Organsystems (z. B. Lunge)	Einzelne Kreislaufaggregate	Zusammenfassungen von Trägern gleichartiger wirtschaftlicher Funktionen (z. B. Gesamtheit aller Produzenten)
Gewebe	Verbände gleicher Zellen mit verwandten Teilfunktionen (z. B. Respirationsepithel)	Angebots- und Nachfrageseite eines Marktes	Wirtschaftssubjekte, die als Anbieter bzw. Nachfrager auf einem Markt für ein bestimmtes Gut auftreten und Austauschprozesse vornehmen
Zelle	Kleinste sich selbst reproduzierende Basiseinheit	Wirtschaftssubjekt	Kleinste wirtschaftliche Entscheidungseinheit = natürliche oder juristische Person, die Verfügungen über einen Vorrat an Mitteln trifft (einzelne private oder öffentliche Haushalte oder Unternehmen)

Der **Einkommenskreislauf** (→ Glossar), der wie gesagt ein wichtiges Bauele-
ment komplexer Wirtschaftssysteme ist, lässt sich am besten in der Sprache der Makroökonomik beschreiben. Ihm wollen wir uns nun zuwenden. Dabei gehen wir von einer Geldwirtschaft aus. Mit dem Begriff
„Geld" verbindet jeder eine Alltagsvorstellung. Wir werden aber noch
sehen, dass die Funktionen des Geldes in einer Volkswirtschaft komplizierter sind, als es auf den ersten Blick scheint.

Einkommen entstehen im Zuge von Produktionsprozessen. Es stellt
das Entgelt für das Zurverfügungstellen von Produktionsfaktoren dar.
Das Entgelt für die Einführung von technischem Fortschritt nennt man
Vorsprungsgewinne oder *Fortschrittsrenten*. Das Entgelt für Sachkapital nennt
man *Zins*. Die Summe aus Fortschritts- und Zinseinkünften bezeichnet
man *als Einkünfte aus Unternehmertätigkeit und Vermögen* und verwendet dafür
oft auch die Abkürzung *Gewinneinkünfte*. Die Entgelte des Faktors Arbeit
heißen *Lohneinkünfte*. Neben einer solchen *funktionellen Einkommensverteilung*
nach Faktoreinkommensarten unterscheidet man eine *personelle Einkommensverteilung* und eine *regionale Einkommensverteilung*. Die personelle Einkommensverteilung schildert die Verteilung des Gesamteinkommens in
einer Volkswirtschaft auf der Höhe nach gestaffelte Klassen von Ein-
kommensbeziehern; die regionale Einkommensverteilung zeigt, wie
sich das Gesamteinkommen in Deutschland über die einzelnen Teil-
regionen verteilt.

Die Zusammenhänge zwischen Einkommensentstehung, Einkommensverteilung und Einkommensverwendung kann man mit Hilfe eines Kreislaufbildes darstellen, das man als Bild des *Einkommens- oder Wirt-
schaftskreislaufs* bezeichnet. Solch ein Kreislaufbild ist in *Abbildung 2.14* (→ vgl.
S. 88) dargestellt. Die Statistik, welche die Zahlen für solche Kreislaufbil-
der und viele andere volkswirtschaftliche Analysen liefert, bezeichnet
man als **Volkswirtschaftliche Gesamtrechnung** (→ Glossar) (VGR).

Wir sehen in Abbildung 2.14 vier Kästen. Im oberen Kasten wird ausgewiesen, wie groß der *Nettowert N der Endnachfragegüter* ist. Wie wir bereits
wissen, nennen wir Endnachfragegüter jene Güter, die für Konsum-
oder Investitionszwecke oder für den Staat oder für den Export produziert worden sind und im gleichen Jahr nicht wieder zur Produktion
weiterer Güter verwendet worden sind. Der Wortteil „Netto" verweist
darauf, dass im Rahmen der abgebildeten Kreislaufdarstellung die *Abschreibungen* (d.h. der durch den Verschleiß von Anlagen entstandene
Aufwand) herausgerechnet worden sind. Auf der rechten Seite des Kreislaufbildes wird gezeigt, wie die Einkünfte, die im Zuge der Produktionsprozesse entstanden sind, auf verschiedene Gruppen verteilt werden (so
genannte *Einkommensverteilungsrechnung*). Welche Gruppen zu beachten
sind, kann man sich leicht merken: Man geht im Zuge einer fortlaufen-

Einkommenskreislauf

Einkommen

Funktionelle,
personelle und regionale
Einkommensverteilung

Einkommens- oder
Wirtschaftskreislauf

Volkswirtschaftliche
Gesamtrechnung
Nettowert N
der Endnachfragegüter

Abschreibungen

Einkommensverteilung

den Zweiteilung vor und unterscheidet zunächst Ausländer und Inländer, teilt die Inländer in staatliche und private Wirtschaftssubjekte und unterscheidet bei den privaten Wirtschaftssubjekten schließlich noch Unternehmen und private Haushalte. Die privaten Haushalte können ihr Einkommen zum Kauf von Gütern verwenden oder es nicht ausgeben. Im ersteren Fall spricht man von *Konsumausgaben*, im letzteren von *Sparen* oder *Geldkapitalbildung*.

Vermindert man den Wert der Nettoendnachfragegüter um Zahlungen an das Ausland in Form von *Importen* (M), erhält man den Wert der *Nettoinlandsprodukt zu Marktpreisen* Leistungen, den die Inländer erarbeitet haben. Dieser Wert heißt *Nettoinlandsprodukt zu Marktpreisen* (Y^N). „Zu Marktpreisen" bedeutet, dass alle Gütermengen, die in die Berechnung von Y^N eingehen, zu laufenden Marktpreisen bewertet werden.

Abb. 2.14 | **Der Einkommenskreislauf in Deutschland**

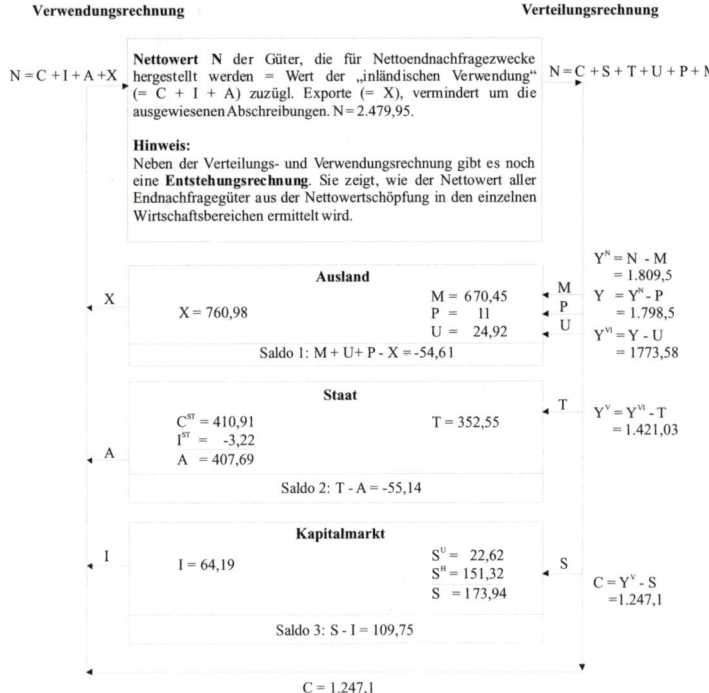

Werte in Mrd. € für das Jahr 2003 gemäß STATISTISCHES JAHRBUCH 2004. Differenzen durch Runden. Die Rechnungen erfolgten ohne die Berücksichtigung von Abschreibungen (Nettorechnung).

Zählt man zum Nettoinlandsprodukt die Abschreibungen (D) hinzu, entsteht das **Bruttoinlandsprodukt** (→ Glossar) *zu Marktpreisen (BIP)*.

Bruttoinlandsprodukt zu Marktpreisen (BIP)

Vermindert man das Nettoinlandsprodukt zu Marktpreisen um den so genannten *Saldo der Primäreinkommen* (P), ergibt sich das **Nettonationaleinkommen** (→ Glossar) (Y). Der Saldo P zeigt, wie groß der Unterschied zwischen den Einkommen ist, die Inländer im Ausland bzw. Ausländer im Inland verdient haben. Ist (P) eine negative Zahl, bedeutet dies, dass per Saldo Einkommen ins Ausland abfließt. Vermindert man das Nettoinlandsprodukt um den *Saldo der Bilanz der unentgeltlichen Übertragungen* (U), ergibt sich das *im Inland verfügbare Einkommen* (Y^{VI}). Unentgeltliche Übertragungen nennt man Zahlungen, denen im gleichen Jahr keine Gegenleistung gegenübersteht. Hierzu gehören z. B. Zahlungen zur Finanzierung der EU oder für Entwicklungshilfe. In Deutschland ist es traditionell so, dass wir mehr an das Ausland zahlen, als wir vom Ausland bekommen. Deshalb ist die Bilanz der unentgeltlichen Übertragungen per Saldo bei uns mit einem Einkommensabfluss verbunden. Die Summe aus M, P und U könnte man auch als *verfügbares Einkommen des Auslands* bezeichnen.

Saldo der Primäreinkommen

Nettonationaleinkommen

Saldo der Bilanz der unentgeltlichen Übertragungen

Im Inland verfügbares Einkommen

Vermindert man das im Inland verfügbare Einkommen um die **Transformationsabgaben** (→ Glossar) *an den Staat* (T), entsteht das *verfügbare Einkommen der Privaten* Y^V). „Private" ist ein Oberbegriff für private Haushalte und Unternehmen. Die „Transformationsabgaben" an den Staat ergeben sich aus der Summe aller staatlichen Einnahmen (vor allem sind dies Steuereinnahmen), wenn man davon diejenigen Zahlungen abzieht, die als *Transferzahlungen* (= unentgeltliche Leistungen) an die Privaten zurückfließen. Dies sind insbesondere Ruhestandszahlungen und Subventionen. Einnahmen aus Transformationsabgaben stehen beim Staat für die Käufe von Gütern und Faktorleistungen (also für einen Ressourcenverbrauch) zur Verfügung und könnten deshalb auch als *verfügbares Einkommen des Staates* bezeichnet werden.[4]

Transformationsabgaben an den Staat

Verfügbares Einkommen der Privaten

Die Privaten können ihr verfügbares Einkommen nun entweder für den *Konsum* (C) oder zur Bildung von *Geldkapital* in Form von *Ersparnissen* (S) verwenden.

Konsum, Ersparnisse und Geldkapital

Hat P, das regelmäßig nicht sehr groß ist, den Wert 0, zeigt die auf der rechten Seite der Abbildung abgebildete *Verteilungsrechnung* also, dass die Einnahmen aus der Produktion von Nettoendnachfragegütern der

Verteilungsrechnung

4 Die staatlichen Einnahmen werden üblicherweise nach Entstehungsarten wie Einkommenssteuer, Umsatzsteuer oder Sozialabgaben unterteilt. Die hier verwendete Einteilung richtet sich dagegen nach Verwendungszwecken auf der Ausgabenseite: Transfereinnahmen (= Sicht des Staates) bzw. Transferabgaben (= Sicht der Privaten) dienen der Finanzierung von Transferzahlungen. Transformationseinnahmen (= Sicht des Staates) bzw. Transformationsabgaben (= Sicht der Privaten) dienen der Finanzierung von Transformationsausgaben (= öffentlicher Konsum und öffentliche Investitionen).

Summe von Import- und Übertragungsausgaben, Transformationsabgaben, Ersparnissen sowie Konsumausgaben entsprechen, d. h. der Summe der verfügbaren Einkommen des Auslands, des Staates und der Privaten.

Auf der linken Seite der Abbildung wird erläutert, aus welchen Teilwerten sich der Wert der Nettoendnachfrage zusammensetzt. Auch hier unterscheidet man wieder die Gruppen von Wirtschaftssubjekten, die bereits bei der Verteilungsrechnung berücksichtigt wurden: Die privaten Haushalte fragen *Konsumgüter* (C) nach, die Unternehmen *Investitionsgüter* (I), der Staat tätigt so genannte *Transformationsausgaben* (A) für öffentliche Investitionen und den öffentlichen Konsum, und das Ausland fragt

Verwendungsrechnung　bei uns Exportgüter (X) nach. Die *Verwendungsrechnung*, die auf der linken Seite der Abbildung abgebildet wird, zeigt deshalb, dass der Wert der Nettoendnachfrage der Summe der Werte entspricht, die für Konsum-, Investitions-, staatliche und Exportzwecke produziert worden sind.

Grundkreislauf　Das Kreislaufbild macht deutlich, dass man einen *Grundkreislauf* aus Einkommenszahlungen der Unternehmen und Konsumausgaben der privaten Haushalte unterscheiden kann (äußerer Ring) und dass aus diesem Grundkreislauf Ströme an das Ausland, den Staat und den Kapitalmarkt abfließen. Diese Ströme – es sind M, U, P, T und S – bezeichnen wir

Kontraktionsgrößen　als *Kontraktionsgrößen* (K), weil sie den Wert des Grundkreislaufs ceteris paribus verringern. Auf der anderen Seite fließen in den Grundkreislauf aber auch Ströme vom Ausland, vom Staat und vom Kapitalmarkt hinein. Diese Ströme – es sind X, A und I – nennen wir *Expansionsgrößen* (E),

Expansionsgrößen　weil sie den Wert des Grundkreislaufs ceteris paribus vergrößern. In Kapitel 5.3 (→ vgl. S. 273 ff.) werden wir sehen, dass es für eine Volkswirtschaft wichtig ist, dass es ein Gleichgewicht zwischen den geplanten Expansionsgrößen $E = X + A + I$ und den geplanten Kontraktionsgrößen $K = M + U + P + T + S$ gibt. In der VGR sind die Summenwerte E und K aus definitorischen Gründen, auf die wir im 5. Kapitel ebenfalls eingehen werden, stets identisch (d. h. $E \equiv K$).

Geld, Geldfunktionen　Nun wollen wir uns den *Geldfunktionen* zuwenden. Als *Geld* bezeichnen wir in einer Volkswirtschaft alles, was die folgenden drei Funktionen erfüllt: die *Zahlungsmittelfunktion*, die *Recheneinheitsfunktion* und die *Wertaufbewahrungsfunktion*. Die erste Funktion dürfte unmittelbar verständlich sein; die ebenfalls einsichtige Recheneinheitsfunktion wurde vielen Bürgern bei der Umstellung der Währungseinheit auf den Euro besonders bewusst: Sie rechneten die Preise am Anfang noch in DM um. Die Wertaufbewahrungsfunktion soll die Wirtschaftssubjekte in die Lage versetzen, Teile ihres laufenden Einkommens zu sparen und sie in der Zukunft ohne Kaufkraftverlust für Konsumzwecke zu verwenden. Dass Letzteres möglich ist, ist nicht selbstverständlich. Gesamtwirtschaftlich verbirgt sich hinter dieser Wertaufbewahrung nämlich ein schwieriges

Problem: Da ja niemand an Geldstoff als solchem interessiert ist, sondern Geld nur als Zahlungsmittel nachfragt (Geld als solches „kann man nicht essen"), erfolgt die *Ersparnisbildung* volkswirtschaftlich in der folgenden Weise: Man verzichtet heute darauf, Teile des Produktionspotenzials für Konsumzwecke in Anspruch zu nehmen, und reserviert statt dessen Teile des zukünftigen Produktionspotenzials für sich. Dies wird dadurch bewerkstelligt, dass der Kapitalmarkt die Ersparnisse an Kreditnehmer vermittelt, welche die Kredite vor allem zur Finanzierung von Investitionen verwenden. Damit sorgen sie dafür, dass in Zukunft ein größeres Sozialprodukt erstellt werden kann, aus dem dann die Ansprüche der Sparer befriedigt werden. Dies funktioniert i.d.R. nicht reibungslos und wird uns später noch beschäftigen.

Im Laufe der *Geldgeschichte* sind verschiedene *Arten von Geld* verwendet worden. Sie spiegeln sich in heute noch üblichen Bezeichnungen wider. So verweist das Wort *Obolus* z.B. darauf, dass ganz früher Anteile an einer Jagdbeute Geldfunktionen erfüllt haben. Wollte man solche Anteile den Göttern opfern, so hat man sie auf einen Jagdspieß gespießt und diesen dann in die Erde gesteckt. Stellt man sich einen in die Erde gesteckten Jagdspieß vergrößert vor, entsteht ein Obelisk, dessen Bezeichnung auf den Opferspieß zurückgeht. Später hat man dann Korngeld verwendet, und hierauf folgte Viehgeld, was sich in der lateinischen Bezeichnung für Geld (*„pecunia"*) widerspiegelt („pecus" = Vieh). In Rom gab es eine Göttin, die über den Wert des Geldes wachen sollte. Sie hieß Moneta, und dies zeigt sich heute noch in dem Wort *„monetär"*. Auf das Viehgeld folgte dann Metallgeld, das wir ja in Form von Münzen kennen, und auf das Metallgeld folgte Papiergeld, in dem Ansprüche an das Sozialprodukt nur noch in abstrakter Form als Banknoten ausgewiesen werden. Papiergeld ist daraus entstanden, dass Kaufleute Goldvorräte bei vertrauenswürdigen Personen wie z.B. Goldschmieden deponierten und sich hierüber eine Quittung (Note) ausstellen ließen. Diese *Noten* wurden dann statt des Edelmetalls zur Bezahlung von Rechnungen verwendet, weil dies einfacher war. Im Prinzip hätte jeder Inhaber einer Note das Gold vom Goldschmied zurückverlangen können. Da die meisten Kaufleute aber statt dessen lieber die Noten weiter verwendeten, entwickelte sich das Papiergeld. Das Volumen dieses Papiergeldes wurde bald größer als die Summe der hinterlegten Goldbarren, weil die Goldschmiede merkten, dass nur ein kleiner Teil der hinterlegten Bestände tatsächlich wieder abgerufen wurde. Dies nahmen sie zum Anlass, sich als Kreditgeber zu betätigen, in dem sie auch an Leute, die gar kein Gold hinterlegt hatten, Noten ausgaben. Diese wurden nun nicht mehr durch Gold gedeckt, sondern beinhalteten lediglich die Verpflichtung, den Kredit wieder zurück zu zahlen. Ähnlich wie die Goldschmiede verhalten sich

Geldgeschichte und Arten von Geld

die heutigen Geschäftsbanken, allerdings nicht auf der Basis von hinterlegtem Gold, sondern von hinterlegtem Zentralbankgeld. Mit Bezug auf das Geld der Notenbanken kann man heute das Sozialprodukt als – bildlich gesprochen – „hinterlegten" Gegenwert für die umlaufenden Banknoten und Münzen betrachten.

Bargeld, Giralgeld, Buchgeld

Banknoten und Münzen bilden zusammen das so genannte *Bargeld*. Neben dem Bargeld verwenden wir aber z. B. auch Überweisungen und Schecks zur Bezahlung von Rechnungen, das so genannte *Giralgeld* oder auch *Buchgeld*. Zählt man zusammen, wie groß in einer Volkswirtschaft der Bargeldbestand und der Bestand an Buchgeld ist, der sich in den so genannten Sichtguthaben bei Banken niederschlägt (also in jederzeit fälligen Guthaben wie z. B. den Beständen auf Gehaltskonten), erhält man

Geldmenge M1

eine Geldmenge, die man als *Geldmenge* M1 bezeichnet. Neben ihr gibt es andere Geldmengenbegriffe, in die weitere Formen von Finanzaktiva eingehen: Erweitert man M1 um Kündigungs- und Terminanlagen, entsteht M2; nimmt man auch noch Geldmarktpapiere hinzu, ergibt sich M3. M3 ist eine wichtige Steuerungsgröße der Zentralbanken (in der EWU also der EZB) bei der Versorgung der Wirtschaft mit Geld.

Die Geldmenge wird in einer Volkswirtschaft im Laufe eines Jahres mehrfach zu Zahlungen verwendet. Obwohl die Geldmenge als solche nicht umläuft, sondern immer in Geldtaschen und auf Konten ruht, kann man wegen der Mehrfachverwendung und damit des mehrfachen

Geldkreislauf

Eigentümerwechsels auch von einem *Geldkreislauf* sprechen. Unter Verwendung der *Umlaufgeschwindigkeit* für Geldbestände kann man diesen

Quantitätsgleichung

Kreislauf mit Hilfe einer Gleichung beschreiben, die *Quantitätsgleichung* heißt und folgendermaßen aussieht:

$$G \cdot V = Y^B$$

Hierin bedeutet G soviel wie „Geldmenge". Man kann verschiedene Geldmengenbegriffe in die Gleichung einsetzen. Früher verwendete man häufig die schon genannte Geldmenge M1, heute wie gesagt die Geldmenge M3. V ist die Umlaufgeschwindigkeit, und Y^B ist das Bruttoinlandsprodukt. Von der Umlaufgeschwindigkeit weiß man aus Erfahrung, dass sie relativ konstant ist. Dies ist in *Abbildung 2.15* dargestellt. Wir sehen hier, dass der Wert der Umlaufgeschwindigkeit von M3 innerhalb eines Entwicklungskorridors schwankt, der im Euro-Währungsgebiet heute zwischen den Werten 1,15 und 1,25 liegt und sich jedes Jahr trendmäßig um etwa 0,02 verringert. Die Schwankungen um diesen Trend liegen absolut zwischen +0,05 und −0,05, die relativen Schwankungen betragen maximal ±5 v. H. Verwendet man den Trendwert als Näherungswert, kann man deshalb in etwa sagen, wie viel Geld im Sinne von M3 zur Bewältigung eines bestimmten Bruttoinlandsprodukts erforderlich ist. Faustformelmäßig kann man seit der Euro-Einführung davon ausgehen, dass jede Einheit von M3 pro Jahr etwa 1,2 mal umgeschlagen wird.

Entwicklung der Umlaufsgeschwindigkeit von M3 und Abweichung der laufenden Umlaufsgeschwindigkeit vom Entwicklungstrend | **Abb. 2.15**

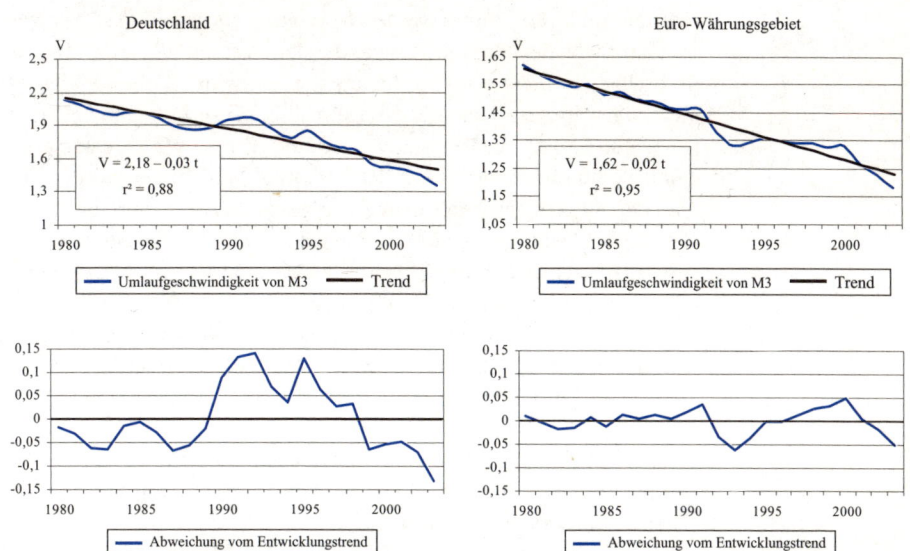

Quelle: Eigene Berechnung in Anlehnung an DEUTSCHE BUNDESBANK, verschiedene Monatsberichte, und EUROPÄISCHE ZENTRALBANK, verschiedene Monatsberichte. In den Trendfunktionen symbolisiert $t = 1$ den Wert für 1980. Zu beachten ist, dass sich zu Beginn von 1999 die Berechnungsformel für das Wachstum der Geldmenge M3 für Deutschland geändert hat.

Organisation von Wirtschaftssystemen | 2.2.3

Insbesondere komplexe *Wirtschaftssysteme* muss man *organisieren,* d. h. auf die Erfüllung bestimmter *Allgemeinwohlziele* hin ausrichten. Wie es der Name schon sagt, sind Allgemeinwohlaufgaben solche, die der Realisation von Zielen dienen, welche *alle* Mitglieder eines Wirtschaftssystems teilen. Daneben gibt es *Partialziele* in Form von *Gruppenzielen* zur Befriedigung der Interessen von Teilgruppen der Mitglieder und *Individualziele*, die

Allgemeinwohlsowie Partial- und Individualziele

jeweils nur den Interessen eines einzelnen Menschen dienen. Allgemeinwohlziele kann man im Prinzip wie in einer direkten Demokratie dadurch ermitteln, dass man alle Mitglieder eines Wirtschaftssystems zusammenruft und einen Zielkatalog erläutert. Anschließend muss man per Abstimmung feststellen, welche Ziele den Allgemeinwohltest der Zustimmung durch alle bestehen, d. h. gegen welche Zielrealisation und damit verknüpfte Kosten kein Mitglied ein Veto einlegen würde. In der Realität ist das allenfalls in Ausnahmefällen durchführbar. Man kann sich aber in die Rolle eines *unparteiischen Richters* versetzen und sich fragen, ob man die Ziele x, y und z sowie die damit verbundenen Kosten für sich selbst als realisationswürdig anerkennen würde (ob man also der Meinung wäre, dass der mit der Zielrealisation verbundene Saldo aus Nutzen und Kosten nicht negativ wäre) und ob man glaubt, dass die anderen Systemmitglieder die gleiche Haltung einnehmen würden. Tut man dies, liegt es bei gegebenem Faktorbestand nahe zu verlangen, dass alle Möglichkeiten zur Wohlstandssteigerung durch Arbeitsteilung und zur Nutzensteigerung durch Tausch ausgeschöpft werden. Das würde bedeuten, dass man einen Zustand anstrebt,

▶ in dem die Produktionsfaktoren so eingesetzt werden, dass man den Güteroutput durch eine Umverteilung von Produktionsfaktoren nicht weiter steigern kann, in dem also ein *Produktionsoptimum* erreicht ist und

▶ in dem die Güter so verteilt sind, dass man den Nutzen durch eine Umverteilung von Gütern nicht weiter steigern kann, in dem also auch ein *Tauschoptimum* realisiert ist.

Ob solch ein Zustand in einer Volkswirtschaft erreicht ist, kann man empirisch nicht feststellen. Deshalb muss man fragen, ob es Anzeichen dafür gibt, dass eine Umverteilung von Faktoren und/oder Gütern nutzensteigernd wäre. Das ist dann der Fall, wenn auf einem Markt – gemessen an der Nachfrage – zu viel oder zu wenig an Gütern angeboten wird und/oder wenn Faktoren an einem anderen Beschäftigungsort mehr verdienen könnten als an dem bis dato realisierten Ort, d. h. wenn Unternehmer durch das Umverteilen von Gütern und/oder Faktoren so genannte *Arbitragegewinne* erzielen können.

Hebt man die Bedingung „gegebener Faktorvorrat" und damit auch die Bedingung „gegebenes Wissen" auf, bedenkt man auch alle weiteren Möglichkeiten zur Wohlstandssteigerung und fasst man schließlich auch noch Distributions- und Stabilisierungsziele ins Auge, kommt man zu einem Katalog von Koordinationsaufgaben. Dieser umfasst die Allokations-, Distributions- und Stabilisierungsaufgaben, die im *Infokasten 2.3* abgedruckt sind.

Koordinationsaufgaben

Infokasten 2.3

Koordinationsaufgaben in Volkswirtschaften

In Volkswirtschaften kann man drei Arten von Koordinationsaufgaben unterscheiden. In allgemeiner Form (d. h. unabhängig von der spezifischen Organisation einer bestimmten Volkswirtschaft) können sie folgendermaßen formuliert werden:

1) **Mikroökonomische Koordination von Angebots- und Nachfrageentscheidungen (Allokation)**
   - ▶ Vermeidung von dauerhaften Angebots- oder Nachfrageüberschüssen,
   - ▶ Vermeidung von dauerhaften Kapazitätsengpässen oder Überkapazitäten,
   - ▶ Vermeidung von dauerhaften Übermachtpositionen,
   - ▶ Vermeidung von dauerhaften Fortschrittsrückständen gegenüber Welt-Produktführern bei der Produktentwicklung und
   - ▶ Vermeidung von dauerhaften Fortschrittsrückständen gegenüber Welt-Kostenführern bei der Verfahrensentwicklung sowie
   - ▶ Bereitstellung von Kollektivgütern und
   - ▶ Vermeidung von externen Effekten und Präferenzverzerrungen.

2) **Verteilungs- und Umverteilungsaufgaben (Distribution)**
   Gewährung sozial hinreichender Mindestkaufkraft für alle durch
   - ▶ gerechtigkeitsorientierte Umverteilungsmaßnahmen und
   - ▶ Bereitstellung von Versicherungsmöglichkeiten.

3) **Aufgaben der makroökonomischen Steuerung von Kreislaufprozessen (Stabilisierung)**
   Realisation von
   - ▶ Stabilität des Preisniveaus,
   - ▶ einem hohen Beschäftigungsgrad,
   - ▶ einem außenwirtschaftlichen Gleichgewicht und
   - ▶ befriedigendem Wirtschaftswachstum.

In dieser Übersicht wird von „Koordinations"-Aufgaben gesprochen, weil das Verhalten der Systemmitglieder so aufeinander abgestimmt werden muss, dass es sich mit den Gemeinwohlaufgaben verträgt, d. h. dass die Erfüllung dieser Aufgaben nicht Gruppen- oder Individualinteressen geopfert wird. Dass solch eine Gefahr besteht, dürfte unmittelbar einleuchten: Alle Bürger einer Volkswirtschaft sind z. B. daran interessiert, dass der innere Frieden bewahrt wird und es nicht zu gegenseitigen Raubzügen kommt, wie es im Mittelalter der Fall war und heute noch in Entwicklungsländern beobachtet werden kann. Es gibt aber auch in entwickelten Ländern Diebstahl und Raub, d. h. die Realisation des Individualziels „mehr Reichtum für den Verbrecher" auf Kosten des Allgemeinwohlsziels „Frieden". Das gilt, obwohl man eine Polizei geschaffen hat, die dafür sorgen soll, dass Verbrechen sich nicht lohnen, d. h. – wie man sagt – dass für *Interessenkompatibilität* zwischen den Individualinteressen und den Allgemeinwohlzielen gesorgt werden soll.

Interessenkompatibilität

Gerade auch in der Wirtschaftspolitik spielen Konflikte zwischen Allgemeinwohl- und Partialzielen eine fühlbare Rolle. So kommt es z. B. häufig vor, dass das Verbraucherinteresse an billigen Importgütern (ein aufgeklärtes Interesse *aller* Systemmitglieder) dem Partialwohl politisch gut organisierter Gruppen von Produzenten geopfert wird. Diese teilen das Verbraucherinteresse in ihrer Rolle als Konsumenten zwar, haben als Produzenten aber ein stärkeres (weil ihr *gesamtes* Einkommen und nicht nur Teile der Verbrauchsausgaben betreffendes) Interesses an Protektionsmaßnahmen zur Behinderung ausländischer Konkurrenten.

Dass die im Infokasten 2.3 aufgeführten Aufgaben Allgemeinwohlzielen entsprechen, kann man sich gut klarmachen, wenn man fragt, was passieren würde, wenn diese Aufgaben *nicht* erfüllt würden.[5]

Allokationsaufgaben

▶ Die wohlstandsschädlichen Folgen dauerhafter *Differenzen zwischen Angebots- und Nachfragemengen* kann man bei den von der EG „geordneten" Märkten beobachten: Butterberge, Milchseen, Vernichtung von Nahrungsmitteln und organisierter Subventionsbetrug.

▶ Dauerhafte *Überkapazitäten* führen im Steinkohlenbergbau z. B. zu riesigen Subventionszahlungen, die verhindern sollen, dass Steinkohle im Ausland gekauft wird, wo sie etwa zu einem Drittel der inländischen Kosten produziert wird, und die darüber hinaus zur Folge haben, dass Facharbeiter, die in anderen – weltweit konkurrenzfähigen – Wirtschaftsbereichen fehlen, im nicht konkurrenzfähigen Steinkohlenbergbau gebunden werden.

▶ Was es bedeutet, von einem Inhaber von *Übermacht* abhängig zu sein, konnte man über lange Zeit an den schlechten Leistungen der Deutschen Bundespost sehen. Sie haben dazu geführt, dass manche Unter-

---

5 Für Marktwirtschaften werden die ersten fünf mikroökonomischen Koordinationsaufgaben in der Literatur häufig auch zu anders geordneten „Funktionen des Preissystems" oder „Wettbewerbsfunktionen" zusammengefasst. Diese Funktionsbildungen leiden jedoch darunter, dass die Aufgabenerfüllung nicht „in vivo" beobachtbar (und damit empirisch überprüfbar) ist und dass die Funktionen auch nicht systemübergreifend formuliert sind. Die im Infokasten 2.3 aufgeführten Funktionen sind dagegen systemübergreifend formuliert und ihre Erfüllung ist empirisch überprüfbar.

nehmen zur Abwicklung des Postverkehrs Zweigniederlassungen im Ausland gegründet haben.

▶ Dauerhafte *Fortschrittsrückstände* bei Produkten und/oder Produktionsverfahren würden zum Nachlassen der Wettbewerbsfähigkeit der deutschen Wirtschaft führen.

▶ Werden nicht genügend *Kollektivgüter* bereitgestellt, kommt es z.B. zu Engpässen in der Verkehrsinfrastruktur und zur Hemmung des Wirtschaftswachstums.

▶ **Externe Effekte** (→ Glossar) sind Auswirkungen von Produktions- oder Konsumentscheidungen, die vom Preissystem nicht berücksichtigt werden. Ergreift man keine besonderen Maßnahmen zu ihrer Einbeziehung in das Preissystem, kommt es z.B. zur Umweltverschmutzung.

▶ *Mindestkaufkraft* wird z.B. über Arbeitslosengeld und Sozialhilfe bereitgestellt und dient der Realisation grundlegender Gerechtigkeits- und Sicherheitszielsetzungen. Man kann sich vorstellen, was viele Menschen erleiden müssten, gäbe es keine Unterstützungsmaßnahmen dieser Art.   **Distributionsaufgaben**

▶ Die schlimmen Wirkungen von *Geldwertinstabilität* werden besonders deutlich, wenn man an Hyperinflationen wie die deutsche von 1923 denkt. Aber auch moderate Inflationen führen typischerweise dazu, dass die Preisentwicklungen weniger gut abschätzbar und die abzuschließenden Verträge weniger gut berechenbar werden, kurz, dass Unsicherheit erzeugt wird, die zu Wohlstands- und Wachstumseinbußen führt. Außerdem kann ein Anstieg der Inflationsrate die EZB dazu zwingen, zur Verhinderung eines weiteren Anstiegs so stark „auf die Bremse zu treten", dass zumindest vorübergehend Arbeitslosigkeit entsteht.   **Stabilisierungsaufgaben**

▶ Dass *Arbeitslosigkeit* eine Geißel darstellt, ist unmittelbar einsichtig.

▶ Wird auf Dauer kein *außenwirtschaftliches Gleichgewicht* erreicht, können z.B. Zwangsmaßnahmen zur Devisenbewirtschaftung und Reiseverbote drohen. Solche Verstöße gegen grundlegende Freiheitsvorstellungen hat es vielfach gegeben und gibt es auch heute noch. Im Dritten Reich z.B. waren Reisen ins Ausland wegen der Devisenknappheit zunächst zwar nicht genehmigungspflichtig (dies trat später ein), aber man durfte für einen Auslandsaufenthalt jeweils nur 10 RM in Devisen umtauschen; und in Israel war der Umtausch von Reisedevisen Anfang 1968 noch auf 7.000 Dollar pro Auslandsreise beschränkt und eine Kapitalanlage im Ausland verboten.

▶ *Wirtschaftswachstum* soll vor allem den Wohlstand fördern; wir benötigen es jedoch auch im Hinblick auf unsere Alters- und Gesundheitsversorgungssysteme, denn diese sind auf Umverteilungsmaßnahmen ausgerichtet, die nur bei Wirtschaftswachstum hinreichend funktionieren.

Es gibt wohl niemanden, dem größere Zielverletzungen der genannten Art gleichgültig wären. Dies ist auch Ausdruck der Tatsache, dass wir bei allen Menschen ein Streben nach der Realisation von *Basiszielen* wie *Freiheit, Wohlstand, Sicherheit* und *Gerechtigkeit* feststellen können.

Freiheit, Wohlstand, Sicherheit, Gerechtigkeit

Die Erfüllung der Koordinations- oder Lenkungsaufgaben, die im *Infokasten 2.3* (→ vgl. S. 95) aufgeführt wurden, wird in allen Wirtschaftssystemen über vertragliche Arrangements angestrebt, die klären, wie die wirtschaftsverfassungsrelevanten Rechtsstrukturen für Entscheidungskompetenzen, Informationspflichten und Anreizkonfigurationen gestaltet werden. Dabei ist das Wort „Vertrag" allerdings im weiteren Sinne zu interpretieren und umfasst nicht nur zweiseitige Verträge, sondern auch Gesellschaftsverträge im Sinne eines *Contrat social.* Für verschiedene Typen von Wirtschaftsordnungen, die man unterscheiden kann, ist es jedoch typisch, dass sie sich schwerpunktmäßig unterschiedlicher Typen von Verträgen zur Koordination bedienen, dass unterschiedliche Koordinationstypen bei ihnen also ein unterschiedliches Gewicht haben.

Abb. 2.16 | **Typen von Koordinierungsverträgen**

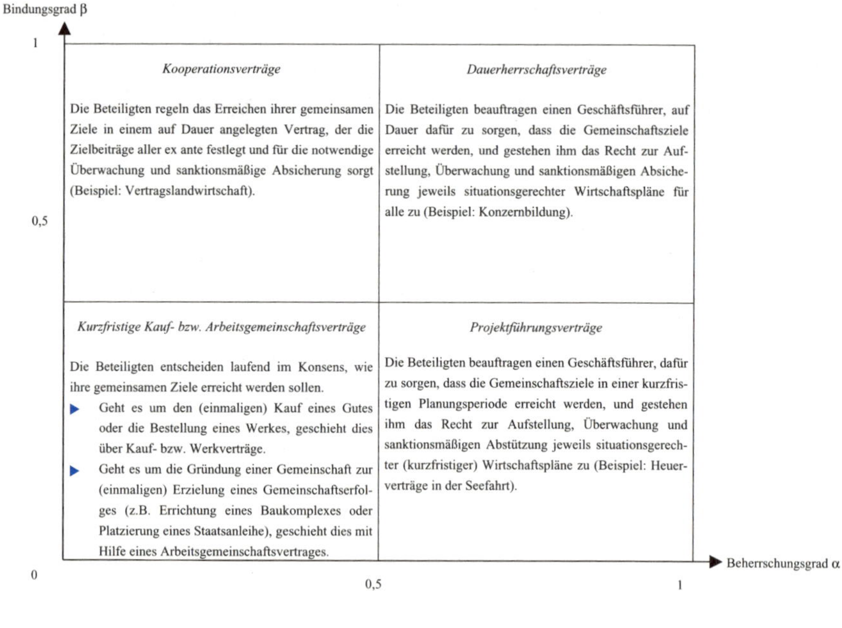

Bindungsgrad β

1

Kooperationsverträge

Die Beteiligten regeln das Erreichen ihrer gemeinsamen Ziele in einem auf Dauer angelegten Vertrag, der die Zielbeiträge aller ex ante festlegt und für die notwendige Überwachung und sanktionsmäßige Absicherung sorgt (Beispiel: Vertragslandwirtschaft).

Dauerherrschaftsverträge

Die Beteiligten beauftragen einen Geschäftsführer, auf Dauer dafür zu sorgen, dass die Gemeinschaftsziele erreicht werden, und gestehen ihm das Recht zur Aufstellung, Überwachung und sanktionsmäßigen Absicherung jeweils situationsgerechter Wirtschaftspläne für alle zu (Beispiel: Konzernbildung).

0,5

Kurzfristige Kauf- bzw. Arbeitsgemeinschaftsverträge

Die Beteiligten entscheiden laufend im Konsens, wie ihre gemeinsamen Ziele erreicht werden sollen.

▶ Geht es um den (einmaligen) Kauf eines Gutes oder die Bestellung eines Werkes, geschieht dies über Kauf- bzw. Werkverträge.

▶ Geht es um die Gründung einer Gemeinschaft zur (einmaligen) Erzielung eines Gemeinschaftserfolges (z.B. Errichtung eines Baukomplexes oder Platzierung eines Staatsanleihe), geschieht dies mit Hilfe eines Arbeitsgemeinschaftsvertrages.

Projektführungsverträge

Die Beteiligten beauftragen einen Geschäftsführer, dafür zu sorgen, dass die Gemeinschaftsziele in einer kurzfristigen Planungsperiode erreicht werden, und gestehen ihm das Recht zur Aufstellung, Überwachung und sanktionsmäßigen Abstützung jeweils situationsgerechter (kurzfristiger) Wirtschaftspläne zu (Beispiel: Heuerverträge in der Seefahrt).

0

0,5

1

▶ Beherrschungsgrad α

Welche Vertragstypen bei der Erfüllung von Koordinationsaufgaben von besonderer Bedeutung sind, ist in *Abbildung 2.16* und dem *Infokasten 2.4* dargestellt.

Infokasten 2.4

Operationalisierungsvorschriften zu Abbildung 2.16

1) **Ermittlung des α-Wertes**

Der Beherrschungsgrad α ist ein als Wahrscheinlichkeitskennziffer ausgedrücktes Machtmaß, das angibt, wie groß die Wahrscheinlichkeit p dafür ist, dass ein Geschäftsführer (so vorhanden) seine Vorstellungen über die Realisierung der Gemeinschaftsziele auch gegen eventuell widerstrebende Teilgruppen durchsetzen kann. Bezeichnet man die Gegenwahrscheinlichkeit mit q, können die p-Werte aus Befragungen von Kennern der Machtverhältnisse unter Verwendung der folgenden Tabelle gewonnen werden. Die α-Werte ermittelt man in einem zweiten Schritt, indem man sich innerhalb einer p-Klasse auf einen α-Wert festlegt.

	Dass der Geschäftsführer alle relevanten Entscheidungen beherrscht, ist …				
Verbale Formulierung	nahezu sicher, d. h. $p \gg q$	wahrscheinlich, d. h. $p > q$	unbestimmt, d. h. $p \approx q$	unwahrscheinlich, d. h. $p < q$	kaum vorstellbar, d. h. $p \ll q$
p-Klasse	$p \geq 0{,}8$	$0{,}6 \leq p < 0{,}8$	$0{,}4 \leq p < 0{,}6$	$0{,}2 \leq p < 0{,}4$	$p < 0{,}2$

2) **Ermittlung des β-Wertes**

Der Wert β ergibt sich aus einer Analyse von Festlegungen, die für einen mehr oder weniger langen Zeitraum im Rahmen von Absprachen ex ante getroffen werden. Zur Ermittlung von β wird die folgende Formel verwandt:

▶ $\beta = 1 - 0{,}5^{0{,}4L}$.

L ist die Laufzeit in Jahren. Es wird davon ausgegangen, dass Verträge mit einer Laufzeit von L > 2,5 Jahren als „langfristig" angesehen werden ($\beta > 0{,}5$), weil bei Vertragsablauf das Ende einer üblicherweise als kurz- bis mittelfristig betrachteten Planung erreicht oder überschritten wird.

▶ Für L = 0 (unterjährige Ad-hoc-Koordination von Wirtschaftsplänen) folgt: $\beta = 1 - 0{,}5^0 = 1 - 1 = 0$.

▶ Für $L = \infty$ („ewige" Bindung an ex ante festgelegte Planwerte) folgt:
$\beta = 1 - 0,5^{\infty} = 1 - 0 = 1$.

▶ Für $L = 5$ (Langfristbindung an ex ante festgelegt Planwerte) folgt:
$\beta = 1 - 0,5^2 = 1 - 0,25 = 0,75$.

Sind Verträge so komplex, dass die α- und/oder β-Werte nicht direkt geschätzt werden können, müssen sie in *Elementarverträge* zerlegt werden, die homogener und leichter einzuschätzen sind. Die Gesamtwerte für α und β können dann über eine gewichtete Addition der Elementarwerte gewonnen werden.

Bei der *Konstruktion von Verträgen* zur Koordination von Wirtschaftsplänen kann es zweckmäßig sein, *bewusst* Elementarverträge unterschiedlichen Typs zusammenzufassen. Solche Kombinationen von Elementarverträgen gibt es z. B. im Rahmen der Versorgung mit Erdöl: Die Mineralölfirmen haben mit den Erdöllieferländern langfristige Lieferverträge (= *Kooperationsverträge*) abgeschlossen und verschaffen sich über zusätzliche Einmal-Kaufverträge (so genannte *Spotmarktverträge*) die Flexibilität, die erforderlich ist, um auf kurzfristige Nachfrageschwankungen reagieren zu können.

Beherrschungsgrad und Bindungsgrad

Wir sehen hier einen Raum, der von zwei Achsen aufgespannt wird: dem *Beherrschungsgrad* α und dem *Bindungsgrad* β.

▶ Der *Beherrschungsgrad* α zeigt an, wie groß die (erforderlichenfalls über Befragungen von Experten festzustellende) Wahrscheinlichkeit dafür ist, dass ein Geschäftsführer – wenn es ihn denn überhaupt gibt – durchsetzen kann, dass die Wirtschaftspläne der Beteiligten einem gemeinsamen Kooperationsziel untergeordnet werden. Der Geschäftsführer oder ein System von Absprachen muss also dafür sorgen, dass alle individuellen Wirtschaftspläne an einen gemeinsamen Wirtschaftsplan angepasst werden, der für die Realisation der Allgemeinwohlziele sorgt und festlegt, wer, was, wann, wo, wie und für wen tut.

▶ Der *Bindungsgrad* β zeigt an, ob ein Vertrag nur zur Erfüllung eines einmaligen Geschäfts abgeschlossen werden soll oder ob er im Extremfall auf unbestimmte Zeit geschlossen wird und (als so genanntes Dauerschuldverhältnis) eine Vielzahl von Geschäftsvorfällen umfassen soll. Die unteren beiden Vertragstypen in Abbildung 2.16 (→ vgl. S. 98) stellen somit Kurzfristverträge, die oberen beiden Vertragstypen dagegen Langfristverträge dar.

Nun zu den Beispielen für die verschiedenen Vertragstypen: *Kauf-* und *Werkverträge* sind selbsterklärend. Kaufverträge, die sofort gegen Kasse ausgeführt werden, nennt man auch *Spotmarktverträge*. Heuerverträge sind *Dienstverträge*, in denen sich Seeleute für eine Reise als Kurzzeitarbeitnehmer (Heuerleute, Agenten, Auftragnehmer) unter das Kommando eines Kapitäns (Prinzipals) begeben. *Dauerherrschaftsverträge* sichern einer Muttergesellschaft z.B. die Herrschaft über die abhängigen Tochterunternehmen in einem Konzern (ähnlich wie der Staat als Prinzipal dauerhaft über seine Beamten als Agenten herrschen kann). Im Rahmen der Vertragslandwirtschaft verpflichtet sich ein Landwirt in einem *Kooperationsvertrag* einem Abnehmer gegenüber (z.B. einem Hersteller von Dosengemüse), für einen längeren Zeitraum im Herbst jeden Jahres landwirtschaftliche Produkte in einer bestimmten Menge und Qualität zu liefern.

Die meisten Verträge, die in der Praxis vorkommen, sind keine reinen Vertragstypen, wie sie in dem dargestellten Raum von den Eckpunkten (0/0), (1/0), (1/1) und (0/1) markiert werden. Stattdessen sind sie gleichsam *Mischungen von Elementarverträgen*, die im Inneren der Teilräume anzuordnen wären, den Extremtypen aber immerhin mehr oder weniger nahe kommen.

Es ist für alle Realdemokratien typisch, dass die Rahmenbedingungen für Wirtschaftsprozesse in langfristiger und demokratischer Weise festgelegt werden, d.h. dass diese Rahmenbedingungen Ausfluss von Kooperationsverträgen sind. Die konkrete Ausgestaltung dieser Rahmenbedingungen ist darauf ausgerichtet, welche Vertragstypen innerhalb der Rahmenbedingungen bei der Organisation des Produktionsapparates einer Volkswirtschaft eine Schwerpunktrolle übernehmen sollen. Man kann folgende Zuordnungen feststellen:

▶ In so genannten *Zentralverwaltungswirtschaften* haben Dauerherrschaftsverträge ein besonders starkes Gewicht.
▶ In so genannten *Verbandswirtschaften* spielen Kooperationsverträge eine entscheidende Rolle, bei denen es keinen zentralen „Herrscher" gibt.
▶ In so genannten *Marktwirtschaften* werden die Koordinationsaufgaben dagegen vor allem mit Hilfe von kurzfristigen Kauf- und Werkverträgen realisiert, die man wie gesagt auch als *Spotmarktverträger* bezeichnet und bei denen es auch keinen zentralen „Herrscher" gibt, sondern Anbieter und Nachfrager jeweils eine Veto-Position haben.

Für Dauerherrschafts- und Kooperationsverträge ist es typisch, dass sie die erforderliche Verhaltensabstimmung über eine plangestützte *Ex-ante-Koordination* erreichen; in Marktwirtschaften wird die Verhaltensabstimmung dagegen im Wege einer *Ex-post-Koordination* realisiert. Der Unter-

Ex-ante- und
Ex-post-Koordination

schied zwischen diesen beiden Formen der Verhaltensabstimmung soll an einem physiotechnischen Beispiel erläutert werden.

Von einer *Ex-ante-Koordination* spricht man, wenn die Koordination der individuellen Wirtschaftspläne (die Anpassung an die Gemeinwohlziele) über ex ante geführte Verhandlungen erfolgt; von einer *Ex-post-Koordination* spricht man dagegen, wenn die Koordination der individuellen Wirtschaftspläne nach einer Methode erfolgt, die dem Wirken eines Regelkreises bei der Klimatisierung eines Raumes vergleichbar ist: Einem Regler (Thermostaten) wird eine Solltemperatur vorgegeben; weicht die Ist- von der Soll-Temperatur ab, sorgt der Thermostat dafür, dass diese Abweichung nach ihrem Eintreten (ex post) sehr schnell wieder über Heiz- oder Kühlbefehle beseitigt wird. Wir werden noch sehen, dass

Regelkreisprinzip einer negativen Rückkopplung

Märkte genau nach diesem Muster funktionieren. Es wird als *Regelkreisprinzip einer negativen Rückkopplung* bezeichnet und bei der Besprechung von Marktwirtschaften noch näher erläutert werden (→ vgl. Abbildung 3.12, S. 189).

Zusammenfassend können wir damit sagen, dass bei *Wirtschaftsordnungen*, bei denen die Ex-ante-Koordination eine besondere Rolle spielt, von einer Zentrale vorgegebene oder von den Beteiligten ausgehandelte Volkswirtschaftspläne von besonderer Bedeutung sind, während in Marktwirtschaften, die auf eine Ex-post-Koordination setzen, eine regelkreisartige Ausregulierung von Soll-Ist-Abweichungen charakteristisch ist, die vor allem durch Anbieterkonkurrenz zustande kommt. Oder in den Worten EUCKENS [2001, S. 76]: „Man kann also – grob gesprochen – drei Lenkungsmethoden unterscheiden, die für den industriellen Wirtschaftsprozess in Frage kommen: Leitung durch staatliche Zentralstellen, durch Gruppen, durch Konkurrenz".

Typen von Wirtschaftsordnungen

Berücksichtigt man neben diesen Koordinations- oder Lenkungsmethoden, dass das Eigentum an den Produktionsmitteln grundsätzlich Privateigentum einzelner, aber auch Gruppen- oder Staatseigentum sein kann, gelangt man zu den *Typen von Wirtschaftsordnungen*, die in *Abbildung 2.17* dargestellt werden. Die Eigentumsformen werden hier durch die Adjektive „sozialistisch" bzw. „kapitalistisch" gekennzeichnet, die Art der Koordination der Betriebswirtschaftspläne im Produktionssektor einer Volkswirtschaft verweist auf die jeweils schwerpunktmäßig genutzten Koordinationsverträge: In Zentralverwaltungswirtschaften sind dies Dauerherrschaftsverträge, in Verbandswirtschaften Kooperationsverträge und in Marktwirtschaften Spotmarktverträge.

Innerhalb der einzelnen Typen von Wirtschaftsordnungen kann man weitere Unterteilungen vornehmen. So unterscheidet man bei den Marktwirtschaften insbesondere *Freie Marktwirtschaften*, in denen es keine Vorsorge gegen Wettbewerbsbeschränkungen und für soziale Notsituationen gibt, und *Gebundene Marktwirtschaften* wie vor allem die *Soziale Marktwirtschaft* der Bundesrepublik Deutschland. Im Kapitel 3 (→ vgl. S. 123 ff.) werden die Hauptrealisationsformen dieser Idealtypen von Wirtschaftsordnungen im Deutschland des 20. Jahrhunderts besprochen.

Typen von Wirtschaftsordnungen | Abb. 2.17

Art des Eigentums an Produktionsmitteln	Art der Koordination der Betriebswirtschaftspläne		
	Zentralverwaltungswirtschaftliche Ex-ante-Koordination	Kooperative Ex-ante-Koordination	Marktwirtschaftliche Ex-post-Koordination
Kollektiveigentum (d. h. Gruppen- oder Staatseigentum)	Sozialistische Zentralverwaltungswirtschaft	Sozialistische Verbandswirtschaft	Sozialistische Marktwirtschaft
Privateigentum	Kapitalistische Zentralverwaltungswirtschaft	Kapitalistische Verbandswirtschaft	Kapitalistische Marktwirtschaft

Alle in Abbildung 2.17 aufgeführten Formen von Wirtschaftsordnungen müssen die in Volkswirtschaften auftretenden Allokations-, Distributions- und Stabilisierungsfragen lösen. Sie tun das mit Hilfe von Institutionen und Organisationen.

Unter **Institutionen** (→ Glossar) *i. e. S.* verstehen wir mit NORTH [1992] Spielregeln, die das Verhalten von Menschen in einem Wirtschaftssystem dadurch verstetigen und damit auch berechenbar werden lassen, dass ihre Durchbrechung Sanktionsmaßnahmen unterschiedlicher Art auslöst. Man kann zwei Arten von Institutionen unterscheiden: ◄ Institutionen

▶ Sitten und Gebräuche, d. h. ein gewachsenes *Gewohnheitsrecht*, das politisch nur sehr schwer und auch nur auf längere Sicht veränderbar ist, und

▶ *formelles* Recht, das politisch beschlossen und deshalb auch relativ leicht veränderbar ist.

Unter **Organisationen** (→ Glossar) versteht man hierarchisch gegliederte Kooperationsgruppen, die im Wege der Arbeitszerlegung gemeinsam Outputziele realisieren, d. h. die intern eine zentralverwaltungswirtschaftliche Ordnung aufweisen. ◄ Organisationen

Um die volkswirtschaftlichen Koordinationsaufgaben erledigen zu können, setzt man Institutionen und Organisationen bei der Gestaltung von Wirtschaftsordnungen so ein, dass drei Arten von funktionellen Systemen geschaffen werden:

▶ ein *System von Entscheidungskompetenzen*, das festlegt, wer welche Arten von Entscheidungen fällen darf,

▶ ein *Informationssystem*, das dafür sorgt, dass Informationskanäle gebahnt und genutzt werden, durch welche die für die Erfüllung der Koordinationsaufgaben erforderlichen Informationen an die richtige Stelle fließen, und

▶ ein *Motivationssystem*, das ein ordnungskonformes (für die Erfüllung der Koordinationsaufgaben förderliches) Verhalten belohnt und ein ordnungswidriges Verhalten bestraft.

Schaut man z.B. auf eine kapitalistische Marktwirtschaft, so liegt dort die Kompetenz, Produktionsentscheidungen fällen zu dürfen, ganz überwiegend in den Händen privater Unternehmen. Bei einer irgendwie bedingten Vergrößerung der Nachfrage nach einem Gut steigt in solch einer Wirtschaft typischerweise der Preis. Das ist eine Information für die Anbieter dieses Gutes: Es wird ihnen mitgeteilt, dass mehr von dem Gut produziert werden muss. Gleichzeitig werden die Unternehmer aber auch motiviert, auf dieses Signal in ordnungskonformer Weise zu reagieren, denn eine Produktionsvergrößerung steigert dann auch ihren Gewinn. Auf diese Weise sorgen das Kompetenzverteilungs-, das Informations- und das Motivationssystem gemeinsam dafür, dass eine sinnvolle Reaktion auf die Veränderung der Nachfragestruktur erzeugt wird. In den anderen Wirtschaftsordnungen muss man dieses Ergebnis mit anderen Mitteln herbeiführen.

Fasst man die bisherigen Überlegungen zusammen, kann man den Begriff der Wirtschaftsordnung folgendermaßen stärker konkretisieren und durch den Begriff der Wirtschaftsverfassung ergänzen:

Wirtschaftsordnung

Unter der **Wirtschaftsordnung** ($\rightarrow$ Glossar) eines Landes versteht man die Gesamtheit der Institutionen und Organisationen, die das Verhalten der Menschen beim arbeitsteiligen Produzieren und Konsumieren von Gütern dadurch verstetigen und in einem gewissen Umfang berechenbar machen, dass sie Entscheidungskompetenzen regeln, Informationsflüsse erzeugen und Verhaltensanreize setzen. Der Teil der Wirtschaftsord-

Wirtschaftsverfassung

nung, der durch Rechtsregeln konkretisiert wird, heißt **Wirtschaftsverfassung** ($\rightarrow$ Glossar).

Mit Hilfe dieser Definition können wir nun auch den Begriff des Wirtschaftssystems genauer als bisher beschreiben:

Wirtschaftssystem

Als **Wirtschaftssysteme** ($\rightarrow$ Glossar) bezeichnen wir soziale Systeme, in denen Güter arbeitsteilig produziert, verteilt und konsumiert werden und die sich durch zwei Eigenschaften auszeichnen: (1) Sie verfügen über eine jeweils systemtypische Wirtschaftsordnung, und (2) zwischen ihnen und anderen Wirtschaftssystemen ist eine Grenze erkennbar, die sich dadurch auszeichnet, dass sie Mitglieder (Insider) und Nichtmitglieder (Outsider) scheidet und Unterschiede in den spezifischen Systemkulturen und der Intensität wirtschaftlicher Interaktionen markiert. Solche Interaktionen finden innerhalb eines Wirtschaftssystems deutlich häufiger statt als zwischen ihm und anderen Wirtschaftssystemen. Die wichtigsten Wirtschaftssysteme sind Unternehmen, Volkswirtschaften und Wirtschaftsgemeinschaften, schließlich aber auch die Welt als Ganzes; sie sind gleichsam ineinander verschachtelt.

Betrachtet man ein Wirtschaftssystem wie die deutsche Volkswirtschaft aus der Vogelperspektive und konzentriert man sich auf die Güter, die produziert und zu den Konsumenten geschafft werden, und auf die Informationen und Anreize, die der Erfüllung der Koordinationsaufgaben dienen, so kann man zwei Ströme beobachten:

▶ einen *Güterstrom*, der von der Urproduktion in Richtung auf die Konsumenten fließt und in dem Güter sachlich, räumlich und zeitlich verändert und dadurch kosumreifer gemacht werden, und

▶ einen mit Anreizen gekoppelten *Lenkungssignalstrom*, der auch von der Kompetenzverteilung abhängt und durch den der Güterstrom so beeinflusst wird, dass die volkswirtschaftlichen Koordinationsaufgaben erfüllt werden.

Güterstrom und Lenkungssignalstrom

Das obige Beispiel von den Wirkungen der Vergrößerung der Nachfrage nach einem Gut in einer Marktwirtschaft hat gezeigt, wie diese beiden Ströme zusammenwirken. Beide Ströme sind mit Kosten verbunden. Die Kosten, die durch das Fließen des Güterstroms und die damit verbundene sachliche, zeitliche und räumliche Veränderung von Gütern ausgelöst werden, heißen – wie wir schon wissen – **Transformationskosten** (→ Glossar). Die Kosten des Stroms der Lenkungssignale oder – wie man auch sagen könnte – die von der Wirtschaftsordnung abhängigen „Betriebskosten eines Wirtschaftssystems" nennt man dagegen **Transaktionskosten** (→ Glossar).

Transformations- und Transaktionskosten

Der Ausdruck Transaktionskosten ist ursprünglich benutzt worden, um die Nebenkosten zu kennzeichnen, die beim Kaufen und Verkaufen von Wertpapieren anfallen, also vor allem Bankgebühren und Spesen. Heute verwendet man diesen Ausdruck in einem weiteren Sinn, um eine Vielzahl von Nebenkosten zu bezeichnen: Kosten, die – wie etwa die Kosten für einen Notar, der einen Grundstückskauf beurkundet – nichts mit einer sachlichen, zeitlichen oder räumlichen Transformation von Gütern zu tun haben und sich folglich auch nicht in der Qualität des Gutes niederschlagen, sondern der Anbahnung, Aushandlung und Ausführungskontrolle von Verträgen zur Beeinflussung des Güterstromes dienen. Der Grund dafür, dass man in komplexen Volkswirtschaften Transaktionskosten aufwendet, liegt darin, dass diese Volkswirtschaften anders als die Robinson-Wirtschaft oder die Robinson-Freitag-Wirtschaft von niemandem überschaut werden können. Deshalb müssen Faktoren aufgewendet werden, um die richtigen Vertragspartner zusammenzuführen, Verträge vernünftig zu gestalten und die ordnungsgemäße Durchführung von Verträgen sicherzustellen. Man kann deshalb auch sagen, dass Transaktionskosten letztlich der Überwindung von Informationsmängeln dienen und in einer Welt mit vollkommen informierten Wirtschaftssubjekten entfallen würden, weil dort ja weder gute Vertragspartner gesucht noch Arbeitskräfte überwacht oder Qualitäten kontrolliert werden müssen. Hieraus ergibt sich die folgende *Definition von Transaktionskosten*: Diese Kosten sind Kosten der Produktion von Lenkungssignalen und Anreizen, die beim Betrieb von Wirtschaftordnungen anfallen und in einem Wirtschaftssystem die Gestalt von Nebenkosten annehmen, die dem Anbahnen, Aushandeln und Überwachen von Verträgen dienen und die Qualität von Gütern weder in sachlicher noch in zeitlicher oder räumlicher Hinsicht beeinflussen. Sie würden in einer Welt vollkommener Informationen entfallen. Wer Transaktionskosten feststellen will, muss deshalb fragen, ob ein Faktorverzehr vorliegt, der auf die Anbahnung, Aushandlung und Überwachung von Verträgen und damit den Betrieb der Wirtschaftsordnung gerichtet ist und in einer Welt vollkommener Informationen überflüssig wäre.

Definition von Transaktionskosten

Nach dieser Begriffsklärung wollen wir uns der Frage zuwenden, ob Transaktionskosten als eine Art Naturereignis betrachtet werden müssen oder ob sie gestaltbar sind. Die Antwort auf diese Frage lautet: Ja, sie sind gestaltbar, und ihre zweckmäßige Gestaltung kann als das wichtigste Mittel der Wirtschaftspolitik angesehen werden. Das ergibt sich daraus, dass Transaktionskosten ja wie gesagt immer mit dem Vorbereiten, Aushandeln und Kontrollieren von Verträgen zu tun haben und ihre Höhe deshalb mitentscheidend dafür ist, ob Verträge überhaupt zustande kommen. Wäre z. B. nicht eindeutig feststellbar, ob A oder B Eigentümer eines Grundstücks ist, würde man davor zurückschrecken, das Grundstück zu kaufen, und im Anschluss daran entfiele dann vielleicht auch der Bau eines Hauses. Genau dies war nach der Wiedervereinigung in weiten Teilen der ehemaligen DDR ein Problem und hat viele sinnvolle Investitionen be- oder sogar verhindert. Hohe Transaktionskosten (im Beispiel zur Klärung von Eigentumsverhältnissen und damit zum Herausfinden des richtigen Vertragspartners) können eine bestimmte Lenkung des Güterstromes (hier z. B. zur Errichtung eines Hauses) also verhindern. Ganz allgemein kann man sagen, dass Transaktionskosten in Wirtschaftssystemen wie Reibungswiderstände in physikalischen Systemen wirken: Niedrige Transaktionskosten fördern das Zustandekommen von Verträgen zur Transformation von Gütern, hohe Transaktionskosten hemmen es. Oder anders ausgedrückt: Transaktionskosten entfalten in Wirtschaftssystemen eine katalytische Wirkung. Wie die An- oder Abwesenheit eines Katalysators entscheidend dafür ist, ob ein bestimmter chemischer Prozess abläuft oder nicht, ist die Höhe von Transaktionskosten entscheidend dafür, ob bestimmte Verträge zur Transformation von Gütern zustande kommen oder nicht. Wie hoch die Transaktionskosten sind, kann der Staat nun aber in einem nicht unerheblichen Ausmaß über die Rechtsordnung beeinflussen: Die mittelalterliche Lehens- und Zunftordnung beschränkte über Zölle und Verbote den Handel; im Merkantilismus/Kameralismus wurden die Transaktionskosten für den Binnenhandel stark reduziert, und dies führte – wie eine Senkung von Reibungswiderständen oder das Hinzufügen eines Katalysators – zu verstärkter Arbeitsteilung und intensiverem Handel und damit zu einem Anschwellen des Güterstromes.

Dies alles zeigt, dass eine bewusste Gestaltung von Transaktionskosten von großer Bedeutung für die Entwicklung von Wirtschaftssystemen ist: Der Staat als Gestalter von Wirtschaftsverfassungen muss danach streben, dass erwünschte Prozesse mit niedrigen Transaktionskosten verbunden werden und unerwünschte Prozesse mit hohen. Je besser dies in einem Wirtschaftssystem gelingt, desto größer ist die *Koordinationseffizienz* des Systems. In marktwirtschaftlich geordneten Wirtschaftssystemen kann der Staat die Transaktionskosten von Handelsgeschäften z. B. senken, indem er allgemein anerkannte Gewichts- und Längenmaße schafft und die Messeinrichtungen eicht. Da Handelsgeschäfte erwünscht sind, sollte er dies auch tun und hat er es auch getan. Die Bildung von Kartellen ist – wie wir noch sehen werden – in Marktwirtschaften dagegen unerwünscht. Deshalb sollte die Kartellbildung mit hohen Transaktionskosten verknüpft werden. Dies kann man z. B. dadurch erreichen, dass man Kartellverträge für unsittlich erklärt und ihre Durchsetzung vor Gericht damit unmöglich macht. Auch dies ist in Deutschland geschehen.

Insgesamt kann man sagen, dass die Herbeiführung einer zweckmäßigen Transaktionskostenstruktur für Wirtschaftssysteme sehr wichtig ist und dass Transaktionskosten in modernen Volkswirtschaften auch als solche ein sehr hohes Gewicht haben: Funktionell gesehen stellen z. B. die Tätigkeiten von Verwaltungen, Gerichten, Rechtsanwälten, Steuerberatern und anderen Beratungsberufen zum großen Teil Tätigkeiten zur Gewinnung und Verarbeitung von Informationen dar, die Gütertransaktionen vorausgehen, sie begleiten oder ihnen folgen und deren Kosten Transaktionskosten sind. Da eine zweckmäßige Gestaltung der Transaktionskostenstruktur mit Hilfe von rechtlichen Regelungen erreicht

Koordinationseffizienz

wird und der verrechtlichte Teil einer Wirtschaftsordnung zur Wirtschaftsverfassung zählt, können wir auch sagen, dass die Gestaltung der Transaktionskostenstruktur mit der Gestaltung der Wirtschaftsverfassung zusammenfällt. Dass deren Gestaltung von besonderer Bedeutung für die Entwicklung von Volkswirtschaften ist, hat vor allem EUCKEN [1942, S. 48] herausgearbeitet: „[Der modernen industriellen Gesellschaft] ist eine Ordnung zu geben, die wirtschaftlich funktionsfähig und menschenwürdig ist. Das ist die Ordnungsaufgabe der Wirtschaftsverfassungsgestaltung. Sie wird durch die geschichtliche Lage gestellt und gehört zu den größten, zu den ersten Aufgaben des Zeitalters." Wir werden uns in Kapitel 3 (→ vgl. S. 123 ff.) mit der Frage beschäftigen, wie man das Wirtschaftsverfassungsrecht in Deutschland im 20. Jahrhundert gestaltet hat und wie die unterschiedlichen Wirtschaftsordnungen sich in der Praxis bewährt haben. Vorher wollen wir jedoch noch einen kurzen Blick auf die Erfahrungen werfen, die Ökonomen mit dem Wachstum von – wie auch immer gestalteten – Wirtschaftssystemen gemacht haben.

Zusammenfassung

Im Abschnitt 2.1 (→ vgl. S. 27 ff.) hatten wir naturbedingte wirtschaftliche Verhaltensdispositionen von Menschen analysiert. Außerdem wurden Möglichkeiten zur Wohlfahrtssteigerung untersucht, die schon in einer Robinson-Wirtschaft gelten würden. Hiervon ausgehend, haben wir im Abschnitt 2.2 dann analysiert, welche Zusammenhänge für alle echten Wirtschaftssysteme gelten. In einem ersten Schritt haben wir eine Robinson-Freitag-Wirtschaft untersucht, anschließend sind wir dann zu komplexen Wirtschaftssystemen aus vielen Menschen übergegangen.
In einer Robinson-Freitag-Wirtschaft kann der Wohlstand bei gegebenem Arbeitseinsatz nicht nur (wie in einer Robinson-Wirtschaft) durch Kapitalintensivierung und technischen Fortschritt gesteigert werden, sondern auch durch Arbeitszerlegung, Arbeitsteilung und Tausch. Verlaufen die Transformationskurven von Robinson und Freitag auf Grund von unterschiedlichen Fähigkeiten verschieden, eröffnet Arbeitsteilung die Möglichkeit, den Output bei gegebenem Einsatz aller Faktoren zu steigern. Darüber hinaus kann eine Umverteilung eines gegebenen Gütervorrates unter Menschen mit unterschiedlichem Geschmack bei allen Beteiligten den Nutzen erhöhen, der mit dem Güterkonsum verbunden ist. Die multiple Anwendung dieser Möglichkeiten zur Steigerung des materiellen Wohlstands (Güteroutput) und zur Steigerung des Nutzens, den die produzierten Güter stiften (Nutzenoutput), hat zur Errichtung komplexer Wirtschaftssysteme geführt.

In solchen Systemen nehmen Arbeitsteilung und Arbeitszerlegung mannigfaltige Formen an, und an die Stelle isolierter Realtauschgeschäfte tritt ein Einkommenskreislauf, über den in Geld ausgedrückte Ansprüche an den gemeinsam erstellten Güteroutput verteilt werden. Mit Hilfe von Handelsorganisationen können die Ansprüche an das Sozialprodukt dann in räumlich und zeitlich differenzierter Form geltend gemacht werden.

Damit komplexe Wirtschaftssysteme funktionieren können, müssen sie auf die Erfüllung eines von Raum und Zeit unabhängigen Kataloges von Koordinationsaufgaben hin organisiert werden. Dies geschieht mit Hilfe von Institutionen und Organisationen, die gemeinsam eine Wirtschaftsordnung bilden, welche Kompetenzen verteilt, für das Fließen notwendiger Informationen sorgt und Anreize setzt. Wirtschaftsordnungen unterscheiden sich dadurch, dass sie einen unterschiedlich starken Gebrauch von verschiedenen Arten von Koordinationsverträgen machen: In Marktwirtschaften spielen vor allem Spotmarktverträge eine Rolle, in Verbandswirtschaften Kooperationsverträge und in Zentralverwaltungswirtschaften Dauerherrschaftsverträge. Berücksichtigt man zusätzlich zu diesen Arten der Koordinierung von einzelbetrieblichen Wirtschaftsplänen im Produktionsbereich einer Volkswirtschaft, ob das Eigentum an Produktivvermögen kapitalistisch organisiert ist (Privateigentum) oder sozialistisch (Gruppen- oder Staatseigentum), erhält man sechs Grundtypen von Wirtschaftsordnungen. In Deutschland waren davon die Kapitalistische Marktwirtschaft in freier und gebundener Form realisiert und außerdem eine Kapitalistische Verbandswirtschaft, die gegen Ende des Dritten Reiches in eine Kapitalistische Zentralverwaltungswirtschaft überging und der in der ehemaligen DDR eine Sozialistische Zentralverwaltungswirtschaft folgte.

Funktionell betrachtet kann man in allen modernen Volkswirtschaften zwei Ströme beobachten: einen Güterstrom, der von der Urproduktion in Richtung Konsum fließt, und einen Signalstrom von mit Anreizen gekoppelten Informationen, der bei gegebener Kompetenzverteilung dafür sorgen soll, dass die allgemeinen Koordinationsaufgaben erfüllt werden. Der Güterstrom ist mit Transformationskosten verbunden, der Signalstrom mit Transaktionskosten als Betriebskosten einer Wirtschaftsordnung. Wie gut Wirtschaftssysteme funktionieren, hängt davon ab, wie effizient ihre Transaktionskostenstruktur ist. Transaktionskostenstrukturen werden über Wirtschaftsverfassungen gestaltet. EUCKEN hat die Entwicklung einer funktionsfähigen und zugleich menschenwürdigen Wirtschaftsverfassung deshalb als eine Jahrhundertaufgabe bezeichnet.

Kontrollfragen und Aufgaben

1 Ausgehend vom Erstausstattungspunkt A in der Edgeworth-Box (→ vgl. Abbildung 2.13, S. 82) schlägt Robinson dem Freitag folgende Tauschverhältnisse vor:

a) $\Delta x_1 / \Delta x_2 = +9 / -1$ (Punkt C),

b) $\Delta x_1 / \Delta x_2 = +8 / -4$ (Punkt D),

c) $\Delta x_1 / \Delta x_2 = +7 / -6$ (Punkt E).

Zeichnen Sie die Punkte in die Edgeworth-Box ein. Würde Freitag diese Tauschverhältnisse akzeptieren? Welches Tauschverhältnis würde er präferieren?

2 Für den Einkommenskreislauf eines Landes gelten ex post folgende Daten:

Bezeichnung:	Abkürzung:	Wert
Transformationsausgaben des Staates	A	375
Abschreibungen	D	250
Private Nettoinvestitionen	I	175
Importe	M	150
Saldo der Primäreinkommen aus der übrigen Welt	P	75
Private Nettoersparnisse	S	250
Nettoinlandsprodukt	Y^N	1050
Verfügbares Einkommen der Privaten	Y^V	600
Im Inland verfügbares Einkommen	Y^{VI}	850

a) Berechnen Sie den Saldo der unentgeltlichen Übertragungen U, die Transformationsabgaben T, die Konsumausgaben C, die Exporte X sowie das Bruttonationaleinkommen.

b) Zeigen Sie, dass die Summenwerte der Expansions- und Kontraktionsgrößen ex post identisch sind.

c) Welche Geldmenge im Sinne von M3 ist in der beschriebenen Volkswirtschaft erforderlich, wenn die Umlaufsgeschwindigkeit V dieser Geldmenge 1,5 beträgt?

3 Grenzen Sie die Begriffe Transformations- und Transaktionskosten voneinander ab. In welcher Weise beeinflussen Transaktionskosten den (materiellen) Wohlstand einer Volkswirtschaft?

4 Warum bedient man sich zur Erfüllung von Koordinationsaufgaben in einer Volkswirtschaft unterschiedlicher Vertragsformen? Nennen Sie Beispiele für die verschiedenen Vertragstypen.

Literatur

Zu Tausch- und Handelsfragen sei auf BENDER [2003] und ROSE/SAUERNHEIMER [1999] verwiesen, zum Wirtschaftskreislauf auf BRÜMMERHOFF [2000] und HÜBL [2003] und zur Rolle des Geldes auf VOLLMER [2003].

Wachstum von Wirtschaftssystemen | 2.3

Übersicht

Im Kapitel 2 haben wir uns bislang – abgesehen von einem Exkurs zu Methodenfragen – mit Bausteinen von Wirtschaftssystemen befasst, d. h. mit menschlichen Verhaltensdispositionen sowie Institutionen und Organisationen, die man in Volkswirtschaften benötigt, um den Wohlstand zu steigern. Dabei sind wir von einem unechten Wirtschaftssystem (der Robinson-Wirtschaft) ausgegangen, haben dann das denkbar einfachste echte Wirtschaftssystem betrachtet (die Robinson-Freitag-Wirtschaft) und schließlich komplexe Wirtschaftssysteme analysiert, wie sie moderne Volkswirtschaften darstellen. Nun wollen wir uns der Frage zuwenden, wie die Grundzüge des Wachstums solcher Systeme aussehen.

Zunächst wollen wir untersuchen, welche Entwicklungsvoraussetzungen gegeben sein müssen, damit es in einer Volkswirtschaft zu einem nachhaltigen Wachstumsprozess kommt (→ vgl. Abschnitt 2.3.1). Dass die Beantwortung dieser Frage nicht trivial sein kann, ergibt sich daraus, dass es bis zur Industriellen Revolution keine Volkswirtschaft auf der Welt gegeben hat, in welcher der Lebensstandard der breiten Masse nachhaltig gewachsen ist. Anschließend soll geklärt werden, was die Triebkräfte des Wachstums sind, wodurch nachhaltiges Wachstum also generiert wird, und was die Höhe der Wachstumsrate beeinflusst (→ vgl. Abschnitt 2.3.2, S. 113 ff.). Als letztes soll gezeigt werden, dass man charakteristische Eigenschaften erkennen kann, die alle nachhaltigen Wachstumsprozesse von Volkswirtschaften auszeichnen, d. h. dass man bei Wachstumsprozessen so genannte „stilisierte Fakten" beobachten kann (→ vgl. Abschnitt 2.3.3, S. 117 ff.).

2.3.1 Entwicklungsvoraussetzungen für Wachstum

Bis zur industriellen Revolution haben sich menschliche Gesellschaften nach Gesetzmäßigkeiten entwickelt, die auch für Tierpopulationen typisch waren: Sieht man von einer – zahlenmäßig unbedeutenden – obersten Schicht von Reichen ab, hat die breite Masse der Bevölkerung meistens in Subsistenzwirtschaften an der absoluten Armutsgrenze (der Grenze zum Verhungern) gelebt. Das hat sich zwar manchmal auf Grund von glücklichen äußeren Umständen für kurze Zeit geändert, aber dann hat sich die Bevölkerung vermehrt, bis Kriege und Seuchen wieder zu jener Bevölkerungszahl führten, die in einer Volkswirtschaft langfristig gerade noch ernährbar war. Man war das Opfer von vier *Teufelskreisen der Armut*:

Vier Teufelskreise der Armut

▶ Armut führte zu einer mangelhaften Ausbildung mit der Folge einer niedrigen Produktivität und einer Perpetuierung der Armut.

▶ Armut erzwang einen (zu) geringen Konsum und verursachte damit Hunger und Krankheit sowie geringe Leistungsfähigkeit und damit einen geringen Output und eine Perpetuierung der Armut.

▶ Armut ließ keinen Raum für Ersparnisse und Investitionen, entzog Wachstumsprozessen also eine wesentliche Basis und führte damit wiederum zu einer Perpetuierung von Armut.

▶ Armut hielt die Kinderzahl normalerweise in Grenzen; wurde die Armut kurzfristig durch glückliche äußere Umstände und einen damit verhaltenen Lohnanstieg gemildert, so stieg – wie geschildert – die Kinderzahl, was das Einkommen pro Kopf wiederum auf die absolute Armutsgrenze herabdrückte. FERDINAND LASSALLE (1825–1864), der Gründer des Allgemeinen Deutschen Arbeitervereins (1863, Vorläufer der SPD), hat diesen Zusammenhang als *ehernes Lohngesetz* bezeichnet.

Wie kam es dazu, dass diese Teufelskreise der Armut, unter denen viele Entwicklungsländer heute noch leiden, in Europa (und sonst – von alleine – nirgendwo) durchbrochen wurden? Nach unseren bisherigen Erkenntnissen musste ein Bündel von z. T. miteinander verbundenen Ursachen zusammentreffen.

▶ In religiöser Hinsicht mussten die Menschen sich von einer fatalistischen Grundhaltung lösen, die Welt als gestaltbar betrachten und das Streben nach individuellem Wohlstand als mit einem tugendhaften Leben vereinbar ansehen. Diese Haltung wurde mit der Aufklärung erreicht und führte nach WEBER [1993, S. 77 ff.] in der Form des kalvinistischen Protestantismus zu einer Art kapitalistischen Prädisposition: dem religiös untermauerten Streben nach irdischem Reichtum bei gleichzeitig asketischer Lebensführung.

▶ Auf der Basis dieser Entwicklung musste es sich für die wenigen Reichen, die überhaupt investitionsfähig waren, lohnen, zum Mittel der Kapitalintensivierung zu greifen (statt – wie früher die Fürsten – über Sakralbauten lediglich Investitionen für das Leben nach dem Tod zu tätigen) und die Ausbildung von Arbeitskräften zu fördern. Das setzte ein Eigentumsrecht an den Früchten von Investitionen voraus, wie es in vielen Entwicklungsländern auf Grund von religiösen Unterhalts- und Teilungsgeboten in Großfamilien auch heute noch nicht gegeben ist.

▶ Die Arbeiterschaft musste Disziplin lernen, und es musste ein Mindestmaß an Unbestechlichkeit der Verwaltung sowie von *Sozialkapital* in Form von gegenseitigem Vertrauen, Langfristorientierung und Bereitschaft zum Eingehen und Einhalten wohlstandsfördernder Kooperationsverträge erreicht werden. Diese *Wirtschaftsgesinnung* wurde in Europa durch die Einführung stehender Heere und einer Beamtenschaft gefördert, die mit der Aussicht auf Versorgung in Not und im Alter zu Unbestechlichkeit und Loyalität erzogen wurden; Rechtsstaatlichkeit und Unbestechlichkeit fördern ihrerseits wieder die Bildung von Sozialkapital.

▶ Es musste sich ein staatliches Gewaltmonopol herausbilden, und die Fürstenstaaten mussten im Wettbewerb untereinander durch Verbesserung der Infrastruktur um attraktive Steuerzahler werben und an einer wachstumsfördernden Wirtschaftsverfassung interessiert sein.

Diese Bedingungen für den *Take off* – den Start eines nachhaltigen Wirtschaftswachstums – waren mit Beginn der Industriellen Revolution gegeben. An deren Anfang standen hier auch Erfindungen wie die der Dampfmaschine; es ist aber fraglich, ob diese Erfindungen Ursache oder Folge der Erfüllung der Take-off-Bedingungen waren. | Take off

Triebkräfte des Wachstums | 2.3.2

Ist der Ausbruch aus den Teufelskreisen der Armut erst einmal geschafft, kann nachhaltiges Wachstum ausgehend von der folgenden *Produktionspotenzialgleichung* beschrieben werden: | Produktionspotenzialgleichung

$$Y = \frac{Y}{AS} \cdot \frac{AS}{ET} \cdot \frac{ET}{EP} \cdot \frac{EP}{EB} \cdot \frac{EB}{B} \cdot B$$

Y ist das reale und um Konjunkturschwankungen bereinigte *Bruttoinlandsprodukt* (BIP). „Real" nennt man das BIP, wenn die Umsatzwerte der Endnachfragegüter, die in den Y-Wert eingehen, aus Mengengrößen errechnet wurden, die mit Preisen des Vorjahres (früher eines Basisjahres) multipliziert wurden. Man tut dies, um inflationäre Preissteigerungen zu eliminieren: Blieben die Mengen der Güter zwischen einem Jahr 1 und einem Jahr 2 konstant, träte aber eine allgemeine Preissteigerung ein, so wäre Y im Jahr zwei größer als im Jahr 1, wenn man die Umsätze mit Hilfe laufender Marktpreise ermittelte (= Bildung des nominalen BIP). Behält man die Preise des Basisjahres dagegen bei, zeigt sich in unserem Beispiel in den Werten von Y die Konstanz der Mengen. Führen wir das Beispiel nun weiter und lassen diese Mengen im Jahr 3 steigen, behalten aber die Preise des Jahres 1 weiter bei, zeigt die Veränderung von Y den durchschnittlichen Mengenanstieg an. Da der Wohlstandszuwachs von der Mengensteigerung abhängt, definiert man *Wachstum* als Anstieg des *realen* BIP. Das reale BIP entwickelt sich nicht stetig, sondern ist durch *Konjunkturschwankungen* gekennzeichnet. Als solche bezeichnet man Schwankungen des Auslastungsgrades des Produktionspotenzials. Das Produktionspotenzial ist jener Y-Wert, den man erhält, wenn man diese Auslastungsgradschwankungen eliminiert. Für den *Auslastungsgrad* α *des Produktionspotenzials* $(Y^{pot.})$ *gilt:*

Wachstum

$$\alpha = Y^{tats.} / Y^{pot.}.$$

Hieraus folgt für das tatsächliche BIP $Y^{tats.} = \alpha \cdot Y^{pot.}$. Überführt man diese Gleichung in eine Wachstumsratenschreibweise, ergibt sich:

$$w(Y^{tats.}) = w(\alpha) + w(Y^{pot.}).$$

Das tatsächliche Wachstum von Y zerfällt also in eine konjunkturelle Komponente (= konjunkturelle Veränderungsrate von α) und ein *Potenzialwachstum* (= konjunkturbereinigtes Wachstum)[6]. Der Y-Wert in der Gleichung für das Potenzialwachstum ist somit $Y^{pot.}$.

AS kennzeichnet die Zahl der eingesetzten Arbeitsstunden (*das Arbeitsvolumen*). Y/AS ist somit die (konjunkturbereinigte) Arbeitsproduktivität π^A.

ET ist die Zahl der *Erwerbstätigen* (= tatsächlich Beschäftigten). AS/ET stellt somit die *mittlere Arbeitszeit* τ dar.

---

6 Genauer gesagt, kann man das Wachstum von $w(Y^{tats.})$ in einen langfristigen Trend des Potenzialwachstums, eine konjunkturelle Komponente und eine so genannte irreguläre Komponente aufspalten. Die langfristige Potenzialwachstumsrate ist in Deutschland von 6,0 v. H. (1950–1969) auf 1,1 v. H. (2000–2004) zurückgegangen. Die konjunkturelle Komponente, auf die wir noch eingehen werden, ist eine Mischung aus einem Lagerhaltungszyklus mit einer Phasenlänge von 3–5 Jahren und einem Zyklus der Ausrüstungsinvestionen von 7–12 Jahren. Die konjunkturelle Komponente verändert die Wachstumsrate von $w(Y^{tats.})$ in Deutschland heute i. d. R. um maximal $\pm$ 1,5 v. H. Vgl. hierzu BANDHOLZ / FLAIG / MAYR [2005].

EP ist die Zahl der *Erwerbspersonen* (beschäftigte Erwerbstätige und Arbeit suchende Erwerbslose). ET/EP ist somit die *Beschäftigungsquote* β.

EB ist die *Erwerbsbevölkerung*, d. h. der Teil der Wohnbevölkerung, der sich im erwerbsfähigen Alter zwischen 14 und 64 Jahren befindet (Intervallgrenzen eingeschlossen). EP/EB ist somit die *Erwerbsquote* ε.

B ist die *Wohnbevölkerung*. EB/B kennzeichnet somit den Anteil φ der Erwerbsfähigen an der Wohnbevölkerung.

Benutzt man die eben eingeführten Abkürzungen, kann man die Gleichung für das Produktionspotenzial (das potenzielle BIP) auch folgendermaßen schreiben:

$$Y = \pi^A \cdot \tau \cdot \beta \cdot \varepsilon \cdot \varphi \cdot B$$

Schreibt man diese Gleichung in Wachstumsraten um, ergibt sich eine Gleichung für das Potenzialwachstum:

$$w(Y) = w(\pi^A) + w(\tau) + w(\beta) + w(\varepsilon) + w(\varphi) + w(B)$$

Das Potenzialwachstum hängt also von der Entwicklung der Arbeitsproduktivität π^A, der mittleren Arbeitszeit τ, der Beschäftigungsquote β, der Erwerbsquote ε, der Quote der altersmäßig Arbeitsfähigen φ und der Wohnbevölkerung B ab. Die meisten dieser Größen kann man beeinflussen:

▶ Auf die Arbeitsproduktivität sind wir schon im Abschnitt 2.1.3 (→ vgl. S. 63) eingegangen und werden wir gleich noch zurückkommen.

▶ Die mittlere Arbeitszeit τ ist Verhandlungssache und umfasst Regelungen zur Tages- und Wochenarbeitszeit sowie zu Feier- und Urlaubstagen. Sie hat sich in der Wirtschaftsgeschichte verändert, weist aber natürliche Obergrenzen auf. In der letzten Generation ist sie in Deutschland gefallen.

▶ Die Beschäftigungsquote β sollte möglichst hoch sein; ex definitione kann sie den Wert 1 aber nicht nachhaltig übersteigen. Sie ist in den letzten 30 Jahren in Deutschland ebenfalls tendenziell gefallen.

▶ Die Erwerbsquote ε hat im Laufe der Geschichte geschwankt. In Deutschland ist sie in Folge einer erhöhten Erwerbstätigkeit von Frauen in den letzten 40 Jahren gestiegen und hat damit nicht unwesentlich zum BIP-Wachstum beigetragen.

▶ Die Quote der Arbeitsfähigen φ ist in den letzten Jahren in etwa konstant geblieben; längerfristig deutet sich aber eine geradezu dramatische Verkleinerung von φ an: ein sinkender Anteil der Erwerbsbevölkerung an der Wohnbevölkerung, und zwar vor allem des gut ausgebildeten und wirtschaftlich einsetzbaren Teils der Erwerbsbevölkerung.

Fragt man, welche dieser Variablen über den Zeitraum von etwa einer Generation als Triebkräfte des Wachstums fungieren können, und nimmt man die Bevölkerungsentwicklung dabei als exogen bestimmt an, verbleiben die Erwerbsquote und die Arbeitsproduktivität als einzig gestaltbare Triebkräfte des Wachstums und ganz langfristig nur die Arbeitsproduktivität. Die mittlere Arbeitszeit und der Beschäftigungsgrad können wegen ihrer Obergrenzen schon rein logisch keine nachhaltigen Triebkräfte für Wachstumsprozesse sein. Eine Politik der Wachstumsstärkung muss sich deshalb letztlich immer auf die Arbeitsproduktivität richten, die – wie wir wissen – über die Kapitalintensität und die Kapitalproduktivität sowie Humankapitalinvestitionen beeinflusst werden kann. Wie gut das gelingt, hängt jedoch auch sehr stark von der Wirtschaftsordnung und ihrem rechtlich geregelten Teil – der Wirtschaftsverfassung – ab. Fasst man zusammen, was sich in empirischen Untersuchungen als günstig für das Wachstum erwiesen hat, kommt

Triebkräfte des Wirtschaftswachstums

man zu den im *Infokasten 2.5* zusammengestellten *Triebkräften des Wirtschaftswachstums.* „Exogen" heißt hier, dass die Mitglieder der betrachteten Volkswirtschaft auf diese Größen keinen Einfluss haben; „endogen" heißt dagegen, dass diese Triebkräfte beeinflussbar sind. Auf Märkte, die für das Wachstum von besonderer Bedeutung sind und auf denen häufig wachstumsfeindliche Regelungen zu beobachten sind (so genannte entwicklungsdeterminierende Märkte), wird in Abschnitt 4.4 (→ vgl. S. 234 ff.) eingegangen. Der Rest der Übersicht dürfte unmittelbar verständlich sein, obwohl sich hinter manchen Kausalbeziehungen schwierige Fragen verbergen.

Infokasten 2.5

Bestimmungsfaktoren des Wirtschaftswachstums

1) Exogene Faktoren
Bestimmungsfaktoren, die zu einem Wachstum der Nachfrage nach denjenigen heimischen Produkten führen, die von der geographischen Lage und den klimatischen Bedingungen sowie dem erschließbaren Land und den erschließbaren Bodenschätzen profitieren (Beispiel: Wachstum der Nachfrage nach Erdöl in arabischen Ländern).

2) Endogene Faktoren mit fallenden partiellen Grenzerträgen
Zu nennen sind hier eine Vermehrung/Verbesserung
a) des Sachkapitalstocks:
 ▶ öffentliches Sachkapital
 (Menge und Qualität der materiellen Infrastruktur)

▶ privates Sachkapital
(Menge und Qualität des Produktivvermögens in Form von Bauten und Ausrüstungen sowie erschlossenem Land und erschlossenen Bodenschätzen)

b) des Humankapitalstocks (Ergebnisse der Ausbildungsinfrastruktur):

▶ Ausbildungsstand der Arbeitskräfte
▶ Wirtschaftsgesinnung
▶ des Standes des technischen Wissens.

3) **Endogene Faktoren mit katalytischer Wirkung (Wirtschaftsordnung und speziell Wirtschaftsverfassung), vor allem**

▶ ein Übergang zu einer rechtsstaatlich abgesicherten marktwirtschaftlichen Ordnung mit einem hohen Ausmaß an wirtschaftlicher Freiheit für die Bürger
▶ eine langfristig orientierte und Vertrauen schaffende Wirtschaftspolitik
▶ die Integration der Volkswirtschaft in die weltwirtschaftliche Arbeitsteilung
▶ die Bewahrung von Geldwertstabilität, maßvollen Abgaben an den Staat und maßvoller Staatsverschuldung
▶ eine wachstumsfreundliche Ordnung für so genante entwicklungsdeterminierende Märkte (→ Abschnitt 4.4, S. 234 ff.), die das Wachstum einer Volkswirtschaft bremsen können, insbesondere die Beseitigung von Regelungen, die den Arbeitsmarkt unflexibel werden lassen.

Arten und stilisierte Fakten des Wirtschaftswachstums

2.3.3

Vergleicht man die Potenzialwachstumsraten verschiedener Länder miteinander, muss man sich vor Fehlschlüssen in Acht nehmen: So ist es zwar richtig, dass Unterschiede in den langfristigen Wachstumsraten zu gewaltigen Unterschieden in den Einkommen der privaten Haushalte führen können, aber das muss nicht so sein.

Erstens muss man zwischen *Wohlstandswachstum* w(W) und *Potenzialwachstum* w(Y) unterscheiden. (Materiellen) Wohlstand misst man am BIP pro Kopf. Deshalb kann man schreiben (B = Wohnbevölkerung):

Wohlstandswachstum versus Potenzialwachstum

$$W = Y/B \text{ und}$$

$$w(W) = w(Y) - w(B) \text{ oder } w(Y) = w(W) + w(B).$$

Dies zeigt, dass ein hohes BIP-Wachstum nicht unbedingt von einem hohen Wohlstandswachstum begleitet sein muss, sondern auch auf Bevölkerungswachstum beruhen kann. Dies war und ist in vielen Entwicklungsländern der Fall. Es spielt auch bei einem Vergleich von Industrieländern eine Rolle. Vergleicht man z.B. die Wachstumsraten der USA und Deutschlands zwischen 1995 und 2001 miteinander, ergibt sich [vgl. SACHVERSTÄNDIGENRAT, 2002, S. 206] $w(Y^D) = 1,6$ und $w(Y^{USA}) = 3,6$ sowie $w(W^D) = 1,5$ und $w(W^{USA}) = 2,8$. Das Y-Wachstum der USA betrug also das 2,25fache des deutschen, das W-Wachstum jedoch nur das 1,87fache.

Intensives versus Extensives Wachstum

Zweitens muss man zwischen intensivem Wachstum und extensivem Wachstum unterscheiden. Von einem *intensiven Wachstum* spricht man, wenn das Wachstum durch den technischen Fortschritt getragen wird, von einem *extensiven Wachstum*, wenn eine Vermehrung des Arbeitsvolumens bzw. des Kapitalstocks die Triebkräfte sind. Insbesondere durch Mehrarbeit herbeigeführtes Wachstum wird in der Regel nicht als wohlstandssteigernd im eigentlichen Sinn betrachtet. Vergleicht man das Wachstum des BIP pro Vollzeit-Erwerbstätigen (ein Produktivitätsmaß), so ist dieses in Deutschland im oben genannten Zeitraum um 2,2 v.H. gestiegen, in den USA um 2,0 v.H. Vergleicht man die Wachstumsrate der Zahl der Vollzeit-Erwerbstätigen, so ist diese in Deutschland um 0,4 v.H. gefallen, in den USA um 2,1 v.H. gestiegen. Dies deutet darauf hin, dass das Wachstum in Deutschland vergleichsweise intensiv war. (Das dürfte allerdings auch auf das Verhalten der Gewerkschaften in Deutschland zurückzuführen sein, die über eine „Lohnpeitsche" dafür gesorgt haben, dass die Arbeitsproduktivität über Rationalisierungsinvestitionen erhöht wurde, was allerdings von Entlassungen begleitet war. Dies wird man natürlich auch nicht als Wohlstandssteigerung betrachten.)

Die ehemaligen kommunistischen Zentralverwaltungswirtschaften haben in ihrer Startperiode auf Grund eines extensiven Wachstums recht beachtliche Wachstumsraten erreicht. Den Übergang zum intensiven Wachstum haben sie aber nicht geschafft, und deshalb ist ihre Wachstumsrate stark gefallen, nachdem die Erwerbsquote nicht mehr weiter erhöht werden konnte.

Gleichgewichtiges versus ungleichgewichtiges Wachstum

Drittens muss man zwischen einem *gleichgewichtigen Wachstum* und *ungleichgewichtigen Wachstum* unterscheiden. Um dies zu verdeutlichen, geht man am besten von einer Aufteilung des gesamtwirtschaftlichen Wertes von Y in Teilwerte Y^i der verschiedenen Branchen in einer Volkswirtschaft aus (der Hochindex i kennzeichnet eine Branche i):

$$Y = Y^1 + Y^2 + \ldots + Y^n.$$

Nimmt man diese Aufteilung in zwei aufeinander folgenden Jahren vor (Kennzeichnung der Jahre durch die Tiefindizes 1 und 2), erhält man:

$$Y_2 = Y_2^1 + Y_2^2 + \ldots + Y_2^n$$

$$Y_1 = Y_1^1 + Y_1^2 + \ldots + Y_1^n.$$

Zieht man diese Gleichungen voneinander ab und verwendet den Differenzenoperator Δ zur Kennzeichnung des Unterschieds zwischen den Jahren 2 und 1, ergibt sich:

$$\Delta Y = \Delta Y^1 + \Delta Y^2 + \ldots + \Delta Y^n.$$

Eine Division durch Y liefert:

$$\Delta Y/Y = \Delta Y^1/Y + \Delta Y^2/Y + \ldots + \Delta Y^n/Y.$$

Eine zweckmäßige Erweiterung führt zu:

$$\frac{\Delta Y}{Y} = \frac{Y^1}{Y}\frac{\Delta Y^1}{Y^1} + \frac{Y^2}{Y}\frac{\Delta Y^2}{Y^2} + \ldots + \frac{Y^n}{Y}\frac{\Delta Y^n}{Y^n}.$$

Auf der rechten Seite stehen jetzt mit Branchengewichten multiplizierte Branchenwachstumsraten, links steht dagegen die gesamtwirtschaftliche Wachstumsrate. Kennzeichnet man die Branchengewichte mit g^i, ergibt sich in Wachstumsratenschreibweise:

$$w(Y) = g^1 w(Y^1) + g^2 w(Y^2) + \ldots + g^n w(Y^n).$$

Das Potenzialwachstum ergibt sich also als Summe der gewichteten Branchenwachstumsraten.

Wir können nun zwei Fälle unterscheiden:

(1) Alle Branchenwachstumsraten sind positiv und in etwa gleich hoch. Dies nennt man *gleichgewichtiges Wachstum*.

(2) Die Branchenwachstumsraten sind unterschiedlich hoch und zum Teil vielleicht sogar negativ. Dies nennt man *ungleichgewichtiges Wachstum*.

Eine Volkswirtschaft kann sich diesen beiden Fällen mehr oder weniger stark nähern, also „eher gleichgewichtig" oder „eher ungleichgewichtig" wachsen. Volkswirtschaften, die eher ungleichgewichtig wachsen (was im Deutschland von heute z. B. allein schon auf Grund der Wiedervereinigung der Fall ist), müssen eine *innere Umstellungsarbeit* leisten, z. B. Arbeitskräfte umschulen und Betriebe umbauen. Deshalb ist die Potenzialwachstumsrate bei ungleichgewichtigem Wachstum typischerweise kleiner als bei gleichgewichtigem Wachstum (wie wir es in Deutschland in den 50er Jahren hatten). Gleichwohl ist die Umstellungsarbeit (einschließlich der damit typischerweise einhergehenden sozialen Spannungen) in der Regel erforderlich, um langfristig wettbewerbsfähig zu bleiben und weiter wachsen zu können. Die sozialistischen Zentralverwaltungswirtschaften des ehemaligen Ostblocks sind (nicht nur, aber auch) an dieser Hürde gescheitert.

Innere Umstellungsarbeit

Nach dem Unterscheiden verschiedener Wachstumsformen wollen wir uns nun der Frage zuwenden, welche Gemeinsamkeiten man bei allen langfristig wachsenden Volkswirtschaften beobachten konnte („langfristig" heißt in diesem Zusammenhang in einer Zeitspanne von deutlich mehr als 100 Jahren), wie also die *stilisierten Fakten des Wirtschaftwachstums* aussehen. Diese Frage kann man mit Hilfe von *Infokasten 2.6* beantworten, in der zwei Gruppen von Größen aufgelistet werden: solche, die im Zuge von Wachstumsprozessen systematisch steigen (d. h. einem steigenden Trend folgen), und solche, die im Zuge des Wirtschaftswachstums in etwa konstant bleiben (d. h. weder einen steigenden noch einen fallenden Trend aufweisen).

Stilisierte Wachstumsfakten

Infokasten 2.6

Stilisierte Fakten des Wirtschaftswachstums

Bei langfristig wachsenden Volkswirtschaften kann man zwei Gruppen von wichtigen Kenngrößen unterscheiden: solche, die im Zuge des Wachstums einen steigenden Trend aufweisen, und solche, bei denen weder ein steigender noch ein fallender Trend zu beobachten ist. Kenngrößen mit einem steigenden Trend sind:
- ▶ die Arbeitsproduktivität,
- ▶ das Durchschnittseinkommen der Beschäftigten (Lohnhöhe),
- ▶ die Kapitalintensität und
- ▶ das Ausbildungsniveau der Bevölkerung.

Keinen Trend weisen dagegen die folgenden Größen auf:
- ▶ die Kapitalproduktivität,
- ▶ die Profitrate (der Zinssatz),
- ▶ die Lohnquote (der Anteil der Arbeitseinkommen am Gesamteinkommen),
- ▶ die Gewinnquote und
- ▶ die Wachstumsrate von Y (d. h. dass w(Y) unabhängig von der erreichten Höhe von Y ist).

Augenfällig ist, dass das Y-Wachstum insbesondere vom technischen Fortschritt und einem verstärkten Einsatz von Kapital getragen wird (der Wert der durchschnittlichen Ausstattung eines Arbeitsplatzes mit Produktivvermögen beträgt in Deutschland mittlerweile mehr als 150.000 €). Ein Großteil der weiteren Zusammenhänge, welche die Beobachtungen im Infokasten 2.6 erklären, ist noch nicht völlig erforscht und in einem Einführungsbuch auch nicht darstellbar. *Ein bestimmter Zu-*

sammenhang ist aber besonders wichtig und für viele gleichzeitig schmerzlich: die Erklärung für die Konstanz der funktionellen Einkommensverteilung, d.h. in kapitalistischen Marktwirtschaften der Lohn- und der Gewinnquote.

Angenommen, die Gewerkschaften schaffen es (wie im Deutschland der 70er Jahre), den Anteil der Lohneinkommen auf Kosten der Gewinneinkommen zu erhöhen, d.h. die Lohnquote auf Kosten der Gewinnquote zu steigern. Dann sinkt als Reaktion auf das Fallen der Gewinnquote die Investitionsquote. Das wiederum hat zur Folge, dass weniger neue Arbeitsplätze geschaffen und die bisherigen international weniger wettbewerbsfähig werden. Außerdem reagieren die Unternehmer mit Rationalisierungsinvestitionen, welche die Kapitalintensität und damit auch die Arbeitsproduktivität erhöhen, gleichzeitig aber auch zu rationalisierungsbedingten Entlassungen führen. Das Ergebnis ist, dass die Lohnquote wieder ihren Normalwert erreicht und die Unternehmen international wieder wettbewerbsfähig sind, dies aber bei einer erhöhten Arbeitslosenquote. In anderen Wirtschaftsordnungen ist der Zusammenhang letztlich analog.

Damit wollen wir den Überblick über das Wachstum von Wirtschaftssystemen beenden und uns im Kapital 3 (→ vgl. S. 123) den Hauptformen von Wirtschaftsordnungen zuwenden, die es in der neueren Wirtschaftsgeschichte Deutschlands gegeben hat.

Zusammenfassung

Nachdem wir in den Abschnitten 2.1 (→ vgl. S. 27 ff.) und 2.2 (→ vgl. S. 76 ff.) die wichtigsten Instrumente der Wohlstandssteigerung in Wirtschaftssystemen untersucht haben, folgte im Abschnitt 2.3 eine Analyse des Wachstums von Wirtschaftssystemen. Als „Wachstum" bezeichnet man die (i.d.R. positive) Veränderungsrate des realen und konjunkturbereinigten Bruttoinlandsprodukts (Produktionspotenzials). Eine Untersuchung des Wachstums der entwickelten Länder in den letzten 200 Jahren führte zu vier wichtigen Ergebnissen: Wachstum setzt (1) einen gewissen Entwicklungsstand in einer Volkswirtschaft voraus: die Realisierung von kulturellen und rechtlichen Trade-off-Voraussetzungen. Die Höhe der Wachstumsrate ist (2) in Grenzen beeinflussbar. Man kann exogene Einflussfaktoren, endogene Triebkräfte des Wachstums mit fallenden Grenzerträgen und endogene Triebkräfte mit katalytischen Wirkungen ausmachen. Es gibt (3) unterschiedliche Wachstumsformen; hiervon gehen verschiedenartige Wirkungen auf die Wohlstandsentwicklung (das BIP pro Kopf) aus. Und man kann (4) stilisierte

Fakten des Wirtschaftswachstums erkennen, die sich in allen langfristig wachsenden Volkswirtschaften beobachten lassen.

Kontrollfragen

1. Was sind die Voraussetzungen für nachhaltiges Wirtschaftswachstum?
2. Wie ist Wachstum definiert? Welche Faktoren beeinflussen das Wirtschaftswachstum?
3. Welche Gemeinsamkeiten hinsichtlich des Wirtschaftswachstums lassen sich bei allen Volkswirtschaften beobachten?

Literatur

Entwicklung und Wachstum von Volkswirtschaften werden in BENDER/GABISCH [2003], HEMMER [2002], HEMMER/LORENZ [2004] und vom INSTITUT DER DEUTSCHEN WIRTSCHAFT [2005] behandelt. Speziell zur Institutionenentwicklung sei auf NORTH [1988; 1992] verwiesen.

Realisationsformen von Wirtschaftsordnungen in Deutschland 3

Ex-ante-Koordination in der Zentralverwaltungswirtschaft der ehemaligen DDR 3.1

Übersicht

In Kapitel 3 werden die Grundzüge derjenigen Wirtschaftsordnungen besprochen, die im 20. Jahrhundert in Deutschland realisiert waren. Sie sind danach geordnet, wie schwer es ist, die Lenkung des Güterstroms durch den Lenkungssignalstrom zu verstehen. Bei ex ante koordinierten Systemen ist dies leichter als bei ex post koordinierten (selbstregulierten) und bei zentralkoordinierten leichter als bei Kooperationssystemen. Deshalb werden zunächst die Grundzüge der Wirtschaftsordnung der ehemaligen DDR, dann jene der Ordnung der Weimarer Republik und z. T. auch der des Dritten Reiches und schließlich die der Bundesrepublik Deutschland besprochen. Die Grunddarstellung unseres heutigen Systems wird in den Kapiteln 4 (→ vgl. S. 205 ff.) und 5 (→ vgl. S. 263 ff.) anschließend weiter vertieft.

Das Wirtschaftssystem der Deutschen Demokratischen Republik (DDR) entstand aus einer 1947 unter Aufsicht der Sowjetischen Militäradministration errichteten „Deutschen Wirtschaftskammer", der 1949 eine „Verfassung der Deutschen Demokratischen Republik" folgte. Dieser Vasallenstaat der UDSSR wurde 1955 (eingeschränkt) souverän und schottete sich mehr und mehr gegen den Westen ab (bis hin zum Mauerbau 1961). Die Wirtschaftsverfassung wurde in mehreren – nicht kontinuierlich verlaufenden – Schritten in die einer Zentralverwaltungswirtschaft nach sowjetischem Vorbild umgestaltet. Da – wie wir noch sehen werden – die Kriegswirtschaftsordnung des Dritten Reiches, die auch in der unmittelbaren Nachkriegszeit in Deutschland noch galt, eine Kapitalistische Zentralverwaltungswirtschaft darstellte, war die Transformation dieser Wirtschaftsordnung in die einer Sozialistischen Zentralverwaltungswirtschaft relativ einfach: Es bedurfte lediglich einer

Umgestaltung der Eigentumsverhältnisse an Produktionsmitteln; die Lenkungsorganisation war bereits vorgeprägt.
Im Folgenden wird zunächst die Kompetenzverteilung besprochen, wie sie vor der Wiedervereinigung 1989/90 realisiert war (→ vgl. Abschnitt 3.1.1). **Anschließend werden die Mängel des Lenkungssignalstroms und der damit verbundenen Anreize analysiert** (→ vgl. Abschnitt 3.1.2, S. 129 ff.), **und zum Schluss wird gezeigt, wie die Koordinationsleistung des Systems zu beurteilen ist** (→ vgl. Abschnitt 3.1.3, S. 136 ff.).

3.1.1 Kompetenzverteilung im Planungs-, Vertrags- und Kontrollsystem

In Zentralverwaltungswirtschaften ist der gesamte Produktionsapparat zu einem einzigen Großunternehmen zusammengeschlossen, das den Konsumenten auf allen Endverbrauchermärkten als einziger Anbieter gegenübertritt. Dieses Monopolunternehmen ist nach einem System

Stab-Linien-System organisiert, welches in der Organisationslehre als *Stab-Linien-System* be-
Kompetenzverteilung zeichnet wird. In *Abbildung 3.1* ist die *Kompetenzverteilung in der ehemaligen DDR* abgebildet. Wir sehen, dass es gleichsam einen Unternehmensvorstand – den Ministerrat – gab und dass diesem „Vorstand" zwei „Stabsstellen" zugeordnet waren, die Staatliche Plankommission sowie die Akademie der Wissenschaften. Diese Stabsstellen hatten keine unmittelbare Anordnungsbefugnis, sondern unterstützten den Ministerrat. Dem Ministerrat unterstellt waren eine Reihe von Ministerien, wobei es für Zentralverwaltungswirtschaften typisch ist, dass es eine große Zahl von Branchenministerien gibt, wie sie in Marktwirtschaften nicht existieren. Der gesamte Produktionsapparat war so aufgebaut, dass weiter oben jeweils Grundsatzentscheidungen gefällt und nach unten hin zur Umsetzung in Ausführungsbefehle aufgegliedert (im DDR-Slang „durchgestellt")

Informationskanäle wurden. In Gegenstromrichtung zur Befehlsstruktur verliefen *Informationskanäle*, die der Erfüllung von Berichtpflichten dienten, welche untere gegenüber oberen Dienststellen hatten.

Kombinate Den Branchenministerien nachgeordnet sind *Kombinate* und *Volkseigene Betriebe (VEB)*. *Kombinate* sind Zusammenschlüsse produktionsmäßig zusammengehörender Betriebe, welche als sozialistische Konzerne be-
Volkseigene Betriebe zeichnet werden können. *Volkseigene Betriebe (VEB)* nannte man rechts-
(VEB) fähige Organisationseinheiten mit staatlich vorgeschriebenem Aufgabenbereich, die an die Stelle ehemaliger Einzelunternehmen traten und formal „dem Volk gehörten". Sie waren in den Endjahren der DDR normalerweise Kombinaten unterstellt, konnten aber auch als Einzel-VEB geführt werden. Der Produktionsablauf innerhalb der sozialisti-

schen Kombinate und Betriebe wurde nach einem *Dispatcher-System* hierarchisch überwacht. Das Wort „Dispatcher" kommt aus dem Amerikanischen und bezeichnet Angestellte, die in Verkehrsbetrieben für die planmäßige Abfahrt der Verkehrsmittel verantwortlich sind. Im weiteren Sinn handelt es sich bei den Dispatchern der DDR also um sozialistische Manager, die für den planmäßigen Ablauf von Produktionsprozessen zuständig waren und sich untereinander in einem hierarchischen Verhältnis befanden.

Dispatcher-System

Innerhalb des in Abbildung 3.1 dargestellten Stab-Linien-Systems der DDR-Volkswirtschaft verdienen drei Einrichtungen besondere Aufmerksamkeit: die Bezirksräte, das Ministerium für Außenhandel und die Staatsbank.

Während die Industrieministerien nach rein produktionstechnischen Gesichtspunkten aufgeteilt waren, waren die *Bezirksräte* für die räumliche Versorgung zuständig. Ihre Existenz ist Ausfluss der Tatsache, dass Güter in einer Volkswirtschaft ja nicht nur in der sachlich richtigen Qualität und Menge produziert, sondern auch zur richtigen Zeit und am richtigen Ort bereitgestellt werden müssen.

Bezirksräte

Die Lenkungsstruktur der Volkswirtschaft der DDR

Abb. 3.1

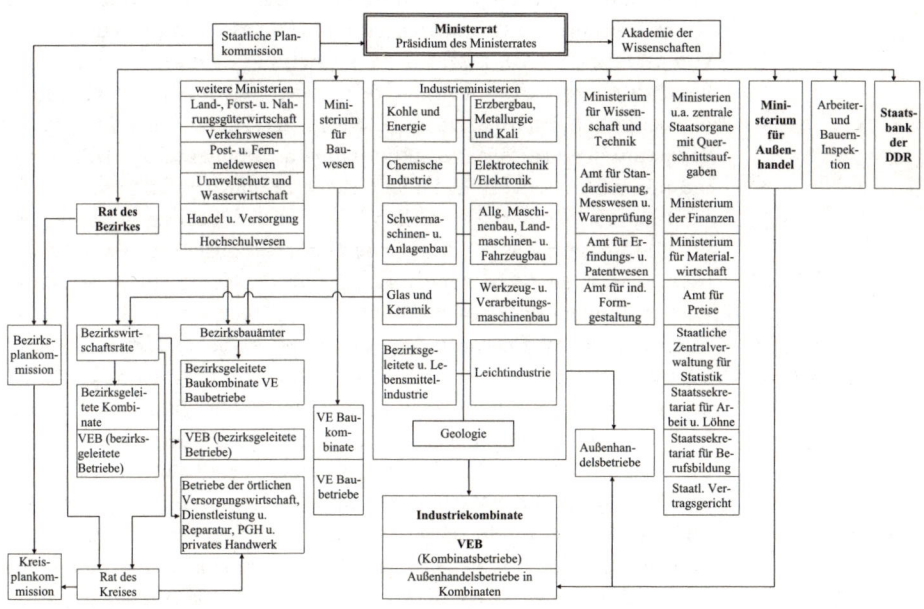

Quelle: DEUTSCHER BUNDESTAG [1987, S. 113].

Ministerium für Außenhandel Die Kompetenzen des *Ministeriums für Außenhandel* waren Ausdruck der Tatsache, dass eine Planwirtschaft die Beziehungen ihrer Glieder untereinander über einen ex ante aufgestellten Volkswirtschaftsplan regelt, der gegen äußere Störungen abgeschottet werden muss. Das Ministerium für Außenhandel hatte deshalb dafür zu sorgen, dass diejenigen Ex- und Importmengen realisiert wurden, die im Plan vorgesehen waren oder sich aus unvorhergesehenen Notlagen ergaben.

Staatsbank Die *Staatsbank* schließlich war formal wie die Bundesbank für das Geld- und Kreditwesen zuständig. Wie wir noch sehen werden, haben Kredite innerhalb einer Planwirtschaft aber eine ganz andere Funktion als innerhalb einer Marktwirtschaft. Das resultiert unmittelbar aus dem Staatseigentum an Produktionsmitteln: Wenn innerhalb eines Konzerns von einer Stelle an die andere Kredite vergeben werden, so hat das offensichtlich eine andere Bedeutung als etwa eine Kreditvergabe im heutigen deutschen Bankensystem. In der DDR hatte diese Kreditvergabe etwas mit der Kontrolle der Planerfüllung zu tun. Die Staatsbank konnte man daher mit einem gewissen Recht auch als „rechnungshofähnliche Einrichtung" bezeichnen.

Dass die Wirtschaft der ehemaligen DDR wie ein riesiges Unternehmen aufgebaut war, hatte einen historischen Grund: KARL MARX (1818–1883) hatte ja lediglich eine Kritik an kapitalistischen Marktwirtschaften, nicht jedoch positive Pläne zur Funktionsweise von sozialistischen Zentralverwaltungswirtschaften hinterlassen. Diese wurden erst von W. I. LENIN (1870–1924) für die Sowjetunion entwickelt, und LENIN benutzte als Vorbild zur Planung der Sowjetwirtschaft die Organisation der Deutschen Reichspost [EUCKEN, 1990, S. 211]. Durch Anlehnung an die Sowjetunion wurde der Produktionsapparat der ehemaligen DDR somit indirekt nach dem Vorbild der kaiserlichen Reichspost aufgebaut.

Wie man sich leicht vorstellen kann, ist die Führung eines solchen Riesenunternehmens mit erheblichen Informationsproblemen konfrontiert. Es wird deutlich, wenn man einmal die Ausarbeitung des Volkswirtschaftsplans in *Abbildung 3.2* betrachtet.

Entstehung des Volkswirtschaftsplans Hier ist der Weg der *Entstehung des Volkswirtschaftsplans* dargestellt, eines Jahresplanes, der die jeweils aktuelle Produktionstätigkeit regeln sollte und seinerseits in weitere Pläne – insbesondere Fünf-Jahres-Pläne – eingebettet war. Wie wir noch sehen werden, erfolgt in Marktwirtschaften die Erfüllung der Koordinationsaufgaben des Mengenausgleichs, des Kapazitätsausgleichs, des Machtausgleichs und der Behebung von Produkt- und Verfahrensfortschrittsrückständen über den Preismechanismus, und zwar in regelkreisartiger Weise. Das, was in Marktwirtschaften der Preismechanismus leisten muss, fällt in Zentralverwaltungswirtschaften dem Volkswirtschaftsplan als Aufgabe zu. Bei diesem Plan kann man fünf Lebensphasen unterscheiden: die Vorbereitungsphase, die Entwurfsphase, die Diskussions- und Optimierungsphase, die Vollzugsphase und die – nicht abgebildete – Abrechnungs- und Kontrollphase.

In der *Vorbereitungsphase* werden so genannte „staatliche Aufgaben" formuliert und von der Plankommission über die Ministerien und Kombinate in jeweils stärker aufgeschlüsselter Form an die Betriebe weitergegeben. Diese „Aufgaben" sind Vorgaben, auf deren Realisation die Staatsführung besonderen Wert legt, also etwa ein verstärktes Wachstum bei der Herstellung von EDV-Geräten oder die verstärkte Produktion von Gütern, die sich innerhalb der ehemaligen „Ost-EG" – des *Rates*

Ausarbeitung des Volkswirtschaftsplans | Abb. 3.2

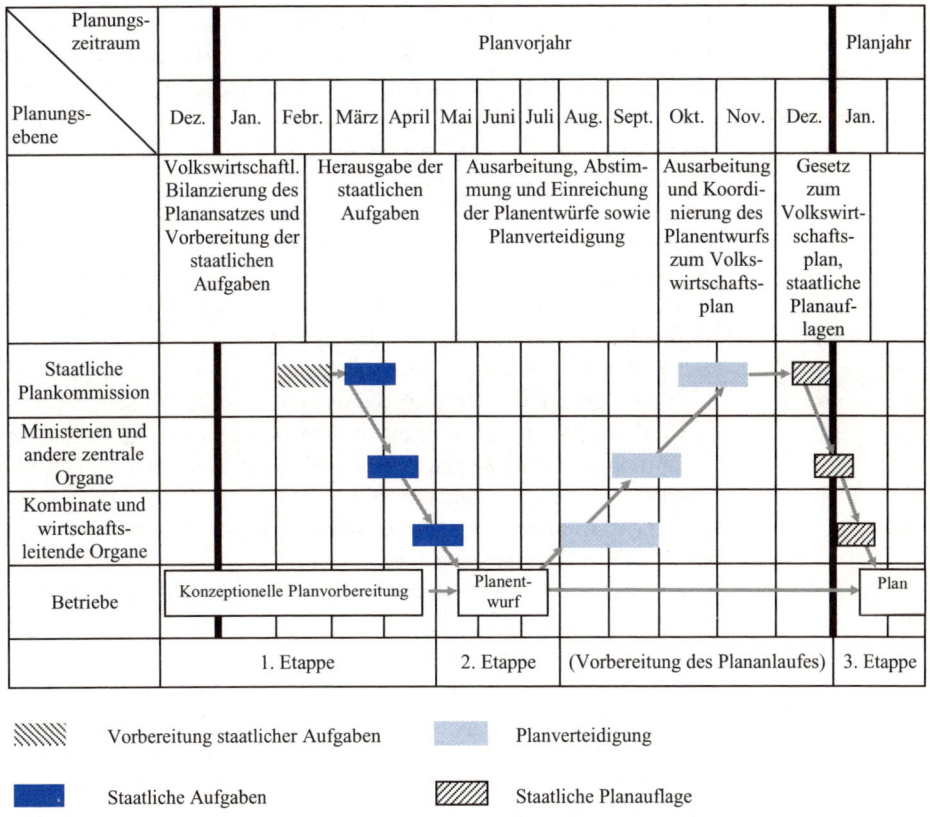

Quelle: DEUTSCHER BUNDESTAG [1987, S. 126].

Rat für gegenseitige Wirtschaftshilfe (RGW)

für gegenseitige Wirtschaftshilfe (RGW, englisch: *COMECON* = Council for Mutual Economic Assistance) – als besonders knapp erwiesen hatten. Diese in Form von Kennzahlen und Normen präsentierten Aufgaben wurden in den Betrieben auf ihre Realisierbarkeit geprüft und in Pläne für die Betriebstätigkeit im nächsten Jahr eingebaut. Diese mussten in der Phase der Planverteidigung und -koordination sodann zusammengefasst und vor den jeweils ranghöheren Stellen gerechtfertigt werden. Die Staatliche Plankommission arbeitete auf dieser Basis den Volkswirtschaftsplan aus, der als formelles Gesetz verabschiedet und den Betrieben über die Zwischenstufen Ministerien und Kombinate als verbindliche Planauflagen vorgegeben wurde.

Innerhalb dieses Prozesses mussten die Produktionsmöglichkeiten und Produktionsprogramme der einzelnen Betriebe aufeinander abgestimmt werden. Dies sollte mit Hilfe einer *Bilanzierungsmethode* geschehen, aus der sich ergibt, welche Zwischennachfrageprodukte man für welche Endprodukte benötigt und wie die zwischenbetriebliche Leistungsverflechtungen gestaltet werden sollen. Hierbei hätte die auf die Abbildung

Input-Output-Analyse

von güterwirtschaftlichen Verflechtungen zugeschnittene *Input-Output-Analyse* eine gute Hilfe sein können. Sie setzt allerdings eine Ausstattung mit leistungsfähigen Computern voraus, die es in der DDR noch nicht gab. Aber auch solch eine Rechnung wäre zur Abbildung der zwischenbetrieblichen Verflechtung bei allen einzelnen End- und Zwischennachfragegütern viel zu grob gewesen. Wie riesig das zu lösende Abstimmungsproblem war, soll einmal anhand einiger Zahlenangaben veranschaulicht werden: Es gab 1.200 Definitionen, die im Zuge des Planungsprozesses verwendet wurden; die so genannte Erzeugnis- und Leistungsnomenklatur (ELN) umfasste 100.000 Positionen von Erzeugnissen, und auf ihrer Basis wurde ein so genannter zentraler Artikelkatalog geführt, in dem etwa 82 Mio. Artikel aufgelistet waren, deren planvolle Herstellung sicherzustellen war.

Die Abstimmung der Betriebswirtschaftspläne sollte über eine schrittweise Eliminierung von Fehlmengen im Zuge einer Bilanzierung von Güter- und Faktorbeständen erfolgen. Wie das praktisch ablief, ist in *Abbildung 3.3* dargestellt. Man bezeichnete die Gesamtheit der Bilanzen als so genannte MAK-Bilanzen (d. h. Material-, Ausrüstungs- und Konsumgüterbilanzen) und unterschied dabei fünf Typen von Bilanzen: Energieträgerbilanzen, Roh- und Werkstoffbilanzen, Ausrüstungsbilanzen, Konsumgüterbilanzen und Industrieanlagenbilanzen. Da die staatliche Plankommission mit der Bildung von Bilanzen für alle Faktor- und Güterarten völlig überfordert gewesen wäre, wurden die Bilanzen hierarchisch entsprechend der in Abbildung 3.3 abgebildeten Bilanzpyramide zusammengefasst: Im Ministerrat und in der Staatlichen Plankommission wurden nur etwa 425 so genannte S-Bilanzen geplant, mit denen die mengenmäßigen Hauptproportionen der Volkswirtschaft der DDR festgelegt werden sollten. Aus den S-Bilanzen wurden von den Ministerien M-Bilanzen und hieraus von den Kombinaten die so genannten K-Bilanzen abgeleitet. Da mit Hilfe der Bilanzpyramide nun aber noch nicht genau genug festgelegt werden konnte, wer welches Produkt wie, wann, wo, für wen und in welchem Umfang herzustellen hatte, wurde ergänzend von einem *Vertragssystem* Gebrauch gemacht: Auf der Basis der Bilanzen wurden zwischen den Betrieben Wirtschaftsverträge über gegenseitige Lieferungen abgeschlossen. Hierbei mussten bestimmte Plankennziffern beachtet werden, etwa die *Hauptkennziffern* Nettoproduktion, Nettogewinn, Erzeugnisse und Leistungen für die Bevölkerung oder Erzeugnisse und Leistungen für den Export. Hinzu traten *Normen* wie etwa solche für die Arbeitsproduktivität. Die Hauptkennziffern und die Hauptnormen wurden durch eine Vielzahl von weiteren Volumen- und Wertkennziffern sowie Richtwerten ergänzt.

Vertragssystem

Lenkungssignale und Anreizsystem

3.1.2

Die Lenkung der Produktion sollte in der DDR mit Hilfe des Volkswirtschaftsplans und der ihn ergänzenden Kennziffern erfolgen. Zur Befolgung dieser Lenkungssignale sollten die Menschen dadurch motiviert werden, dass eine Nichterfüllung von Planvorgaben sanktioniert und eine Übererfüllung prämiert wurde. Da Lenkungssignale und Verhal-

Schema einer Mengenbilanz und Bilanzpyramide in der DDR | Abb. 3.3

Aufkommen	Verwendung
I. Inländische Erzeugung	I. Inländischer Verbrauch (geordnet nach Verwendungszwecken)
II. Zugang aus dem RGW-Gebiet	II. RGW-Bedarf
III. sonstige Einfuhr	III. sonstige Ausfuhr
I-III Laufendes Aufkommen	I-III Laufende Verwendung
IV. Lagerentnahme	IV. Lagerzugang
I-IV. Gesamtaufkommen	I-IV. Gesamtverwendung

Quelle: In Anlehnung an EUCKEN [1990, S. 66] und DEUTSCHER BUNDESTAG [1987, S. 132].

tensanreize zur Erzielung einer erfolgreichen Lenkung miteinander verknüpft werden müssen, ist es schwer, die Informations- und Motivationsaufgaben, die von Wirtschaftsordnungen gelöst werden müssen, voneinander zu trennen. Gleichwohl wollen wir uns im Folgenden zunächst auf den Signalstrom und seine Schwächen konzentrieren und erst anschließend schwerpunktmäßig auf die Anreizstruktur und die damit verbundenen Mängel eingehen.

Signalstromdefizite

Signalstromdefizite der DDR-Wirtschaftsordnung ergaben sich vor allem daraus, dass die Informationsverarbeitungskapazität von Menschen eng begrenzt ist und dass die objektiv vorhandenen Informationsverarbeitungsnotwendigkeiten zu einer Informationsüberlastung zentraler Stellen führten. Wie Abbildung 3.3 verdeutlicht hat, konnten von den 4.575 Bilanzen, welche die Prozesse der Güterproduktion und Güterverteilung steuern sollten, nur 425 im Ministerrat abgestimmt werden und nur 665 in den Industrieministerien. Die restlichen Abstimmungen mussten ohne zentrale Koordination auf der Ebene der Kombinate und VEB erfolgen. Hieraus resultieren Unvollständigkeiten der Planung, eine erhebliche Trägheit der Reaktion auf Datenänderungen und eine verzerrte Dateneingabe.

Unvollständigkeit der Planung

Zunächst zur *Unvollständigkeit der DDR-Planung.* Schaut man sich einmal den Einkommenskreislauf in Abbildung 2.14 (→ vgl. S. 88) an, so sieht man, dass der Staat in der DDR die Nettoendnachfrage, die Expansionsgrößen I, A und X und die Kontraktionsgrößen M, P, U und T und damit auch das verfügbare Einkommen der privaten Haushalte planen konnte. Er war aber nicht in der Lage, die Aufteilung dieses Einkommens auf Ersparnisse und Konsumgüter zu kontrollieren. Über diese makroökonomische Planungslücke hinaus existierte auch eine mikroökonomische Planungslücke in der Form, dass die privaten Haushalte frei über die Aufteilung ihres geplanten Konsums auf einzelne Konsumgüter verfügen konnten und der Staat nur die Möglichkeit hatte, indirekt (mit Hilfe der Preisbildung) auf diese Entscheidungen Einfluss zu nehmen.

Makroökonomische Planungslücke

Die *makroökonomische Planungslücke in der DDR* führte dazu, dass ein riesiger Überhang an Ersparnissen – der so genannte „Geldüberhang" – entstand, die zu einem erheblichen Teil ungeplant waren und allein daraus resultierten, dass man für das Einkommen nichts kaufen konnte. Diese Ersparnisse waren in der DDR funktionslos, denn in einer Zentralverwaltungswirtschaft werden die Investitionen direkt vom Staat geplant und müssen sich – anders als in einer Marktwirtschaft – nicht danach richten, welche Teile des Produktionspotenzials die Konsumenten nicht in Anspruch nehmen wollen. Dieser Geldüberhang stellte bei der Wiedervereinigung wegen des Versprechens, die Ersparnisse weitgehend 1:1 umzutauschen, ein Inflationspotenzial dar.

Die *mikroökonomische Planungslücke in der DDR* führte bei den privaten Haushalten dazu, dass die mengenmäßige Nachfrage bei vielen Gütern das mengenmäßige Angebot überstieg und dass sich deshalb fortlaufend Warteschlangen und lange Lieferfristen bildeten. Überflüssiges wurde zwar auch manchmal produziert, stellte in den Augen der Bevölkerung aber kein Problem dar. Die Lieferfristen hatten so skurrile Folgen wie die, dass Eltern für gerade geborene Kinder bereits Ansprüche auf ein später zu lieferndes Auto anmeldeten. Und die allgemeine Warterei hatte zur Folge, dass die Leute auch vom Arbeitsplatz wegliefen, wenn einmal besonders knappe Güter vorhanden waren, dass durch Warten also nicht nur Freizeit, sondern auch Arbeitszeit verloren ging. Dies kam auch dadurch zustande, dass oft Zwischenprodukte fehlten; auf DDR-Baustellen soll es z. B. nicht selten vorgekommen sein, dass mittags schon Feierabend gemacht werden musste, weil alle vorhandenen Materialien verbraucht waren.

Die Verkäufer auf den Endverbrauchermärkten hätten Fehlmengen natürlich „nach oben" melden können, um damit bei der Ausarbeitung des nächsten Volkswirtschaftsplans Verbesserungen herbeizuführen. Sie wollten aber nicht als „Meckerer" auffallen, und die Fehlmengen waren aus ihrer persönlichen Sicht auch gar nicht so schlecht: Private Beziehungen zu den Verkäufern wurden damit wertvoller, und das ließ sich bei privaten Beziehungen zu Verkäufern anderer Güter nach der Devise ausnutzen: „Verschaffst Du mir ein Trabi-Ersatzteil, besorge ich Dir Baumaterial."

Hinzu trat eine weitere Lücke mikroökonomischer Art: Da es in der DDR keinen Wettbewerb gab, war das Angebot uniform und der staatliche Produktionsapparat hatte keine Anreize, neue Gütervarianten auf Märkten zu testen. Deshalb konnten die Verbraucher ihre Bedürfnisstruktur auch nicht differenzieren und den Anbietern einen Bedarf zur Befriedigung neuer manifester Bedürfnisse signalisieren. Der Signalfluss vom Endverbraucher zum Produzenten war deshalb – jedenfalls im Vergleich zur Marktwirtschaften – zu undifferenziert.

Nicht nur bei den privaten Haushalten, sondern auch im zwischenbetrieblichen Bereich gab es eine mikroökonomische Planungslücke. Wie die Bilanzpyramide gezeigt hat, konnten die einzelnen Erzeugnisse ja nur sehr unvollkommen bilanziert werden. Die Lücken sollten über zwischenbetriebliche Verträge geschlossen werden. Hierbei ergaben sich jedoch insbesondere dann immer wieder neue Lücken, wenn aktuelle Datenänderungen den Vollzug des Plans erschwerten. Dem versuchten die Betriebe durch zwischenbetriebliche Tauschgeschäfte auf schwarzen Märkten so gut wie möglich Herr zu werden. Dabei kam es zur Ausprägung eines neuen Berufstyps, des so genannten *Tolkatsch* [Hof, 1991, S. 41].

Mikroökonomische
Planungslücke

Diese Bezeichnung stammt aus dem Russischen und kennzeichnete einen Vermittler, der zwischen den Betrieben Schwarzmarktgeschäfte einfädelte, offiziell aber gar nicht existierte. Die Existenz eines solchen Schwarzhandels ist ein sicheres Indiz für einen unterentwickelten Handels- und Dienstleistungssektor und damit für die mangelhafte Nutzung von Tauschvorteilen, wie sie in Abbildung 2.13 (→ vgl. S. 82) erläutert worden sind.

Trägheit der Datenverarbeitung

Nun zur *Trägheit der Datenverarbeitung in der DDR*. Wie Abbildung 3.2 (→ vgl. S. 127) gezeigt hat, begann der Planungsprozess für ein Jahr – sagen wir 1989 – bereits am Anfang des Vorjahres, im Beispiel also Anfang 1988. Die Daten, die hierbei verwendet wurden, stammten weitgehend aus dem Planvollzug der Vorjahre. Da das Jahr 1987 Anfang 1988 aber noch nicht abgerechnet war, wurde der Plan für 1989 weitgehend auf der Basis von Daten aus dem Jahre 1986 aufgestellt, auf der Basis von Daten also, die drei Jahre und zum Teil sogar noch älter waren. Dies hatte zur Folge, dass neuere Entwicklungen überhaupt nicht berücksichtigt werden konnten. Hinzu kam, dass aktuelle Datenänderungen selbst dann keinen Eingang in das bürokratische Planungssystem fanden, wenn die Volkswirtschaft im Prinzip schnell hätte reagieren müssen. Dazu war das System nicht in der Lage, weil eine Änderung an einer Stelle im Volkswirtschaftsplan zwangsläufig eine Umlenkung von Produktionsfaktoren und damit auch Planänderungen an anderer Stelle zur Folge gehabt hätte, und weil man ohne erneutes Durchlaufen des gesamten Planungsprozesses nicht wusste, welche Reaktionen wo als Folge von Umplanungen eintreten werden.

Verzerrte Dateneingabe

Mit der Besprechung von *Verzerrungen der Dateneingabe in der DDR* befinden wir uns bereits bei einer Schnittstelle zur Motivationsstruktur. Die bisher besprochenen Informationsmängel resultierten aus einer Informationsüberlastung, wie sie für Stab-Linien-Systeme typisch ist, wenn diese zur Steuerung sehr großer Unternehmen und hier eben ganzer Volkswirtschaften eingesetzt werden sollen. Hinzu kommt nun aber noch, dass die Beteiligten bewusst falsche Daten in das System eingaben. Dies resultierte aus dem System von Normen und Prämien, das in der DDR verwendet wurde: Es wurde erwartet, dass jedermann seine Planvorgaben einhielt und sie sogar überschritt. Solch eine Überschreitung wurde mit Hilfe von Prämien unterschiedlicher Art – insbesondere solchen aus den Prämienfonds der Betriebe – und durch immaterielle Auszeichnungen belohnt. Im Westen machte man sich z. B. über Auszeichnungen wie die als „Held der Arbeit" lustig.

Plankontrollsystem

Solch ein System setzt ein *Plankontrollsystem* voraus. *Die Kontrolle der Planausführung in der DDR* vollzog sich in Form einer mitschreitenden Kontrolle, einer Stichprobenkontrolle und einer Ex-post-Kontrolle.

Die *mitschreitende Kontrolle* erfolgte innerhalb der jeweiligen Betriebe durch den so genannten *Hauptbuchhalter*. Dies war ein den jeweiligen Wirtschaftsführern formal zwar unterstellter, aber nicht an Weisungen gebundener „Direktor für Rechnungsführung und Finanzkontrolle". Er hatte auf die Einhaltung des Plans zu achten. Zwischenbetrieblich wurde diese Kontrolle zum einen über die Staatsbank, zum anderen durch das Staatliche Vertragsgericht ergänzt. Die *Staatsbank* nützte die Tatsache aus, dass zur Abwicklung des Liefer- und Leistungsverkehrs zwischen den Betrieben Kredite benötigt wurden. Diese wurden aber nur gewährt, wenn die jeweiligen Transaktionen in Übereinstimmung mit dem Plan standen. Wie bereits angedeutet, dienten Kredite also nicht – wie in Marktwirtschaften – dem Ausgleich der Entscheidungen von Sparern und Investoren, sondern der Kontrolle der Planerfüllung. Das *Staatliche Vertragsgericht* wurde eingeschaltet, wenn es zu zwischenbetrieblichen Streitigkeiten über die Erfüllung abgeschlossener Verträge kam.

Kontrollen mit Hilfe von Zufallsstichproben wurden von der so genannten *Arbeiter- und Bauerninspektion (ABI)* durchgeführt. Dies war eine spezielle Kontrollinstanz, die vor allem im Auftrag der Partei prüfen sollte, wie gut oder schlecht die Planerfüllung ist und welche Verbesserungsmöglichkeiten bzw. Möglichkeiten zur Leistungssteigerung bestehen.

Der *Ex-post-Kontrolle* dienten die *Staatliche Finanzrevision* und die *Staatliche Bilanzinspektion*. Die Staatliche Finanzrevision hatte die Jahresabschlüsse der Betriebe praktisch wie ein Wirtschaftsprüfer zu prüfen und dabei auch intensiv nach Verbesserungsmöglichkeiten zu fahnden. Die Staatliche Bilanzinspektion sollte dagegen feststellen, ob und inwieweit die MAK-Bilanzen eingehalten wurden und welche Leistungssteigerungsmöglichkeiten realisiert werden könnten.

Dieses Prämien- und Kontrollsystem sorgte im Prinzip dafür, dass man sich tatsächlich bemühte, die Planvorgaben zu überschreiten. Hinzu kam nun aber, dass Planüberschreitungen von der Plankommission als Anzeichen dafür gewertet wurden, dass Leistungsreserven vorhanden sind, und dass man deshalb die Normen in den Folgejahren heraufsetze. Dieser Mechanismus wurde von den „Werktätigen" natürlich in kurzer Zeit durchschaut und führte im Wege einer individuellen Optimierung dazu, dass man sich einerseits zwar zu Planüberschreitungen verpflichtete, dass man andererseits aber nicht alle Leistungsreserven aufdeckte. Auf der betrieblichen Ebene kam dann noch hinzu, dass man Bestände für die noch zu besprechende Schwarzmarktwirtschaft reservieren musste.

Nun zum Anreizsystem und den *Motivationsmängeln in der DDR*. In Wirtschaftssystemen kann es zu einer Erscheinung kommen, die man als *Auseinanderfallen von individueller und kollektiver Rationalität* bezeichnet. Ein Beispiel

Mitschreitende Kontrolle

Kontrolle mit Hilfe von Zufallsstichproben

Ex-post-Kontrolle

Anreizsystem, Motivationsmängel

für soziale Fallen dieser Art bilden Vollkasko-Versicherungssysteme ohne Selbstbeteiligung. In solchen Systemen muss man seinen Beitrag unabhängig davon zahlen, ob ein Versicherungsfall eintritt. Infolgedessen versuchen die Versicherungsnehmer typischerweise, alle Vorgänge, die sich als Versicherungsfälle deuten lassen, auszunutzen, um an Versicherungszahlungen zu gelangen. Abstrakt ist ihnen natürlich bewusst, dass sie damit die Prämien in die Höhe treiben und dass sich indirekt alle selbst schädigen. Da niemand Einfluss auf das Verhalten der jeweils anderen hat, ist es für jeden einzelnen jedoch individuell rational, sich so zu verhalten, wohingegen es kollektiv irrational ist. Kollektive Irrationalismen sind stets Ausdruck von so genannten *Anreizinkompatibilitäten*, d. h. von Verhaltensanreizen für die Individuen, die sich mit den Systemzielen nicht vertragen. In der DDR machten sich solche Fehlanreize im Streben nach weichen Plänen, Anreizen zur Drückebergerei, Fortschrittsfeindlichkeit, im Streben nach der Bildung von Konglomeraten, in der Ausweichwirtschaft und in der Begünstigung der so genannten Nomenklaturkader bemerkbar.

Weiche Pläne   *Weiche Pläne* sind leicht übererfüllbare Pläne. In der Aufstellungsphase kommen solche Pläne durch Verhaltensweisen zustande, wie wir sie schon unter dem Stichwort „verzerrte Dateneingabe" behandelt haben. In der Ausführungsphase werden Pläne dadurch „weich", dass man Interpretationsspielräume in den Planvorgaben ausnutzt. Ein schönes Beispiel zur Illustrierung dieses Sachverhalts stammt von OTA SIK (1919–2004), der von 1962 bis 1968 Mitglied des Zentralkomitees der tschechoslowakischen KP war. Er hat das „Weichmachen" von Plänen an

Schraubenbeispiel   dem folgenden Schraubenbeispiel erläutert: Bei Planungsprozessen wie denen in der DDR versuchten die Betriebe, sich die Planerfüllung, die noch dazu durch Anreize prämiert wurde, möglichst einfach zu machen. Gab man im Plan nur vor, dass „Schrauben in einer bestimmten Stückzahl" zu produzieren sind, so neigten die Betriebe dazu, möglichst kleine Schrauben herzustellen; gab man die herzustellenden Schrauben in Gewichtseinheiten vor, wurden möglichst große und schwere Schrauben produziert. Man musste die Schraubenproduktion also aufschlüsseln, verschiedene Arten von Vorgaben verwenden sowie Strafen für Lieferengpässe und Angebotsüberschüsse und Gewinnkennzahlen einführen.

Drückebergerei   *Drückebergerei* ergab sich in der DDR daraus, dass dem Ideal der Gleichheit ein großer Wert zugemessen wurde und die Einkommen für das Gros der Bevölkerung deshalb nur sehr wenig differenziert wurden. Einkommensmäßig war es praktisch gleichgültig, ob man Maurer oder Arzt war. Dies hatte zur Folge, dass viele Menschen keine Lust hatten, ins Mittelmanagement aufzusteigen und dort so unangenehme Arbeiten wie die übernehmen zu müssen, die Arbeitsverrichtung der Untergebenen zu kontrollieren. Hinzu kam, dass viele alles ausnutzten, um sich vor Arbeiten aller Art zu drücken, denn Fleiß hatte auf den Lebensstandard ja praktisch keinen Einfluss. Den Betrieben fiel es deshalb z.B. schwer, ihre Beschäftigten vom Einkaufen während der Arbeitszeit abzuhalten, und die Vorgesetzten hatten auch kein großes Interesse daran.

Fortschrittsfeindlichkeit folgte daraus, dass es in der DDR eine Todsünde war, den Plan nicht zu erfüllen. Hätte man Ideen für neue Produkte oder für neue Produktionsverfahren realisiert, so hätte dies bedeutet, dass viele andere Einzelpläne hätten umgestellt werden müssen. Außerdem lief man selbst Gefahr, die neuen Pläne evtl. nicht erfüllen zu können, weil man mit Innovationen ja ex definitione keine Erfahrungen hat und infolgedessen auch nicht abschätzen konnte, was alles an Problemen auftreten kann. Dies hatte zur Folge, dass das Management in der DDR in Bezug auf Produkte und Produktionsverfahren ausgesprochen konservativ und fortschrittsfeindlich war. — Fortschrittsfeindlichkeit

Die *Konglomeratbildung* resultierte aus der schlechten zwischenbetrieblichen Abstimmung der Produktionspläne. Deshalb gab es eine Tendenz der Betriebe, sich immer neue Abteilungen zur Selbstfertigung benötigter Vorprodukte zuzulegen. Auf diese Weise wuchsen die Kombinate zu riesigen Konglomeraten heran, die möglichst alles selber machen wollten. Das erstreckte sich auch auf Betreuungseinrichtungen wie Kindergärten für Betriebsangehörige. Es ist klar, dass solch eine Tendenz nicht gerade der rationalen Arbeitsteilung diente. Die mangelhafte Ausnutzung der Vorteile der Arbeitsteilung, wie sie in Abbildung 2.12 (→ vgl. S. 79) erläutert wurden, hat mit dazu beigetragen, dass die Arbeitsproduktivität in der DDR nur etwa 25 % derjenigen in Westdeutschland betrug. — Konglomeratbildung

Als *Ausweichwirtschaft* bezeichnet man verschiedene Formen von „schwarzen" Tätigkeiten [Cıchy, 1990, S. 68 ff.]. Hierzu gehörten eine heimliche Produktion in den Betrieben für Zwecke der eigenen Belegschaft sowie zur Belieferung von Schwarzmärkten und von nur inoffiziell existierenden, aber bewusst geduldeten Privatbetrieben, die Schwarzarbeiten ausführten. Hinzu traten Formen der Beschaffungskriminalität, die vom Diebstahl von Baumaterial bis zum „Schmieren" entscheidender Personen in anderen Betrieben reichten. — Ausweichwirtschaft

Mit *Nomenklaturbegünstigung* ist Folgendes gemeint: Wirtschaftssysteme mit einer schlechten Funktionserfüllung sind immer darauf angewiesen, den Unwillen der Bevölkerung in Schach zu halten. Üblicherweise wird dies dadurch erzielt, dass man sich einen diktatorischen Machtapparat zulegt und die Mitglieder dieses Machtapparats sowie die Mitglieder der wirtschaftlichen Spitzenpositionen in mannigfacher Weise — Nomenklaturbegünstigung begünstigt. Nach russischem Vorbild bezeichnet man die Mitglieder in der Gruppe der Begünstigten als Nomenklaturkader. Für sie gab es neben höheren Einkommen und Ruhestandsbezügen sowie besseren Wohnungen spezielle Einkaufsmöglichkeiten in besonderen Läden wie z. B. den bekannten „Intershops".

3.1.3 Koordinationseffizienz der DDR

In diesem Abschnitt soll die Frage beantwortet werden, wie man die Erfüllungsgrade der Koordinationsaufgaben beurteilen kann, die wir im Infokasten 2.3 (→ vgl. S. 95) kennen gelernt haben und die in allen Volkswirtschaften erfüllt werden müssen.

Die Antwort ergibt sich in allen Wirtschaftssystemen aus der Güte des Lenkungssignalstroms und der Angemessenheit der Verhaltensanreize, die mit den Lenkungssignalen verknüpft sind. Der Kern des Lenkungssignalstroms – das Hauptkoordinationssystem – in einer Zentralverwaltungswirtschaft ist der Volkswirtschaftsplan; ein nicht ganz unwichtiger Nebenkoordinationsmechanismus ist das Vertragssystem (horizontale Kooperationsverträge); eine untergeordnete Rolle spielt dagegen die marktwirtschaftliche Lenkung des Konsumentenverhaltens auf den Endverbrauchermärkten durch Preisvariationen, die – wenn überhaupt – nur mit sehr großen Verzögerungen als Reaktion auf Koordinationsmängel eintraten. Zu welchen Ergebnissen hat das Zusammenspiel dieser Koordinationsmechanismen in der DDR nun effektiv geführt? Diese Antwort soll in der Reihenfolge der Koordinationsaufgaben im Infokasten 2.3 beantwortet werden.

Allokationsaufgaben   Wir beginnen mit der *Erfüllung der Allokationsaufgaben in der DDR.*

Vermeidung von dauerhaften Angebots- und Nachfrageüberschüssen. – Wie der Hinweis auf Warteschlangen und Lieferfristen schon gezeigt hat, wurde diese Aufgabe in der DDR sehr schlecht erfüllt.

Vermeidung von dauerhaften Kapazitätsengpässen und Überkapazitäten. – Die Proportionierung von Produktionskapazitäten folgte politischen Entscheidungen. Sie war nicht an den Bedürfnissen der Bevölkerung orientiert, sondern daran, was die Staatsführung für wichtig hielt. Das ist ein Systemnachteil. Selbst wenn es demokratische Wahlen gegeben hätte, ist der Wahlmechanismus als solcher nämlich nicht geeignet, die Proportionierung der Produktionskapazitäten den Wünschen der Bevölkerung anzupassen. Dies liegt daran, dass die Informationen, die sich aus der Stimmabgabe bei Wahlen ergeben, sehr viel gröber sind und sehr viel weniger häufig pro Zeiteinheit anfallen als die Informationen, die man in Marktwirtschaften aus den Kaufentscheidungen der Bevölkerung entnehmen kann.

Vermeidung von dauerhaften Übermachtpositionen. – Wie wir gesehen haben, war der Produktionsapparat der DDR als ein einziges Riesenunternehmen organisiert. Dies bedeutete, dass dem Konsumenten auf allen Märkten ein Monopolist gegenüberstand. Ein Machtungleichgewicht auf den Endverbraucher- und Arbeitsmärkten gehörte also zur Logik des Systems und ist als ein wesentlicher Nachteil zu betrachten: Die Verbraucher hatten keine Möglichkeit der „Abstimmung mit den Füßen".

Vermeidung von dauerhaften Fortschrittsrückständen bei Produkten und Verfahren. – Es wurde bereits dargelegt, dass das System fortschrittsfeindlich war. Obgleich von einer vergleichbaren Basis aus gestartet, betrug die Arbeitsproduktivität in der ehemaligen DDR bei der Wiedervereinigung nur etwa 25 v. H. des Wertes in Westdeutschland. Das lag auch daran, dass der Signalstrom zwischen Produzenten und Konsumenten wegen des Fehlens von Wettbewerb zu undifferenziert war.

Bereitstellung von Kollektivgütern. – Diese Aufgabe obliegt in allen Wirtschaftsordnungen dem Staat und wäre in der DDR prinzipiell erfüllbar gewesen. Politisch stand dem jedoch entgegen, dass die Bevölkerung über das Fernsehen und Reiseberichte von Rentnern erfuhr, wie groß das Konsumgüterangebot in Westdeutschland war. Dies erzeugte auch in der DDR-Diktatur einen Druck auf die Politiker, der dazu führte, dass die Aufgabe der Infrastrukturerhaltung und -weiterentwicklung zugunsten eines – gemessen an der Produktivität – zu hohen Konsums vernachlässigt wurde. Bildlich gesprochen „zehrte man gleichsam das Saatgut auf".

Vermeidung von externen Effekten und Präferenzverzerrungen. – Der Konsumdruck der Bevölkerung führte auch dazu, dass das Produktionssystem einseitig auf die Maximierung der materiellen Produktion ausgerichtet und dass deshalb unglaublich verschwenderisch mit der Natur umgegangen wurde. Eine so große Umweltverschmutzung wie in der DDR und in anderen Ostblockstaaten hat es in keinem westlichen Land gegeben. Individuellen Präferenzverzerrungen (etwa mangelhafte Vorsorge für Alter und Krankheit) konnte in der DDR im Prinzip vorgebeugt werden. Weil das System aus politischen Gründen auf kurzfristige Konsumerhöhung setzte, war das kollektive Alters- und Gesundheitssicherungssystem jedoch unterdimensioniert und nicht langfristig bestandsfest.

Nun zur *Erfüllung der Distributionsaufgaben in der DDR.*

Distributionsaufgaben

Gewährung von Mindestkaufkraft/Gerechtigkeit der Einkommensverteilung. – In einer Zentralverwaltungswirtschaft wird die Einkommensverteilung direkt vom Staat bestimmt. Eine Umverteilung ist deshalb überflüssig. Sieht man von der Begünstigung der Nomenklaturkader ab, war die Einkommensverteilung weitgehend egalitär. Auch für eine sozial hinreichende Mindestkaufkraft war gesorgt, wenn auch auf einem sehr viel geringeren Niveau als im Westen. Dies lag vor allem daran, dass Rentner ja keine Beiträge zum Produktionsprozess mehr leisteten und infolgedessen als so lästig betrachtet wurden, dass sie zum Teil sogar in den Westen ausreisen durften. Langfristig waren das Alters- und das Gesundheitssicherungssystem außerdem wie gesagt nicht bestandsfest.

Stabilisierungsaufgaben

Erfüllung der Stabilisierungsaufgaben in der DDR.

Stabilität des Preisniveaus. – In der DDR-Wirtschaft versuchte man die im „Geldüberhang" sichtbar werdende makroökonomische Planungslücke dadurch zu schließen, dass man insbesondere bei nicht lebensnotwendigen Gütern die Preise erhöhte und das offiziell mit einer Qualitätsverbesserung begründete. Auf diese Weise kam es zu einer *versteckten Inflation.* Der „Geldüberhang" stellte außerdem eine Form der so genannten *zurückgestauten Inflation* dar, denn in dem Moment, wo man mit Geld etwas hätte kaufen können, wäre dieses Kaufkraftpotenzial in aktuelle Kaufkraft umgesetzt worden und hätte zu Preissteigerungen geführt. Nach der Wiedervereinigung war dies der Fall.

Hoher Beschäftigungsstand. – In der DDR gab es formal keine Arbeitslosigkeit. Dies stimmte auch in gewisser Weise, denn wer wollte, fand auch eine Beschäftigung. Da die im Prinzip vorhandene Arbeitskraft wegen Zulieferschwierigkeiten aber häufig nicht voll ausgeschöpft wurde, kam es zu einer Erscheinung, die man als *versteckte Arbeitslosigkeit* bezeichnet: Bildlich gesprochen, drehte man am Arbeitsplatz Däumchen.

Außenwirtschaftliches Gleichgewicht. – Da der Außenhandel besonderen Stellen vorbehalten war, konnte im Prinzip dafür gesorgt werden, dass kein außenwirtschaftliches Defizit entsteht. Die über das Fernsehen vermittelten Kenntnisse westlicher Lebensart führten jedoch dazu, dass die Bevölkerung auch auf ein gewisses Mindestmaß an Lebensstandard drängte und dass hierzu Importe erforderlich wurden, die sich die DDR an sich nicht leisten konnte. Dies führte zu der Überschuldung, die ein wesentlicher Grund für den Zusammenbruch des Systems war.

Hinreichendes Wirtschaftswachstum. – Beim Wirtschaftswachstum unterscheidet man wie gesagt extensives und intensives Wachstum (→ vgl. Abschnitt 2.3.3, S. 117 ff.). Ersteres ergibt sich, wenn man die Produktionsfaktoren Arbeit und Kapital in vermehrtem Umfang einsetzt, letzteres resultiert aus technischem Fortschritt. Zentralverwaltungswirtschaften haben vergleichsweise hohe Wachstumsraten erzielt, solange sie noch über ungenutzte Arbeitskraftreserven beispielsweise aus der zusätzlichen Beschäftigung von Frauen verfügten. Sobald dieses Reservoir erschöpft war, sanken die Wachstumsraten im Zuge des für moderne Volkswirtschaften typischen intensiven Wachstums drastisch. Hinzu kam, dass der Konsumdruck der Bevölkerung dazu geführt hat, dass in der DDR weder die Infrastruktur noch der Maschinenapparat planmäßig erneuert und nachhaltiges Wachstum damit untergraben wurde.

Insgesamt war es um die *Koordinationseffizienz der DDR* – dem Erfolg bei der Erfüllung von Koordinationsaufgaben – also schlecht bestellt. Obwohl sich bei allen Sozialistischen Zentralverwaltungswirtschaften, die in der Welt ausprobiert worden sind, ein vergleichbar schlechtes Ergebnis gezeigt hat, war diese Wirtschaftsordnung in den 20er und 30er Jahren des 20. Jahrhunderts bei vielen Intellektuellen sehr angesehen und galt innerhalb der so genannten *Technokratenbewegung* als erstrebenswert: Man sah in ihr ein System, in dem nicht marktschreierische Politiker und – für die meisten Menschen undurchschaubare – anonyme Marktprozesse die wirtschaftliche Entwicklung lenken, sondern Verwaltungsexperten und Techniker, die rationale Pläne aufstellen und umsetzen.

Koordinationseffizienz

Die geringe Koordinationseffizienz war ein wichtiger Grund dafür, dass das System zusammengebrochen ist. Die DDR-Wirtschaft musste allerdings nicht mit Naturnotwendigkeit kollabieren. Sie hätte unter zwei Bedingungen fortexistieren können:

▶ Die *Investitionsquote* hätte erhöht werden müssen, um die Infrastruktur und den Produktionsapparat zu erneuern. Dies ist zugunsten einer Hochhaltung der Konsumquote nicht geschehen, weil die Unzufriedenheit in der Bevölkerung so hoch war. Ein wichtiger und auch schon angesprochener Grund dafür ist folgender: Wie wir wissen, hängt die Bedürfnisstruktur, die man entwickelt, von eigenen Erlebnissen ab. Als „Erlebnis" in diesem Sinn ist auch das zu werten, was man im Fernsehen sieht. Zufriedenheit mit der erreichten Bedürfnisbefriedigung stellt sich ein, wenn man diejenigen Versorgungsgrade erreicht, die sich aus dem – von eigenen Erfahrungen geprägten – Anspruchsniveau ergeben. Dieses wurde durch das West-Fernsehen bei den DDR-Bürgern stark erhöht. Wäre die DDR-Bevölkerung isoliert gewesen und hätte es vor allem kein West-Fernsehen gegeben, wäre das Verlangen nach mehr Konsumgütern vermutlich wesentlich schwächer ausgeprägt gewesen. Die Investitionsquote hätte dann so hoch gehalten werden können, dass das System trotz seiner geringen Koordinationseffizienz überlebensfähig geblieben wäre. So gesehen war der Zusammenbruch nicht im eigentlichen Sinn systembedingt.

▶ Zum zweiten hätte die *außenwirtschaftliche Verschuldung* abgebaut und ein stabiles außenwirtschaftliches Gleichgewicht hergestellt werden müssen. Dies ist aber ebenfalls an der politisch bedingten Konsumorientierung gescheitert.

Da die Führung der DDR nicht in der Lage war, den Konsum in ihrem Gebiet so niedrig zu halten, wie es bei der geringen Koordinationseffizienz des Systems erforderlich gewesen wäre, ist es zum Zusammen-

Infokasten 3.1

Bericht des Staatssicherheitsdienstes zur ökonomischen Lage der DDR

Geheime Verschlußsache b 5-1155/89, 10. Ausf., Seiten 1-22, Vernichtung: 31.12.1989, Geheimhaltungsgrad darf nicht verändert werden. 27.10.1989

Analyse der ökonomischen Lage der DDR mit Schlußfolgerungen

Ausgehend vom Auftrag des Generalsekretärs des ZK der SED, Genossen Egon Krenz, ein ungeschminktes Bild der ökonomischen Lage der DDR mit Schlußfolgerungen vorzulegen, wird folgendes dargelegt:

I.

... Der Ausbau der Infrastruktur, darunter das Straßenwesen, mußte insgesamt aufgrund der zurückgehenden Akkumulationskraft vernachlässigt werden; der Verschleißgrad des Autobahn- und Straßennetzes ist hoch ...

Seit 1970 wurden mehr als 3 Millionen Wohnungen neugebaut bzw. rekonstruiert... Infolge der Konzentration der Mittel wurden zur gleichen Zeit dringendste Reparaturmaßnahmen nicht durchgeführt und in solchen Städten wie Leipzig, und besonders in Mittelstädten wie Görlitz u.a. gibt es Tausende von Wohnungen, die nicht mehr bewohnbar sind ...

Die Feststellung, daß wir über ein funktionierendes System der Leitung und Planung verfügen, hält jedoch einer strengen Prüfung nicht stand. Durch neue Anforderungen, mit denen die DDR konfrontiert war, entstanden im Zusammenhang mit subjektiven Entscheidungen Disproportionen, denen mit einem System aufwendiger administrativer Methoden begegnet werden sollte. Dadurch entwickelte sich ein übermäßiger Planungs- und Verwaltungsaufwand. Die Selbständigkeit der Kombinate und wirtschaftlichen Einheiten sowie der Territorien wurde eingeschränkt. Die Disproportionen im volkswirtschaftlichen Maßstab, zwischen den Zweigen sowie die schnellere Entwicklung der Finalerzeugnisse gegenüber der Zulieferproduktion konnten dadurch jedoch nicht eingeschränkt werden ...

... Die vorgegebene Strategie, daß die Kombinate alles selbst machen sollten, führte zu bedeutenden Effektivitätsverlusten; ...

... Dadurch trat u.a. eine Tendenz der Kostenerhöhung ein, wodurch die internationale Wettbewerbsfähigkeit abnahm.

Das bestehende System der Leitung und Planung hat sich hinsichtlich der notwendigen Entwicklung der Produktion der „1.000 kleinen Dinge" sowie der effektiven Leitung und Planung der Klein- und Mittelbetriebe und der örtlichen Versorgungswirtschaft trotz großer Anstrengungen zentraler und örtlicher Organe nicht bewährt, da ökonomische und Preis-Markt-Regelungen ausblieben. Die Anwendung und Weiterentwicklung des Prinzips der Eigenerwirtschaftung ist richtig. Diese Prinzipien können aber nur effektiv gestaltet werden, wenn reale Pläne mit entsprechenden Reserven in den Bilanzen die Grundlage sind. ... Infolge der hohen Kosumtionsrate fehlen dazu jedoch materielle und finanzielle Mittel ...

... Im internationalen Vergleich der Arbeitsproduktivität liegt die DDR gegenwärtig um 40% hinter der BRD zurück. Im Einsatz des gesellschaftlichen Arbeitsvermögens sowie der zur Verfügung stehenden Ressourcen besteht ein Mißverhältnis zwischen dem gesellschaftlichen Überbau und der Produktionsbasis. Die Verschuldung im nichtsozialistischen Wirtschaftsgebiet ist seit dem VIII. Parteitag gegenwärtig auf eine Höhe gestiegen, die die Zahlungsfähigkeit der DDR in Frage stellt.

Die ökonomische Lage der DDR wird durch folgende Hauptfakten gekennzeichnet:

1.

Die Auswirkungen des Rückgangs der Akkumulationsrate von 29% im Jahre 1970 auf 21% laut Plan 1989, die ausschließlich zu Lasten der produzierenden Bereiche gegangen ist, sind schwerwiegender als bisher eingeschätzt...

...Während die Akkumulation in den produzierenden Bereichen im Zeitraum 1970-1988 auf 122% stieg, erhöhten sich die Investitionen im nichtproduzierenden Bereich einschließlich Wohnungsbau auf 200%. Dabei sind durch die Konzentration der Mittel auf den Wohnungs- und Gesellschaftsbau bestimmte, für die Versorgung der Bevölkerung wichtige Bereiche wie das Gesundheitswesen, vernachlässigt worden.

Die Konzentration der ohnehin zu geringen Investitionen auf ausgewählte Zweige hat zum Zurückbleiben in anderen Bereichen, darunter der Zulieferindustrie, geführt. Hinzu kommt, daß große Investitionsobjekte mit bedeutendem Aufwand nicht den geplanten Nutzen erreicht haben ...

... Insgesamt hat sich jedoch der Verschleißgrad der Ausrüstungen in der Industrie von 47,1 % 1975 auf 53,8% 1988 erhöht, im Bauwesen von 49% auf 67%, im Verkehrswesen von 48,4% auf 52,1% und in der Land-, Forst- und Nahrungsgüterwirtschaft von 50,2% auf 61,3%. In bestimmten Bereichen der Volkswirtschaft sind die Ausrüstungen stark verschlissen, woraus sich ein überhöhter und ökonomisch uneffektiver Instandhaltungs- und Reparaturbedarf ergibt. Darin liegt auch eine Ursache, daß der Anteil der Beschäftigten mit manueller Tätigkeit in der Industrie seit 1980 nicht gesunken ist, sondern mit 40% etwa gleich geblieben ist. ...

2.

Im Zeitraum seit dem VIII. Parteitag wuchs insgesamt der Verbrauch schneller als die eigenen Leistungen. Es wurde mehr verbraucht als aus eigener Produktion erwirtschaftet wurde zu Lasten der Verschuldung im NSW... Das bedeutet, daß die Sozialpolitik seit dem VIII. Parteitag nicht in vollem Umfang auf eigenen Leistungen beruht, sondern zu einer wachsenden Verschuldung im NSW rührte.

Hinzu kommt, daß das Tempo der Entwicklung der Geldeinnahmen der Bevölkerung höher war als das des Warenfonds zur Versorgung der Bevölkerung. Das führte trotz eines hohen Niveaus der Versorgung zu Mangelerscheinungen im Angebot und zu einem beträchtlichen Kaufkraftüberhang...

... Die Nettogeldeinnahmen sind mit 4,3% jährlich schneller gewachsen als der Warenfonds mit 4% ... Das führte zu einem permanenten, sich ständig vergrößernden Kaufkraftüberhang...

... Geldumlauf und die Kreditaufnahme des Staates, darunter wesentlich aus den Spareinlagen der Bevölkerung, sind schneller gestiegen als die volkswirtschaftliche Leistung. Die ungenügende Erhöhung der Effektivität im volkswirtschaftlichen Reproduktionsprozeß, die Angleichung der Industrieabgabenpreise an den im internationalen Vergleich zu hohem Aufwand sowie die wachsende Verschuldung des Staatshaushaltes hat zu einer Schwächung der Währung der DDR geführt

3.

Der Fünfjahrplan 1986-1990 für das NSW wird in bedeutendem Umfang nicht erfüllt. Bereits in den Jahren 1971-1980 wurden 21 Mrd. VM mehr importiert als exportiert ...

... Die Exportziele des Fünfjahresplanes 1986-1990 werden aufgrund der fehlenden Leistung und ungenügenden Effektivität mit 14 Mrd. VM unterschritten und der Import mit rd. 15 Mrd. VM überschritten. Darin sind die durchgeführten Importe an Maschinen und Ausrüstungen im Umfang von 6,9 Mrd. VM zur Leistungssteigerung, insbesondere in der metallverarbeitenden Industrie sowie der Mikroelektronik, enthalten ...

... Bei der Einschätzung der Kreditwürdigkeit eines Landes wird international davon ausgegangen, daß die Schuldendienstrate - das Verhältnis vom Export zu den im gleichen Jahr fälligen Kreditrückzahlungen und Zinsen - nicht mehr als 25% betragen sollte. Damit sollen 75% der Exporte für die Bezahlung von Importen und sonstigen Ausgaben zur Verfügung stehen. Die DDR hat, bezogen auf den NSW-Export, 1989 eine Schuldendienstrate von 150%.

Die Lage in der Zahlungsbilanz wird sich nach dem erreichten Arbeitsstand zum Entwurf des Planes 1990 weiter verschärfen ...

... Es wird eingeschätzt, daß zur Aufrechterhaltung der Zahlungsfähigkeit folgende Exportüberschüsse erreicht werden müssen:

Mrd.VM	1990	91	92	93	94	95
Exportüberschuß	2,0	4,6	6,7	9,2	10,2	11,3

... Für einen solchen Exportüberschuß bestehen jedoch unter den jetzigen Bedingungen keine realen Voraussetzungen.

Die Konsequenzen der unmittelbar bevorstehenden Zahlungsunfähigkeit wäre ein Moratorium (Umschuldung), bei der der internationale Währungsfonds bestimmen würde, was in der DDR zu geschehen hat. Solche Auflagen setzen Untersuchungen des IWF in den betreffenden Ländern zu Fragen der Kostenentwicklung, der Geldstabilität u.ä. voraus. Sie sind mit der Forderung auf den Verzicht des Staates, in die Wirtschaft einzugreifen, der Reprivatisierung von Unternehmen, der Einschränkung der Subventionen mit dem Ziel, sie gänzlich abzuschaffen, den Verzicht des Staates, die Importpolitik zu bestimmen, verbunden ...

II.

Welche Schlußfolgerungen können angesichts dieser Situation vorgeschlagen werden?

1.
... Es ist eine grundsätzliche Änderung der Wirtschaftspolitik der DDR verbunden mit einer Wirtschaftsreform erforderlich.

Die grundlegende Aufgabe der neuen Wirtschaftspolitik besteht darin, Leistung und Verbrauch wieder in Übereinstimmung zu bringen. Es kann im Inland nur das verbraucht werden, was nach Abzug des erforderlichen Exportüberschusses für die innere Verwendung als Konsumtion und Akkumulation zur Verfügung steht ...

Grundlegende Aufgaben sind:

- ... konsequente Stärkung der produktiven Akkumulation ...
- Die vorhandenen Kräfte sind auf die Lösung der Zulieferprobleme, ... auf den Export zur Sicherung der Rohstofflieferungen aus der UdSSR und einen wachsenden NSW-Export, sowie die Lösung der Versorgungsaufgaben der Bevölkerung zu konzentrieren.
- Es ist eine Umstrukturierung des Arbeitskräftepotentials erforderlich, um das Mißverhältnis zwischen produktiven und unproduktiven Kräften in der gesamten Wirtschaft und im Überbau zu beseitigen, d.h. drastischer Abbau von Verwaltungs- und Bürokräften sowie hauptamtlich Tätigen in gesellschaftlichen Organisationen und Einrichtungen.
- Als Grundfrage der konsequenten Durchsetzung des sozialistischen Leistungsprinzips ist die Erhöhung der Einnahmen direkt an höhere Leistungen zu binden. Das erfordert zugleich für nicht gebrachte Leistungen, Schluderei und selbstverschuldete Verluste Abzüge vom Lohn und Einkommen.
- Die Investitionen sind für die Erhaltung, Modernisierung und Rationalisierung einzusetzen, um eine bedeutende Einschränkung von Arbeitsplätzen zu erreichen, den eingetretenen Aderlaß von Arbeitskräften auszugleichen und Arbeitskräfte für die neuen Prioritäten zu gewinnen.
- ...grundlegende Veränderungen in der Subventions- und Preispolitik ... Alle Elemente der Subventions- und Preispolitik, die dem Leistungsprinzip widersprechen sowie zur Verschwendung ... führen, sind zu beseitigen ...
- Die Stärkung der produktiven Akkumulation erfordert, für die kommende Zeit eine Reduzierung der eingesetzten Ressourcen für den komplexen Wohnungsbau ...

2.
Durchführung einer Wirtschaftsreform mit sofort wirksamen und langfristig wirkenden Maßnahmen.

Als erster Schritt ist eine bedeutende Senkung des Planungs- und des Verwaltungsaufwandes auf allen Ebenen notwendig ...

Dazu gehören

- Abschaffung der zentralen Planung ...
- Die Verantwortung der Kombinate und Betriebe für den Prozeß der Plandurchführung ist wesentlich zu erhöhen. Es müssen effektive Kooperationsbeziehungen im Rahmen der Volkswirtschaft der DDR sowie international, besonders mit der UdSSR, organisiert werden ...
- ...den ökonomischen Wirkungen von Angebot und Nachfrage und entsprechender Preisbildung auf diesem Gebiet ist größerer Spielraum zugeben ...
- ... Initiativen zur zusätzlichen Valutaerwirtschaftung materiell zu stimulieren ...
- Die Rolle des Geldes als Maßstab für Leistung, wirtschaftlichen Erfolg oder Mißerfolg ist wesentlich zu erhöhen.
- Der Wahrheitsgehalt der Statistik und Information ist auf allen Gebieten zu gewährleisten ...

III.

Es ist eine neue Stufe der Zusammenarbeit der DDR mit der UdSSR zu verwirklichen.

Das erfordert die Durchführung einer Politik der Zusammenarbeit zwischen unseren beiden Ländern ohne Vorbehalte und die Beseitigung des zwiespältigen Verhaltens zur Umgestaltung in der UdSSR ...

IV.

Auch wenn alle diese Maßnahmen in hoher Dringlichkeit und Qualität durchgeführt werden, ist der im Abschnitt I dargelegte, für die Zahlungsfähigkeit der DDR erforderliche NSW-Exportüberschuß nicht sicherbar.

1985 wäre das noch mit großen Anstrengungen möglich gewesen. Heute besteht diese Chance nicht mehr. Allein ein Stoppen der Verschuldung würde im Jahre 1990 eine Senkung des Lebensstandards um 25-30% erfordern und die DDR unregierbar machen. Selbst wenn das der Bevölkerung zugemutet würde, ist das erforderliche exportfähige Endprodukt in dieser Größenordnung nicht aufzubringen.

Aus diesem Grunde wird über die vorgenannten Schlußfolgerungen hinaus folgendes vorgeschlagen:

4.
Es ist ein konstruktives Konzept der Zusammenarbeit mit der BRD und mit anderen kapitalistischen Ländern wie Frankreich, Österreich, Japan, die an einer Stärkung der DDR als politisches Gegengewicht zur BRD interessiert sind, auszuarbeiten und zu verhandeln:

... Im Interesse der Stärkung der produktiven Akkumulation sind alle Formen der Zusammenarbeit mit Konzernen und Firmen der BRD sowie anderen kapitalistischen Ländern zu prüfen mit dem Ziel, mehr Waren für den Außen- und Binnenmarkt aus der Leistungssteigerung bereitzustellen...

...Es muß mit aller Deutlichkeit darauf hingewiesen werden, daß der Ausweg aus der Lage (die) Verwirklichung der vorstehenden insgesamt dargelegten Maßnahmen zur Veränderung der Wirtschafts- und Gesellschaftspolitik erfordert.

Die Vorschläge zur ökonomischen Kooperation mit der BRD und anderen kapitalistischen Ländern sind ohne die in den Abschnitten II und III genannten Maßnahmen nicht durchführbar. Sonst würde ein Eintreten der Zahlungsunfähigkeit nicht vermeidbar sein, sondern beschleunigt werden...

... Trotz dieser Maßnahmen ist es für die Sicherung der Zahlungsfähigkeit 1991 unerläßlich, zum gegebenen Zeitpunkt mit der Regierung der BRD über Finanzkredite in Höhe von 2 bis 3 Mrd. VM über bisherige Kreditlinien hinaus zu verhandeln. Gegebenenfalls ist die Transitpauschale der Jahre 1996 bis 1999 als Sicherheit einzusetzen.

Diese Vorschläge erhöhen die Verschuldung der DDR weiter und stellen ein Risiko dar ...

... Die Verwirklichung der dargelegten Maßnahmen erfordert eine straffe staatliche Leitung und Organisation...

... Als Zeichen der Hoffnung und der Perspektive ist die DDR bereit, 1995 zu prüfen, ob sich die Hauptstadt der DDR und Berlin (West) um die gemeinsame Durchführung der Olympischen Spiele im Jahre 2004 bewerben sollten.

(Anmerkung der Redaktion:
VM - Valutamark
NSW = Nicht-sozialistischer Wirtschaftsraum)

Quelle: Presse- und Informationsamt der Bundesregierung [1995, S. 16-19].

bruch gekommen. Das hat die Führung nach unserem heutigen Informationsstand wohl seit Mitte der 80er Jahre, spätestens aber seit 1989 gewusst. Dies ergibt sich aus einem Geheimbericht, der inzwischen aufgefunden worden und im *Infokasten 3.1* abgedruckt ist.

Zusammenfassung

Die Wirtschaftsordnung der ehemaligen DDR war die einer Sozialistischen Zentralverwaltungswirtschaft. Die Kompetenzverteilung für Produktionsentscheidungen entsprach derjenigen eines staatseigenen Unternehmens. Dieses umfasste den gesamten Produktionsapparat der Volkswirtschaft, war nach dem Stab-Linien-System organisiert und trat den Konsumenten auf allen Endverbrauchermärkten als Monopolist gegenüber. Der Strom der Lenkungssignale verlief größtenteils über den im Wege des Gegenstromprinzips zentral aufgestellten Volkswirtschaftsplan, der allerdings durch ein horizontales Vertragssystem ergänzt wurde. Der Hauptkoordinationsmechanismus war also die Ex-ante-Koordination über den Volkswirtschaftsplan; Nebenkoordinationsmechanismen waren die kooperative Ex-ante-Planung im Vertragssystem und relativ unbedeutende Reste einer marktwirtschaftlichen Koordination über Preise auf den Endverbrauchermärkten. Der Signalfluss war träge und wies erhebliche Mängel auf. Zusammen mit weiteren Mängeln in der Anreizstruktur führte dies zu einer sehr schlechten Erfüllung der Koordinationsaufgaben. Hätte man den Gegenwartskonsum der Bevölkerung der geringen Produktivität der Wirtschaft angepasst und dafür die Investitionen in den Produktionsapparat und die Infrastruktur gestärkt, hätte die DDR allerdings nicht wirtschaftlich unterzugehen brauchen. Auf Grund der offenen Flanke der DDR – dem Fenster auf das Konsumgüterangebot in Westdeutschland – hat die DDR-Führung die Anpassung des Konsums aber nicht gewagt und statt dessen – bildlich gesprochen – zugelassen, dass das Saatgut aufgezehrt wurde.

Kontrollfrage und Aufgabe

1 Welche Schwächen bzw. Mängel hinsichtlich des Signalstroms und der Anreizstruktur weist die Wirtschaftsordnung der DDR auf?

2 Zu welchem Ergebnis führt die Beurteilung der Koordinationseffizienz der DDR? Vervollständigen Sie hierzu die nachfolgende Tabelle:

Volkswirtschaftliche Koordinationsaufgabe	E(DDR)	Kurzbegründung
...	...	...

(**Hinweis**: Zur Beurteilung des Erfüllungsgrades einer Koordinationsaufgabe (E(DDR)) ist es ausreichend, folgende Symbole zu verwenden: „+" = relativ gut/„-" = relativ schlecht/„0" = kann man nicht sagen bzw. mittelmäßig.)

Literatur

Über die Entwicklung der DDR-Wirtschaft wird in DEUTSCHER BUNDESTAG [1987] und in CICHY [1990] berichtet. Eine theoretische Durchdringung bieten HAASE [1990], EUCKEN [1990, S. 58–139], KUSCH [1991] und THIEME [2003].

Ex-ante-Koordination in der Organisierten Verbandswirtschaft der Weimarer Republik

3.2

Übersicht

Als *(Organisierte) Verbandswirtschaft* wollen wir in Anlehnung an rechtswissenschaftliche Forschungsarbeiten [NÖRR, 1994] eine Wirtschaftsordnung bezeichnen, die in der wirtschaftsgeschichtlichen Literatur auch *korporative Marktwirtschaft* [ABELSHAUSER, 1994] genannt wird und die in den politischen Auseinandersetzungen in der Weimarer Republik als *Plan-Kapitalismus* (Wunschbezeichnung „rechts" stehender Kreise) bzw. *Wirtschaftsdemokratie* (Wunschbezeichnung „links" stehender Kreise) in die Debatte um eine zweckmäßige Wirtschaftsordnung eingegangen ist. Andere übliche Bezeichnungen waren „organisierter Kapitalismus" [HILFERDING] und „kartellierter Kapitalismus" [SUHR].[7] Weil eine sehr stark von Verbänden und Kartellen dominierte Marktwirtschaft immer noch Grundzüge einer solchen Wirtschaftsordnung aufweist, wird manchmal auch von einer „deformierten Marktwirtschaft" gesprochen.

Will man verstehen, warum es in der Weimarer Republik zur Entwicklung einer solchen Organisierten Verbandswirtschaft kam, muss man sich die historische Ausgangssituation vor Augen halten. Als *Weimarer Republik* bezeichnet man die im Anschluss an die Novemberrevolution von 1918 nach dem Ersten Weltkrieg entstandene Republik in Deutschland, die den offiziellen Namen „Deutsches Reich" trug und sich 1919 in Weimar eine Verfassung gab. Der erste Reichspräsident war von 1919–1925 FRIEDRICH EBERT (1871–1925), der zweite PAUL VON HINDENBURG (1847–1934). Die 1933 erfolgte Machtergreifung der Nationalsozialisten stellte das Ende der Weimarer Republik und den Beginn des Dritten Reiches dar, in dem 1934 die Übernahme des Reichspräsidentenamtes durch ADOLF HITLER (1889–1945) erfolgte. Von 1933–1945 und vor allem im Zweiten Weltkrieg wandelte sich die Wirtschaftsordnung von einer Organisierten Verbandswirtschaft allmählich und am Schluss beschleunigt in eine Kapitalistische Zentralverwaltungswirtschaft.

Im Folgenden wird zunächst geschildert, wie es zur Entstehung der Organisierten Verbandswirtschaft kam (→ vgl. Abschnitt 3.2.1). Anschlie-

---

7 RUDOLF HILFERDING (1877–1941) war ein sozialdemokratischer Gesellschaftstheoretiker und 1928/29 Reichsfinanzminister; OTTO SUHR (1894–1957) war Politologe und Volkswirt und von 1955–1957 Regierender Bürgermeister von West-Berlin.

ßend wird auf die Verankerung dieser Verbandswirtschaft in der Weimarer Reichsverfassung und die Entwicklung der tatsächlichen Kompetenzverteilung eingegangen sowie auf den Strom der Lenkungssignale und das Anreizsystem (→ vgl. Abschnitt 3.2.2, S. 146 ff.). Nach einem Ausblick auf die Transformation in eine Kapitalistische Zentralverwaltungswirtschaft wird sodann die Koordinationseffizienz diskutiert (→ vgl. Abschnitt 3.2.3, S. 153 ff.).

3.2.1 | Historische Ausgangssituation

Konzentrations- und Kartellierungsbewegung ab 1880

Im 19. Jahrhundert gab es in allen Teilen Deutschlands eine *Freie Kapitalistische Marktwirtschaft*. Diese umfasste zunächst vor allem Kleinbetriebe. Im Zuge des technischen Fortschritts entwickelten sich aber rasch Großbetriebe, welche Massenproduktionsvorteile ausnutzen konnten. Solche Großbetriebe gewannen auf ihren zunächst noch regional begrenzten Absatzmärkten zum Teil monopolartige Stellungen. Solch eine Stellung hat zur Folge, dass man – anders als auf Wettbewerbsmärkten – nicht zu fürchten braucht, dass die bisherigen Käufer zu Konkurrenten überlaufen, wenn man schlechte Preis-Leistungs-Verhältnisse bietet. Aus diesem Grund sind Monopolstellungen aus der rein betriebswirtschaftlichen Sicht von Unternehmern attraktiv. Man kann Monopolstellungen erreichen, indem man mit anderen Unternehmern der gleichen Branche zu „Vereinigten X-Werken" fusioniert oder indem man Verschmelzungsverträge durch Kooperationsverträge ersetzt und dann ein „Kartell der selbständigen Y-Unternehmer" bildet. Diese Fusionierungs- bzw. Kartellierungsstrategie ist in einem Land um so lukrativer, je besser man gegen Konkurrenz aus dem Ausland geschützt ist. Deshalb führte der Über-

Übergang zur Schutzzollpolitik

gang Deutschlands zur *Schutzzollpolitik*, der 1879 im Verlauf einer langanhaltenden Wirtschaftskrise (der „Großen Depression" von 1873–1896) erfolgte, zu einer Fusions- und Kartellierungswelle. Der Übergang zur Schutzzollpolitik wurde vollzogen, weil sich eine unheilige Allianz von drei Arten von Interessen zusammenfand: die Protektionismusinteressen (1) der Schwerindustrie und (2) der ostelbischen Großgrundbesitzer, die auf Grund gefallener Transportkosten ausländischer Konkurrenz ausgesetzt waren, und (3) die von OTTO VON BISMARCK (1815–1899) als Reichskanzler (1871–1890) artikulierten Interessen des Zentralstaates im Zweiten Reich (1871–1918). Das Reich war – wie man damals sagte – „Kostgänger der Länder", d. h. es verfügte kaum über ergiebige eigene Steuerquellen und war deshalb an Zolleinnahmen interessiert, die ihm nach der Verfassung zustanden.

Zur Fusions- und Kartellierungsbewegung, die der Funktionsweise von Marktwirtschaften – wie wir noch sehen werden – sehr abträglich ist, trat hinzu, dass die Staaten im 19. Jahrhundert überall auf der Welt viele Aufgaben im Infrastruktur- und Sozialversicherungsbereich nicht wahrnahmen, die auch in Marktwirtschaften vom Staat erledigt werden müssen. Dies wiederum führte zu einer allgemein kritischen Einstellung der Freien Marktwirtschaft gegenüber. Außerdem erinnerten sich viele Nationalökonomen daran, dass die Zünfte des Mittelalters eine Reihe von sozialpolitischen Aufgaben wahrgenommen hatten. Zusammen hatte dies mit der Vorstellung, dass die Zukunft dem Großbetrieb gehöre, zur Folge, dass man in der Nationalökonomie um die Jahrhundertwende überall eine relativ positive Einstellung zu Großbetrieben und Kartellen hatte und dass man sie insbesondere in Deutschland für eine „höhere Form der Wirtschaftsorganisation" hielt. Diese Einstellung wirkte sich auch auf die Rechtsprechung aus, die Kartellen wegen ihrer Beschränkung der Gewerbefreiheit lange Zeit skeptisch gegenübergestanden hatte: In einem Urteil vom 4.2.1897 erklärte das Reichsgericht Kartelle für grundsätzlich zulässig.

Vor diesem Hintergrund ist die Organisation der Kriegswirtschaft im Ersten Weltkrieg zu sehen: Beim Übergang zur Kriegswirtschaft muss der private Konsum beschränkt werden und müssen Maßnahmen zur Stärkung der Rüstungswirtschaft und zur Versorgung der Streitkräfte im Felde getroffen werden. Dies versuchte man in Deutschland vor allem durch eine Fusionsförderung im Bereich der Rüstungsindustrie zu erreichen sowie durch Aufbau einer ergänzenden staatseigenen Rüstungsindustrie und Einschaltung bestehender Kartelle in eine – wenn auch unvollkommene – kooperative Wirtschaftsplanung. Kriegswirtschaft
im Ersten Weltkrieg

Nach dem verlorenen Krieg und dem als äußerste Demütigung und Knebelung empfundenen *Versailler Friedensvertrag* trat zu diesen Einstellungen ein Schock hinzu, der vom erstmaligen Erleben einer Realdemokratie ausging: Eher konservativ gesinnte Kreise empfanden die Kuhhändel, zu denen die Parteien im Kampf um die Macht neigten, als beschämend und wünschten sich einen starken Staat, welcher wie ein gerechter Fürst als Spielregelgeber und Schiedsrichter über der Gesellschaft steht; eher sozialdemokratisch oder kommunistisch eingestellte Kreise hatten dagegen den Eindruck, dass die alleinige Eroberung politischer Bastionen noch nicht dazu führt, dass sich die persönliche Lage der Arbeiterschaft ändert, und wünschten sich deshalb eine stärkere „Demokratisierung" der Wirtschaft. Versailler
Friedensvertrag

Vor dem Hintergrund dieser Einstellungen konnte man drei Arten von Forderungen an die *Wirtschaftsverfassung der Weimarer Republik* unterscheiden: Forderungen an die
Wirtschaftsverfassung

► *Großindustrielle Kreise* traten für einen Ständestaat ein, in dem die von ihnen beherrschten Industrieverbände im Zusammenwirken mit Kartellen und Monopolunternehmen eine starke Stellung hatten, und propagierten dies wie gesagt gerne unter dem Namen „Plankapitalismus" [KROHN, 1978, S. 120].

► Der *katholischen Kirche* und der Zentrums-Partei nahe stehende Kreise strebten nach einem *Ständestaat*, wie er lange Zeit von der katholischen Soziallehre gefordert wurde und auch heute noch im Arbeitnehmerflügel der CDU vertreten wird.

► Der *SPD* und den *Gewerkschaften* nahe stehende Kreise setzten sich dagegen für eine *Wirtschaftsdemokratie* ein, die sie als Durchgangsstadium zu einem *freiheitlichen Sozialismus* sahen und die sich durch starke Mitbestimmungsrechte in den Betrieben, durch einen *gemeinwirtschaftlichen Sektor* aus Staats- und Gewerkschaftsbetrieben und zum Teil auch Genossenschaften auszeichnen sollte.

Alle diese Kreise standen Fusions- und Kartellierungsbewegungen positiv gegenüber, weil sie sie als notwendige Durchgangsstadien zur Realisation der jeweils von ihnen präferierten End-Wirtschaftsordnung empfanden. Die „rechten" und „linken" Endziele widersprachen einander jedoch: Der Reichsverband der Deutschen Industrie (RDI, heute BDI) strebte zum Teil einen Verbändestaat nach dem Korporatismus-Muster des italienischen *Faschismus*[8] an, zum Teil aber auch ein von PAUL SILVERBERG entworfenes Konzept, nach dem die Gesamtwirtschaft auf privatwirtschaftlicher Basis von einer Art Kartell der Unternehmerverbände und Gewerkschaften unabhängig vom Staat gesteuert werden sollte.[9] Die SPD und die Gewerkschaften wollten dagegen einen freiheitlichen Sozialismus mit weitgehender Ausschaltung des Privateigentums an Produktionsmitteln und einem vielfach gestaffelten Mitbestimmungssystem in Form von Räten realisieren, die nach Regionen, Berufen und Wirtschaftszweigen geordnet sein sollten; eine Zentralverwaltungswirtschaft nach russischem Muster lehnten sie ab.

3.2.2 | **Niederschlag des Verbändestaates in der Reichsverfassung; tatsächliche Kompetenz-, Lenkungssignal- und Anreizstruktur**

Der eben geschilderte wirtschafts- und geistesgeschichtliche Hintergrund macht verständlich, dass man bei der Abfassung der Weimarer

Korporatistische Ideen   Reichsverfassung *korporatistischen Ideen* sehr aufgeschlossen gegenüber

---

8   Zu ordnungspolitischen Vorstellungen des Faschismus vgl. REUPKE [1930] und RÖPKE [1935].
9   Zum SILVERBERG-Konzept vgl. NEEBE [1983, S. 304 f.].

Infokasten 3.2

Das so genannte „Rätesystem" in der Verfassung von Weimar

Art. 165: Die Arbeiter und Angestellten sind dazu berufen, gleichberechtigt in Gemeinschaft mit den Unternehmern an der Regelung der Lohn- und Arbeitsbedingungen sowie an der gesamten wirtschaftlichen Entwicklung der produktiven Kräfte mitzuwirken. Die beiderseitigen Organisationen und ihre Vereinbarungen werden anerkannt.

Die Arbeiter und Angestellten erhalten zur Wahrnehmung ihrer sozialen und wirtschaftlichen Interessen gesetzliche Vertretungen in Betriebsarbeiterräten und in einem Reichsarbeiterrat.

Die Bezirksarbeiterräte und der Reichsarbeiterrat treten zur Erfüllung der gesamten wirtschaftlichen Aufgaben und zur Mitwirkung bei der Ausführung der Sozialisierungsgesetze mit den Vertretungen der Unternehmer und sonst beteiligter Volkskreise zu Bezirkswirtschaftsräten und zu einem Reichswirtschaftsrat zusammen. Die Bezirkswirtschafträte und der Reichswirtschaftsrat sind so zu gestalten, dass alle wichtigen Berufsgruppen entsprechend ihrer wirtschaftlichen und sozialen Bedeutung darin vertreten sind.

Sozialpolitische und wirtschaftspolitische Gesetzentwürfe von grundlegender Bedeutung sollen von der Reichsregierung vor ihrer Einbringung dem Reichswirtschaftsrat zur Begutachtung vorgelegt werden. Der Reichswirtschaftrat hat das Recht, selbst solche Gesetzesvorlagen zu beantragen. Stimmt ihnen die Reichsregierung nicht zu, so hat sie trotzdem die Vorlage unter Darlegung ihres Standpunkts beim Reichstag einzubringen. Der Reichswirtschaftsrat kann die Vorlage durch eines seiner Mitglieder vor dem Reichtag vertreten lassen.

Den Arbeiter- und Wirtschafträten können auf den ihnen überwiesenen Gebieten Kontroll- und Verwaltungsbefugnisse übertragen werden.

Aufbau und Aufgabe der Arbeiter- und Wirtschaftsräte sowie ihr Verhältnis zu anderen sozialen Selbstverwaltungskörpern zu regeln, ist ausschließlich Sache des Reichs.

Quelle: ANSCHÜTZ [1960, S. 742].

Rätesystem

stand, die auf Kooperationsverträge zwischen und innerhalb von Verbänden und Kartellen setzten. Besonders deutlich wird dies in einem *Rätesystem*, das nach Unternehmern und Arbeitnehmern einerseits sowie nach Wirtschaftszweigen und Regionen andererseits gegliedert werden sollte, in der Realität in der ursprünglich geplanten Form allerdings nie vollkommen verwirklicht worden ist.[10] In der Reichsverfassung schlug sich das geplante System in Art. 165 nieder, der im *Infokasten 3.2* (→ vgl. S. 147) abgedruckt ist.

Das System der Räte wurde durch einen *Gemeinwirtschaftsartikel* ergänzt, der im *Infokasten 3.3* wiedergegeben ist. Er bringt zum Ausdruck, dass die interventionistischen Eingriffe zur Realisierung politischer Ziele, die der Staat während der Kriegszeit „gelernt" hatte, in der Verfassung verankert wurden. Das „linke" Rätesystem sollte den „Rechten" durch Betonung von Selbstverwaltungseinrichtungen der Wirtschaft schmackhaft gemacht werden, die an die Stelle von Organen der Hoheitsverwaltung traten.

Infokasten 3.3

Der Gemeinwirtschaftsartikel der Verfassung von Weimar

Art. 156: Das Reich kann durch Gesetz, unbeschadet der Entschädigung, in sinngemäßer Anwendung der für Enteignung geltenden Bestimmungen, für die Vergesellschaftung geeignete private wirtschaftliche Unternehmungen in Gemeineigentum überführen. Es kann sich selbst, die Länder oder die Gemeinden an der Verwaltung wirtschaftlicher Unternehmungen und Verbände beteiligen oder sich daran in anderer Weise einen bestimmten Einfluss sichern.

Das Reich kann ferner im Falle dringender Bedürfnisse zum Zwecke der Gemeinwirtschaft durch Gesetz wirtschaftliche Unternehmungen und Verbände auf der Grundlage der Selbstverwaltung zusammenschließen mit dem Ziele, die Mitwirkung aller schaffenden Volksteile zu sichern, Arbeitgeber und Arbeitnehmer an der Verwaltung zu beteiligen und Erzeugung, Herstellung, Verteilung, Verwendung, Preisgestaltung sowie Ein- und Ausfuhr der Wirtschaftsgüter nach gemeinwirtschaftlichen Grundsätzen zu regeln.

---

10 Das System entsprach in seinen Grundzügen der mittelalterlichen Zunftordnung in den Städten. Man glaubte, es auf die moderne Industriegesellschaft übertragen zu können, weil die Kommunikationsmöglichkeiten inzwischen stark verbessert worden waren und die Kommunikations- sowie Transportkosten ebenso gesunken waren wie die Transaktionskosten des Betriebs solch einer Wirtschaftsordnung.

Die Erwerbs- und Wirtschaftsgenossenschaften und deren Vereinigungen sind auf ihr Verlangen unter Berücksichtigung ihrer Verfassung und Eigenart in die Gemeinwirtschaft einzugliedern.

Quelle: ANSCHÜTZ [1960, S. 725].

Das Rätesystem wurde in der Realität wie gesagt nicht voll verwirklicht, und die Gemeinwirtschaft, die zum Teil bis nach dem Zweiten Weltkrieg erhalten blieb, nahm nur einen beschränkten Umfang an. Die Industrieverbände, die Kartelle und die Gewerkschaften eroberten sich jedoch sehr starke Stellungen, weil es kein *Gesetz gegen Wettbewerbsbeschränkungen* gab, wie wir es noch besprechen werden. Es gab lediglich eine *Kartellverordnung von 1923*, die Missbräuche abstellen sollte, die der staatlichen Verwaltung vor allem aber Lenkungseingriffe der leichten Hand gestattete. Deutschland wurde in dieser Zeit zu „dem" *Land der Kartelle*. Dies kann man aus *Infokasten 3.4* entnehmen.

Tatsächliche Kompetenzverteilung

Kein Gesetz gegen Wettbewerbsbeschränkungen

Infokasten 3.4

Die Bedeutung von Kartellen in der Weimarer Republik

1) *Kartellverzeichnis*
Ein aus dem Jahre 1924 stammendes Verzeichnis der Kartellstelle des Reichsverbandes der Deutschen Industrie verteilt rund 1.500 von ihr erfasste industrielle Kartelle nach den 25 Fachgruppen des Reichsverbandes wie folgt:

Bergbau	51	Bauindustrie	0
Eisenschaffende Industrie	73	Keramische Industrie	10
Metallhütten- und Metallhalbzeugindustrie	17	Glasindustrie	20
Maschinenbau	147	Chemische Industrie	91
Eisen-, Dampfkessel- und Apparatebau	48	Öl- und Fettindustrie	36
Eisenbahnwagen	1	Papier	107
Motorfahrzeug- und Fahrradindustrie	8	Textilindustrie	201
Eisen- und Stahlwarenindustrie	234	Bekleidungsindustrie	71

Elektrotechnik, Feinmechanik und Optik	56	Brauerei, Mälzerei, Müllerei	97
Metallwarenindustrie	78	Zucker- und Nährmittelindustrie	24
Holz	44	Nahrungs- und Genussmittelindustrie	49
Lederwirtschaft	46	Schifffahrt und Spedition	4
Steine und Erden	30		

2) *Bedeutungseinschätzung*

Nach einem von FRITZ NAPHTALI zitierten industriellen Beobachter musste dem Kartellwesen eine Bedeutung zugemessen werden, die dahin geht, „daß fast der gesamte Geschäftsverkehr mit einem Netz von Kartellen, kartellähnlichen und stillschweigenden Übereinkommen zur gemeinsamen Marktbeeinflussung überzogen ist, und daß der freie Wettbewerb in der Preisbildung bei weitem stärker beschränkt ist, als es jemals vermutet wurde".

Quelle: NAPHTALI [1966, S. 32 f.].

Transformation der Wirtschaftsordnung im Dritten Reich

Nach der Machtergreifung der Nationalsozialisten wurde die Deutsche Wirtschaft systematisch auf die Führung des Zweiten Weltkrieges vorbereitet. Zusammen mit einer bereits in der Weimarer Republik angelegten Erholung führte dies relativ rasch zu einer wirtschaftlichen Scheinblüte, von der HITLER politisch sehr stark profitierte [BUCHHEIM, 2001]. Da die Kriegswirtschaftsordnung im Ersten Weltkrieg relativ erfolgreich war, griff man im Dritten Reich auf diese „bewährte" Lenkungstechnik zurück und organisierte die Produktion und Verteilung von Gütern über die Zusammenarbeit von Verwaltung, Verbänden und Kartellen. Auf diese Weise wurde bei formaler Beibehaltung des privaten Eigentums an Produktionsmitteln ein relativ starker Einfluss auf die Entscheidungen der formal freibleibenden Unternehmer genommen (z. B. über die Zuteilung von Stahl oder anderen Vorprodukten) und später – mittels Ausgabe von Bezugsrechten, z. B. über Lebensmittelkarten – auch auf die Entscheidung von Konsumenten.

Preisstopp

Um der – politisch als gefährlich betrachteten – Furcht der Bevölkerung vor einer Inflation zu begegnen, wurde 1936 ein allgemeiner Preisstopp verhängt. Das legte die bis dato noch halbwegs funktionierende Lenkung durch Marktpreise lahm. WILLGERODT [2005, S. 115] hat die Wirtschaftsordnung des Dritten Reiches seit diesem Zeitpunkt deshalb als

„planlose Planwirtschaft" bezeichnet. Tatsächlich wurde sie nun durch Verstärkung der Rolle der staatlichen Bürokratie immer mehr an die Ordnung einer Kapitalistischen Zentralverwaltungswirtschaft angeglichen. Zunächst dominierte die kooperative Lenkung allerdings noch. Ab 1944 gab es aber auch einen zentralen Plan [WELTER, 1956]. Aufgegliedert nach Besatzungszonen, blieb diese bürokratische Lenkung in der unmittelbaren Nachkriegszeit in Deutschland zunächst bestehen. In der Sowjetisch Besetzten Zone (der späteren DDR) wurde anschließend der Übergang zur Sozialistischen Zentralverwaltungswirtschaft vollzogen, in den Westzonen dagegen der Übergang zur Sozialen Marktwirtschaft.

Übergang zur Wirtschaftsordnung der Nachkriegszeit

Wenden wir uns nun der *Erzeugung von Lenkungssignalen* und der *Anreizstruktur* zu. Bei der Besprechung muss man zwei *Phasen* der *Weimarer Republik* unterscheiden: Die erste war durch eine *Hyperinflation* gekennzeichnet, die eine Folge der Geldpolitik im Ersten Weltkrieg und zu Beginn der Weimarer Republik war. Diese Inflation destabilisierte die Deutsche Gesellschaft und denaturierte das Signalsystem der Wirtschaft völlig. Sie wurde 1923 unter Kontrolle gebracht. Danach begann eine zweite Phase, in der das eigentliche Lenkungssystem der Organisierten Verbandswirtschaft erst zur Geltung kam. Nur diese Phase interessiert hier.

Lenkungssignale und Anreize in der Weimarer Republik; Hyperinflation

Einen Volkswirtschaftsplan gab es in dieser Phase nicht. An seine Stelle trat ein System von kartellinternen und zwischenverbandlichen Kooperationsverträgen, die auch mit der staatlichen Bürokratie abgestimmt wurden und zum Teil dem Vertragssystem in der DDR, zum Teil aber auch den „Planungen der leichten Hand" glichen, wie sie nach dem Zweiten Weltkrieg in Japan unter Führung des Ministry of International Trade and Industry (MITI) und in Frankreich im Rahmen der so genannten Planification ausprobiert wurden. Sie hat auch in der EU unter dem Titel „Industriepolitik" eine gewisse Rolle gespielt [OBERENDER/DAUMANN, 1995].

Der *Hauptkoordinationsmechanismus* in der Weimarer Republik war also ein *System von Kooperationsverträgen* zwischen Verbänden und Kartellen sowie der Bürokratie. Solch ein System reagiert im Prinzip noch auf Marktsignale wie Preise, Angebots- oder Nachfrageüberschüsse und Unterschiede zwischen den Branchenrenditen, d. h. auf Signale, wie sie in Abschnitt 3.3 (→ vgl. S. 156 ff.) noch näher besprochen werden. Es ist aber typisch, dass der marktwirtschaftliche Signalfluss wegen des Zeitbedarfs für Verhandlungen und Einigungsschwierigkeiten zwischen den Verbänden untereinander und mit der Bürokratie sowie innerhalb der Verbände stark verlangsamt wird (erst nach einer Einigung ist klar, wer was tun soll) und dass das gesamte System deshalb wesentlich träger als eine wettbewerbliche Marktwirtschaft reagierte. Außerdem führten Konzentration und Kartellierung dazu, dass die Angebotsstruktur zwar nicht so uniform wie in der DDR war, aber doch weniger reichhaltig als in einer wettbewerblichen Marktwirtschaft. Deshalb wurden – relativ gesehen – weniger Produkte auf den Märkten getestet, und die Konsumenten hatten weniger Möglichkeiten ihre Bedürfnisstruktur zu differenzieren und dies den Unternehmern zu signalisieren. Immerhin aber blieben alle Unternehmen weiterhin an Gewinnen interessiert, und sie konnten auch von differenzierten Lohnzahlungen und zusätzlichen Anreizen für die Arbeitskräfte Gebrauch machen. Dies hatte zur Folge, dass das *System der Marktsignale* bis auf die eben genannte Einschränkung im Prinzip erhalten blieb und dass es bei der Koordination der einzelbetrieblichen Wirtschaftspläne – anders als in der DDR – keine systematischen Planungslücken gab. Eine Ausnahme stellten allenfalls Verhandlungen der Bürokratie mit Verbänden dar, die kollektive Selbstverpflichtungen der Verbände zur Folge hatten. In solchen Fällen fehlte die Aufgliederung der Verpflichtungen auf die einzelnen Unternehmen. Da solche Verpflichtungen aber keine große Rolle spielten, kann man insgesamt sagen, dass der Signalfluss zwar wesentlich träger wurde und weniger differenziert war, nicht aber völlig zusammenbrach oder extrem verzerrt wurde.

Das änderte sich wie gesagt mit der Machtübernahme durch die Nationalsozialisten. Die Kriegsvorbereitung führte nach einiger Zeit zu inflationären Tendenzen. Da dies nach den Erfahrungen mit der Hyperinflation zu Beginn der Weimarer Republik von der Führung als für sie selbst politisch gefährlich angesehen wurde, wurde – wie schon ausgeführt – 1936 ein allgemeiner Preisstopp verordnet, der zu einer Verzerrung der Marktsignale und zum Phänomen der *zurückgestauten Inflation* führte, das wir schon von der Analyse der DDR-Wirtschaft her kennen. Die Nationalsozialisten waren aber schlau genug, die Gewinnanreize für die Unternehmer nicht zu beseitigen. Sie ergänzten die kooperative Planung jedoch durch eine Steuerung des Konsumentenverhaltens über ein System von Bezugsmarken (Lebensmittelkarten, Kleiderkarten usw.).

Sehr viel schlechter als die Beurteilung des Lenkungssignalstroms fällt die des Anreizsystems aus: Die mit Hilfe der Bürokratie in den Kartellen garantierten Unternehmensgewinne reizten zum einen dazu an, mit Blick auf die Nachkriegszeit Kapazitäten für dann eventuell möglich werdende Marktanteilsgewinne vorzuhalten; zum anderen führten sie dazu, dass eine gewisse Fortschrittsmüdigkeit eintrat, weil es an der „Peitsche des Wettbewerbs" fehlte. Hinzu traten Besonderheiten aus der Zusammenarbeit zwischen Bürokratie, Verbänden, Banken, Großunternehmen und Kartellen: Politik und Bürokratie setzten nationale Prestigeobjekte durch, Banken sorgten über personelle Verfechtungen für die Existenz einer Art „Deutschland AG", die erst in neuerer Zeit zerbröselt,

System der Marktsignale

Preisstopp
Zurückgestaute Inflation

Anreizsystem

Großunternehmen wurden besonders begünstigt, Kartelle und Gewerkschaften einigten sich auf Kosten der Verbraucher, die am allgemeinen Kuhhandel ja nicht beteiligt waren, und ausländische Konkurrenz wurde des Dumpings bezichtigt und über Protektionismusmaßnahmen ausgeschlossen. Trotz all dieser Nachteile hat die Forderung nach einer organisierten Verbandswirtschaft nach dem Zweiten Weltkrieg nicht nur in Japan, Frankreich und der EU, sondern auch bei der Abfassung des Grundgesetzes eine Rolle gespielt – sie stellte so etwas wie eine Hintergrundidee dar –, und sie taucht in Form von Vorschlägen für vom Staat geförderte „strategische Allianzen" oder „konzertierte Aktionen" und in der Abhaltung von „Kanzlerrunden" immer wieder neu auf. Die Popularität solcher Vorstellungen liegt vermutlich auch daran,

► dass einerseits vergessen wird, dass den Verbänden normalerweise die Mittel fehlen, die ausgehandelten Pläne gegenüber ihren Mitgliedern – den Einzelunternehmen – durchzusetzen, und

► dass die meisten Bürger ein „Gespräch miteinander" für ein besseres Koordinationsmittel halten als den für sie unverständlichen marktwirtschaftlichen Preismechanismus, dessen Grundfunktionsweise in den nächsten Kapiteln besprochen wird.

Koordinationseffizienz der Weimarer Republik | 3.2.3

Die Beurteilung der Koordinationseffizienz der Weimarer Wirtschaftsordnung wird dadurch erschwert, dass sich in dieser Zeit zwei exogene Schocks ereigneten, die nicht oder nur zum Teil der Wirtschaftsordnung als solcher zuzuschreiben waren: die deutsche Hyperinflation von 1923, die einer Geldpolitik geschuldet war, welche auf falschen nationalökonomischen Theorien beruhte, und die Weltwirtschaftskrise von 1929 mit ihrem Höhepunkt 1932, die zum Teil ebenfalls aus falschen nationalökonomischen Theorien, zum Teil aber auch aus einer Art Krieg der Staaten mit außenwirtschaftlichen Mitteln resultierte.

Gleichwohl kann man zur Erfüllung der Koordinationsaufgaben in der Organisierten Verbandswirtschaft Folgendes sagen:

Vermeidung von dauerhaften Angebots- und Nachfrageüberschüssen. – Kartellierung beraubt den Preismechanismus, der für Marktwirtschaften typisch ist und für den Ausgleich von Angebot und Nachfrage sorgen soll, zum Teil seiner Wirkung, weil der Strom der Lenkungssignale an Qualität verliert (→ vgl. Abschnitt 4.3, S. 226 ff.).

Allokationsaufgaben

Vermeidung von dauerhaften Kapazitätsengpässen und Überkapazitäten. – Darüber hinaus führt Kartellierung dazu, dass Überkapazitäten und Kapazitätsengpässe – wenn überhaupt – nur sehr langsam abgebaut werden.

Vermeidung von dauerhaften Übermachtpositionen. – Die Fusions- und Kartellierungswelle hatte die Nachfrage wesentlicher Alternativen beraubt. Man kann also von einer Perpetuierung von Übermachtpositionen sprechen.

Vermeidung von dauerhaften Fortschrittsrückständen bei Produkten und Produktionsverfahren. – Kartelle sind durch ein System von Verträgen gekennzeichnet, die den einzelnen Unternehmern wenig Bewegungsfreiheit lassen und zur Überwachung der Kartelltreue erforderlich sind. Damit diese Überwachung funktioniert, sind möglichst homogene Produkte und Produktionsverfahren erwünscht. Dies widerspricht direkt dem Ausprobieren neuer Produkte und Produktionsverfahren und damit dem technischen Fortschritt. Hinzu kommt, dass Kartelle es auch gar nicht nötig haben, den Fortschritt aus Angst vor der Konkurrenz voranzutreiben; statt dessen können sie sich auf ihren „Lorbeeren" ausruhen.

Bereitstellung von Kollektivgütern. – Diese Aufgabe wurde in der Weimarer Republik zum Teil dadurch behindert, dass die Regierung den Versailler Vertrag erfüllen musste. Dies hatte jedoch nichts mit der Wirtschaftsordnung an sich zu tun. Im Prinzip hätte diese Aufgabe erfüllt werden können. Die Nationalsozialisten forcierten den Infrastrukturausbau, lenkten ihn aber in Richtung Kriegswirtschaft. Auch dies hat mit der Wirtschaftsordnung per se aber nichts zu tun.

Vermeidung von externen Effekten und Präferenzverzerrungen. – Die Bedeutung von externen Effekten (vor allem die Umweltschädigung) wurde damals weder von der Staatsführung noch von der Bevölkerung so eingeschätzt wie heute. Hinzu kam, dass die Nationalökonomen sich dieses Phänomens erst Ende der Zwanziger Jahre annahmen. Im Prinzip hätte das Lenkungssystem diesem Phänomen gewachsen sein können. Der starke politische Einfluss der Unternehmerverbände hätte allerdings dazu geführt, dass Umweltschutzinteressen selbst dann nicht gebührend Rechnung getragen worden wären, wenn sich die Einstellung der Bevölkerung geändert hätte.

Distributionsaufgaben

Gewährung von Mindestkaufkraft/Gerechtigkeit der Einkommensverteilung. – Das Bewusstsein, dass der Staat Mindestaufgaben im Bereich der sozialen Sicherung zu übernehmen hat, war noch nicht weit entwickelt. Auch dies kann man aber nicht als ein Charakteristikum der in der Weimarer Zeit herrschenden Wirtschaftsordnung ansehen, sondern muss es dem allgemeinen Zeitgeist und dem Stand der Wissenschaft zurechnen. Immerhin aber wurde 1927 die Arbeitslosenversicherung eingeführt, die sich in der Weltwirtschaftskrise als ein Segen erwies.

Stabilisierungsaufgaben

Preisstabilität und hoher Beschäftigungsstand. – Wie schon betont wurde, fördert die Kartellierung eine geringe Flexibilität des Preissystems und damit eine Neigung zur Verstärkung von Inflationserscheinungen sowie geringen Beschäftigungsgraden. Dies wird bei der Besprechung der Monopolpreisbildung noch verdeutlicht werden ($\rightarrow$ vgl. Kapitel 4.3, S. 226 ff.). Ab 1936 gab es eine zurückgestaute Inflation.

Außenwirtschaftliches Gleichgewicht. – Damit die Kartellierung und Fusionierung erfolgreich ist, bedarf sie – wie betont – einer protektionistischen Außenhandelspolitik. Diese wurde in der damaligen Zeit von allen Ländern betrieben, auch von solchen, in denen es – wie z. B. in den USA – nicht zur Entwicklung einer Organisierten Verbandswirtschaft kam. Dies wurde dort vermieden, weil die Größe des inneramerikanischen Marktes eine umfassende Fusionierung und Kartellierung verhinderte. Da nicht alle Staaten gleichzeitig Überschüsse erzielen können, kam es weltweit zu nahezu zufällig verteilten Überschüssen und Defiziten, denen vielfach mit einer Devisenzwangswirtschaft begegnet wurde. Dies schlug sich z. B. in Reiseverboten oder einer beschränkten Zuteilung von Devisen nieder und wurde von den Bürgern als schwerwiegender Verstoß gegen das Freiheitsziel empfunden.

Insgesamt muss also auch die Koordinationseffizienz der Wirtschaftsordnung der Weimarer Republik als nicht besonders gut bezeichnet werden, und zwar auch dann, wenn man diesem System nicht die beiden großen Katastrophen dieser Zeit – die Inflation und die Weltwirtschaftskrise – anrechnet.

Zusammenfassung

Die Wirtschaftsordnung der Weimarer Republik war die einer Organisierten Verbandswirtschaft. Die Kompetenz für die Koordinierung der Wirtschaftspläne lag sehr weitgehend in den Händen der Ministerialbürokratie und der Vertreter von Verbandsinteressen der Unternehmer und der Gewerkschaften. Der Hauptkoordinationsmechanismus bestand also in einem System von Kooperationsverträgen, das nach der Machtergreifung der Nationalsozialisten erhalten blieb, aber mehr und mehr durch zentrale Planungen der Bürokratie ergänzt und so an eine Kapitalistische Zentralverwaltungswirtschaft angenähert wurde. Diese Ordnung blieb auch in den ersten Nachkriegsjahren noch erhalten.

Der Strom der Lenkungssignale blieb in der Weimarer Republik auf Grund der Gewinnorientierung der Unternehmen zunächst weitgehend intakt, war jedoch träger und weniger informativ als in einer wettbewerblichen Marktwirtschaft; die Anreizstruktur verschlechterte sich. Im Dritten Reich wurde dann auch der Signalfluss verzerrt, weil die politische Führung zum Mittel eines allgemeinen Preisstopps griff und damit eine zurückgestaute Inflation erzeugte. Die Koordinationseffizienz der Wirtschaftsordnung muss deshalb zwar besser als die der Sozialistischen Zentralverwaltungswirtschaft eingeschätzt werden, jedoch schlechter als die einer wettbewerblichen Marktwirtschaft. Dieses Urteil kann rückschauend allerdings nur schwer empirisch untermauert werden, weil in der Zeit der Weimarer Republik zwei außerordentlich schwere externe Schocks – die Hyperinflation zu Anfang und die Weltwirtschaftskrise gegen Ende – auftraten, die mit der Weimarer Wirtschaftsordnung als solche wenig zu tun hatten. Trotz der relativ geringen Koordinationseffizienz wirken Systeme, bei denen man sich am „runden Tisch" einigt, für viele Menschen aber anscheinend attraktiv. Dies könnte etwas mit angeborenen Tendenzen zur bewussten Zusammenarbeit im Rahmen von Gruppen zu tun haben.

Aufgabe

Zu welchem Ergebnis führt die Beurteilung der Koordinationseffizienz der Weimarer Republik? Vervollständigen Sie hierzu die nachfolgende Tabelle (zu den Abkürzungen vgl. Abschnitt 3.1, Aufgabe 2, S. 142):

Volkswirtschaftliche Koordinationsaufgabe	E(WR)	Kurzbegründung
…	…	…

Literatur

Zur Wirtschaftsentwicklung in der Weimarer Republik und im Dritten Reich vgl. BUCHHEIM [2001], EUCKEN [1990, S. 140–154], HARDACH [1986], RÖPKE [1935], WELTER [1956] und WILLGERODT [2005].

Grundzüge der Ex-post-Koordination in Marktwirtschaften 3.3

Übersicht

Bisher haben wir Wirtschaftssysteme besprochen, in denen die Koordinationsaufgaben über Formen der Ex-ante-Koordination gelöst wurden, in denen also entweder ein Zentralplan mit Anweisungen für die einzelnen Unternehmen oder ein System von Produktionsplänen vorgegeben wurde, das im Vorhinein zwischen der Bürokratie, den wichtigsten Wirtschaftsverbänden und den jeweiligen Kartellen abgestimmt war. Ergänzend gab es in beiden Wirtschaftssystemen Märkte, wie wir sie nun im Einzelnen betrachten wollen; diese stellten jedoch nicht den Hauptkoordinationsmechanismus dar.

Marktwirtschaften setzen an die Stelle einer Ex-ante-Koordination eine Ex-post-Koordination. Das bedeutet, dass das Hauptkoordinationsinstrument darin besteht, dass auf Märkten für die einzelnen Güter Kurzfristverträge über Lieferungen und Leistungen abgeschlossen werden und dass diese Kurzfristverträge – insbesondere die darin enthaltenen Preisklauseln – den jeweils aktuellen Umständen angepasst werden und sich im Zeitablauf so ändern, dass die Erfüllung der mikroökonomischen Allokationsaufgaben zwar nicht in jedem einzelnen Zeitpunkt, wohl aber im Durchschnitt längerer Zeiträume garantiert wird.

Wir definieren zunächst, was unter einem Markt zu verstehen ist, und besprechen sodann Nachfrage- und Angebotsgesetze sowie den Markträumungs- (→ vgl. Abschnitt 3.3.1) und den Kapazitäts- und Renditeregulierungsmechanismus (→ vgl. Abschnitt 3.3.2, S. 191 ff.) auf Wettbewerbsmärkten. Solche Märkte bilden das Gros aller Märkte in Marktwirtschaften. Auf den Übermachterosionsprozess und die Abwehr von Vermachtungstendenzen soll erst in Kapitel 4 (→ vgl. S. 205 ff.) eingegangen werden, in dem neben weiteren Schwachstellen von Marktwirtschaften auch besprochen wird, wie die Transformation aus anderen Wirtschaftsordnungen in die einer Marktwirtschaft zu bewerkstelligen ist. Auf die Fortschrittsprozesse kann in einem Basics-Lehrbuch nur in skizzenhafter Form eingegangen werden (→ vgl. Abschnitt 3.3.3, S. 198 ff.).

3.3.1 Der Markträumungsprozess

Marktdefinition und Marktabgrenzung

Als ersten Analyseschritt wollen wir uns klarmachen, was man unter einem *Markt* versteht und wie man eine *Marktabgrenzung* vornimmt.

Der Begriff Markt, den man in der Volkswirtschaftslehre verwendet, ist aus der Vorstellung eines Wochen- oder eines Wertpapiermarktes abgeleitet. Generalisiert man diese Vorstellung in der Weise, dass man nicht nur Kauf- und Verkaufsaktivitäten für ein bestimmtes Gut an einem bestimmten Ort zu einem bestimmten Zeitpunkt betrachtet, sondern auch Aktivitäten wie etwa den Versandhandel von Gütern oder den Telefon-/Internethandel einbezieht, kommt man zu einer Definition, die auf den Verkauf nur sachlich bestimmter Güter gerichtet ist.

Güterorientierte Marktdefinition

Diese *güterorientierte Marktdefinition* lautet: Unter einem Markt verstehen wir das irgendwie geartete Zusammentreffen von Angebot und Nachfrage nach einem ganz bestimmten Gut.

Generalisiert man die ursprüngliche Marktvorstellung in der Weise, dass man nicht nur auf Austauschhandlungen schaut, sondern auch die davor liegenden Produktionsprozesse sowie die Errichtung von Kapazitäten und eventuelle Forschungs- und Entwicklungstätigkeiten in die

Prozessorientierte Marktdefinition

Betrachtung mit einbezieht, entsteht eine *prozessorientierte Marktdefinition*: Unter einem Markt verstehen wir Interaktionsprozesse zwischen Anbietern und Nachfragern nach einem Gut, die zu einem mehr oder weniger gut funktionierenden Markträumungsprozess führen, von dem dann seinerseits Renditenormalisieruns-, Übermachterosions- sowie Produkt- und Verfahrensfortschrittsprozesse angestoßen werden. Die vier zuletzt genannten Prozesse bezeichnet man zusammenfassend als *höhere Marktprozesse.*

Will man die güterorientierte oder die prozessorientierte Marktdefi-

Marktabgrenzung

nition anwenden, muss man eine *Marktabgrenzung* in sachlicher und räumlicher Hinsicht vornehmen. Dabei geht man normalerweise so vor, dass man zunächst einen prototypischen Artikel herausgreift, der für einen konkreten Markt der Sache nach charakteristisch ist, und dass man einen prototypischen Anbieter auswählt, der für den betreffenden Markt dem Ort nach kennzeichnend ist. Wenn man über den Mittelklassewagenmarkt in Münster spricht, so muss man also zunächst einen typischen Mittelklassewagen und dann einen typischen Anbieter dieses

Sachliche Marktabgrenzung

Typs benennen. Die *sachliche Marktabgrenzung* geht nun so vor sich, dass man über Befragungen feststellt, welche anderen Artikel die Käufer des typischen Gutes – hier also eines typischen Mittelklassewagens – von den jeweiligen Gebrauchseigenschaften her als Substitutionsprodukte betrachten. Das sind Produkte, welche sie als Ersatz-Artikel in Betracht ziehen würden, wenn sie das präferierte Produkt aus irgendwelchen

Gründen nicht kaufen könnten. Die *räumliche Marktabgrenzung* vollzieht sich dagegen so, dass man die Käufer des typischen Produktes fragt, welche vergleichbaren Verkäufer im Umkreis sie als Alternativeinkaufsstätten gerade noch in Erwägung ziehen würden, was also ihr maximaler Einkaufsradius ist. Räumliche Marktabgrenzung

Hat man einen konkreten Markt in sachlicher und räumlicher Hinsicht abgegrenzt, kann man die Käufer fragen, ob die auf diesem Markt gehandelten Artikel und die auf ihm vorhandenen Verkäufer aus ihrer jeweiligen Sicht vollkommen austauschbar sind oder ob Präferenzen für bestimmte Artikel bzw. bestimmte Verkäufer bestehen. Ein *homogener Markt* ist dadurch gekennzeichnet, dass praktisch keine solche Präferenzen bestehen. Auf der Kornbörse von Chicago gibt es z. B. einen Spruch, der sehr schön zum Ausdruck bringt, dass dieser Markt ein homogener Markt ist: „There is no friend in the Chicago corn market for a quarter of a cent." Würde ein Anbieter auf diesem Markt also einen Preis für Korn einer bestimmten Art fordern, der pro Zentner nur ein Viertel Cent höher wäre als der Preis eines Konkurrenten, so würde man bei diesem Anbieter selbst dann nicht kaufen, wenn er der beste Freund wäre. Für homogene Märkte gilt deshalb das so genannte *Gesetz der Unterschiedslosigkeit der Preise*, das auf den englischen Nationalökonomen WILLIAMS STANLEY JEVONS (1835–1882) zurückgeht. Auf den meisten Märkten gibt es Präferenzen für bestimmte Artikel oder für bestimmte Verkäufer; es sind also *heterogene Märkte*. So mag im Mittelklassewagenmarkt von Münster der eine Modelle von Opel, der andere Modelle von Ford oder VW bevorzugen. Märkte, die durch solche Präferenzen gekennzeichnet sind, weisen keinen einheitlichen Preis, sondern eine Preisverteilung mit einem bestimmten Mittelwert und einer bestimmten Streuung auf. Der *Heterogenitätsgrad* ist unterschiedlich und hat einen Einfluss auf die Verteilung der Preise. Man kann aber jeden heterogenen Markt in *Teilmärkte* zerlegen, die man *Marktsegmente* nennt und die bei genügend weiter Unterteilung zu *Elementarmärkten* werden, welche als solche homogen sind.

Die Verhaltensweisen der Anbieter und Nachfrager auf einem Markt unterscheiden sich danach, ob sie sich jeweils im *Wettbewerb* untereinander befinden oder ob das nicht der Fall ist. Wettbewerb schafft für die jeweilige Gegenseite Ausweichmöglichkeiten und beschränkt somit die Macht der einen Marktseite gegenüber der anderen. *Macht* bezeichnet die Möglichkeit, sozial erwünschte Marktprozesse im Sinne eigener Zielsetzungen zu verzerren.

Man spricht von einem *Wettbewerbsmarkt*, wenn die Anbieter auf diesem Markt bei der Festlegung ihrer Verhaltensweisen Überlegungen anstellen, die denen analog sind, die im *Infokasten 3.5* (→ vgl. S. 160) aufgeschrieben worden sind.

Infokasten 3.5

Typische Überlegungen von Akteuren auf einem Wettbewerbsmarkt

Bei der Festlegung ihrer Verhaltensweisen stellen die Anbieter auf einem Wettbewerbsmarkt typischerweise folgende Überlegungen an:

▶ Ich kann keinen wirklichen Einfluss auf den Preis ausüben, zu dem auf meinem Markt Geschäfte abgeschlossen werden; entweder ich akzeptiere den „marktüblichen Preis" als Obergrenze, oder ich verliere einen Großteil meiner Nachfrager oder sogar alle.

▶ Die Menge, die ich persönlich anbiete, ist für die Höhe der Marktmenge insgesamt unerheblich. Variationen meiner individuell angebotenen Menge haben folglich keinen fühlbaren Einfluss auf den Marktpreis. Dessen ungeachtet ist natürlich klar, dass konzertierte Angebotserhöhungen aller Anbieter preissenkend und konzertierte Angebotssenkungen preiserhöhend wirken können.

▶ Mein individuelles Verhalten als Anbieter hat keinen Einfluss auf das Verhalten anderer Marktteilnehmer oder auf Markteintritte von Unternehmen, die bisher noch nicht auf dem Markt vertreten sind.

Typisch sind solche Einstellungen, wenn auf einem Markt die Zahl der Anbieter sehr groß ist (faustformelmäßig größer als 20) und wenn die Marktanteilsunterschiede zwischen den Anbietern und die Heterogenitätsgrade der jeweiligen Produkte sowie die Hemmnisse beim Betreten oder Verlassen des Marktes niedrig sind. Liegen solche Bedingungen nicht vor, spricht man von mehr oder weniger vermachteten Märkten und im Extremfall von einem Angebotsmonopol.

Für die Überlegungen der Nachfrager auf einen Wettbewerb lassen sich analoge Aussagen formulieren. Im Vergleich zur Zahl der Märkte, auf denen die Angebotsseite vermachtet ist, ist die Zahl der Märkte mit vermachteter Nachfrageseite allerdings gering. Beispiele sind Märkte mit wenigen Großunternehmen als Nachfragern, die sich von vielen Zulieferern Einzelteile liefern lassen. Im Extremfall spricht man unter solchen Umständen von einem Nachfragemonopol (rein sprachlich wäre allerdings die Bezeichnung Monopson angemessener).

Auf einem Wettbewerbsmarkt werden die eben skizzierten Überlegungen sowohl auf der Angebots- als auch auf der Nachfrageseite angestellt.

Ebenso wie Gehirnforscher gerne Katzengehirne als Modelle benutzen, um sich die Grundfunktionen von Gehirnen ganz allgemein klarzumachen, benutzen Nationalökonomen gerne *homogene Wettbewerbsmärkte*, um sich die Grundfunktionen von Marktprozessen – hier des Markträumungsprozesses – klarzumachen. Wir wollen dies am Beispiel eines Wertpapiermarktes tun.

Markträumung auf einem Wertpapiermarkt

Will man ein Wertpapier kaufen oder verkaufen, kann man als Privatmann nicht selbst auf die Börse gehen; statt dessen muss man sich an eine Bank wenden und dort einen Verkauf- oder Kaufauftrag erteilen. Hierbei wird man gefragt, wie viele Stücke des Wertpapiers man kaufen oder verkaufen möchte und welchen Mindestkurs man als Verkäufer fordert bzw. welchen Höchstkurs man als Käufer zu zahlen bereit ist. Die Stückzahlen sowie die individuellen Höchst- bzw. Mindestpreise, die bei Wertpapieren allgemein auch als *Limitkurse* bezeichnet werden, werden auf *Orderzetteln* eingetragen. Diese Orderzettel wandern über die Banken oder über sonstige Mittler mit Zugangsberechtigung zur Börse zu einem *Börsenmakler*. Dieser Makler trägt die ihm zugehenden Verkaufs- bzw. Kauforders nach einer Methode in eine Tabelle ein, die heute durch die Verwendung von Computern überholt ist, die in *Tabelle 3.1* aber noch einmal dargestellt ist, weil sie sehr lehrreich ist.

Verkauf- und Kaufaufträge auf einem Wertpapiermarkt | Tab. 3.1

	Verkauforders				Kauforders		
Name des Anbieters	Geforderter Mindestkurs	Individuelle Angebotsmenge	Kumulierte Angebotsmenge x^A	Name des Nachfragers	Geforderter Höchstkurs	Individuelle Nachfragemenge	Kumulierte Nachfragemenge x^N
A_1	50	10	10	N_1	110	30	30
A_2	60	7		N_2	100	10	40
A_3	60	3	20	N_3	90	4	
A_4	70	10	30	N_4	90	3	
A_5	80	10	40	N_5	90	3	50
A_6	90	5		N_6	80	10	60
A_7	90	5	50	N_7	70	10	70
A_8	100	10	60				
A_9	110	8					
A_{10}	110	2	70				

Wir sehen hier, dass die Verkaufsaufträge nicht in einer alphabetischen oder zeitlichen Reihenfolge eingetragen werden, sondern so, dass der Verkäufer mit dem niedrigsten geforderten Mindestkurs an der Spitze und derjenige mit dem höchsten geforderten Mindestkurs am Ende der Verkäufertabelle steht. Bei den Käufern ist es genau umgekehrt: Der Käufer mit dem höchsten gebotenen Kurs steht an der Spitze, derjenige mit dem niedrigsten gebotenen Kurs am Ende der Tabelle.

Neben dem Namen des Verkäufers bzw. Käufers wird jeweils der geforderte Mindest- bzw. der gebotene Höchstkurs vermerkt. Außerdem werden in einer dritten Spalte die individuellen Angebots- bzw. Nachfragemengen eingetragen. Aus diesen Eintragungen können sodann die vierten Spalten ermittelt werden, die im linken und rechten Teil der Tabelle 3.1 enthalten sind. In diesen Spalten kommt zum Ausdruck, dass jeder Verkäufer, der zu einem Preis von z.B. 50 zu verkaufen geneigt ist, natürlich auch zu einem Preis von 60 verkaufen würde. Umgekehrt würde jeder Käufer, der 110 zu zahlen bereit ist, liebend gerne auch für einen Preis von 100 die gewünschten Stücke erwerben. Da dies so ist, ergibt sich das Gesamtangebot bzw. die Gesamtnachfrage jeweils, wenn man die individuellen Angebotsmengen addiert, die zu einem bestimmten Mindestkurs oder höheren Preisen gehören, bzw. wenn man die individuellen Nachfragemengen addiert, die zu einem bestimmten Höchstkurs oder niedrigeren Preisen gehören. Auf diese Art und Weise entstehen die Spalten mit den kumulierten Mengen als *Marktangebot* bzw. *Marktnachfrage*.

Tab. 3.2 | **Angebots- und Nachfragemengen bei verschiedenen Kursen**

Kurs	Nachfragemenge x^N	Angebotsmenge x^A	Überschussnachfrage $x^{\ddot{U}} = x^N - x^A$	Absatzmenge $x = MIN(x^A, x^N)$
120	0	70	−70	0
110	30	70	−40	30
100	40	60	−20	40
90	50	50	0	50
80	60	40	+20	40
70	70	30	+40	30
60	70	20	+50	20
50	70	10	+60	10
40	70	0	+70	0

In *Tabelle 3.2* ist dargestellt, wie die Informationen aus Tabelle 3.1 (→ vgl. S. 161) weiter verwendet werden. Wir tragen die Kurse sowie die zugehörigen kumulierten Nachfrage- und Angebotsmengen aus Tabelle 3.1 ein und fügen zwei Spalten hinzu, in denen Überschussnachfrage- bzw. Absatzmengen stehen. Die Überschussnachfrage ist definiert als Differenz zwischen Nachfrage- und Angebotsmenge bei einem vorgegebenen Kurs. In der Vorschrift für die Ermittlung der Absatzmenge [MIN (x^A, x^N)] kommt zum Ausdruck, dass man in die Spalte für die Absatzmenge jeweils diejenige Zahl aus der x^N- bzw. x^A-Spalte schreiben soll, welche die kleinere ist. Dies bringt zum Ausdruck, dass zum Abschluss eines Vertrages immer zwei Seiten gehören: Gibt es bei einem vorgegebenen Kurs lediglich eine Nachfrage von 30, kann auch ein Angebot von 70 nicht bewirken, dass mehr als 30 Einheiten abgesetzt werden.

In Tabelle 3.2 ist eine Zeile waagerecht markiert. Diese Zeile gibt den so genannten *Gleichgewichtspreis* an. Die senkrecht markierten Spalten zeigen uns die *Eigenschaften des Gleichgewichtspreises*: Dieser bewirkt, dass die Überschussnachfrage minimal und die Absatzmenge maximal wird. Dieser Sachverhalt ist in *Abbildung 3.4* noch einmal mit Hilfe von Kurven

Gleichgewichtspreis

Schaubild zu Tabelle 3.2　　　　　　　　　　　　　　　　　　　　Abb. 3.4

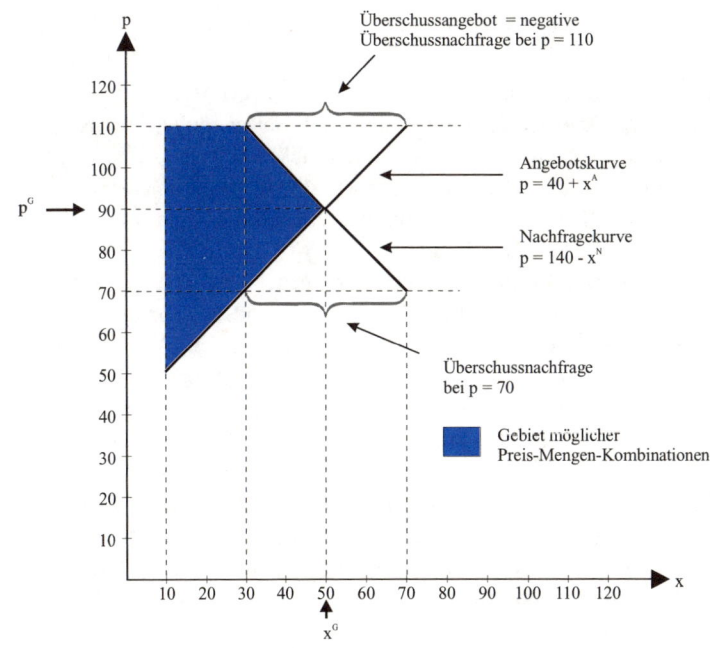

dargestellt worden, wie man sie aus den Zahlenangaben in Tabelle 3.1 ($\rightarrow$ vgl. S. 161) und Tabelle 3.2 ($\rightarrow$ vgl. S. 162) ermitteln kann. Auf die Art der Ermittlung wird gleich noch eingegangen; zunächst soll Abbildung 3.4 erläutert werden.

Wir sehen hier eine steigende Angebotskurve und eine fallende Nachfragekurve. In diesen Kurven – und das wird uns noch näher beschäftigen – kommen *Verhaltensdispositionen* der Anbieter und Nachfrager zum Ausdruck: Die Anbieter sind geneigt, bei höheren Kursen mehr anzubieten; die Nachfrager sind dagegen geneigt, bei niedrigeren Kursen mehr zu kaufen. Die beiden Kurven können als Unter- bzw. Obergrenze eines Gebietes betrachtet werden, das in Abbildung 3.4 blau gezeichnet ist. Es ist das Gebiet möglicher Preis-Mengen-Kombinationen. Möchte man, dass auf einem Markt z. B. die Menge $x = 30$ von den Anbietern an die Nachfrager verkauft wird, so muss der Preis ausweislich der Angebotskurve wenigstens die Höhe $p = 70$ haben und ausweislich der Nachfragekurve darf er höchstens den Wert $p = 100$ annehmen. Zu allen Kursen, die zwischen diesen beiden Grenzpreisen liegen, kann man an dem von uns betrachteten Markttag die Menge 30 absetzen. Berücksichtigt man diese Überlegung auch für andere Mengen, ergibt sich das blaue *Möglichkeitsgebiet*. Die rechte Ecke dieses Gebietes zeigt, welche Absatzmenge bei gegebenen Kurven maximal realisierbar ist. Da Börsenmakler in der Regel nach den Absatzmengen bezahlt werden, die auf Grund des von ihnen festgesetzten Preises realisiert werden können, hat ein Börsenmakler einen Anreiz, genau diesen Eckpunkt und damit den Gleichgewichtspreis zu finden. Ähnlich verhalten sich Unternehmer, die so genannte *Arbitrage-Geschäfte* tätigen, d. h. nach Gelegenheiten suchen, Güter nahezu gleichzeitig (z. B. per Telefon/Internet) billig ein- und teurer zu verkaufen. Sie bewirken damit, dass möglichst viele Anbieter und Nachfrager auf einem Markt zusammengeführt werden und man sich dem Eckpunkt in Abbildung 3.4 nähert.

Die Angebots- und Nachfragekurven in Tabelle 3.2 ($\rightarrow$ vgl. S. 162) brachten Verhaltensbereitschaften der Anbieter und Nachfrager zum Ausdruck. Diese ergaben sich aus den Orderzetteln, deren Inhalt in Tabelle 3.1 ($\rightarrow$ vgl. S. 161) aufgeschrieben wurde. Will man die Kurvengleichungen der Angebots- und Nachfragekurven aus solchen Orderzetteln ermitteln, muss man die Kurse und die zugehörigen Nachfrage- bzw. Angebotsmengen aus Tabelle 3.2 zunächst in ein Preis-Mengen-Diagramm als Beobachtungspunkte übertragen. In unserem einfachen Spezialbeispiel lagen diese Beobachtungspunkte so, dass sie zum einen wie auf einer ansteigend und zum anderen wie auf einer abfallend gehaltenen Perlenschnur angeordnet erscheinen. In solchen einfachen Fällen kann man die Kurvengleichungen so ermitteln, wie es in *Tabelle 3.3* dargestellt ist.

Liegen die Beobachtungspunkte nicht offensichtlich auf Geraden, kann man die Kurvengleichungen aus vorgegebenen Beobachtungspunkten mit Hilfe einer anderen Rechenmethode ermitteln. Diese spiegelt die allgemeine Tendenz einer Folge von Beobachtungspunkten wider und heißt *Regressionsrechnung*.

Nachfrage- bzw. Angebotskurven drücken wie gesagt Verhaltensbereitschaften aus und können als Grenzlinien von Nachfrage- bzw. Angebotsräumen betrachtet werden. Ihre Definitionen werden zusammen mit Spezialausdrücken für bestimmte Punkte dieser Kurven in *Abbildung 3.5* ($\rightarrow$ vgl. S. 166) erläutert.

Die Kernaufgabe der Markträumung ist dadurch charakterisiert, dass Angebot und Nachfrage mengenmäßig zum Ausgleich gebracht werden müssen. Tabelle 3.2 ($\rightarrow$ vgl. S. 162) und Abbildung 3.4 ($\rightarrow$ vgl. S. 163) haben uns nun gezeigt, dass es im Prinzip vier *Wege zur Ermittlung des Gleichgewichtspreises* gibt:

> Ermittlung des
> Gleichgewichtspreises

▶ Wir können in einer wie Tabelle 3.2 angelegten Tabelle den Kurs suchen, bei dem die Überschussnachfrage minimal und die Absatzmenge maximal wird.

▶ Wir können wie in Abbildung 3.4 die Angebots- und Nachfragekurven zum Schnitt bringen und die zugehörigen Koordinaten ablesen oder – besser noch – ausrechnen.

▶ Wir können die Angebots- und Nachfragekurven wie in Abbildung 3.4 zeichnen und schauen, bei welchem Preis die Menge im blau eingezeichneten Raum möglicher Kontrakte maximal wird.

Ermittlung der Kurvengleichung zu Abbildung 3.4   **Tab. 3.3**

Bestimmung der Angebotskurve:

(1) Ansatz: $p = a + b\, x^A$.

(2) ($x^A = 70$; $p = 110$) und
($x^A = 10$; $p = 50$) sind Kurvenpunkte.
Es gilt also:
$110 = a + 70\, b$
$\underline{50 = a + 10\, b} \mid -$
$60 = 60\, b \Leftrightarrow b = 1$.

(3) Setzt man $b = 1$ ein, so ergibt sich:
$50 = a + 10 \Leftrightarrow a = 40$.
Für die Angebotskurve gilt damit:
$p = 40 + x^A$ oder $x^A = -40 + p$.

Bestimmung der Nachfragekurve:

(1) Ansatz: $p = a + b\, x^N$.

(2) ($x^N = 30$; $p = 110$) und
($x^N = 70$; $p = 70$) sind Kurvenpunkte.
Es gilt also:
$110 = a + 30\, b$
$\underline{70 = a + 70\, b} \mid -$
$40 = -40\, b \Leftrightarrow b = -1$.

(3) Setzt man $b = -1$ ein, so ergibt sich:
$70 = a - 70 \Leftrightarrow a = 140$.
Für die Nachfragekurve gilt damit:
$p = 140 - x^N$ oder $x^N = 140 - p$.

Abb. 3.5 | **Definitionen von Nachfrage- und Angebotskurven**

1) Nachfragekurve

Definition: Eine Nachfragekurve ist der geometrische Ort aller Mengen, welche die Nachfrager bei alternativ vorgegebenen Preisen maximal nachzufragen bereit sind. Sie begrenzt den Nachfrageraum nach oben.

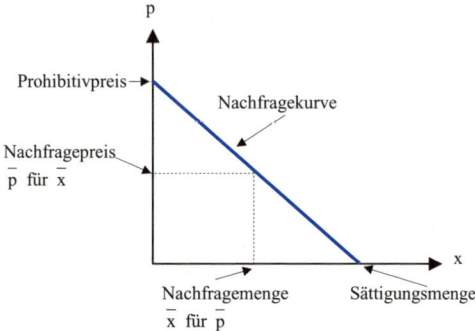

2) Angebotskurven

Definition: Eine Angebotskurve ist der geometrische Ort aller Mengen, welche die Anbieter bei alternativ vorgegebenen Preisen maximal zu verkaufen bereit sind. Sie begrenzt den Angebotsraum nach unten.

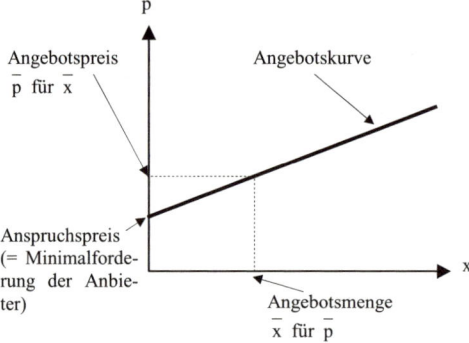

Gleichung der Übernachfragekurve

▶ Wir können aus den Kurvengleichungen in Tabelle 3.3 (→ vgl. S. 165) aber auch die *Gleichung der Übernachfragekurve* ausrechnen. Im Beispiel ergibt sich aus $x^N = 140 - p$ und $x^A = -40 + p$ ein $x^Ü$-Wert in Höhe von $x^Ü = 180 - 2p$. Setzt man diesen Wert = 0, erhält man im Beispiel $2p = 80$ und $p = 90$; hieraus ergibt sich $x^N = 140 - 90 = 50$ sowie $x^A = -40 + 90 = 50$.

Nun wollen wir uns der Frage der Dynamik von Marktpreisen und der Stabilisierung von x^N-x^A-Gleichgewichten zuwenden. Hierzu betrachten wir *Abbildung 3.6.* In dieser Abbildung ist angenommen worden, dass sich die Nachfrage bei einem Übergang von einem Zeitpunkt 1 zu einem Zeitpunkt 2 aus irgendeinem Grund nach außen verschiebt. Gründe für solche Kurvenverschiebungen werden wir später kennen lernen; sie sind immer Ausdruck von Verhaltensänderungen. Die Folgen solcher Verhaltensänderungen können wir aus Abbildung 3.6 ablesen:

Markträumung bei Kurvenverschiebungen

▶ Im ersten Moment bleibt der Preis konstant. Dies bedeutet, dass sich wegen der Außenverschiebung der Nachfragekurve zunächst eine Übernachfrage ($x^Ü = x_1^* - x_1$) herausbildet.

▶ Diese Übernachfrage ist Anlass dafür, dass der Preis in kleinen Schritten nach oben variiert wird. Diese Preisvariation hat wiederum zur Folge, dass sich – bildlich gesprochen – die Anbieter auf der Angebotskurve A und die Nachfrager auf der neuen Nachfragekurve N_2 nach oben in Richtung auf den neuen Gleichgewichtspunkt G_2 bewegen.

▶ Wie schnell diese Reaktionen erfolgen, hängt von der Art der Preisbildung und dem betrachteten Markt ab. Auf dem von uns betrachteten Wertpapiermarkt kennt der Makler die Angebots- und Nachfragekurven und kann den neuen Gleichgewichtspreis ausrechnen. Man kann deshalb sagen, dass die Reaktionsgeschwindigkeit unendlich groß ist. Auf Märkten, auf denen es keinen Makler oder Auktionator gibt, muss der neue Gleichgewichtspreis im Wege eines Abtastprozesses heraus-

Anpassung an ein neues Gleichgewicht | Abb. 3.6

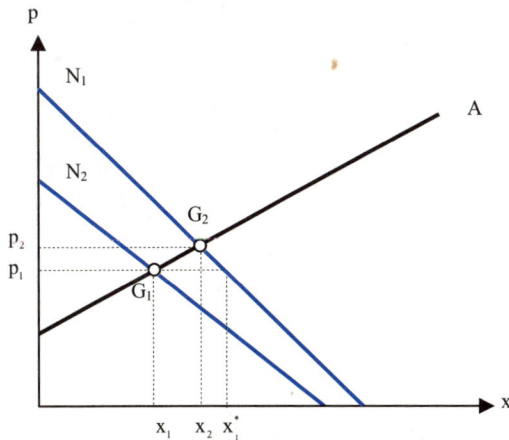

gefunden werden. In solchen Fällen ist die Reaktionsgeschwindigkeit endlich.

Generalisiert man die Preisvariationsregel, die wir eben implizit zur Ermittlung des neuen Gleichgewichtspreises angewandt haben, und möchte man eine Regel haben, die auch bei unbekannten Gleichungen von Angebots- und Nachfragekurven anwendbar ist, kommt man zur so genannten *Auktionatorregel*: Man findet einen neuen Gleichgewichtspreis, indem man – ausgehend von einer anfänglichen Ungleichgewichtssituation – den Preis in kleinen Schritten stets in die Richtung ändert, die vom Vorzeichen der – richtungsmäßig ja beobachtbaren – Übernachfrage angezeigt wird. Besteht eine positive Übernachfrage (es gibt Nachfrager, die nicht wunschgemäß bedient werden), muss man den Preis also in kleinen Schritten erhöhen; besteht eine negative Übernach-

Auktionatorregel, Walras-Anpassung

Abb. 3.7 | **Ablaufdiagramm zur Ermittlung des Gleichgewichtskurses**

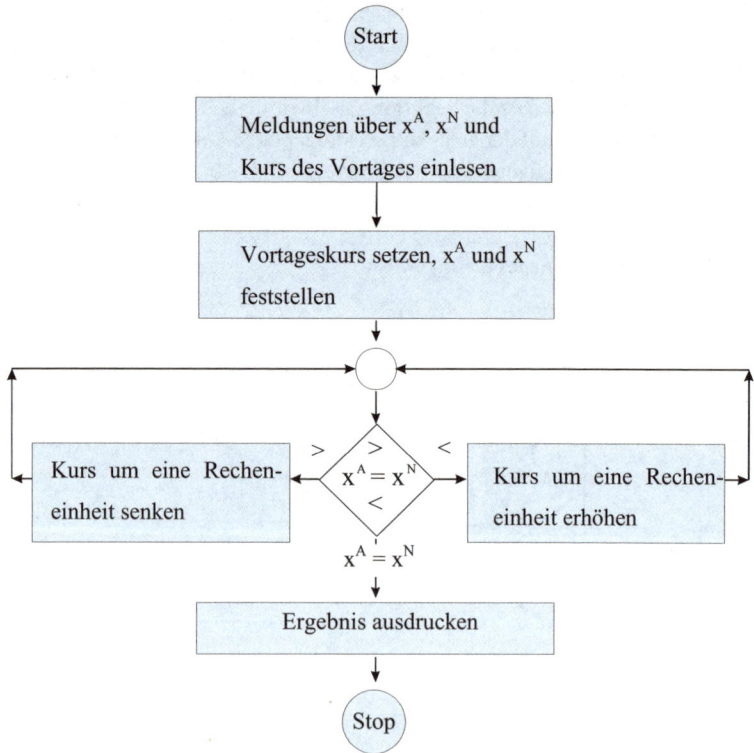

frage (also ein Angebotsüberschuss und damit Anbieter, die nicht zum Zuge kommen), muss man den Preis in kleinen Schritten senken. Nach dem französischen Nationalökonomen M. LEON WALRAS (1834–1910), der dies erstmals beschrieben hat, nennt man eine solche Form der Preisänderung *Walras-Anpassung*.

Die Auktionatorregel beschreibt eine Preisbildungsmethode, die auch ein Computer lernen kann. Dies ist in *Abbildung 3.7* dargestellt.

Die Auktionatorregel kann man folglich als eine Vorschrift auffassen, nach der sich ein Auktionator oder ein Computer richten sollte, wenn er Gleichgewichtspreise über Abtastprozesse finden will. Aus Erfahrung wissen wir nun aber, dass diese Regel Verhaltensdispositionen von Anbietern und Nachfragern beschreibt, die auf allen Märkten gelten; sie können deshalb in Form eines erfahrungswissenschaftlichen *Preis-Reaktions-Gesetzes* beschrieben werden: Situationen mit einer positiven oder negativen Überschussnachfrage haben auf Märkten zur Folge, dass Anbieter und/oder Nachfrager (meist die aktiveren Anbieter) entweder sofort oder nach dem Ausprobieren anderer Anpassungsmöglichkeiten zu Preisvariationen greifen, die der Auktionatorregel entsprechen oder zu einem vergleichbaren Ergebnis führen. Dieses Gesetz gilt für alle Märkte, auf denen weder staatliche Preisvorschriften noch kartellarische Preisabsprachen bestehen.

Preis-Reaktions-Gesetz

Es ist nicht selbstverständlich, dass es auf Märkten zu einer Markträumung kommt. Damit eine Markträumung garantiert ist, müssen nämlich *hinreichende Markträumungsbedingungen* erfüllt sein. Unter hinreichenden Bedingungen versteht man ganz allgemein Bedingungen, aus denen mit logischer Notwendigkeit folgt, dass ein bestimmtes Ereignis eintritt. Die Umkehrung dieses Satzes gilt jedoch nicht: Auch bei Nichterfüllung hinreichender Bedingungen kann ein bestimmtes Ereignis eintreten. Hinreichende Bedingungen sind also *keine notwendigen* Bedingungen für den Eintritt eines Ereignisses. Wenn die hinreichenden Bedingungen B_1, B_2, … für den Eintritt eines Ereignisses E erfüllt sind, gilt immer: Falls B_1, B_2, …, dann auch E. Die Umkehrung dieser Relation würde nur gelten, wenn die Bedingungen nicht nur hineichend, sondern auch notwendig wären. Bei notwendigen und hinreichenden Bedingungen gälte somit: Falls B_1, B_2, …, dann E *und* falls E, dann B_1, B_2, ….

Hinreichende Bedingungen für eine Markträumung

Im *Infokasten 3.6* (→ S. 170) sind zunächst Beispielfälle dafür aufgeführt, dass die hinreichenden Bedingungen für eine Markträumung in der Realität verletzt werden können; im Anschluss daran werden die hinreichenden Bedingungen für die Markträumung aufgezählt.

Infokasten 3.6

Hinreichende Bedingungen für eine Markträumung

1) *Beispiele für eine Verletzung von Existenzbedingungen*

Definition: Eine Verletzung von Existenzbedingungen liegt vor, wenn kein Schnittpunkt von Angebots- und Nachfragekurven existiert.

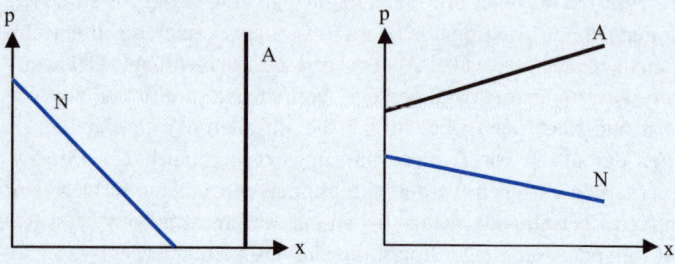

2) *Existenzbedingungen*

Für die Angebots- und Nachfragekurven müssen die folgenden Teilbedingungen gelten:

▶ Die Angebotskurve muss steigend verlaufen.

▶ Die Nachfragekurve muss fallend verlaufen.

▶ Der Prohibitivpreis der Nachfrager muss über dem Anspruchspreis der Anbieter liegen.

▶ Sind diese Bedingungen realisiert, existiert ein Schnittpunkt der Angebots- und der Nachfragekurve und damit ein Gleichgewichtspreis.

3) *Stabilitätsbedingungen*

Bei einer Gleichgewichtsstörung – d. h. bei $x^{\ddot{U}} \neq 0$ – muss der Preis ohne große Verzögerungen in kleinen Schritten entsprechend der Auktionatorregel verändert, d. h. in Richtung des Vorzeichens von $x^{\ddot{U}} = x^N - x^A$ variiert werden. Ist auch diese Bedingung realisiert, stellt der Gleichgewichtspreis ein stabiles Gleichgewicht dar.

Eine Verletzung dieser Bedingungen wie im linken Schaubild findet man an manchen Tagen beim Salatverkauf in einer Großmarkthalle. Da Salat leicht verderblich ist, verläuft die Angebotskurve für Salatköpfe, welche die Bauern in die Großmarkthalle gebracht haben, senkrecht: Die Bauern müssen zu jedem Preis verkaufen. Normalerweise liegt die senkrechte Angebotskurve weiter links, und es existiert irgendein Schnittpunkt mit der Nachfragekurve. Bei bestimmten Witterungslagen wird aber manchmal (ca. 6 bis 8-mal im Jahr) so viel Salat reif, dass die geschilderte Situation auftritt. Dann ergibt sich selbst bei einem Preis von 0 kein Ausgleich von Angebots- und Nachfragemengen. Dieser Ausnahmefall ist – volkswirtschaftlich gesehen – nicht besonders aufregend; wie wir noch sehen werden, kann ein vergleichbarer Fall aber auch auf dem Kapitalmarkt auftreten und für das Entstehen eines Konjunkturabschwungs verantwortlich sein (→ vgl. Abschnitte 4.4.2, S. 242 ff. und 5.3, S. 273 ff.). Das zeitweilige Versagen des Markträumungsmechanismus auf diesem Markt hat dann natürlich ein ganz anderes Gewicht.

Das rechte Schaubild entspricht Verhältnissen, wie sie auf manchen Märkten für sehr fortschrittliche Güter auftreten: Man weiß, wie man ein Gut (z. B. Ausflüge auf den Mond) produzieren könnte, aber die Produktionskosten sind noch so hoch, dass der Anspruchspreis der Anbieter über dem Prohibitivpreis der Nachfrager liegt. Dann existiert noch kein Markt für solch ein Gut (aber es gibt vielleicht schon Wartelisten für Leute, die auf den Mond reisen wollen, wenn nur die Preise ein wenig sinken). Auch dieser Effekt kann von erheblicher volkswirtschaftlicher Bedeutung sein: Es gibt in Deutschland z. B. keinen gut ausgebauten Markt für Niedriglohntätigkeiten, weil Sozialhilfe und Arbeitslosengeld zusammen mit Abgabelasten dafür gesorgt haben, dass der Anspruchslohn der Arbeitsanbieter (= Arbeitnehmer) in diesem Bereich über dem Prohibitivpreis der Nachfrager liegt. Das gilt jedenfalls für den Bereich der offiziellen Wirtschaft, nicht jedoch so ausgeprägt für Schwarzarbeit im Bereich der so genannten Schattenwirtschaft (→ vgl. Abschnitt 4.4.1, S. 235 ff.).

Die Besprechung der Existenz- und Stabilitätsbedingungen hat gezeigt, dass es für die Funktionsweise des Markträumungsprozesses wichtig ist, dass Nachfragekurven fallend und Angebotskurven steigend verlaufen. Deshalb soll unser Erfahrungswissen über diese Kurven nun in Form von Gesetzesaussagen dargestellt werden. Nachfragegesetze

Ein *erstes Nachfragegesetz* – oder auch kurz „das" Nachfragegesetz – besagt, dass Nachfragekurven nahezu stets fallend verlaufen. Es kann in verschiedener Weise ausgedrückt werden. Dies wird im *Infokasten 3.7* näher beschrieben. Erstes Nachfragegesetz

Infokasten 3.7

Das Erste Nachfragegesetz und die Preiselastizität der Nachfrage

1) *Gesetzesformulierung*
Nachfragekurven verlaufen – von bestimmten, aufzählbaren Sonderfällen abgesehen – stets fallend, d. h. die Steigung ist negativ (dp/dx < 0). Niedrigeren Preisen sind somit höhere Mengen zugeord-

net als höheren Preisen, und Preiserhöhungen vermindern ceteris paribus die nachgefragte Menge. Drückt man dies mit Hilfe der Kennziffer Preiselastizität $\varepsilon_{x/p}$ aus, bedeutet dies, dass $\varepsilon_{x/p} < 0$.

2) *Definition von Elastizitäten*

Unter Elastizitäten versteht man das dimensionslose Verhältnis zweier relativer Änderungen, also einen Quotienten aus zwei Prozentzahlen. In den Nenner schreibt man dabei die Variable, die eine Veränderung auslöst (Ursache), in den Zähler die Variable, bei der eine Veränderung herbeigeführt wird (Wirkung). Benannt wird die Elastizität nach der Ursache (oft unter Hinzufügung der Wirkung).

3) *Definition der Preiselastizität*

Die Preiselastizität der Nachfrage beschreibt, um wieviel Prozentpunkte sich die Nachfragemenge x nach einem Gut ändert, wenn man den (eigenen) Preis dieses Gutes um 1 % erhöht:

$$\varepsilon_{x/p} = \frac{(x_2 - x_1)/x_1}{(p_2 - p_1)/p_1}.$$

4) *Beispiel*

Für $x_1 = 200$, $x_2 = 180$, $p_1 = 100$ und $p_2 = 110$ ergibt sich:

$$\varepsilon_{x/p} = \frac{(180 - 200)/200}{(110 - 100)/100} = \frac{-20/200}{+10/100} = \frac{-10\%}{+10\%} = -1.$$

5) *Bestandteile der Preiselastizität*

In infinitesimaler Schreibweise gilt: $\varepsilon_{x/p} = dx/x : dp/p = p/x : dx/dp = p/x : dp/dx$.

Dies zeigt, dass sich die Preiselastizität aus zwei Kennziffern ergibt:

▶ aus den Koordinaten eines Punktes auf einer Nachfragekurve, der gerade betrachtet wird (p/x), und

▶ aus der Steigung der Nachfragekurve (dp/dx).

Da die Steigung negativ ist und p/x beim Prohibitivpreis den Wert unendlich, bei der Sättigungsmenge dagegen den Wert Null annimmt, durchläuft die Preiselastizität bei der Wanderung auf einer Nachfragekurve vom Prohibitivpreis zur Sättigungsmenge alle Werte von $-\infty$ bis 0. Außerdem gilt, dass $\varepsilon_{x/p}$ ceteris paribus um so kleiner ist, je kleiner p/x und je größer der Absolutwert von dp/dx. Kleinpreisartikel mit niedrigem p/x und Notwendigkeitsgüter mit steilen Nachfragekurven (also großen Beträgen von dp/dx) haben deshalb niedrige Elastizitätswerte.

Die *Begründung* für den fallenden Verlauf von Nachfragekurven ergibt sich aus den Gossenschen Gesetzen (→ vgl. Abschnitt 2.1.1, S. 28 ff.) bzw. dem Gesetz der fallenden Grenzrate der Substitution (→ vgl. Abschnitt 2.1.1, S. 28 ff.). Den Zusammenhang zwischen diesen Gesetzen und dem ersten Nachfragegesetz hat vor allem der englische Nationalökonome ALFRED MARSHALL (1842–1924) untersucht. Von ihm stammt auch das Konzept der im Infokasten 3.7 dargestellten Preiselastizität. Aus den eben genannten Gesetzen folgt, dass eine kaufkraftkompensierte Preissenkung nahezu stets zu einer Veränderung der Budgetaufteilung in Richtung auf dasjenige Gut führt, dessen Preis gesenkt worden ist. Abbildung 2.6 (→ vgl. S. 54) hatte uns gezeigt, dass diese Aussage nicht nur für Menschen, sondern für alle intelligenteren Säugetiere gilt. Betrachten wir nun einen normalen Kaufakt eines einzelnen Menschen auf einem Markt, so können wir *zwei Fallgruppen* unterscheiden:

Die *erste Fallgruppe* beschreibt Käufe von Dingen, die nur sehr niedrige Anteile am Gesamteinkommen beanspruchen und bei denen ein einzelner Kaufakt deshalb praktisch keinen Einfluss auf die Kaufkraft insgesamt hat. Hier wirken Preisvariationen bei einem einzelnen Menschen so, wie wir es uns am Beispiel einer kaufkraftkompensierten Preisvariation klargemacht haben.

Die *zweite Fallgruppe* umfasst Fälle, in denen einzelne Kaufakte einen fühlbaren Einfluss auf die verbleibende Restkaufkraft haben. Das ist z. B. bei der Wohnungsmiete der Fall. Hier können wiederum *zwei Unterfälle* unterschieden werden:

Zum einen kann es sich um Güter handeln, bei denen eine Einkommenssteigerung so wirkt, dass man das betrachtete Gut verstärkt nachfragt, dass man sich also längere Ferienreisen oder eine größere Wohnung leistet. Solche Güter heißen *superiore Güter* und stellen die Hauptmenge der Güter dar. Bei superioren Gütern bewirkt eine Preissenkung nicht nur einen Substitutionseffekt zugunsten eines billiger gewordenen Gutes, sondern sie hat daneben auch noch einen Einkommenseffekt, der den Substitutionseffekt verstärkt, weil die Kaufkraft des verfügbaren Einkommens wegen der Preissenkung steigt.   **Superiore Güter**

Zweitens gibt es Güter wie z. B. billige, aber nicht besonders wohlschmeckende Grundnahrungsmittel, die man bei einem höheren Einkommen nicht kaufen würde, auf die man bei einem niedrigeren Einkommen aber nolens volens zurückgreifen muss. Solche Güter heißen *inferiore Güter*. Wird der Preis eines inferioren Gutes gesenkt, benutzt man die ersparte Kaufkraft zum Kauf anderer Güter; wird der Preis dagegen erhöht und erscheint das Gut angesichts der Einkommenslage wirklich notwendig, besorgt man sich die notwendige Kaufkraft durch einen Verzicht auf andere Güter. Der Substitutionseffekt hat also in beiden Fäl-   **Inferiore Güter**

len fast den Wert Null, und der Einkommenseffekt schlägt sich normalerweise bei anderen Gütern nieder, hat also in Bezug auf das betrachtete
Gut ebenfalls den Wert Null. Im Extremfall ist es im Prinzip sogar denkbar, dass eine Preiserhöhung bei einem inferioren Notwendigkeitsgut
(in einem Entwicklungsland z. B. Reis) zu einem Verzicht bei einem Lu-
xusgut (z. B. Fisch) führt, der mit einer Umwidmung der so ersparten
Kaufkraft zu verstärktem Konsum des Notwendigkeitsgutes verbunden
ist. Solch ein Fall sei – so wird in vielen Lehrbüchern immer noch berichtet – im vorigen Jahrhundert in Irland aufgetreten: das Zusammentreffen eines durch Preiserhöhungen bedingten und sehr kleinen negativen Substitutionseffekts bei einem Gut (in Irland: Kartoffeln, in vielen
Lehrbüchern Brot), dessen Preis in Folge einer Missernte anstieg, mit einem spürbar positiven Einkommenseffekt zugunsten dieses inferioren
Gutes (Einsparen von Luxusausgaben zur vermehrten Finanzierung von
Notwendigkeitsgütern). Nach R. GIFFEN (1837–1910), einem englischen
Statistiker, der diesen Effekt damals angeblich erstmalig beobachtet hat,
Giffen-Effekt   heißt dieses Phänomen *Giffen-Effekt*. Nachuntersuchungen haben aber ge-
zeigt, dass es im Irland-Beispiel in Wirklichkeit nicht zu diesem Effekt
und damit einer invers verlaufenden Nachfragekurve gekommen ist
[WALKER, 1998].

    Neben dem Giffen-Effekt, der bisher nur in Lehrbüchern existiert,
gibt es aber auch *praktisch bedeutsame Ausnahmen* vom ersten Nachfragegesetz: Veblen-, Indikator- und Spekulationseffekte. Das Gemeinsame bei
diesen Effekten ist, dass zum reinen Preiseffekt, der den Gossenschen
Gesetzen entspricht, ein weiterer Effekt hinzutritt, der untrennbar mit
dem Preiseffekt verbunden ist.

    Beim nach dem amerikanischen Nationalökonomen THORSTEIN B.
Vebleneffekt   VEBLEN (1857–1929) benannten *Vebleneffekt* ist dies das Bestreben zu zeigen, dass man sich etwas leisten kann oder dass man jemanden ein wert-
volles Geschenk machen möchte. Angenommen, jemand möchte damit
angeben, dass er ein besonders teures Auto fährt. Würde der Preis für
solche Autos nun aus irgendwelchen Umständen stark fallen, hätte dies
bei unserer Beispielperson zwei Effekte: Zum einen würde ein Anreiz
auftreten, sich öfter mal ein neues Auto dieser Art zu leisten; zum anderen würde unsere Beispielperson aber mit Missmut registrieren, dass das
Auto wegen des Preisverfalls nicht mehr so gut die Funktion erfüllt, den
eigenen Reichtum demonstrieren zu können. Beide Effekte sind untrennbar ineinander verwoben, und dies kann zur Folge haben, dass
Nachfragekurven innerhalb bestimmter Preisbereiche invers verlaufen.
Dies führt dann häufig zu einer Marktspaltung in ein Luxussegment
(auf dem der Preis hoch sein muss und mit dem Slogan geworben wird,
dass es schon immer etwas *teurer* gewesen sei, einen guten Geschmack zu

haben) und ein Niedrigpreissegment (in dem man qualitativ gleichwertige Gutsvarianten in meist weniger aufwendiger Verpackung und in Läden mit einem weniger exklusiven Ambiente kaufen kann). Man findet so etwas bei Luxusautos, Schmuckwaren, Geschenkartikeln, bestimmten Alkoholgetränken und Parfums. Die Volkswirte machen sich darüber keine großen Sorgen: Wer angeben will, soll halt angeben.

Beim *Indikator-Effekt* fungiert der Preis einerseits (wie üblich) als Instrument, das zum Nachdenken über die Dringlichkeit des Bedarfs anregen soll, und andererseits als Qualitätsindikator für die Konsumenten. Bei niedrigen Preisen denken Käufer dann daran, dass ein entsprechendes Gut „billig" im Sinne von „eine niedrige Qualität aufweisend" sein kann. So etwas kommt vor allem bei Gütern vor, denen man die Qualität nicht von außen ansieht. Der typische Werbespruch, der mit solchen Gütern verbunden ist, lautet: „Qualität hat ihren Preis!" Da solche Indikator-Effekte die Konsumenten letztlich täuschen und sie dazu bewegen, Preis-Leistungs-Verhältnisse falsch einzuschätzen, sollte man wirtschaftspolitische Maßnahmen zur Aufklärung der Verbraucher ergreifen. Dies geschieht teilweise auch (z. B. über Deklarationspflichten für Rohstoffe oder Berichte von Testinstituten). Indikator-Effekt

Beim *Spekulationseffekt* werden die Effekte von laufenden Preisen und Preiserwartungen miteinander verknüpft. Hat man den Verdacht, dass der Kurs eines Wertpapieres steigen wird, und beginnt er dann – weshalb auch immer – tatsächlich zu steigen, wird dieses Signal nicht selten als Bestätigung für die Richtigkeit der eigenen Einschätzung empfunden. Man versucht dann, auf den abfahrenden Zug zu springen, und kauft trotz des Preisanstiegs mehr als vorher. Spekulationseffekt

Insgesamt kann man sagen, dass es zwar Ausnahmen vom ersten Nachfragegesetz gibt, dass diese aber nicht sonderlich bedeutsam sind und meist auch nur vorübergehend eintreten.

Bisher haben wir über den Verlauf *individueller Nachfragekurven* gesprochen; sie werden – von den wenigen und nicht sonderlich bedeutsamen Ausnahmen abgesehen – ganz überwiegend vom Substitutionseffekt geprägt. Dieser führt bei Preissenkungen ceteris paribus zu einer Mengenausweitung und bei Preiserhöhungen ceteris paribus zu einer Mengeneinschränkung. Es prägt – wie uns das in Abbildung 2.6 (→ vgl. S. 54) berichtete Experiment gezeigt hat – nicht nur das Verhalten von Menschen, sondern darüber hinaus auch das von anderen intelligenten Säugetieren. Auf einem Markt wird nun aber nicht nur ein einzelner Mensch als Nachfrager tätig, sondern typischerweise eine Vielzahl von Nachfragern. Sie alle weisen auf Grund ihrer unterschiedlichen Geschmacksvorstellungen unterschiedliche Prohibitivpreise und unterschiedliche Sättigungsmengen auf. Wie aus den individuellen Nachfragekurven, die

Marktnachfragekurve

Verhaltensdispositionen der *einzelnen* Nachfrager beschreiben, im Wege der so genannten *Horizontaladdition* von Nachfragekurven die *Marktnachfragekurve* entsteht, ist in *Abbildung 3.8* dargestellt. Die Horizontaladdition ist das geometrische Abbild eines Absteigerungsprozesses, wie ihn ein Auktionator durchführen könnte. In Abbildung 3.8 wird dies am Beispiel von zwei Nachfragern demonstriert.

Stellen wir uns vor, dass ein Auktionator zunächst einen so hohen Preis ausruft, dass keiner unserer Nachfrager sich als Käufer meldet. Nun senkt der Auktionator schrittweise den Preis. Unterschreitet er dabei den Preis p_2 (also den Prohibitivpreis des Nachfragers 2) um einen geringen Betrag, meldet sich Nachfrager 2 als Käufer. Die Nachfragemenge entspricht bei diesem und noch niedrigeren Preisen jeweils der individuellen Nachfragekurve des Nachfragers 2. Diese ist so lange mit der Gesamtnachfragekurve identisch, wie der Preis p_1 (der Prohibitivpreis des Nachfragers 1) noch nicht unterschritten worden ist. Ist Letzteres der Fall, meldet sich auch Nachfrager 1 als Käufer, und zwar gemäß seiner individuellen Nachfragekurve. Nun muss man die Nachfragekurven von Nachfrager 1 und Nachfrager 2 – geometrisch gesprochen – horizontal addieren, denn in der Auktion geben die beiden Nachfrager ja bestimmte Nachfragemengen an, die sie kaufen wollen, und die Marktnachfragemenge ist die Summe der beiden individuellen Mengen. Auf diese Weise entsteht die in Abbildung 3.8 dargestellte Marktnachfragekurve. Ist – was natürlich die Regel ist – die Zahl der Nachfrager groß, stellt die Marktnachfragekurve eine zum Ursprung hin gebogene Kurve dar, die aber durch eine fallende Gerade angenähert werden kann.

Während sich das erste Nachfragegesetz auf die Steigung der Nachfragekurve bezog, machen die nun zu besprechenden weiteren Nachfragegegesetze Aussagen über die *Lage der Nachfragekurve* im p-x-Raum. Dies bedeutet, dass Veränderungen bei den Variablen, die in den nun zu

Abb. 3.8 | **Horizontaladdition von Nachfragekurven**

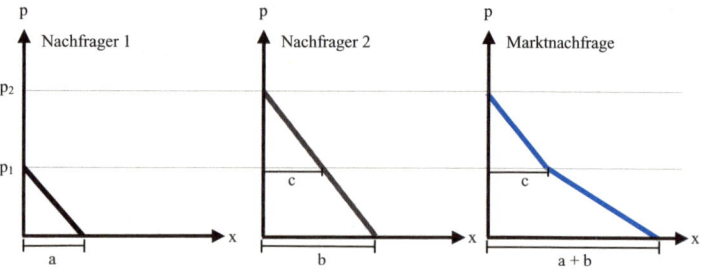

besprechenden Nachfragegesetzen genannt werden, zu *Verschiebungen von Nachfragekurven* führen. Die wichtigsten Effekte dieser Art sind die Wirkungen, die von Änderungen bei Substitutions- bzw. Komplementärgüterpreisen sowie von Änderungen des Durchschnittseinkommens der Bevölkerung ausgehen.

Das zweite Nachfragegesetz ist das *Gesetz des Einflusses von Substitutionsgüterpreisen*: Erhöht sich der Preis eines Substitutionsgutes wie z. B. Margarine, verschiebt sich die Nachfragekurve auf einem betrachteten Markt (wie z. B. dem für Butter) nach außen; sinkt ein Substitutionsgüterpreis, verschiebt sich die betrachtete Kurve nach innen.

Das dritte Nachfragegesetz ist das *Gesetz des Einflusses von Komplementärgüterpreisen*: Erhöht sich der Preis eines Komplementärgutes wie z. B. Kraftstoff, verschiebt sich die Nachfragekurve auf einem betrachteten Markt (wie dem für Autos) nach innen; sinkt der Preis eines Komplementärgutes, verschiebt sich die betrachtete Kurve dagegen nach außen.

Diese beiden Gesetze dürften intuitiv einleuchten: Erhöht sich – um im Beispiel zu bleiben – der Margarinepreis, so werden Nachfrager, die schon immer mit dem Gedanken liebäugelten, Butter zu essen, vom teurer gewordenen Margarinemarkt ab- und zum Buttermarkt hinwandern, denn der Preisunterschied zwischen Butter und Margarine ist ja nun geringer geworden. Bei Komplementärgütern ist es dagegen so, dass die Preiserhöhung bei einem Komplementärgut das zur Nutzenstiftung erforderliche Güterpäckchen (im Beispiel Auto *plus* Kraftstoff) insgesamt teurer macht und dass deshalb von beiden Gütern weniger konsumiert wird. Autohersteller sind deshalb ein Gegner von Preiserhöhungen für Kraftstoff.

Man kann den Einfluss der Preise von Substitutions- bzw. Komplementärgütern auch mit Hilfe von *Kreuzpreiselastizitäten* ausdrücken. Hierbei bezieht man die prozentuale Mengenänderung bei einem Gut A auf die prozentuale Preisänderung bei einem Gut B:

$$\varepsilon_{x^A/p^B} = \frac{(x_2^A - x_1^A)\big/ x_1^A}{(p_2^B - p_1^B)\big/ p_1^B}$$

Da die Preiserhöhung bei einem Substitutionsgut die Nachfragekurve auf dem betrachteten Markt nach außen verschiebt (s. o.), ist die Kreuzpreiselastizität von Substitutionsgütern positiv. Da eine Preiserhöhung bei einem Komplementärgut (die das Güterpäckchen ja teurer macht) die betrachtete Nachfragekurve nach innen verschiebt, ist die Kreuzpreiselastizität von Komplementärgütern negativ.

Das vierte Nachfragegesetz ist das jeweils für Regionen geltende *Gesetz der Abhängigkeit der Nachfrage vom Durchschnittseinkommen*: Bei *superioren Gütern*

Gesetz des Einflusses von Substitutionsgüterpreisen

Gesetz des Einflusses von Komplementärgüterpreisen

Definition von Kreuzpreiselastizitäten

Gesetz der Einkommensabhängigkeit der Nachfrage

verschiebt sich die Nachfragekurve mit steigendem Einkommen nach *außen*, d. h. die Einkommenselastizität der Nachfrage ist positiv; bei *inferioren Gütern* verschiebt sich die Nachfragekurve mit steigenden Einkommen dagegen nach *innen*, d. h. die Einkommenselastizität ist negativ. Ob ein Gut superior oder inferior ist, muss aus Vergangenheitsreaktionen erschlossen werden. Dabei gilt die Erfahrungsregel, dass sich ein einmal festgestellter Gutscharakter nicht plötzlich ändert.

Die nächsten beiden Nachfragegesetze gelten nicht für alle Güter, sondern nur für solche, die modeabhängig sind (fünftes Nachfragegesetz) oder Grundbedürfnisse wie z. B. die nach Lebensmitteln betreffen (sechstes Nachfragegesetz).

Gesetz des Einflusses eines Modewandels

Bei modeabhängigen Gütern gilt als fünftes Nachfragegesetz das *Gesetz der Abhängigkeit von Geschmacksänderungen*: Kommt ein Gut in Mode, verschiebt sich die Nachfragekurve nach außen; wendet sich die Mode von ihm ab (ist es also démodé oder „out"), verschiebt sich die Nachfragekurve nach innen.

Gesetz des Einflusses der Wohnbevölkerung

Insbesondere in Bezug auf Grundbedürfnisse macht sich auch die Veränderung der Wohnbevölkerung bemerkbar, und es gilt als sechstes Nachfragegesetz das *Gesetz des Einflusses der Wohnbevölkerung*: Erhöht sich die Bevölkerungszahl einer Region (z. B. durch Zuwanderung), verschiebt sich die Nachfragekurve nach außen; verringert sich die Wohnbevölkerung (z. B. durch Abwanderung), verschiebt sich die Nachfragekurve nach innen.

Alle Nachfragegesetze, die wir besprochen haben, sind *Ceteris-paribus-Gesetze* und gestatten in aller Regel nur qualitative (nicht quantitative) Aussagen: Tritt ein soziales Ereignis wie z. B. die Erhöhung eines Substitutionsgüterpreises ein, können wir lediglich prognostizieren, in welche Richtung sich die Nachfragekurve ceteris paribus verschieben wird. Wir können jedoch nicht den Änderungsbetrag in einem konkreten Einzelfall vorhersagen.

Angebotsgesetze

Nun wollen wir uns den *Angebotsgesetzen* zuwenden.

Bezüglich der Angebotskurven können wir – wie auf der Nachfrageseite eines Marktes – zwischen individuellen Angebotskurven und Marktangebotskurven unterscheiden.

Individuelle Angebotskurven weisen in aller Regel einen steigenden Verlauf auf. Hierfür gibt es zwei Begründungen:

▶ Bei einem *Angebot aus einem gegebenen Bestand* kommt der steigende Verlauf dadurch zustande, dass sich das Gesetz vom fallenden Grenznutzen bemerkbar macht, dass ein Abgeben aus dem Bestand also zu einem progressiv wachsenden Nutzenverlust führt.

▶ Bei einem *Angebot aus laufender Produktion* kommt es dann zu einer steigenden individuellen Angebotskurve, wenn das Produzieren weiterer Einheiten entsprechend dem Gesetz vom fallenden Grenzertrag immer kostspieliger wird, d. h. wenn zusätzliche Einheiten mit steigenden Kosten pro zusätzlicher Einheit – so genannten *steigenden Grenzkosten* – verbunden sind. Ab einer bestimmten Produktionsmenge ist dies in aller Regel der Fall.

Generell gilt für die individuelle Angebotskurve eines Unternehmens, dass sie Spiegelbild eines *Gewinnmaximierungsstrebens* ist. Um dies besser verstehen zu können, müssen wir uns zunächst mit verschiedenen Arten von Kostenkurven und vor allem mit dem Begriff der Grenzkosten näher vertraut machen.

Kostenkurven können eine unterschiedliche Gestalt haben. Die meisten Kurven lassen sich mit Hilfe von „Schmiegeparabeln" dritter Ordnung annähern. Im Folgenden wird zu Definitionszwecken davon ausgegangen, dass sich die *Gesamtkostenkurve* eines Jahres – d. h. die Kurve, welche die Kosten eines Jahres mit den Produktionsmengen dieses Jahres verknüpft – als Parabel dritter Ordnung darstellen lässt:

$$K = \underbrace{ax^3 + bx^2 + cx}_{K^v} + \underbrace{d}_{K^f}$$

Hierin bezeichnet K die (totalen) Gesamtkosten, K^v die variablen Gesamtkosten und K^f die gesamten Fixkosten (= Kosten der Betriebsbereitschaft). „Variabel" nennt man alle Kosten, die direkt von der Produktionsmenge abhängen (bei denen in der Kostengleichung also ein „x" vorhanden ist); Fixkosten sind dagegen Kosten, die nicht direkt von der Produktions*menge* abhängen, sondern (wie etwa die Kosten für das Betriebsgelände) von der Produktions*bereitschaft*.

Teilt man die Kosten eines Jahres durch die in diesem Jahr produzierten Mengeneinheiten, entstehen *Durchschnittskostenkurven*:

$$k^t = K : x = ax^2 + bx + c + d/x$$
$$k^v = K^v : x = ax^2 + bx + c$$
$$k^f = K^f : x = d/x$$

Hierin bezeichnet k^t die totalen Durchschnittskosten, k^v die variablen Durchschnittskosten und k^f die Fixkosten pro Stück.

Differenziert man die Gesamtkostenkurve nach der Menge, entsteht eine *Grenzkostenkurve*.

$$K' = dK/dx = 3ax^2 + 2bx + c$$

Anschaulich gesprochen, beschreiben die Grenzkosten die zusätzlichen Produktionskosten, die von einer kleinen weiteren Mengeneinheit verursacht werden.

Gewinnmaximierungs-hypothese

Nun zur *Gewinnmaximierungshypothese*: Die Volkswirte behaupten, dass Unternehmen ihre wirtschaftlichen Entscheidungen mit dem Ziel der Gewinnmaximierung fällen, d. h. dass sie den Unterschied zwischen ihren Umsatzerlösen und den anfallenden Kosten maximieren.

Man muss sich klarmachen, was diese Hypothese *nicht* beinhaltet:

▶ Sie sagt nicht, dass jeder einzelne Unternehmer in jedem Moment ausschließlich an Gewinnmaximierung denkt. Sie behauptet jedoch, dass man bei Betrachtung einer *Population* von Unternehmen feststellen wird, dass die einzelnen Unternehmen zwar mehrere und unterschiedliche Ziele verfolgen, dass das einzige Ziel, das man bei *allen* Unternehmen feststellen kann, aber das der Erzielung möglichst hoher Gewinne ist.

▶ Die Hypothese behauptet auch nicht, dass jeder einzelne Manager in einem Unternehmen dauernd an die Maximierung des Gewinns seines Unternehmens denkt. Es mag durchaus typisch sein, dass mehr marktorientierte Manager eher an Umsatzmaximierung und mehr produktionsorientierte Manager mehr an Kosteneinsparung denken. Die Hypothese behauptet jedoch, dass die in Unternehmen ablaufenden Willensbildungsprozesse im Wege der internen Kompromissbildung typischerweise dazu führen, dass Unternehmen von Gewinnmöglichkeiten gleichsam ebenso angezogen werden wie Motten vom Licht.

▶ Und schließlich behauptet die Hypothese auch nicht, dass es keine Unternehmer gibt, die bewusst keine Gewinnmaximierung betreiben wollen, sondern eher altruistische Motive aufweisen oder aus einem Leistungsstreben heraus handeln. Sie behauptet aber, dass insbesondere bei intensiver Konkurrenz kein Unternehmen in der Lage ist, das Gewinnmotiv völlig zu vernachlässigen, weil seine Konkurrenten sonst durch die Reinvestition ihrer Gewinne Marktanteile vergrößern und ein gewinnloses Unternehmen vom Markt verdrängen würden.

Sieht sich ein Unternehmen bei „gegebenem Betrieb" – d. h. gegebener Produktionstechnik und gegebenen Kapazitäten – auf einem Markt mit intensiver Konkurrenz einem vorgegebenen Preis ausgesetzt, kann es sich hieran kurzfristig nur durch Wahl eines gewinnmaximalen Kapazitätsauslastungsgrades und damit einer gewinnmaximalen Menge anpassen: Es wird zu einem *Mengenanpasser*. Was dies bedeutet, ist in *Abbildung 3.9* genauer dargestellt.

In der unteren Grafik sehen wir hier eine Grenzkostenkurve (K') sowie Kurven der totalen (k^t) und der variablen Durchschnittskosten (k^v). Die Kurve, die uns zunächst interessiert, ist die Kurve der Grenzkosten.

Nehmen wir an, wir betrachteten einen Importeur von Rohstoffen, der seine Rohstoffe veredelt und dann auf einer Börse absetzt. Der Preis liege zunächst unterhalb des eingezeichneten Preises $p_1 = 22$, und der Unternehmer produziere 42 Mengeneinheiten. Nun steige der Preis auf $p_1 = 22$. Damit steht der Unternehmer vor der Frage, ob er seine Produktionsmenge erhöhen soll. Er wird folgende Überlegung anstellen: Wenn

---

Gewinnmaximierung durch Mengenanpassung   Abb. 3.9

Ist ein Unternehmen mit der Kostenfunktion $K = 0{,}004x^3 - 0{,}036x^2 + 0{,}94x + 550{,}1$ (für $0 \leq x \leq 50$) mit einem Marktpreis $p_1 = 22$ konfrontiert, ergeben sich folgende Funktionen und ökonomisch relevante Mengen:

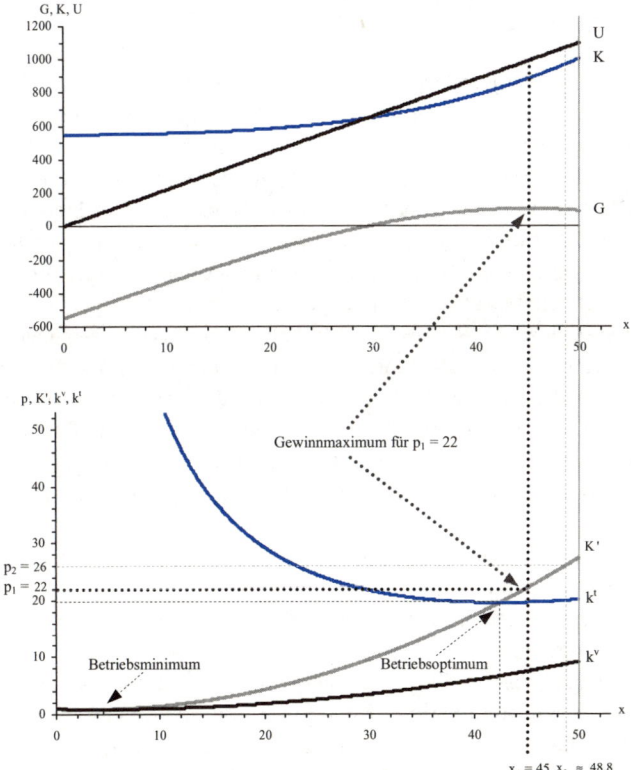

ich eine zusätzliche Einheit produziere, erhalte ich einen zusätzlichen Erlös in Höhe des Preises dieser Einheit, d. h. in Höhe von 22. Die zusätzlichen Kosten zur Produktion der 43. Einheit liegen etwa bei 20, also lohnt sich die Produktionserhöhung auf $x = 43$. Gehe ich einen Schritt weiter (auf $x = 44$), steigen meine Kosten, weil ich z. T. Überstundenlöhne zahlen muss, auf ca. 21 für die 44. Mengeneinheit. Auch diese Produktionserhöhung lohnt sich also noch. Weite ich meine Produktion schließlich auf $x = 45$ aus, liegen die zusätzlichen Kosten für die 45. Einheit bei 22. Eine weitere Produktionsausdehnung auf $x = 46$ würde zu zusätzlichen Kosten für die 46. Einheit von etwa 23 führen. Diese Ausdehnung würde sich nicht mehr lohnen, also liegt meine gewinnmaximale Produktionsmenge bei $x = 45$.

Überlegungen, wie die vorstehenden kann man verallgemeinern. Für einen im Wettbewerb stehenden Unternehmer gilt $G = U - K = px - K$, und p ist dabei eine „aus dem Markt zu nehmende" und damit vorgegebene Größe. Das Gewinnmaximum ergibt sich, wenn man die erste Ableitung von G nach x bildet:

$$G' = p - K' = 0.$$

Gewinnmaximierungsregel für einen Mengenanpasser

Die *Gewinnmaximierungsregel für einen Mengenanpasser* lautet also: Suche diejenige Menge, bei der die Grenzkosten dem vorgegebenen Preis gleichen. In Abbildung 3.9 ist dies beim Preis $p_1 = 22$ für die Menge $x = 45$ erfüllt. Will man die Überlegungen unseres Beispielunternehmers in eine grafische Darstellung übersetzen, muss man bei vorgegebenem Preis also bis zur Grenzkostenkurve gehen und dann ein Lot auf die x-Achse fällen. Der so gefundene x-Wert ist die gewinnmaximale Menge. Würde der Preis auf dem Markt in unserem Beispiel von $p_1 = 22$ auf $p_2 = 26$ steigen, ergäbe sich auf diese Weise $x_2 \approx 48,8$ als gewinnmaximale Menge.

Im oberen Teil von Abbildung 3.9 sind neben der gewinnmaximalen Menge auch die Umsatz-, Kosten- und Gewinnkurven dargestellt, die zum Preis $p_1 = 22$ gehören. Es gilt $U = px = 990$, $K = 884$ und $G = 106$. Man sieht deutlich, dass die Gewinnfunktion bei $x = 45$ ein Maximum hat, d. h. dass der Abstand zwischen U und K an dieser Stelle am größten ist.

Betriebsminimum, Betriebsoptimum

Wie man die gewinnmaximale Menge rechnerisch ermitteln kann, ist in *Tabelle 3.4* dargestellt. Außer der gewinnmaximalen Menge sind hier auch das so genannte *Betriebsminimum* und das *Betriebsoptimum* ausgerechnet worden.

Das *Betriebsminimum* ergibt sich bei derjenigen Produktionsmenge, bei der die variablen Durchschnittskosten ihr Minimum erreichen. Im Beispiel ist das bei $x = 4,5$ der Fall. Der zugehörige k^v-Wert ist $k^v = 0,859$. Würde der Marktpreis diesen Wert unterschreiten, müsste die Produktion eingestellt werden (Zwangs-Betriebsferien), weil dann nicht einmal die variablen Kosten pro Stück vom Preis gedeckt würden (ein Einzelhändler müsste in solch einer Situation also Güter z. B. teurer einkaufen als verkaufen). Deshalb heißt der Preis, der gerade noch die minimalen variablen Durchschnittskosten deckt, *kurzfristige Preisuntergrenze* oder *Produktionsschwelle*. Besteht Aussicht auf Besserung der Lage, kann ein Unternehmen bei Preisen oberhalb der kurzfristigen Preisuntergrenze auch dann als Anbieter auf einen Markt verbleiben, wenn die vollen Kosten (also auch die Fixkosten) nicht gedeckt werden, weil die Produktion dann immer noch günstiger ist als eine kurzfristige Betriebsschließung.

Kurzfristige Preisuntergrenze, Produktionsschwelle

Das *Betriebsoptimum* ergibt sich dort, wo die totalen Durchschnittskosten ihr Minimum erreichen. Im Beispiel ist dies bei $x \approx 42{,}5$ der Fall. Der

Betriebsoptimum

Berechnungen zum Gewinnmaximierungsbeispiel | Tab. 3.4

1) *Berechnung der gewinnmaximalen Menge bei einem Marktpreis von $p_1 = 22$:*

$p_1 = K'$

$\Rightarrow 22 = 0{,}012x^2 - 0{,}072x + 0{,}94$

$\Leftrightarrow 0 = x^2 - 6x - 1755.$

Durch Anwenden der p-q-Formel ergibt sich für x:

$x_{1/2} = 3 \pm \sqrt{9 + 1755}$

$\Rightarrow \underline{x_1 = 45}$ ($x_2 \approx -33$ liegt nicht im Definitionsbereich).

2) *Berechnung des Betriebsminimums, das der kurzfristigen Preisuntergrenze entspricht:*

Für $k^{v,min}$ gilt : $k^{v'} = 0$

$\Rightarrow 0{,}008x - 0{,}036 = 0$

$\Rightarrow x_1 = 4{,}5.$

Damit ergibt sich für $k^{v,min}$:

$k^{v,min} = 0{,}004 \cdot 4{,}5^2 - 0{,}036 \cdot 4{,}5 + 0{,}94$

$\Leftrightarrow k^{v,min} \approx 0{,}859.$

3) *Berechnung des Betriebsoptimums, das der langfristigen Preisuntergrenze entspricht:*

Für $k^{t,min}$ gilt : $k^{t'} = 0$

$\Rightarrow 0{,}008x - 0{,}036 - 550{,}1/x^2 = 0$

$\Leftrightarrow \underline{x_1 \approx 42{,}5}$ (x_2 und x_3 sind nicht definiert).

Damit ergibt sich für $k^{t,min}$:

$k^{t,min} = 0{,}004 \cdot 42{,}5^2 - 0{,}036 \cdot 42{,}5 + 0{,}908 + 550{,}1/42{,}5$

$\Leftrightarrow k^{t,min} \approx 19{,}6.$

zugehörige k^t-Wert ist $k^t \approx 19{,}6$. So lange dieser Wert nicht nachhaltig erreicht wird, lohnt es sich für ein Unternehmen nicht, im Markt zu verbleiben, weil nicht alle Kosten (einschließlich von so genannten kalkulatorischen Kosten wie Miete für eigene Grundstücke und Normalverzinsung des Eigenkapitals) gedeckt werden. Betriebe werden normalerweise so gebaut, dass sie bei derjenigen Menge, die für nachhaltig mit Gewinn produzierbar gehalten wird, die niedrigsten totalen Durchschnittskosten haben, dass dort also das Betriebsoptimum liegt. Der Preis, der den minimalen Durchschnittskosten entspricht, heißt *langfristige Preisuntergrenze* oder *Gewinnschwelle*, weil bei größeren Mengen eine mehr als normale Eigenkapitalverzinsung erreicht werden kann.

Langfristige Preisuntergrenze, Gewinnschwelle

Wie Abbildung 3.9 (→ vgl. S. 181) zeigt, verläuft die Grenzkostenkurve sowohl durch das Betriebsminimum als auch das Betriebsoptimum. Das ist ein rein logisch bedingter Zusammenhang, der sich beweisen lässt, indem man zunächst in allgemeiner Form das Minimum von k^v bzw. k^t ausrechnet und die Koordinatenwerte dann mit den Koordinatenwerten vergleicht, die sich bei Berechnung der Schnittstellen von K' mit k^v bzw. k^t ergeben. Auf diesen Beweis soll hier jedoch verzichtet werden.

Verlauf der individuellen Angebotskurve

Aus den vorstehenden Überlegungen ergibt sich der *Verlauf der individuellen Angebotskurve* des von uns betrachteten Unternehmens: Bei Preisen, die unter der kurzfristigen Preisuntergrenze liegen, hat die Angebotsmenge den Wert 0. Steigt der Preis und wird diese Produktionsschwelle erreicht, springt die Angebotskurve auf die zum Betriebsminimum gehörende Menge, in unserem Beispiel also auf den Wert $x = 4{,}5$. Bei weiter steigenden Preisen gibt die Grenzkostenkurve nun die zum jeweiligen Preis gehörende Menge an. Wird die Kapazitätsgrenze erreicht, verläuft die Angebotskurve senkrecht (im Beispiel bei $x = 50$). Ein solcher Kurvenverlauf ist typisch.

Abb. 3.10 | **Horizontaladdition von Angebotskurven**

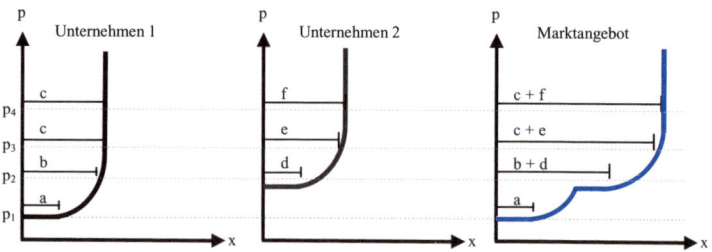

Bisher haben wir uns mit individuellen Angebotskurven befasst. Nun wollen wir uns der *Horizontaladdition von Angebotskurven* zur Ableitung der *Marktangebotskurve* zuwenden. Sie erfolgt analog zur Horizontaladdition von Nachfragekurven, wobei man sich gedanklich aber einen Aufsteigerungsprozess vorstellt. Das geometrische Abbild dieses Aufsteigerungsprozesses ist in *Abbildung 3.10* dargestellt: Stellen wir uns einen Auktionator vor, der mit niedrigen Preisen beginnt und diese langsam steigert. So lange die kurzfristige Preisuntergrenze des Unternehmens 1 noch nicht erreicht ist, hat das Marktangebot den Wert 0. Wird diese Produktionsschwelle erreicht, steigt es auf den Wert a. Danach steigt es entsprechend der Grenzkostenkurve von U_1, bis die kurzfristige Preisuntergrenze p_2 von U_2 erreicht wird. Hier springt es auf den Wert (b + d). Bis zum Preis p_3 steigt es nun entsprechend den aggregierten Grenzkostenkurven der beiden Unternehmen. Bei p_3 hat U_1 seine Kapazitätsgrenze erreicht, und das Marktangebot steigt nun nur noch entsprechend der Grenzkostenkurve von U_2. Bei p_4 schließlich hat auch U_2 seine Kapazitätsgrenze erreicht, und die Marktangebotskurve verläuft nun senkrecht.

Insgesamt gilt somit:

▶ Eine Marktangebotskurve spiegelt die individuellen Angebotskurven wider. Mit steigendem Preis werden die Unternehmen gleichsam nacheinander „angeschaltet".

▶ Eine Marktangebotskurve beginnt mit einem horizontalen Ast (der zur kurzfristigen Preisuntergrenze des kostengünstigsten Unternehmens gehörenden Produktionsmenge) und endet mit einem senkrechten Ast (der aggregierten Produktionskapazität).

▶ Normalerweise können die Marktangebotskurven durch eine steigende Gerade angenähert werden, deren Verlauf vor allem von den Grenzkostenkurven der Unternehmen bestimmt wird.

Unsere bisherigen Überlegungen haben gezeigt, dass die Marktangebotskurve steigt, weil die individuellen Grenzkostenkurven der Anbieter auf Grund des Gesetzes vom abnehmenden Grenznutzen und des Gesetzes vom abnehmenden Grenzertrag wenigstens ab einer bestimmten Produktionsmenge steigen und die Unternehmen außerdem unterschiedlich hohe kurzfristige Preisuntergrenzen haben. Damit können wir ein *erstes Angebotsgesetz* formulieren. Es lautet: Angebotskurven auf Wettbewerbsmärkten verlaufen – von zwei gleich zu erläuternden Ausnahmefällen abgesehen – stets steigend und werden entscheidend vom Verlauf der individuellen Grenzkostenkurven der Anbieter bestimmt.

Die Ausnahmen von diesem Gesetz betreffen zum einen Ein-Mann-Unternehmen und zum anderen Spekulationsfälle. Bei beiden Ausnah-

Horizontaladdition von Angebotskurven

Erstes Angebotsgesetz

men kommt es – wie bei den Ausnahmen vom ersten Nachfragegesetz – zu einer Mischung von Effekten.

Bei *Ein-Mann-Unternehmen* spielt es eine Rolle, dass der Unternehmer/die Unternehmerin (z. B. ein selbstständiger Binnenschiffer oder eine selbstständige Ärztin) nicht nur nach einem möglichst hohen Einkommen strebt, sondern auch Freizeit genießen möchte. Das führt dann häufig dazu, dass ein „angemessenes" Einkommen angestrebt und nach dessen Erreichen mehr Wert auf Freizeit gelegt wird. Steigen die jeweiligen Stundenpreise (Frachtraten/Honorarsätze), kann das Zieleinkommen mit weniger Arbeitsleistung erreicht werden. Deshalb kann es sein, dass eine Erhöhung solcher Unternehmerlöhne zu einem geringeren Arbeitsangebot und damit zu einer invers verlaufenden Angebotskurve führt. Beobachtet worden ist so etwas z. B. bei Partikulieren (= selbstständigen Binnenschiffern) und Truckern, *nicht* jedoch – wie es zunächst vielfach vermutet wurde – in der Landwirtschaft.

Spekulation kann eine ähnliche Rolle wie beim ersten Nachfragegesetz spielen: Glauben Anbieter von lagerbaren Gütern, dass die Absatzpreise steigen werden, und wird diese Erwartung durch einen – wie auch immer bedingten – ersten Preisanstieg „bestätigt", halten sie Güter zurück und verringern so das kurzfristige Angebot (= inverse Reaktion); glauben sie, dass die Preise fallen werden, werden analog dazu Läger zum Teil aufgelöst. Beides sind jedoch nur kurzfristig wirkende Phänomene.

Verschiebung von Angebotskurven

Wenden wir uns nun der Frage der *Verschiebung von Angebotskurven* zu. Solche Kurvenverschiebungen können sich aus der Änderung von Grenzkosten oder aus einer Änderung der Anbieterzusammensetzung ergeben.

Die *Lage von Grenzkostenkurven* hängt entscheidend von zwei Bestimmungsfaktoren ab: den Produktivitäten der eingesetzten Produktionsfaktoren, die bestimmen, wie viele Faktoreinheiten man pro Produktionseinheit benötigt, und den Preisen der Produktionsfaktoren: Kann ein angestellter Krankenpfleger z. B. auf Grund von technischem Fortschritt bei Pflegehilfen pro Stunde 3 statt 2 Patienten pflegen, sinken ceteris paribus die Grenzkosten des Pflegeunternehmens pro Patient; steigt der Lohn des Krankenpflegers, erhöhen sich diese Grenzkosten dagegen. Damit ergeben sich die folgenden beiden Angebotsgesetze.

Zweites Angebotsgesetz

Das zweite Angebotsgesetz ist das *Gesetz des Einflusses von Faktorpreisänderungen*: Erhöhen sich die Preise von Produktionsfaktoren, deren Einsatz mengenabhängig ist, verschieben oder drehen sich Grenzkostenkurven ceteris paribus nach oben. Dies bedeutet, dass die Anbieter vorgegebenen Preisen niedrigere Angebotsmengen zuordnen und dass sich die Marktangebotskurve nach oben verschiebt und/oder dreht. Faktorpreissenkungen haben eine umgekehrte Wirkung.

Das dritte Angebotsgesetz ist das *Gesetz vom Einfluss von Produktivitätsände-rungen*: Erhöhen sich die Produktivitäten von Produktionsfaktoren, deren Einsatz mengenabhängig ist, verschieben oder drehen sich Grenzkosten-kurven ceteris paribus nach unten, weil eine zusätzliche Produkteinheit nun mit einem niedrigeren Faktoreinsatz hergestellt werden kann. Dies bedeutet, dass die Anbieter vorgegebenen Preisen höhere Angebotsmen-gen zuordnen und dass sich die Marktangebotskurve nach unten ver-schiebt oder dreht. Produktivitätssenkungen haben im Prinzip die umge-kehrte Wirkung, spielen in der Realität aber kaum eine Rolle.

Änderungen der Anbieterzusammensetzung wirken sich auf die Lage von Marktangebotskurven aus, weil sich dann die Horizontaladdition än-dert. Hieraus ergeben sich die folgenden Gesetze:

Das vierte Angebotsgesetz ist das *Gesetz vom Einfluss einer verstärkten Bedeu-tung von kostengünstigen Unternehmen*: Steigt in einer Anbieterpopulation der Anteil von Unternehmen mit niedrigeren Grenzkosten, verschiebt oder dreht sich die Marktangebotskurve ceteris paribus nach unten. Eine sol-che Entwicklung ist der Regelfall; umgekehrte Variationen sind denk-bar, spielen in der Realität aber kaum eine Rolle.

Das fünfte Angebotsgesetz ist das *Gesetz vom Einfluss von Erweiterungsinves-titionen und Markteintritten*: Erweitern die auf einem Markt tätigen Unter-nehmen ihre Kapazitäten und/oder treten neue Anbieter zusätzlich in den Markt ein, verschieben und/oder drehen sich Angebotskurven nach unten. Desinvestitionen und Marktaustritte haben eine umgekehrte Wirkung.

Nach der Besprechung der Gesetze sollen nun die *Auswirkungen der Nach-frage- und Angebotsgesetze* besprochen werden. Die Vorhersage solcher Wir-kungen scheint zunächst daran zu scheitern, dass Nachfrage- und Ange-botskurven auf den meisten Märkten (anders als auf Börsen) nicht beobachtbar sind. Man muss nun aber bedenken, dass wir keine quanti-tativen Vorhersagen abgeben wollen (und können) – also nicht prognos-tizieren wollen, dass sich auf einem Markt x ein Preis y und eine Menge z ergeben werden –, sondern nur qualitative Ceteris-paribus-Prognosen darüber, *in welche Richtung* sich unter bestimmten Umständen Preise und Mengen ändern werden. Hierzu unterstellt man in Abwesenheit ent-gegenstehender Informationen, dass – was die Regel ist – die Existenz-und Stabilitätsbedingungen für das Funktionieren des Markträumungs-prozesses erfüllt sind. Unter diesen Umständen verfügen wir – bildlich gesprochen – in unseren Köpfen über Formalmodelle, die es uns erlau-ben, die Änderungsrichtungen von Preisen und Mengen vorherzusagen, die sich beim Eintritt bestimmter sozialer Erscheinungen wie z.B. Fak-torpreiserhöhungen ergeben werden. Wir müssen uns einen Markt da-bei durch normal verlaufende Angebots- und Nachfragekurven wie in

Drittes Angebotsgesetz

Viertes Angebotsgesetz

Fünftes Angebotsgesetz

Auswirkungen der Nachfrage- und Angebotsgesetze

Abbildung 3.11 repräsentiert vorstellen und fragen, welche Kurvenverschiebungen durch ein soziales Ereignis ceteris paribus ausgelöst werden und wie der neue Gleichgewichtspunkt im Verhältnis zum alten liegen wird.

Die beiden Diagramme in Abbildung 3.11 sind an sich unmittelbar verständlich. Gleichwohl sind drei Anmerkungen angebracht:

▶ Man darf – wie schon angedeutet – nur dann von Märkten ausgehen, auf denen die Existenz- und Stabilitätsbedingungen erfüllt sind, wenn man nicht vermutet oder gar weiß, dass dies auf dem gerade betrachteten Markt ausnahmsweise nicht gilt. Über solche Ausnahmefälle werden wir im vierten Kapitel noch sprechen.

▶ Wie sich die Kurven quantitativ exakt verschieben, weiß man wie gesagt nicht. Im Rahmen von qualitativen Analysen spielt das aber auch keine Rolle. Meistens werden sich die Kurven nicht exakt parallel verschieben, sondern gleichzeitig etwas drehen.

▶ Der Anstieg der Branchenlöhne – im Fall (2) der Abbildung 3.11 – könnte zu der Vermutung verführen, dass sich wegen eines steigenden Durchschnittseinkommens auch die Nachfragekurve verschieben müsste. Das ist jedoch nicht der Fall: Die Lohnsumme (das Einkommen der Arbeitnehmer) ist das Produkt aus dem Stundenlohn und der Anzahl der geleisteten Arbeitsstunden. Geht die Stundenzahl wegen des Lohnanstiegs zurück, ist der Effekt auf die Lohnsumme

---

Abb. 3.11 | **Beispiele zur Anwendung von Nachfrage- und Angebotsgesetzen**

Auf einem Markt steigt ceteris paribus (1) der Preis eines Substitutionsgutes und (2) der Stundenlohn der dort beschäftigten Arbeitskräfte. Welche Verschiebungen ergeben sich? Die beiden folgenden Diagramme zeigen, dass im Fall (1) Preis und Menge steigen werden, im Fall (2) dagegen der Preis steigen und die Menge sinken wird.

Fall (1):

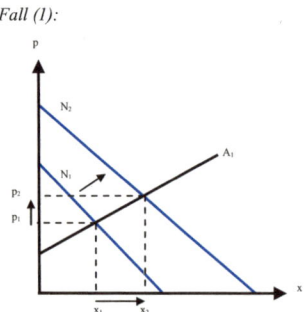

Fall (2):

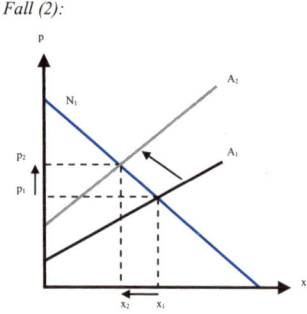

nicht eindeutig. Nimmt man aber einmal an, dass die Lohnsumme stiege, passiert Folgendes (→ vgl. das Kreislaufbild in Abbildung 2.14, S. 88): Ein Teil der erhöhten Lohnsumme muss in Form von Steuerzahlungen an den Staat abgegeben werden, und ein Teil wird gespart. Ein weiterer Teil wird für ausländische Güter ausgegeben (z. B. Ferienreisen), und der Rest wird auf eine große Zahl von Konsumgütern aufgeteilt. Würde ein Bauunternehmer z. B. glauben, dass höhere Löhne für Bauarbeiter zu mehr Nachfrage nach von ihm hergestellten Einfamilienhäusern führen, müsste man ihn wohl als nicht ganz bei Trost bezeichnen. Deshalb muss eine partielle Lohnerhöhung in einer einzelnen Branche in mikroökonomischen Partialanalysen wie der vorstehenden so behandelt werden, dass sie sich nur auf die Lage der Angebotskurve, nicht aber auf die der Nachfragekurve auswirkt.

Bisher haben wir die Reaktionen von Wettbewerbsmärkten in einer Form behandelt, die man *komparativ statisch* nennt. Dies bedeutet, dass wir Gleichgewichtszustände miteinander verglichen haben, die jeweils unterschiedlichen Lagen von Angebots- und/oder Nachfragekurven entsprachen. Außerdem haben wir stets unterstellt, dass die Ceteris-paribus-Klausel gilt, d. h. dass jeweils nur eine einzige Änderung eintritt. In der Realität können nun aber mehrere Änderungen gleichzeitig eintreten, und außerdem treten neue Kurvenverschiebungen oft schon auf, bevor die zuvor angesteuerten Gleichgewichte realisiert sind. Dies bedeutet,

Regelkreisdarstellung der Prozessdynamik

Vereinfachte Regelkreisdarstellung des Markträumungsprozesses | **Abb. 3.12**

Operationalisierung:
Δp = Veränderung des Index der realen Erzeugerpreise. (Deflationierung mit dem Erzeugerpreisindex im verarbeitenden Gewerbe).

Preisänderung Δp

Regler = preissetzende Stellen
Sollwert: $x^D = 0$
$\Delta p = a\, x^D$ (mit $a > 0$)

Regelstrecke = Absatztätigkeit auf dem Markt
$x^D = b\, p + S$ (mit $b < 0$)

Istwert x^D

Operationalisierung:
x^D = Einschätzungsindikator aus Umfragen des ifo Instituts zur Beurteilung von Kapazitätsauslastungsgraden, Lagerbeständen und Lieferfristen.

exogene Gleichgewichtsstörungen
ΔS = alles, was die Lage von Nachfrage und/oder Kostenkurven ändert.

dass Märkte sich zwar nahezu stets auf dem Weg zum Gleichgewicht befinden, dass die Gleichgewichte selbst aber meist nur für kurze Zeitspannen realisiert sind. Dies entspricht den Verhältnissen, wie wir sie bei der thermostatgesteuerten Klimatisierung eines Raumes beobachten können: Entfernt sich die Ist-Temperatur von der eingestellten Soll-Temperatur auf Grund von exogenen Gleichgewichtsstörungen (z. B. einer Außentemperatur, die tiefer als die Soll-Temperatur ist), so stellt der Thermostat eine Soll-Ist-Differenz fest und gibt einen Korrekturbefehl. Märkte regulieren Nachfrage-Angebots-Differenzen auf strukturgleiche Weise und damit so aus, dass man den Ausregulierungsprozess mit nahezu identischen Gleichungen beschreiben kann. Dies ergibt sich, wenn man bedenkt, dass Preise auf Wettbewerbsmärkten ohne staatliche Eingriffe oder kartellarischen Verabredungen nach dem *Preis-Reaktions-Gesetz* stets so variiert werden, wie es die Auktionatorregel angibt. Bei einer Übernachfrage übersteigern sich also die Nachfrager und/oder fordern die Anbieter höhere Preise; bei einem Überangebot unterbieten sich die Anbieter und/oder verlangen die Nachfrager Preisnachlässe. Berücksichtigt man dies,

Abb. 3.13 | **Verlauf des Markträumungsprozesses in der deutschen Maschinenbauindustrie**

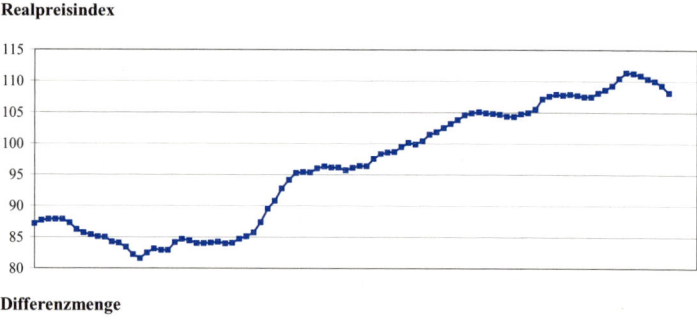

Realpreisindex

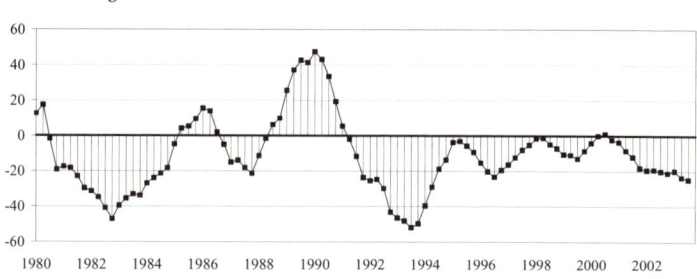

Differenzmenge

kann man die *Dynamik des Markträumungsprozesses* in Form eines *Regelkreises* darstellen, wie er vereinfacht in *Abbildung 3.12* ($\rightarrow$ vgl. S. 189) abgebildet ist. Eine solche Darstellung hat einen großen Vorteil: Während Nachfrage- und Angebotskurven auf den meisten Märkten – anders als auf Börsen – nicht beobachtbar sind, kann man Differenzen zwischen Angebots- und Nachfragemengen (also Werte der Regelgröße „Differenznachfrage") über Befragungen erfassen, wie sie routinemäßig im Rahmen der Konjunkturbeobachtung durchgeführt werden. Dies ermöglicht es zu prüfen, ob von Null verschiedene Differenzwerte – also Abweichungen vom Sollwert für die Regelgröße – korrigierende Preisvariationen hervorrufen. Ist das der Fall, wird die Regelgröße „Differenz- oder Übernachfrage" (x^D) um die Nullachse pendeln. Es gibt eine empirisch anwendbare Testmethodik – das von GROSSEKETTLER [1999, 2005] entwickelte *Koordinationsmängel-Diagnosekonzept* (KMD-Konzept) –, mit dem man überprüfen kann, ob eine solche *kybernetische Stabilisierung* des Ausgleichs von Nachfrage- und Angebotsmengen (d.h. des Wertes $x^D = 0$) auf realen Märkten erreicht wird.[11] *Abbildung 3.13* zeigt, dass dies in der Maschinenbauindustrie tatsächlich der Fall ist: Die Zeitreihe der x^D-Werte pendelt um die Null-Achse. Zu vergleichbaren Ergebnissen kommt man bei der Untersuchung der meisten Markträumungsprozesse.

Koordinationsmängel-Diagnosekonzept, kybernetische Stabilisierung

Der Renditenormalisierungsprozess | 3.3.2

Bei unserer bisherigen Analyse der Funktionsweise von Wettbewerbsmärkten haben wir unterstellt, dass sich die Anbieter auf einem Markt an Änderungen der Marktpreise nur dadurch anpassen können, dass sie den Beschäftigungsgrad und damit auch die Angebotsmenge variieren. Wir haben somit Reaktionen untersucht, die unter der Bedingung vorgenommen werden, dass die Anzahl sowie die technische Ausstattung der Anbieterbetriebe und ihre Größe gegeben sind. In der Sprache der Mikroökonomie bezeichnet man dies als eine Untersuchung von „kurzfristigen" Reaktionen.

Diese Ausdrucksweise ist deshalb berechtigt, weil andere Arten von Reaktionen mehr Zeit beanspruchen: Will man die technische Ausstattung von Betrieben ändern oder will man die Anzahl der Betriebe oder deren Kapazitäten verändern, muss man nämlich Investitionen vornehmen, die auf einen Um- und/oder Ausbau von Betrieben hinauslaufen. Der Umbau kann dabei auch so geartet sein, dass der Betrieb auf andere

---

11 Nähere Informationen zum KMD-Konzept findet man im KMD-WebCenter (www.wiwi.uni-muenster.de/kmd).

Produkte umgestellt wird, d. h. dass ein Anbieter aus dem betrachteten Markt austritt.

Die Zeitspanne, die man benötigt, um die Kapazität von Betrieben durch Aus- oder Umbauarbeiten zu variieren, bezeichnet man als *Ausreifungszeit von Investitionen*. Diese Zeitspanne ist in unterschiedlichen Branchen unterschiedlich lang, bei Atomkraftwerken z. B. unvergleichlich viel länger als im Einzelhandel. Um nicht immer wieder angeben zu müssen, welche Zeitspanne man auf den verschiedenen Märkten meint, hat man sich in der Ökonomie darauf geeinigt, alle diejenigen Reaktionen als kurzfristig zu bezeichnen, die bei „gegebenen" Anbieterbetrieben erfolgen, und alle diejenigen Reaktionen als langfristig zu bezeichnen, die erst in Zeitspannen zum Tragen kommen, welche über die Ausreifungszeit von Investitionen hinausgehen. Langfristreaktionen kennzeichnen infolgedessen nicht eine Zeitspanne, welche in reinen Zeiteinheiten angegeben wird, sondern eine Zeitspanne, von der man sagen kann, dass sie größer ist als diejenige Zeitspanne, die in einer Branche zur Ausreifung von Investitionen und damit zu fühlbaren Variationen der Angebotskapazität benötigt wird.

Während wir bisher Kurzfristreaktionen betrachtet haben, wollen wir uns nun Langfristreaktionen und damit den Prozessen der Renditenormalisierung und Übermachterosion sowie des Produkts- und Verfahrensfortschritts zuwenden. Diese „höheren Marktprozesse" spielen sich – anders als der Markträumungsprozess – nicht direkt „auf" einem Markt in Form einer Interaktion zwischen Anbietern und Nachfragern ab, sondern werden von diesem Interaktionsprozess gleichsam angestoßen: Die Unternehmer verändern in Abhängigkeit von Erwartungen über die zukünftige Geschäftsentwicklung Produktionskapazitäten, Marktstrukturen, Produkte und Produktionstechniken. Zunächst wollen wir fragen, unter welchen Umständen auf Märkten die Kapazitäten aus- oder abgebaut werden und wie dies auf Preise und Mengen wirkt. Eine entscheidende Rolle bei solchen Langfristvariationen spielen Renditesignale. Deshalb wollen wir nun untersuchen, wie Renditesignale wirken und was unter der Kapazitätssteuerung durch Renditesignale zu verstehen ist. Der zugehörige Prozess ist der *Renditenormalisierungsprozess*.

Der Begriff *Rendite* ist aus der Umgangssprache im Zusammenhang mit Wertpapieren bekannt. Man versteht darunter das Verhältnis aus Zinserträgen und eingesetztem Kapital. Ein Wertpapier, das man zu einem Kurs von 100 € gekauft hat und das jährlich Zinserträge in Höhe von 10 € erbringt, wirft eine Rendite von 10 v. H. ab. Allgemein gilt, dass man unter Rendite stets das Verhältnis von Gewinnen und eingesetztem Kapital versteht, wobei das eingesetzte Kapital auch nach Gruppen wie z. B. Eigen- oder Fremdkapital unterschieden werden kann. Bezeichnet

Höhere Marktprozesse

Renditenormalisierungsprozess

Rendite

man die Rendite mit r, den Gewinn mit G und das eingesetzte Gesamtkapital mit C, kann man für die Renditekennziffer die folgende Gleichung aufstellen:

$$r = G/C = (U - K)/C = (px - kx)/C = (p - k) \cdot x/C = (p - k)\pi^C$$

Man ersieht aus dieser Gleichung, dass die Rendite r von drei Größen bestimmt wird: (1) vom Preis eines Gutes, (2) von den totalen Durchschnittskosten seiner Produktion und (3) von der realisierten Kapitalproduktivität. Ceteris paribus gilt dabei, dass die Rendite steigt, wenn der Preis oder die Kapitalproduktivität steigt, und dass die Rendite sinkt, wenn die Durchschnittskosten (z.B. auf Grund von Faktorpreiserhöhungen) steigen. Zu den Durchschnittskosten gehört in ökonomischen Kalkülen auch das entgangene Zinseinkommen, das man erzielt hätte, wenn man sein Kapital an anderer Stelle der Volkswirtschaft eingesetzt hätte, die so genannte „Normalverzinsung des Eigenkapitals". Ermittelt man die Durchschnittskosten in diesem Sinn (was nicht der Umgangssprache entspricht), bezeichnet ein positiver Wert von r in der vorstehenden Formel eine „Überrendite" und damit einen höheren Gewinn als eine Alternativinvestition; ein negativer r-Wert würde dagegen signalisieren, dass man im betrachteten Markt einen vergleichsweise geringen Gewinn (oder sogar einen Verlust) erzielt. Diese Sprechweise verträgt sich nicht ganz mit der Umgangssprache, und in der ökonomischen Literatur ist manchmal auch nicht ganz klar, was gemeint ist. Deshalb wollen wir den Begriff der *Differenzrendite* einführen und folgendermaßen definieren: Die Differenzrendite r^D ist eine Renditekennziffer, die man erhält,

Differenzrendite

▶ wenn man die Differenz aus Preis und Durchschnittskosten (einschließlich von normalen Gewinnen) bildet und sie mit der Kapitalproduktivität multipliziert $[r^D = (p - k)\pi^C]$ oder

▶ wenn man die Gesamtkapitalrendite ohne Normalverzinsung des Eigenkapitals in einem Untersuchungsmarkt U mit der Gesamtkapitalverzinsung ohne Normalverzinsung des Eigenkapitals auf einem Vergleichsmarkt V vergleicht, der für Alternativinvestitionen repräsentativ ist $(r^D = r^U - r^V)$.

Was wird in einem Markt passieren, wenn die Unternehmer feststellen dass z.B. $r^D > 0$ gilt? Die Antwort ergibt sich aus der Gewinnmaximierungshypothese und dürfte unmittelbar einleuchten:

Wer seinen Gewinn maximieren will, muss bei einem Vergleich zweier Investitionsmöglichkeiten immer diejenige Investition vorziehen, die eine höhere Rendite verspricht. Dies gilt jedenfalls dann, wenn das Risiko der Investitionen gleich hoch ist. Anderenfalls ist der sichereren Investition ein Risikozuschlag hinzuzurechnen und danach erneut

Investitionshypothese zu vergleichen. Hieraus ergibt sich die folgende *Investitionshypothese*: Die Kapazitäten auf einem Markt werden von dort bereits vorhandenen und neu in den Markt eintretenden Anbietern ausgebaut, wenn die bei diesem Ausbau erzielbare Differenzrendite r^D höher als Null ist; gilt $r^D = 0$, bleiben die Kapazitäten unverändert, gilt $r^D < 0$ werden sie abgebaut.

Wir wollen nun überlegen, welche Folgen für Preise und Mengen sich auf einem Markt ceteris paribus einstellen, wenn die Kapazitäten durch bereits vorhandene oder auch neu in den Markt eingetretene Anbieter erweitert werden. Das Ergebnis wird unmittelbar deutlich, wenn man sich das vierte und fünfte Angebotsgesetz (→ vgl. S. 187) vor Augen hält: Vermehrt sich die Zahl der Anbieter und/oder vergrößern sich die Kapazitäten der vorhandenen Anbieter, hat dies zur Folge, dass sich die Marktangebotskurve nach unten verschiebt und/oder dreht, was zu einer Preissenkung und einer Mengenausweitung führt. Dieser Effekt wird häufig noch dadurch unterstützt, dass die neu errichteten Kapazitäten besonders produktiv sind und vergleichsweise niedrige Grenzkosten haben und dass sich deshalb in der Anbieterpopulation das Gewicht von Unternehmen mit niedrigeren Grenzkosten verstärkt.

Abb. 3.14 | **Marshallscher Prozess**

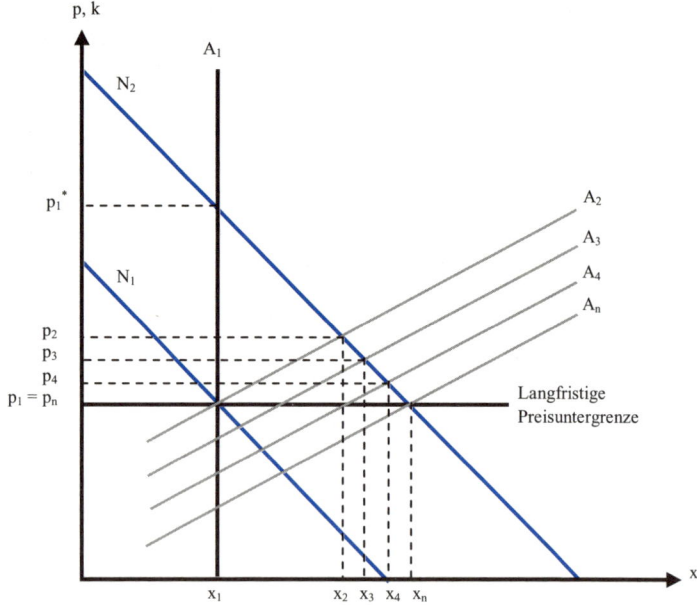

Die vorstehenden Überlegungen kann man zu einem Prozess zusammenfassen, den man nach dem bereits erwähnten englischen Nationalökonomen ALFRED MARSHALL (1842–1924) als *Marshallschen Prozess* bezeichnet. Ein solcher Prozess wird in *Abbildung 3.14* beschrieben.

Ausgangspunkt ist ein Zustand des so genannten *langfristigen Gleichgewichts*. Um diesen idealisierten Zustand zu verstehen, wollen wir uns in einem ersten Gedankenexperiment einmal vorstellen, auf einem Markt träten für lange Zeit keinerlei technische Änderungen auf und behielte die Nachfragekurve ihre Lage bei. Unter diesen Umständen würden die Unternehmer auf ihre Konkurrenten gucken, und diejenigen Unternehmer, die schlechtere Kostenstrukturen haben, würden die Unternehmen mit besseren Kostenstrukturen imitieren. Alle Betriebe würden somit zu Replikaten des kostengünstigsten Betriebs. Nimmt man zusätzlich noch an, dass die einzelnen Betriebe im Verhältnis zum Markt relativ klein sind und dass es deshalb sehr viele Anbieterunternehmen auf dem Markt gibt, kann man sich die langfristige Angebotskurve als eine horizontal verlaufende Verbindungslinie vorstellen, die sich aus den langfristigen Preisuntergrenzen aller Unternehmen zusammensetzt. Diese langfristige Preisuntergrenze oder langfristige Angebotskurve ist in Abbildung 3.14 dargestellt. Der Punkt, an dem diese langfristige Angebotskurve von der Nachfragekurve N_1 geschnitten wird, ist ein langfristiges Gleichgewicht und der Ausgangspunkt unserer Überlegungen. Betrachtet sei ein Markt wie z.B. der für Pflegedienstleistungen, auf dem es keine Lagerbestände gibt. Hier gehen durch den Schnittpunkt der Nachfragekurve mit der langfristigen Angebotskurve zwei kurzfristige Angebotskurven hindurch: zum einem die Angebotskurve A_1 und zum anderen die Angebotskurve A_2. A_1 ist eine Momentanangebotskurve, die zeigt, dass das Angebot in einer ersten, sehr kurzen Zeitspanne nicht ausgeweitet werden kann. A_2 ist dagegen eine Angebotskurve, welche die Reaktionen zeigt, die kurzfristig („bei gegebenem Betrieb") herbeigeführt werden können, indem man z.B. zu Überstunden übergeht und die eigene Produktion bis zur Kapazitätsgrenze ausdehnt.

Nehmen wir nun in einem zweiten Gedankenexperiment an, dass eine Gleichgewichtsstörung eintritt: Die Nachfragekurve auf dem Markt möge sich ceteris paribus stark nach außen verschieben. Dies wird einen Preisanstieg auf p_1^* zur Folge haben. Dieser Preisanstieg führt kurzfristig zu einem Renditeanstieg auf dem betrachteten Markt und damit zu einem positiven Wert von r^D. Dies wird auf unserem Beispielmarkt eine kurzfristig mögliche Angebotsausweitung gemäß der Kurve A_2 zur Folge haben. Dies wiederum bewirkt, dass der Preis auf p_2 fällt und die Menge nunmehr x_2 beträgt. Der Preis ist nun aber immer noch höher als die langfristige Preisuntergrenze, und damit gilt weiterhin $r^D > 0$.

Marginalien:
Marshallscher Prozess

Langfristiges Gleichgewicht

Deshalb werden die Kapazitäten nun ausgeweitet und treten neue Anbieter in den Markt ein. Das führt zu Verschiebungen der jeweiligen kurzfristigen Angebotskurven über A_3 und A_4 auf A_n. Erst im Schnittpunkt von A_n mit der neuen Nachfragekurve N_2 ist wieder ein langfristiges Gleichgewicht erreicht und gilt erneut $r^D = 0$. Anders ausgedrückt: Die von uns betrachtete Störung des langfristigen Ausgangsgleichgewichts hat zunächst zu einer bloßen Preisreaktion geführt. Diese hatte – volkswirtschaftlich gesehen – die Aufgabe, zusätzliche Produktionsfaktoren in den Markt hineinzulocken und eine Kapazitätsanpassung herbeizuführen. Die Überrendite sank deshalb allmählich, war aber solange eine „Über"-Rendite ($r^D > 0$), wie noch zusätzliche Kapazitäten benötigt wurden. Erst danach signalisierte die Rendite, dass die Kapazitätsstruktur wieder normal ist.

Regelkreisdarstellung

Den gleichen Sachverhalt kann man auch wieder mit Hilfe einer Regelkreisdarstellung beschreiben und über das Koordinationsmängel-Diagnosekonzept in einer empirischen überprüfbaren Form darstellen. Eine solche Regelkreisdarstellung des Renditenormalisierungsprozesses findet man in *Abbildung 3.15*. In unserem Beispielfall hatte die Nachfrageerhöhung zu einer exogen bedingten Erhöhung des Wertes von S und damit zu $r^D > 0$ geführt, und dies hatte eine Wachstumsbeschleunigung zur Folge. Eine solche Wachstumsbeschleunigung verschiebt nun aber die Angebotskurve nach unten, und dies führt zu einem Fallen des Prei-

Abb. 3.15 | **Vereinfachte Regelkreisdarstellung des Renditenormalisierungsprozesses**

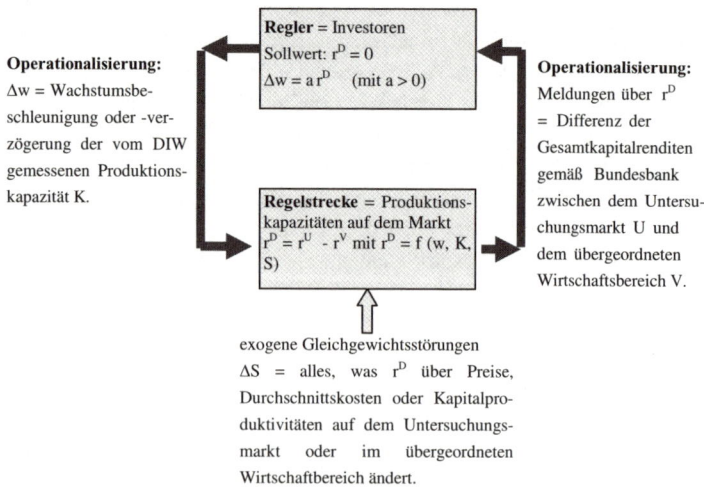

Verlauf des Renditenormalisierungsprozesses in der deutschen Maschinenbauindustrie

Abb. 3.16

Kapazitätswachstumsrate in v.H.

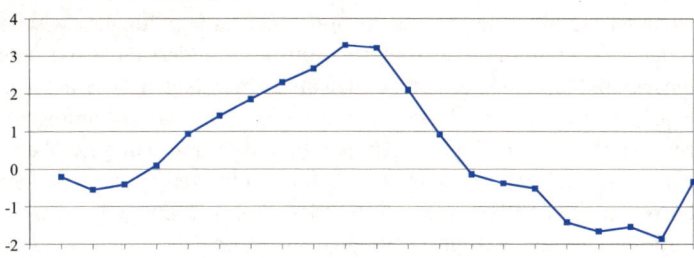

Differenzrendite in v.H.

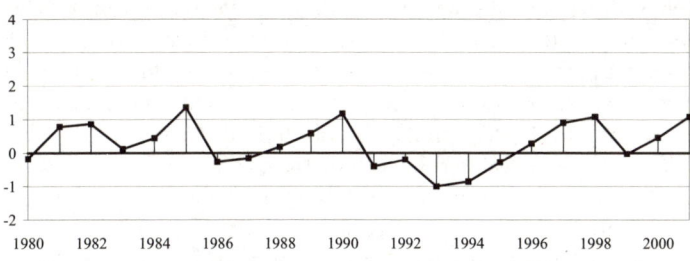

ses und damit von r^D. Diese Reaktionen werden in verschiedenen Selbstregulierungsrunden solange anhalten, bis der Sollwert $r^D = 0$ wieder erreicht ist. Eine exogene Gleichgewichtsstörung, die zu einem von Null verschiedenen Wert von r^D führt, löst also „automatisch" Korrekturmaßnahmen aus, welche über eine Beschleunigung oder Verzögerung des Kapazitätswachstums wieder zur Normalrendite zurückführen. Wir können folglich erwarten, dass die auf einem Markt beobachtbare Differenzrendite um den Wert Null herum schwankt.

Am Beispiel der deutschen Maschinenbauindustrie – deren Reaktionen typisch für die meisten Märkte sind – wird in *Abbildung 3.16* gezeigt, dass dies in der Realität tatsächlich der Fall ist: Man sieht, dass sich der Wert der Differenzrendite r^D immer wieder seinen Sollwert Null nähert, und man kann in etwa auch erkennen, dass dies über Veränderungen der Kapazitätswachstumsrate erfolgt.

Renditenormalisierungsprozess in der Maschinenbauindustrie

3.3.3 Vermaschung von Marktprozessen und Märkten

Aus dem eben betrachteten Beispiel dürfte schon deutlich geworden sein, dass die Regelkreise für die Markträumung und für die Renditenormalisierung nicht isoliert reagieren, sondern dass sie – wie man sagt – miteinander verlinkt oder vermascht sind, d. h. dass Kopplungen zwischen ihnen existieren: Der Markträumungsprozess schildert die Reaktionen, die wir auf Märkten kurzfristig und damit bei gegebenen Kapazitäten beobachten können. Gleichgewichtsstörungen beim Markträumungsprozess führen zu Nachfrage-Angebots-Differenzen und damit zu Werten der Übernachfrage, die sich vom Sollwert Null unterscheiden. Sie lösen korrigierende Preisbewegungen aus. Diese Preisbewegungen gehen nun ihrerseits als kurzfristige Gleichgewichtsstörungen in den Renditenormalisierungsprozess ein und provozieren hier langfristig korrigierende Variationen der Kapazitätswachstumsrate. Da dies zu Angebotskurvenverschiebungen führt, ergibt sich eine Rückwirkung auf den Markträumungsprozess. Der Markträumungsprozess und der Renditenormalisierungsprozess interagieren also miteinander, und zwar solange, bis sowohl für die Regelgröße x^D als auch für die Regelgröße r^D jeweils der Sollwert Null realisiert worden ist. Da das Erreichen dieser Sollwerte im Allgemeinen aber durch erneute exogene Störungen beim Markträumungs- und beim Renditenormalisierungsprozess verhindert wird, stellen wir bei beiden Prozessen ständige Schwankungen um den Sollwert herum fest.

Dies gilt jedenfalls solange, wie keine Funktionsstörungen eintreten, solange die Regelkreise also funktionsfähig sind. Bei der Klimatisierung eines Raumes würde eine Funktionsstörung z. B. eintreten, wenn der Thermostat mechanisch beschädigt wird; beim Markträumungsprozess liegt eine Funktionsstörung vor, wenn die Bedingungen für seine Funktionsfähigkeit nicht (mehr) erfüllt sind, wenn der Staat also z. B. einen Festpreis setzt und die Preise deshalb nicht mehr nach der Auktionatorregel variiert werden. Beim Renditenormalisierungsprozess würde eine Funktionsstörung z. B. dann eintreten, wenn der Staat ein Investitionsverbot erließe, wie wir es aus manchen Bereichen der EU-Landwirtschaft kennen. Ein trübes Kapitel in dieser Hinsicht sind in unbedachter Weise vergebene Subventionen für Industrien, die – wie etwa die Kohle- oder die Stahlindustrie – nicht genügend Nachfrage am Markt finden und an sich Kapazitäten abbauen müssten. Solche Subventionen werden gerne mit der Bekämpfung von Arbeitslosigkeit begründet. Sie führen volkswirtschaftlich aber letztlich zu mehr statt zu weniger Arbeitslosigkeit. Das ist der Fall, weil die Steuern zur Finanzierung der Subventionen auch von Unternehmen aufgebracht werden müssen, die an sich wettbewerbsfähige Arbeitsplätze bereitstellen könnten, denen wegen der Steuerzahlung nun aber die Finanzierungsmittel und die Anreize dafür fehlen.

Die Markträumungs- und die Renditenormalisierungsfunktion sind Grundaufgaben für das Funktionieren von Marktwirtschaften. Darüber hinaus verlangen wir von Märkten aber auch die Erfüllung der Übermachterosions- sowie der Produkt- und Verfahrenfortschrittsfunktion. Diese weiteren Funktionen werden in der Literatur mit Recht sogar als besonders wichtig angesehen, und ihre vergleichsweise gute Erfüllung gilt als besonderer Vorzug einer marktwirtschaftlichen Ordnung: Der „ökonomische Jurist" F. Böhm (1895–1977) hat z. B. in vielen seiner Schriften immer wieder darauf hingewiesen, dass die Marktwirtschaft an sich ein großartiges System der *Machtteilung* sei, dass man diese Funktion allerdings bewusst bewahren (d. h. vor Kartellierungs- und Konzentrationstendenzen schützen) müsse. Und der „ökonomische Philosoph" F.-A. von Hayek (1899–1992) hat immer wieder betont, dass eine Marktwirtschaft ein *Entdeckungsverfahren* sei, welches in vielen Köpfen verteiltes Wissen nutzbar mache und über Experimente noch dazu neues Wissen schaffe. Auch die Erfüllung der Übermachterosions- sowie der Produkt- und Verfahrensfortschrittsfunktion lässt sich mit Hilfe von Regelkreisen beschreiben und mittels des Koordinationsmängel-Diagnosekonzepts empirisch überprüfen. Detailliert kann dies in diesem Basics-Buch noch nicht dargestellt werden. Es sei aber einmal anhand von Beispielen angedeutet, wie diese weiteren Formen von Selbstregulierungsprozessen funktionieren.

Ende des 19. Jahrhunderts hatten z. B. viele Landhändler *Übermachtpositionen* den Landwirten gegenüber, und zwar einmal bei der Zulieferung von Vorprodukten und einmal bei der Abnahme von Endprodukten. Die Landwirte haben darauf so reagiert, dass sie Beschaffungs- und Absatzgenossenschaften gegründet haben. Dadurch haben sie den monopolistischen Landhändler gleichsam einen Konkurrenten auf den Hals gehetzt. Dies hat dazu geführt, dass sie anschließend zu Preisen beliefert wurden, die denen auf Wettbewerbsmärkten ähnelten. Eine Übermachtposition (= Regelgröße) hat in diesem Beispiel über eine endogene Reaktion (Veränderung einer Stellgröße) also dazu geführt, dass die Marktstruktur so verändert wurde, dass die Übermachtposition ausgehöhlt wurde. Es gibt weitere Beispiele für empirisch beobachtbare Übermachterosionsprozesse; auf vielen Märkten funktioniert dieser Prozess aber nicht gut und auf manchen gar nicht.

Übermachterosionsprozess

Den *Produktfortschritt* kann man messen, indem man feststellt, wie häufig in einem Markt neue Produkte entwickelt werden und wie gut diese bei den Nachfragern ankommen, d. h. wie groß der durchschnittliche

Produktfortschrittsprozess

Marktanteil eines neuen Produktes ist. Insgesamt ist der Marktanteil aller neuen (d. h. in den letzten drei bis fünf Jahren entwickelten) Produkte deshalb ein Maß für den Produktfortschritt. Diese Maßzahl kann man mit dem Marktanteil neuer Produkte in einem besonders fortschrittlichen ausländischen Vorbildmarkt vergleichen. Wenn ein solcher Vergleich zu dem Ergebnis führt, dass es im Inland einen Fortschrittrückstand gibt, sind die Absatzpositionen der inländischen Unternehmen gefährdet. Das wird sie dazu veranlassen, ausländische Produkte zu analysieren und zu imitieren und ihre eigenen Forschungsanstrengungen zu intensivieren. Ein Fortschrittsrückstand führt in solchen Fällen also zu Korrekturmaßnahmen, die diesen Fortschrittsrückstand wieder beseitigen. Auch dieser Regelkreisprozess lässt sich mit Hilfe des KMD-Konzepts empirisch überprüfen. In den bisherigen Analysen hat sich gezeigt, dass die Fortschrittsrückstände meist abgebaut werden.

Verfahrensfortschritts-prozess

Beim *Verfahrensfortschritt* verhält es sich ähnlich. Verfahrensfortschritte sind auf Kostensenkungen gerichtet. International gesehen können die Unternehmen heute Vorprodukte meist zu vergleichbaren Preisen einkaufen. Unterschiede bestehen zum einen bei den Steuern, die sie zahlen müssen, und zum anderen bei den Arbeitskosten. Beides kann zu einer Abwanderung von Unternehmen ins Ausland führen. Bei den Arbeitskosten gibt es aber auch eine andere Reaktionsweise: Treiben die inländischen Arbeitskosten die totalen Durchschnittskosten über den Vergleichswert ausländischer Vorbildunternehmen, kann man eigene Rationalisierungsanstrengungen verstärken. Auf diese Art und Weise führt dann eine ungünstige Lohnstückkostendifferenz dazu, dass sich die Arbeitsproduktivität erhöht und damit die Rückständigkeit im Bezug auf die Produktionsverfahren wieder verringert wird. Auch hier lässt sich also wieder ein regelkreisartiger Selbstregulierungsprozess beobachten und mit Hilfe des KMD-Konzepts auf Funktionsfähigkeit überprüfen. In vielen Branchen gelingt der Abbau von überhöhten Kosten durch Rationalisierung; in manchen Branchen müssen allerdings auch (Teile von) Produktionen ins Ausland verlagert werden.

Die Übermachterosions-, Produktfortschritts- und Verfahrensfortschrittsprozesse sind mit dem Markträumungs- und dem Renditenormalisierungsprozess ebenfalls vermascht. Solche Kopplungen gibt es aber nicht nur zwischen den Prozessen ein und desselben Marktes sondern auch zwischen denen verschiedener Märkte. Das haben schon die Nachfragegesetze über Auswirkungen einer Variation von Substitutions- oder Komplementärgüterpreisen gezeigt. Eine weitere Kopplung verläuft über die so genannte *abgeleitete Nachfrage*. Hierunter versteht man die Nachfrage nach Produktionsfaktoren und Zwischenprodukten, wel-

Abgeleitete Nachfrage

che bei der Produktion von Endnachfragegütern eingesetzt werden. Im Beispiel unserer Gewinnmaximierungsaufgabe haben wir gesehen, dass ein Unternehmer auf Wettbewerbsmärkten den für ihn vorgegebenen Preisen entsprechend seiner Grenzkostenfunktion bestimmte Produktionsmengen zuordnet. In einer Grenzkostenfunktion spiegeln sich Produktivitäten und Faktorpreise wider. Man kann also sagen, dass sich die Nachfrage nach Produktionsfaktoren bei gegebenen Grenzproduktivitäten und Faktorpreisen aus der Nachfrage nach Produkten ableiten lässt und dass Produkt- und Faktormärkte über abgeleitete Nachfragekurven miteinander verkoppelt sind. Insgesamt wird damit deutlich, dass nicht nur die einzelnen Prozesse, die auf einem ganz bestimmten Markt ablaufen, ein vermaschtes Regelkreissystem darstellen, sondern dass die verschiedenen Märkte untereinander ebenfalls vermascht sind. Hierfür nun ein Verlinkungsbeispiel. Angenommen, der Preis für Erdöl steigt, weil Erdölanbieter ein Kartell zur Erhöhung solcher Preise gebildet haben. Was wird dies für Folgen auslösen?

Verlinkungsbeispiel

Nun, als erstes werden wir bei allen Produktionsprozessen, bei denen Erdöl eingesetzt wird (also z. B. in der Chemie- und in der Mineralölindustrie) eine Verschiebung/Drehung von Grenzkosten- und damit auch Angebotskurven nach oben beobachten. Dies hat zur Folge, dass die jeweiligen Produktpreise steigen und die Produktmengen sinken. Gleichzeitig verschlechtert sich auf Grund der erhöhten Kosten die Gewinn- und Renditesituation, und dies führt dazu, dass ceteris paribus das Kapazitätswachstum reduziert oder sogar negativ wird. Damit ist der Prozess aber noch nicht beendet. Es gibt ja Substitutionsgüter für Öl, z. B. Kohle. Wenn der Preis eines Substitutionsgutes steigt, verschiebt sich die Nachfragekurve auf einem betrachteten Markt – hier dem Kohlemarkt – nach außen. Dies bedeutet eine Preiserhöhung und damit gleichzeitig einen Anreiz zum Ausbau der Kohlekapazitäten in Ländern, die billige Kohle anbieten. Dies wird nach einiger Zeit das Kohleangebot erhöhen und den Kohlepreis wieder ein wenig sinken lassen. Weitere Reaktionen treten hinzu: Mit Hilfe von Erdöl wird z. B. Benzin hergestellt, das nun – wie geschildert – teurer wird. Dies hält die Autofahrer an, weniger zu verbrauchen und damit auch weniger zu fahren. Dies wirkt sich wiederum auf die Nachfrage nach Autos und auf die daraus abgeleitete Nachfrage nach Vorprodukten von Automobilen aus. Außerdem regt der gestiegene Komplementärgüterpreis die Automobilhersteller an, nach Möglichkeiten zur Produktion verbrauchsärmerer Motoren zu suchen. Insgesamt sehen wir also, dass die exogene Preisvariation vielfältige Änderungen in der Struktur der Nachfrage, der Produktion und der Kapazitäten auslöst. Das ist der Fall, weil Reaktionen von Substitutions- und Komplementärgüterpreisen, Verschiebungen bei abgeleiteten Nachfragekurven und Kostenkurven sowie Anreize zum Ersatz zu teuer gewordener Güter wie Links zwischen den Märkten wirken. Dies hat zur Folge, dass der gesamte Preismechanismus in einer Marktwirtschaft wie ein mehrfach rückgekoppeltes biologisches Regelkreissystem arbeitet. Höchst bemerkenswert dabei ist, dass all dies „automatisch" verläuft, dass kein Eingreifen des Staates und damit der Verwaltung erforderlich ist und dass man auch nicht zu wissen braucht, wie die *quantitativen* Zusammenhänge zwischen den verschiedenen Prozessen beschaffen sind. Kurz kann man dies auch so ausdrücken, dass die Kompetenzverteilung sowie der Strom der Lenkungssignale und Anreize in einer Marktwirtschaft dafür sorgen, dass nicht nur Konsum, Produktion und Kapazitäten aufeinander abgestimmt werden, sondern dass auch eine freiheitserhaltende Machtverteilung in der Volkswirtschaft erreicht und ein Entdeckungsverfahren für neue Produkte und Produktionsmöglichkeiten aktiviert wird. Dies spricht für eine gute Erfüllung der Koordinationsaufgaben. Bevor ein Gesamturteil darüber gefällt werden kann, muss aber noch auf die Rolle des Staates in einer Marktwirtschaft eingegangen werden. Dies geschieht in den Kapiteln 4 (→ vgl. S. 205) und 5 (→ vgl. S. 263).

Zusammenfassung

In Abschnitt 3.3 haben wir uns mit der Ex-post-Koordination von Wirtschaftsplänen in einer Marktwirtschaft befasst. Diese kann auf zwei Weisen dargestellt werden: (1) über einen Vergleich von Gleichgewichtswerten, die sich kurz- und langfristig auf Märkten einstellen und in qualitativer Form in Marktdiagrammen mit Nachfrage- und Angebotskurven gezeigt werden können; und (2) mit Hilfe von Regelkreisdarstellungen, in denen gezeigt wird, dass die Sollwerte „Ausgleich von Nachfrage- und Angebotsmengen", „Normalisierung der Rendite- und Kapazitätsstruktur" sowie „Beseitigung von Produkt- oder Verfahrensrückständen" immer wieder über regelkreisartige Rückkopplungsprozesse kybernetisch stabilisiert werden. Das System der Märkte und der auf ihnen ablaufenden und untereinander vermaschten Prozesse gleicht somit einem mehrfach rückgekoppelten biologischen Regelkreissystem, das „automatisch" – d. h. ohne Eingreifen des Staates – abläuft. Dass dies nicht nur eine theoretische Fiktion ist, lässt sich mit Hilfe des Koordinationsmängel-Diagnosekonzepts überprüfen und in Form von Zeitreihen sichtbar machen. KMD-Analysen zeigen, dass die meisten Marktprozesse funktionsfähig sind und dass die realisierten Werte der Regelgrößen deshalb immer wieder um ihre Sollwerte herumpendeln.

Noch nicht gezeigt wurde, welche rechtlichen Rahmenbedingungen geschaffen werden müssen, damit solch ein Selbstregulierungssystem entsteht und seine Funktionsfähigkeit erhalten bleibt. Dies ist Gegenstand des nächsten Kapitels.

Kontrollfragen und Aufgaben

1 Auf einem funktionsfähigen Wettbewerbsmarkt für ein inferiores Gut treten nacheinander ceteris paribus folgende Ereignisse ein:
   a) Einige Anbieter gehen in Konkurs,
   b) das Einkommen der Konsumenten steigt,
   c) die Anbieter führen kostensparende Verfahrensinnovationen durch,
   d) bisher bestehende Importbeschränkungen werden aufgehoben,
   e) die regionale Geburtenrate verdoppelt sich und
   f) der Preis eines Substitutionsgutes steigt.
   Skizzieren Sie mit Hilfe von Marktdiagrammen die auftretenden Änderungen.

2 CDs und DVDs sind zum Teil gegenseitig austauschbar. Welche Änderung tritt nach dem Gesetz vom Einfluss von Substitutionsgüterpreisen auf dem CD-Markt ein, wenn sich DVDs auf Grund von staatlichen Zuschüssen ceteris paribus verbilligen? Beantworten Sie diese Frage grafisch und verbal mit Hilfe des Zweiten Gossenschen Gesetzes. Nehmen Sie hierbei an, dass der Einkommenseffekt kleiner ausfällt als der Substitutionseffekt.

3 Ceteris paribus werden bei einer Senkung des CD-Preises von 1,20 € auf 0,80 € statt bisher 160 Mio. nun 240 Mio. CDs gekauft. Diese Preissenkung führt auf dem DVD-Markt zu einem Nachfragerückgang um 10 v.H. Berechnen Sie die Preiselastizität der Nachfrage nach CDs und die Kreuzpreiselastizität der Nachfrage nach DVDs und kommentieren Sie die Ergebnisse.

4 Auf dem betrachteten CD-Markt, auf dem eine sehr hohe Wettbewerbsintensität herrscht, sind 26 Anbieter tätig, die zwei unterschiedliche Produktionstechniken anwenden. Die CDs werden jeweils in Paketen zu 100 Stück abgepackt. Die Marktnachfragefunktion für diese CD-Pakete lautet: $N = 200 - 0,5x$. Die Anbieter 1 bis 10 produzieren diese CD-Pakete mit Gesamtkosten i.H.v. jeweils $K_1 = 5x^2 + 40x + 8$, die Anbieter 11 bis 26 hingegen mit Gesamtkosten i.H.v. jeweils $K_2 = 4x^2 + 80x + 5$. Ermitteln Sie die Marktangebotskurve sowie den Marktpreis. Welche Menge wird der einzelne Anbieter anbieten? Wie hoch sind seine Kosten und sein Gewinn?

5 Auf Grund neuerer medizinischer Erkenntnisse ändern sich ceteris paribus die Geschmacksvorstellungen der Konsumenten. Hühnereier werden vermindert nachgefragt. Skizzieren Sie für diesen Fall den Marshallschen Prozess auf dem Markt für Hühnereier.

Literatur

Eine komparativ-statische Darstellung der Herausbildung von kurz- und langfristigen Gleichgewichten in Marktwirtschaften findet man in allen Einführungslehrbüchern und Lehrbüchern zur Mikroökonomik, z. B. bei SCHUMANN/MEYER/STRÖBELE [1999].
Die Funktionsweise der Markträumungs-, Renditenormalisierungs-, Übermachterosions-, Produktfortschritts- und Verfahrensfortschrittsprozesse in Marktwirtschaften als Regelkreise und die Möglichkeiten der Überprüfung der Funktionsfähigkeit dieser Regelkreise werden in GROSSEKETTLER [1999; 2005] erläutert.

Grundprobleme einer Wirtschaftsverfassung für die Soziale Marktwirtschaft

4

Übersicht

Im Kapitel 2 wurden die Verhaltensdispositionen und Institutionen analysiert, die in allen Wirtschaftsordnungen eine Rolle spielen. Im Kapitel 3 wurden dann die Grundzüge der Funktionsweise von Wirtschaftsordnungen besprochen, die wir in Deutschland zu verschiedenen Zeiten und in verschiedenen Regionen beobachten konnten. Anders als bei der Sozialistischen Zentralverwaltungswirtschaft und der Organisierten Verbandswirtschaft wurde bei der Kapitalistischen Marktwirtschaft – weil vorerst nur unvollständig besprochen – noch keine Beurteilung der Koordinationseffizienz vorgenommen. Schon die bisherige Besprechung deutet aber darauf hin, dass eine marktwirtschaftliche Ordnung vergleichsweise gut funktioniert und deshalb erstrebenswert erscheint. Damit erhebt sich die Frage, wie man – ausgehend von einer anderen Wirtschaftsordnung – zu einer marktwirtschaftlichen Ordnung gelangt und wie man dafür sorgen kann, dass diese funktionsfähig bleibt und dass auch wirklich alle Koordinationsaufgaben erfüllt werden. Diese Fragen sollen nun untersucht werden. Wir gehen dabei von der Tatsache aus, dass Wirtschaftsordnungen in einem gewissen Umfang bewusst geschaffen werden müssen (alle entwickelten europäischen Länder sind z. B. bewusst von einer mittelalterlichen Zunftordnung zu einer Marktwirtschaft übergegangen). Es muss also eine wirtschaftspolitische Grundentscheidung gefällt werden. Deshalb soll zunächst untersucht werden, wie die Grundstruktur wirtschaftspolitischer Entscheidungen beschaffen ist (→ vgl. Abschnitt 4.1). Im Anschluss daran werden die Transformationsprobleme skizziert, die entstehen, wenn man (1) von einer mittelalterlichen Zunft- zu einer Marktwirtschaft, (2) von einer Kapitalistischen Zentralverwaltungswirtschaft zu einer Marktwirtschaft und (3) von einer Sozialistischen Zentralverwaltungswirtschaft zu einer Marktwirtschaft übergehen will (→ vgl. Abschnitt 4.2, S. 215 ff.). Diese Transformationsprobleme haben sich in Deutschland (1) im 19. Jahrhundert, (2) nach dem Zweiten Weltkrieg in Westdeutschland und

(3) nach der Wiedervereinigung gestellt. Hieran schließen sich Überlegungen zur nachhaltigen Sicherung der Funktionsfähigkeit einer Marktwirtschaft an (→ vgl. Abschnitt 4.3, S. 226 ff.). Es wird deutlich werden, dass man auf allen Märkten gegen Tendenzen zur Machtkonzentration kämpfen und mit Blick auf die Arbeits-, Kapital-, und Außenhandelsmärkte sowie die Märkte für Unternehmensstandorte besondere Vorkehrungen treffen muss (→ vgl. Abschnitt 4.4, S. 234 ff.). Hierbei wird auch auf die Unterscheidung von Markt- und Staatsversagen eingegangen (→ vgl. Abschnitt 4.5, S. 258 ff.). Im fünften Kapitel (→ vgl. S. 263 ff.) wird schließlich gezeigt werden, dass es ohne den Einsatz staatlicher Machtmittel manche Märkte überhaupt nicht gäbe oder dass sie jedenfalls in ihrer Entwicklung stark behindert wären. Hier wird dann auch ein Gesamturteil zur Funktionsfähigkeit von Marktwirtschaften gefällt.

4.1 Struktur wirtschaftspolitischer Probleme

Unterstellt man, dass ein Land – wie Deutschland – eine Demokratie ist, haben wirtschaftspolitische Entscheidungen und damit auch die Grundentscheidung für den Übergang zu einer marktwirtschaftlichen Wirtschaftsordnung eine Struktur, wie sie in *Abbildung 4.1* dargestellt ist. Die dort genannten Problemfelder sollen nun besprochen werden. Für ihre ordnungskonforme (marktwirtschaftliche) Lösung und damit die rahmenrechtlichen Programmierung einer guten Wirtschaftspolitik lassen sich Grundregeln ableiten, die man als **Postulate der ökonomischen Theorie des Wirtschaftsverfassungsrechts (ÖTW)** (→ Glossar) bezeichnen kann.

Ökonomische Theorie des Wirtschaftsverfassungsrechts (ÖTW)

Zielproblematik

Die *Zielproblematik* besteht darin, dass entschieden werden muss, wer in einem Wirtschaftssystem Ziele setzen darf. In Bezug auf diese Frage wurde schon im Abschnitt 2.1.1 (→ vgl. S. 28 ff.) darauf hingewiesen, dass in Marktwirtschaften die Entscheidungen über die Umsetzung von Bedürfnissen in Bedarf bei Individualgütern in der Regel von den Bürgern selbst, bei wichtigen Kollektivgütern dagegen von den Politikern gefällt werden. Das Problem ist jedoch vielschichtiger. Zum einen muss geregelt werden, wer in Zweifelsfällen über die *Kompetenzkompetenz* verfügen soll, entscheiden zu dürfen, was die Bürger und was die Politiker für Rechte haben und ob Grenzen für Verhaltensweisen (ein *Regulierungsrahmen*) gesetzt werden sollen. In Demokratien liegt die Kompetenzkompetenz beim Parlament, das in seiner Entscheidungsfreiheit allerdings durch das Verfassungsrecht eingeschränkt wird. (Dass es in föderalistischen Staaten wie Deutschland mehrere Parlamente gibt, kann im Folgenden vernachlässigt werden.) Diejenigen Entscheidungsaufgaben, die das Parlament dem Staat zuordnet, bilden die Gesamtheit der Probleme der *Wirtschaftspolitik i. w. S.* Innerhalb dieses wirtschaftspolitischen Bereichs kann man in Marktwirtschaften zwei Teilbereiche unterscheiden: die der Wirtschaftspolitik i. e. S. und die der Finanzpolitik: Die **Wirtschaftspolitik i. e. S.** (→ Glossar) umfasst alle Entscheidungen zur Konstruktion eines Rahmens für Marktprozesse und für Eingriffe in diese Prozesse. Hauptakteure in diesem Feld sind die Wirtschaftsministerien.

Die **Finanzpolitik** (→ Glossar) umfasst alle Entscheidungen, welche die Ausgaben und Einnahmen öffentlicher Haushalte betreffen. Hauptakteure in diesem Feld sind die Finanzministerien und Kämmereien.

Von den Entscheidungen über wirtschafts- und finanzpolitische Zielsetzungen muss man in einem *Rechtsstaat* verlangen, dass sie in *legaler Weise* zustande kommen, dass also alle einschlägigen Rechtsvorschriften beachtet werden. Dies garantiert aber noch nicht, dass die Zielsetzungen auch *legitim* (d. h. sachgerecht) sind. Es kommt z. B. häufig vor, dass das Parlament der staatlichen Verwaltung Aufgaben überträgt, die besser von Marktprozessen erledigt werden könnten, oder dass der Staat Marktprozesse durch Eingriffe verzerrt, die besser unterblieben wären, aber gut organisierten Gruppen nützen. So etwas kann letztlich nur durch eine öffentliche Diskussion verhindert werden, die darauf drängt, dass der Staat sich auf Aufgaben beschränkt, die für *alle* Bürger wünschenswert sind (Gemeinwohlaufgaben) *und* die nicht allein über Marktprozesse erledigt werden können. Dies zu verlangen, liegt insbesondere angesichts der Verführbarkeit von Politikern und ihrer Kurzfristorien-

Marginalien: Wirtschaftspolitik i. w. S. — Wirtschaftspolitik i. e. S. — Finanzpolitik — Gemeinwohlaufgaben

---

Struktur wirtschaftspolitischer Probleme | Abb. 4.1

Sollwerte
Zielproblematik

Träger der Wirtschaftspolitik
Trägerproblematik

Mitteleinsatz
Mittelproblematik

Zustands- und Entwicklungsbeschreibung
Mess- und Prognoseproblematik

Reaktionen der Wirtschaftssubjekte
Reaktionsproblematik

Störgrößen

tierung auf die jeweils nächsten Wahlen im wohlverstandenen Langfristinteresse aller Bürger. *Partikularziele* von Gruppen und *Individualziele* einzelner Bürger sollten im Sinne des Subsidiaritätsprinzips jedenfalls dann von Gruppen bzw. Individuen realisiert werden, wenn keine Hemmnisse (wie z. B. zu hohe Transaktionskosten) existieren, die eine staatliche Hilfe erforderlich und allgemein wünschenswert erscheinen lassen.

Ist eine Entscheidung über das Setzen eines Zieles gefallen (ist also z. B. entschieden worden, dass für Geldwertstabilität gesorgt werden soll), muss das zunächst nur mit einem vagen Begriff bezeichnete Ziel im Zuge einer *Zieloperationalisierung* konkretisiert werden, damit der vorgesehene Träger genau weiß, was er erreichen soll. Ein Ziel zu operationalisieren heißt zweierlei: Man muss (1) einen Maßstab festlegen (z. B.: „Das Ausmaß der Geldentwertung soll mit Hilfe eines Verbraucherpreisindex festgestellt werden, der zeigt, ob und wie sich der Kaufpreis für einen typischen Warenkorb verändert"). Außerdem muss man (2) eine Markierung auf diesen Maßstab kennzeichnen (z. B.: „Die Veränderungsrate des Verbraucherpreisindex soll x v. H. betragen oder zwischen x und y v. H. liegen oder wenigstens x v. H. oder höchstens x v. H. betragen").

Aus den vorstehenden Überlegungen zu den Staatsaufgaben in einer Marktwirtschaft und der Notwendigkeit einer Zielkonkretisierung zur Förderung der Überprüfbarkeit politischen Handelns folgt ein *Erstes Postulat der ÖTW*: Der Staat soll sich auf die Realisierung von Gemeinwohlaufgaben beschränken und die Verwirklichung von Partikular- und Individualzielen (Zwangs-)Vereinen und Individuen überlassen. Außerdem soll er alle seine Ziele operationalisieren, d. h. in überprüfbarer Weise formulieren.

Die *Trägerproblematik* besteht darin festzulegen, wer für die Realisation eines wirtschaftspolitisch beschlossenen Ziels verantwortlich sein soll. Das Parlament als Auftragnehmer (Agent) der Bürger (Prinzipale) kann nicht alles selbst machen und muss deshalb seinerseits als Prinzipal tätig werden und verschiedene Arten von Trägern (Agenten) beauftragen. Dies sind:

▶ die *Regierung*, welche mit der so genannten *unmittelbaren Verwaltung* (den Ministerien und ihrem Unterbau) als Erfüllungsgehilfen die Menge aller *abhängigen Träger* umfasst. Bei ihnen darf im Rahmen des Rechts auch in Einzelfallentscheidungen eingegriffen werden (Rechts- und Fachaufsicht).

▶ die so genannte *mittelbare Verwaltung*, die vor allem das *Selbstverwaltungsrecht der Kommunen* umfasst und darüber hinaus aus *Zwangsgenossenschaften* (wie z. B. den Sozialversicherungsträgern oder Wasserverbänden) besteht, die für bestimmte, gesetzlich abgegrenzte Gruppen Sonderaufgaben erledigen müssen. Die mittelbare Verwaltung gehört zu

Marginal notes:
Zieloperationalisierung
Erstes Postulat der ÖTW
Trägerproblematik
Abhängige Träger
Unabhängige Träger

den *unabhängigen Trägern*, denen Ziele und Mittel politisch vorgegeben werden, bei denen aber nicht in Einzelfallentscheidungen eingriffen werden darf (nur Rechtsaufsicht).

▶ für die Allgemeinheit tätige *selbstständige Sonderbehörden*, die ebenfalls zu den *unabhängigen Trägern* zählen (d. h. denen nur Ziele und Mittel vorgegeben werden, die im Einzelfall aber selbstständig entscheiden). Hierzu zählen vor allem die Gerichte, die Europäische Zentralbank und – in Deutschland – die Bundesbank, die Rechnungshöfe und das Bundeskartellamt.

Neben diesen *offiziellen Trägern* der Wirtschaftspolitik gibt es *inoffizielle Träger*, die – wie Gewerkschaften oder Unternehmerverbände – nicht durch Wahlen von den Bürgern kontrolliert werden und legal auch keine wirtschaftspolitischen Entscheidungen fällen können, die aber gleichwohl über eine starke Stellung im Feld der wirtschaftspolitischen Willensbildung verfügen, weil sie die offiziellen Träger beeinflussen können. | Inoffizielle Träger

Angesichts der Vielzahl dieser Träger besteht die Trägerproblematik darin, für bestimmte Entscheidungen den jeweils am besten geeigneten Träger zu finden. Für die Auswahl gibt es ökonomisch zweckmäßige Regeln (z. B. das Subsidiaritätsprinzip oder – umfassend – die Ziel-Mittel-Träger-Regel [ZMT-Regel, GROSSEKETTLER, 2003, S. 624 f.]. Diese Regeln führen zu einem *Zweiten Postulat der ÖTW*, das sich mit der Ziel-Mittel-Träger-Zuordnung befasst und ein Handeln nach der ZMT-Regel verlangt. Seine Erläuterung macht allerdings komplizierte Vorüberlegungen erforderlich, auf die hier nicht eingegangen werden kann. In Deutschland sind die Lösungsmöglichkeiten für die Ziel-Mittel-Träger-Zuordnungsproblematik zum Teil durch das Grundgesetz eingegrenzt worden. So müssen Aufgaben von nur lokaler Bedeutung z. B. den Gemeinden überlassen werden, während die Bildungspolitik eine Domäne der Länder und die Verteidigungspolitik eine Domäne des Bundes ist. | Zweites Postulat der ÖTW

Die *Mittelproblematik* besteht darin, dass ein Instrument gesucht werden muss, mit dem ein in Rede stehendes Ziel in effizienter Weise realisiert werden kann. *Effizienz* verlangt ein optimales Nutzen-Kosten-Verhältnis; die Forderung nach Effizienz als Maßstab für den Einsatz von Mitteln ist in vielen Bereichen (z. B. dem des Erlassens von Gesetzen) aber nicht unmittelbar anwendbar. Deshalb greift man zu drei Hilfsmaßstäben für Effizienz, die einfacher anwendbar sind, weil sie lediglich Richtungs- und Rangfolgeaussagen verlangen: | Mittelproblematik

Genügt ein ins Auge gefasstes Instrument x dem *Grundsatz der Effektivität*, d. h. (1) löst sein Einsatz einen in die richtige Richtung gehenden *Anstoßeffekt* aus (*Impulsrichtungsbedingung*) und (2) wird die Zielmarke auch tat- | Effektivität sächlich erreicht (*Impulssuffizienzbedingung*)? Die Beantwortung dieser Fragen verlangt die Anwendung ökonomischen Fachwissens, ist also keine politische Frage, die – wie die Frage, ob ein Ziel überhaupt realisiert werden soll – über Abstimmungen geklärt werden könnte. Die Forderung nach Effektivität zeigt gleichzeitig, dass Wirtschaftspolitik zur Wirtschaftstheorie in einem Verhältnis steht, das dem Verhältnis von Technik zu den Naturwissenschaften gleicht: Techniker untersuchen, wie die Gesetze der Natur, die z. B. von Physikern entdeckt worden sind, zur Erreichung von menschlichen Zielen eingesetzt werden können, z. B. zum Bau sicherer und schneller Flugzeuge. Genau so sollten es die Politiker – unterstützt von Wirtschaftswissenschaftlern – eigentlich auch tun; häufig verhalten sie sich leider anders.

Erforderlichkeit

Außerdem muss geklärt werden, welches der Mittel x, y, z nicht nur effektiv ist, sondern auch dem *Grundsatz der Erforderlichkeit* genügt. Der Einsatz eines Instruments ist erforderlich, wenn das Mittel im Vergleich zu anderen effektiven Mitteln die niedrigsten Kosten aufweist. Die Beantwortung dieser Frage verlangt keine quantitative Kostenschätzung, sondern nur eine Schätzung der Kostenrangfolge und ist ebenfalls vor allem eine fachwissenschaftliche Frage. Sie kann allerdings auch Werturteile beinhalten. Letzteres liegt daran, dass ein Mitteleinsatz vielfach nicht nur *Hauptwirkungen*, sondern auch *Nebenwirkungen* verursacht, d. h. dass andere Ziele negativ betroffen werden und damit die (politische) Frage der Auswahl von Zielen tangiert wird.

Verhältnismäßigkeit

Schließlich muss ein Mitteleinsatz dem *Grundsatz der Verhältnismäßigkeit* genügen. Verhältnismäßig ist ein Instrument, wenn der Nutzen des Einsatzes nicht kleiner als die damit verbundenen Kosten ist. Dies bedeutet, dass es Ziele geben kann, die – obwohl höchst wünschenswert – nicht realisiert werden können, weil die Kosten höher als der Nutzen wären. Viele Politiker betonen oft nur, wie wünschenswert es wäre, ein bestimmtes Ziel zu erreichen. Aus ökonomischer Sicht muss man aber immer auch die Kosten im Auge behalten.

Drittes Postulat der ÖTW

Damit ergibt sich als *Drittes Postulat der ÖTW*: Als *Mittel der Wahl* sollte stets dasjenige Instrument ausgesucht werden, dass den Grundsätzen der Effektivität, Erforderlichkeit und Verhältnismäßigkeit genügt. Da ein legitimer Instrumenteneinsatz die Funktionsweise der Wirtschaftsordnung verbessern soll, ist dabei auf eine Minimierung der Reibungswiderstände (Transaktionskosten) von effizienzverbessernden Prozessen (wie z. B. funktionalen Marktprozessen) und eine Maximierung von Reibungswiderständen für dysfunktionale Prozesse (wie z. B. eine Kartellbildung) zu zielen. Da Marktprozesse ein Entdeckungsverfahren darstellen, sollen im Falle von Eingriffen in diese Prozesse möglichst keine Verhaltensweisen vorgeschrieben werden (z. B. Einbau eines Katalysators vom

Typ x), sondern sollen lediglich Verhaltensgrenzen gesetzt werden (z. B. das Einhalten von bestimmten Emissionsgrenzwerten). Das stimuliert die Suche nach besonders kostengünstigen Formen der Zielrealisation.

Die Gesamtheit der Mittel, die dem Staat zur Lösung wirtschafts- und finanzpolitischer Probleme zur Verfügung stehen, kann man nach verschiedenen Gesichtspunkten unterscheiden. Eine häufig gebrauchte, aber nicht unmittelbar verständliche Einteilung ist die in ordnungs- und prozesspolitische Mittel. **Ordnungspolitik** (→ Glossar) wird vom Parlament betrieben und durch Richterrecht ergänzt und umfasst den Kranz aller wirtschaftsverfassungsrechtlichen Maßnahmen, durch die mit Hilfe von Gesetzen Kompetenzen verteilt, Informationsflüsse erzeugt und Anreize zur Lenkung von Wirtschaftsprozessen gesetzt werden. Da Ordnungspolitik das Erlassen und Verändern von Gesetzen umfasst, ist sie stets auf eine unbestimmte Vielzahl von Anwendungsfällen gerichtet. **Prozesspolitik** (→ Glossar) wird dagegen von der Regierung und der Verwaltung betrieben und ist auf die Anwendung von Gesetzen in einem Einzelfall oder das Ergreifen von Maßnahmen in einer bestimmten Situation gerichtet, zu denen Regierung und Verwaltung gesetzlich ermächtigt sind. Beispiele für ordnungspolitische Maßnahmen sind der Erlass des Gesetzes gegen Wettbewerbsbeschränkungen (Wirtschaftspolitik i. e. S.) oder des Haushaltsgrundsätzegesetzes (Finanzpolitik). Beispiele für prozesspolitische Maßnahmen sind die Festlegung eines bestimmten Zinssatzes durch die EZB, die Entscheidung über einen Subventionsantrag oder der Beschluss zum Bau einer Autobahn. Bei manchen Entscheidungen ist die Unterscheidung zwischen Ordnungs- und Prozesspolitik unklar: Entscheidet das Bundeskartellamt z. B., dass die Unternehmen x, y, z ein Kartell verbotener Art gegründet haben und deshalb bestraft werden, ist das zweifellos eine Einzelfallentscheidung auf der Basis eines Gesetzes und damit Prozesspolitik. Gleichzeitig kann mit dieser Entscheidung wie beim Richterrecht aber eine Rechtsklärung verbunden sein, und dies wäre dann Ordnungspolitik. Viele Ökonomen reservieren den Begriff der Ordnungspolitik deshalb für qualitative Maßnahmen (wie das Erlassen von Gesetzen) und den Begriff der Prozesspolitik für Maßnahmen quantitativer Art wie das Setzen von Zinssätzen oder das Verausgaben von Geldmitteln. Der Ausdruck „ordnungspolitisch" wird außerdem häufig in einem normativen Sinn gebraucht. Wer z. B. sagt, ein Gesetz sei „ordnungspolitisch falsch", meint damit, dass die Funktionsfähigkeit der Wirtschaftsordnung durch das Gesetz nicht verbessert, sondern verschlechtert werde.

Ebenfalls nicht unmittelbar verständlich ist der Begriff *Strukturpolitik*. Als „Struktur" bezeichnet man sich nur langsam ändernde Verhältnisse von Teilen zu einem Ganzen, also z. B. den Anteil der Wertschöpfung eines

Ordnungspolitik

Prozesspolitik

Strukturpolitik

Industriezweiges am BIP oder den Anteil des Einkommens in einer Region am Nationaleinkommen. Strukturpolitik umfasst deshalb die Gesamtheit aller Maßnahmen, durch die Strukturveränderungen angestoßen, beschleunigt, abgebremst oder angehalten werden. *Industrie- oder Branchenstrukturpolitik* richtet sich z. B. auf die Entwicklungsbedingungen für bestimmte Wirtschaftszweige, *Regionalpolitik* auf die Entwicklungsbedingungen bestimmter Regionen in Deutschland oder der EU. Da es bei der Strukturpolitik um Einflussnahme auf die Geschwindigkeit von Strukturveränderungsprozessen geht, könnte man sie auch als „Politik zur Regelung der Veränderungsdynamik" bezeichnen. Dieser Ausdruck ist in der ökonomischen Literatur nicht üblich, und das Problem einer Einflussnahme auf Strukturveränderungsgeschwindigkeiten wird auch nur sehr oberflächlich diskutiert. Es ist gleichwohl ein echtes Problem: Die Lebenserfahrung zeigt, dass zu hohe wirtschaftliche Veränderungsgeschwindigkeiten dazu führen können, dass sich die Bürger eines Landes überfordert und bedroht fühlen und hierdurch eine Nutzeneinbuße erfahren. Dies bedeutet, dass man sowohl zu niedrige Strukturveränderungsgeschwindigkeiten auf Grund der damit verbundenen BIP-Einbußen als auch zu hohe Strukturveränderungsgeschwindigkeiten auf Grund der damit verbundenen Ängste vermeiden und nach einem Optimum suchen sollte. Dies Problem ist wie gesagt noch nicht gründlich diskutiert worden. Politische Möglichkeiten zur Verlangsamung von Strukturveränderungen sind noch dazu mit der Gefahr verbunden, dass sie lediglich dazu benutzt werden, überkommene Machtstellungen wirtschaftlicher und politischer Art zu konservieren. Diese Gefahr hat z. B. in der Praxis der Regionalpolitik eine Rolle gespielt (→ vgl. Abschnitt 4.4.4, S. 256 ff.).

Reaktionsproblematik

Die *Reaktionsproblematik* soll zunächst an einem physiotechnischen Beispiel erläutert werden. Will man mit einem Schiff ein Ziel ansteuern, legt man einen bestimmten Kurs und eine bestimmte Geschwindigkeit fest. Treten nun exogene Störungen auf (wechselnde Einflüsse von Wind und/oder Strom), muss man darauf mit korrigierenden Ruder- und/oder Maschinenbefehlen reagieren. Je nach Art der Turbulenzen, in die man gerät, können drei Arten von Reaktionsproblemen auftreten: (1) Strom und Wind wirken im Zeitablauf gleichartig und sind beherrschbar; dann kann man auf die konstant bleibenden Kursabweichungen mit konstant bleibenden Korrekturbefehlen reagieren (also z. B. einen Vorhalt einkalkulieren). (2) Strom und Wind treten in wechselnden Kombinationen und Stärken auf, sind insgesamt aber beherrschbar; dann kann man auf eine bestimmte Auslenkung vom Kurs nicht mit immer gleichen Kommandos reagieren, sondern muss (und kann) jeweils situationsgerechte Befehle geben. (3) Strom und Wind treten in wechselnden Richtungen und Stärken auf, und die Frequenz der in jedem Moment andersartigen Störungsimpulse überschreitet die Geschwindigkeit, mit der Korrekturreaktionen wirksam werden. Dann werden Kurs und Fahrt des Schiffes unkontrollierbar.

Analoges kann sich auch im Bereich der Soziotechnik und hier speziell der Wirtschafts- und Finanzpolitik ergeben. Man hat Anfang der 70er Jahre z. B. geglaubt, dass der Staat Konjunkturschwankungen (d. h. nachfrageseitig bedingte Schwankungen des Auslastungsgrades des Produktionspotenzials) über eine so genannte antizyklische Finanzpolitik weitgehend verhindern könne. Dies hat sich aus verschiedenen Gründen als falsch erwiesen (→ vgl. Abschnitt 5.3, S. 273 ff.). Eine wichtige Rolle hierbei spielen Verzögerungen bei politischen Reaktionen auf Auslastungsgradschwankungen und beim Wirksamwerden von ergriffenen Gegenmaßnahmen. Solche Wirkungsverzögerungen können in bestimmten Bereichen der Wirtschafts- und Finanzpolitik eine beachtliche Länge aufweisen. Bis sich z. B. eine Änderung in der Rentengesetzgebung voll auf die Bestandsfähigkeit eines Altersicherungssystems auswirkt, können Jahrzehnte vergehen, und in dieser Zeitspanne können viele weitere exogene Störungen auftreten.

Dies bedeutet, dass man zur Vermeidung von abrupten (und damit besonders schmerzlichen) Änderungen *rechtzeitig* reagieren muss und dass die Wirtschaftspolitik i.w.S. stetig und berechenbar bleiben muss, um die Erwartungsunsicherheit der Wirtschaftssubjekte zu reduzieren. Das *Vierte Postulat der ÖTW* lautet deshalb: Um Erwartungen zu stabilisieren, Wirkungsverzögerungen Rechnung zu tragen und unnötige private Verhaltensänderungen als Störquellen auszuschalten, muss die Wirtschaft- und Finanzpolitik rechtzeitig reagieren und stetig und berechenbar sein.

Viertes Postulat der ÖTW

Die *Mess- und Prognoseproblematik* ergibt sich zum einen daraus, dass viele wirtschafts- und finanzpolitische Ziele noch nicht so operationalisiert worden sind, dass es keinen Streit darüber geben kann, ob ein Ziel realisiert ist und wie groß gegebenenfalls das Ausmaß der Zielverfehlung ist. Es ist z. B. unbestritten, dass es technischen Fortschritt bei Produkten und Produktionsverfahren geben soll. Die Feststellung von Maßen für die Fortschrittsrate ist aber objektiv schwer, und die Messvorschriften sind z. T. umstritten. Deshalb ist es z. B. nur in Grenzen möglich, eine allseits anerkannte Antwort auf die Frage zu geben, ob die Fortschrittlichkeit der deutschen Industrie im Vergleich zu der anderer Staaten als befriedigend bezeichnet werden kann.

Mess- und Prognoseproblematik

Hinzu tritt ein weiteres Problem, das auf unvermeidlichen Reaktionsverzögerungen bei der Behebung von Problemen beruht und bei längeren Reaktionsverzögerungen zur Folge haben kann, dass man – wie vom Vierten Postulat der ÖTW schon gefordert – *präventiv* tätig werden muss statt *reaktiv*: Benötigt man Jahrzehnte, um die Fehlentwicklungen bei Alterssicherungssystemen zu kurieren, kann man damit nicht erst anfangen, wenn ein System unmittelbar vor der Illiquidität steht. Das setzt dann aber voraus, dass man zukünftige Gefährdungen rechtzeitig erkennt, und dies erfordert wiederum die Abgabe von *Prognosen*. Die Prognosen, die hier benötigt werden, sind keine Ceteris-paribus-Prognosen (wie beim Testen von erfahrungswissenschaftlichen Gesetzen), sondern *Totalprognosen*, die alle wichtigen Einflussgrößen zu berücksichtigen versuchen. Ebenso wie Chemiker und Physiker den Zustand der Erdatmosphäre in zehn Jahren nur dann vorhersagen können, wenn sie von bestimmten (plausiblen) Annahmen ausgehen (z.B. der Annahme, dass zwischenzeitlich kein weltweiter ABC-Waffen-Krieg stattfindet), können auch Ökonomen nur solche *bedingten Prognosen* abgeben. Dabei unterscheidet man zwei Prognosetypen:

Status-quo-Prognosen und Ziel-Projektionen

Status-quo-Prognosen bauen auf plausiblen Annahmen wie vor allem der auf, dass sich eine Volkswirtschaft – abgesehen von vorhersehbaren Änderungen – normal (d.h. trendmäßig) weiterentwickelt. Sie versuchen also, die wahrscheinlichste Entwicklung unter der Bedingung vorherzusagen, dass keine völlig unerwarteten Ereignisse auftreten und der Staat sich wie bisher verhält. *Ziel-Projektionen* bauen dagegen auf Status-quo-Prognosen auf und unterstellen zusätzlich, dass der Staat Maßnahmen ergreift, um unerwünschte Abweichungen von einem Ziel zu korrigieren, und dass diese Maßnahmen innerhalb der Prognoseperiode in einem bestimmten Umfang wirksam werden.

Im Rahmen der Konjunkturberichterstattung werden z.B. vom SACHVERSTÄNDIGENRAT und den großen Wirtschaftsforschungsinstituten regelmäßig Status-quo-Prognosen aufgestellt und Projektionen für die Entwicklung der stabilitätspolitischen Ziele bei verschiedenen Politikvarianten simuliert. Auch die Stabilitätsberichte, welche die Mitgliedsstaaten der Europäischen Währungsunion turnusmäßig bei der EU-Kommission abliefern müssen, sind Ziel-Projektionen. Status-quo-Prognosen und Ziel-Projektionen sind erfahrungsgemäß (leider) häufig

Fünftes Postulat der ÖTW

falsch. Hieraus folgt ein *Fünftes Postulat der ÖTW* für die rahmenrechtliche Programmierung einer guten Wirtschaftspolitik: All das, was man über regelkreisartige Selbstregulierungsmechanismen regeln kann (d.h. über eine schnell wirkende Ex-post-Korrektur) sollte man auch so regeln; auf prognosegestützte Ex-ante-Maßnahmen sollte man sich nur verlassen, wenn es unumgänglich ist.

Damit ist die Struktur wirtschaftspolitischer Probleme für ein Basics-Lehrbuch hinreichend genau beschrieben, und wir können uns nun den Transformationsproblemen zuwenden, die beim Übergang zu einer marktwirtschaftlichen Ordnung auftreten.

Wege zur Sozialen Marktwirtschaft | 4.2

Wege zu einer Marktwirtschaft wurden in Deutschland wie gesagt dreimal beschritten: (1) im 19. Jahrhundert bei der Transformation einer teils feudalistischen, teils kameralistischen Wirtschaft in eine Freie Marktwirtschaft, (2) nach dem Zweiten Weltkrieg in Westdeutschland von einer Kapitalistischen Zentralverwaltungswirtschaft in die Soziale Marktwirtschaft und (3) nach der Wiedervereinigung von der Sozialistischen Zentralverwaltungs- in die Soziale Marktwirtschaft. Wir besprechen zunächst den Übergang im 19. Jahrhundert.

Der Übergang in die *Freie Marktwirtschaft des 19. Jahrhunderts* erfolgt zeitlich schwerpunktmäßig im Anschluss an die Napoleonischen und die Befreiungskriege (1807–1815) und verlief in den verschiedenen deutschen Territorialstaaten zeitverschoben und nicht völlig einheitlich. Er soll hier am Beispiel der *Preußischen Reformen* geschildert werden, die untrennbar mit den Namen der Minister KARL FREIHERR VON UND ZUM STEIN (1757–1831) und KARL AUGUST FÜRST VON HARDENBERG (1750–1822) verbunden sind. Der Transformationsprozess in Preußen kann durch *drei Merkworte* gekennzeichnet werden: (1) Bauernbefreiung, (2) Gewerbe-, Handels- und Vertragsfreiheit sowie (3) Verwaltungs- und Streitkräftereform.

Transformation der mittelalterlichen Wirtschaft in eine Freie Marktwirtschaft

Die *Bauernbefreiung* erfolgte nach Vorläuferbewegungen im 18. Jahrhundert vor allem durch königliche Edikte von 1807 und 1811, zog sich aber bis etwa 1850 hin. Durch sie wurden die Erbuntertänigkeit der Bauern und die Patrimonialgerichtsbarkeit der Grundherrn aufgehoben. Die Bauern wurden damit zu freien Eigentümern ihrer nun auch handelbaren landwirtschaftlichen Grundstücke. Sie mussten zur Ablösung der bisherigen Abgabepflichten aber Zinsen auf den Kapitalwert dieser Schulden zahlen. Da Kleinbauern diesen Pflichten oft nicht nachkommen konnten, kam es zu einem Konzentrationsprozess (dem so genannten *Bauernlegen*), der einerseits zur Herausbildung wettbewerbsfähiger landwirtschaftlicher Betriebe in Bauernhand, andererseits aber auch zur Entwicklung adeligen Großgrundbesitzes und zur Freisetzung von bisher in der Landwirtschaft beschäftigten Arbeitskräften führte. Verbunden mit dieser Bauernbefreiung war eine Aufteilung der Allmenden (Weideland im Gemeinbesitz) und der markgenossenschaftlichen Rechte (wie z.B. des Rechts, in herrenlosem Land an der Gemeindegrenze Torf stechen zu dürfen).[12]

Bauernbefreiung

---

12 Welche Probleme im Zuge der Bauernbefreiung im Einzelnen gelöst werden mussten und wie sich der FREIHERR VON UND ZUM STEIN auf seinem eigenen Land (entgegen seiner sonst sehr liberalen Einstellung) verhielt, zeigt KREUTZKAMP [2003] am Beispiel der Bauernbefreiung auf Cappenberg.

Gewerbe-, Handels-
und Vertragsfreiheit

Gewerbe-, Handels- und Vertragsfreiheit wurden durch weitere Edikte zur Aufhebung von Innungs- und Zunftzwang, von Bann- und Monopolrechten sowie von Beschränkungen der Berufs- und Gewerbefreiheit und durch das Gewerbesteuergesetz von 1810 eingeführt [REUTER, 1997]. Durch Handels- und Zollgesetze wurde in Preußen ein freier Binnenhandel ermöglicht, durch bilaterale Abkommen und den *Deutschen Zollverein* von 1834 innerhalb Deutschlands auch ein weitgehend freier Außenhandel. Ein Abbau von vertragshemmenden Transaktionskosten und damit die Nutzbarmachung von Vertragsfreiheit wurde zunächst durch das Allgemeine Preußische Landrecht (1794) und ab der Reichsgründung von 1871 dann auch durch die Kodifikation weiterer Teile des Wirtschaftsrechts herbeigeführt, insbesondere aber durch die Schaffung des BGB von 1900; auf der anderen Seite kam es im letzten Drittel des 19. Jahrhunderts – wie dargestellt – zu neuen Formen des Protektionismus und zu einer verstärkten Kartellierung, vor allem auch auf Grund des schon erwähnten Reichsgerichtsurteils zur Zulässigkeit von Kartellen.

Verwaltungs- und
Streitkräftereform

Im Zuge der Verwaltungs- und Streitkräftereform wurde das Prinzip der *kommunalen Selbstverwaltung* eingeführt (Städteordnung von 1808). Außerdem wurde die Staatsverwaltung in fünf klassische Ministerien für Inneres, Auswärtiges, Finanzen, Justiz und Krieg zusammengefasst und ein Ministerrat unter dem Vorsitz des Staatskanzlers geschaffen.

Der Kriegsminister HERMANN VON BOYEN (1771–1848), der Generalfeldmarschall AUGUST GRAF NEIDARDT VON GNEISENAU (1760–1831) und der General GERHARD VON SCHARNHORST (1755–1813) führten die allgemeine Wehrpflicht und die Öffnung der Offizierslaufbahn für alle Bürger sowie die Besetzung der Offiziersstellen nach dem Leistungsprinzip ein. Außerdem wurde mit der Gründung der Berliner Universität (1809, heute Humboldt-Universität) unter dem Kultusminister KARL WILHELM FREIHERR VON HUMBOLDT (1767–1835) eine Bildungs- und Wissenschaftsreform eingeleitet, die sich als wichtig für das Wachstum der deutschen Wirtschaft und die Entwicklung Deutschlands zum Industrieland erweisen sollte.

Insgesamt stellen die preussischen Reformen eine „Revolution von oben" mit dem Ziel der Schaffung einer *Freien Marktwirtschaft* im Rahmen einer konstitutionellen Monarchie dar, bei der sich die treibenden Kräfte in der hohen Ministerialbürokratie in einem nicht unerheblichen Ausmaß von den Ideen ADAM SMITHS leiten ließen. Eine Beurteilung der Koordinationseffizienz der Freien Marktwirtschaft abzugeben, ist aber außerordentlich schwer, weil in der damaligen Zeit relativ wenige statistische Unterlagen gesammelt wurden (es gab z. B. noch keine VGR), weil die Transformationsprozesse in verschiedenen Teilen Deutschlands zu verschiedenen Zeiten erfolgten und weil Ende des 19. Jahrhunderts das ungeplante Hinübergleiten in eine zunächst nur kartellierte und dann mehr und mehr verbandswirtschaftlich koordinierte Wirtschaft erfolgte. Von Intellektuellen wurden und werden die sozialen Leistungen der Freien Marktwirtschaft in der Zeit der Industriellen Revolution oft in abschreckender Weise dargestellt. Man kann aber nicht leugnen, dass in dieser Zeit erstmals in der Geschichte das „eherne Lohngesetz" (→ vgl. Kapitel 2.3, S. 111 ff.) gesprengt wurde, dass Deutschlands Aufstieg zum Industriestaat erfolgte und dass die Wurzeln für eine gewaltige Wohlstandssteigerung in allen Schichten gelegt wurden [REICHEL, 1994].

Die Transformation der mittelalterlichen Wirtschaft in die Freie Marktwirtschaft wurden von den SMITHSchen Ideen zwar geleitet; es gab aber weder eine bewusste Anwendung von Transformationsprinzipien noch Institutionen zur Stabilisierung der transformierten Wirtschaftsordnung. Dies stellt einen Unterschied zu den nun zu besprechenden anderen beiden Transformationsprozessen dar, die zur Sozialen Marktwirtschaft führten.

Im ersten Kapitel dieses Buches wurde bereits darauf hingewiesen, dass WALTER EUCKEN (1891–1950) einer der Gründungsväter der Sozialen Marktwirtschaft war. Er hat zusammen mit dem Juristen FRANZ BÖHM (1895–1977) eine dazu passende Wirtschaftsverfassung in dem Sinn entworfen, dass er Prinzipien für ihre Gestaltung ausgearbeitet hat [EUCKEN, 1990, S. 254–324]. EUCKEN und BÖHM bildeten zusammen mit ihren Schülern die so genannte *Freiburger Schule*, die wiederum zusammen mit der so genannten *Kölner Schule* von ALFRED MÜLLER-ARMACK (1901–1978) und seinen Schülern zur Gruppe der *Ordoliberalen* (i. w. S.) zusammengefasst werden kann und einen sehr starken Einfluss auf LUDWIG ERHARD (1897–1977) ausübte, den ersten Bundeswirtschaftsminister (1949–1963).[13] Die Ordoliberalen trafen schon im Krieg in Zusammenarbeit mit der Widerstandsgruppe um CARL GOERDELER (1884–1945) Vorbereitungen für einen marktwirtschaftlichen Wiederaufbau, und MÜLLER-ARMACK hat unmittelbar nach Kriegsende Grundsatzschriften hierzu vorgelegt. So hatten EUCKEN und BÖHM zusammen mit dem Juristen HANS GROSSMANN-DOERTH (1894–1944) ab 1937 eine Schriftenreihe zur „Ordnung der Wirtschaft" herausgegeben, in der wirtschaftsverfassungsrechtliche Probleme erstmalig aus rechts- *und* wirtschaftswissenschaftlicher Sicht behandelt wurden, und MÜLLER-ARMACK [1947] hat 1947 ein Buch über „Wirtschaftslenkung und Marktwirtschaft" veröffentlicht, mit dem auch die Be-

Transformation der Kapitalistischen Zentralverwaltungswirtschaft in die Soziale Marktwirtschaft

---

13 Zu Details und Literaturhinweisen hierzu sowie zum Folgenden vgl. GROSSEKETTLER [1997]. EUCKEN und ERHARD wurden für ihre Leistungen – für Ökonomen ganz außergewöhnlich – an ihren hundertsten Geburtstagen u. a. mit Sonderbriefmarken geehrt.

zeichnung *Soziale Marktwirtschaft* für die angestrebte Deutsche Wirtschaftsordnung geschaffen wurde.

Der Begriff „ordoliberal" ist nicht unmittelbar verständlich. Die hierdurch bezeichneten Ökonomen hatten auf die Entwicklung der Sozialen Marktwirtschaft aus zwei Gründen einen erheblichen Einfluss: (1) weil die Verbände in der Gründerzeit dieser Wirtschaft noch schwach waren (die Industrie hatte mit HITLER zusammen gearbeitet und musste deshalb vorsichtig auftreten, und die Gewerkschaften waren unter HITLER verboten und mussten sich erst neu formieren) und (2) weil die ordoliberalen Fachleute es waren, die gegen HITLER Partei ergriffen hatten und daher das Vertrauen der Alliierten genossen. Deshalb soll nun erst einmal herausgearbeitet werden, was diese Schule von Ökonomen von anderen Liberalen im ökonomischen Sinn trennt.

Als „liberal" (im ökonomischen, nicht im politischen Sinn) bezeichnet man alle Ökonomen, die für eine marktwirtschaftliche Ordnung und möglichst viel wirtschaftliche Freiheit eintreten. Als *Grundregel des ökonomischen Liberalismus* gilt, dass der Bürger als ursprünglicher Träger aller wirtschaftlichen Rechte anzusehen ist und dass vom Staat verlangt wird, dass er für die Beschränkung wirtschaftlicher Freiheiten „gute Gründe" in Form von Verweisen auf Gemeinwohlverletzungen anführen muss. Anders ausgedrückt: Die ökonomische Freiheit soll unter der Nebenbedingung der Wahrung von Mindeststandards für Gemeinwohlziele maximiert werden. Eine „Beschränkung" wirtschaftlicher Freiheiten liegt auch vor, wenn der Staat wirtschaftliche Entscheidungskompetenzen an sich zieht und die Bürger insoweit entmachtet.

Ökonomischer Liberalismus

Im Hinblick auf die Möglichkeiten zur Umsetzung dieser Maxime kann man drei Gruppen von Vertretern des ökonomischen Liberalismus unterscheiden: Altliberale, Sozialliberale und Ordoliberale.

Altliberale halten Tendenzen zur Wettbewerbsbeschränkung für gering und verlangen, dass sich ein Staat, der wirtschaftliche Freiheiten einschränken will, auf Folgendes berufen kann:

Altliberale

▶ auf das Vorliegen von Marktversagen in dem Sinn, dass es systematische Hemmnisse für das Entstehen von Märkten oder das Funktionieren von Marktprozessen gibt,

▶ darauf, dass Verhaltensbeschränkungen in Form von verbietenden Gesetzen formuliert werden, die keine Ausnahmen kennen und möglichst ermessensfrei angewendet werden können, und

▶ darauf, dass diese Gesetze einem internationalen Institutionenwettbewerb ausgesetzt werden.

Sozialliberale verlangen vom Gesetzgeber, dass er bei der Beschneidung wirtschaftlicher Freiheiten und vor allem bei der Übernahme von Tätig-

Sozialliberale

keiten durch den Staat einer Leitlinie folgt, die nach dem Vorbild des ehemaligen Wirtschaftsministers (1966–72) und später (1971/72) auch Finanzministers KARL SCHILLER (1911–1994) gerne in die Form gekleidet wird: „Wettbewerb soweit wie möglich, Planung soweit wie nötig." Dies bedeutet, dass Beschränkungen nur auferlegt werden dürfen und staatliche Handlungen nur dann als legitim gelten, wenn vorher ernsthaft geprüft worden ist, ob Märkte ohne diese Beschränkungen und/oder ohne das staatliche Tätigwerden nicht gleich gut oder sogar besser funktionieren würden ($\rightarrow$ vgl. das Fünfte Postulat des ÖTW, S. 214).

Ordoliberale halten Tendenzen zur Wettbewerbsbeschränkung für stark, unterstützen ansonsten aber die Forderungen der Altliberalen. Darüber hinaus fordern sie jedoch, dass vom Staat geschaffene wirtschaftliche Institutionen einem System von Prinzipien genügen, welche zu einer „Wirtschaftspolitik aus einem Guss" und damit dazu führen, dass nicht nur unnötige Staatseingriffe vermieden werden, sondern dass die Rechtsregeln für das Wirtschaftsleben auch systematisch untereinander abgestimmt und auf Lücken oder Fehler untersucht werden. Als erster hat WALTER EUCKEN einen solchen Katalog von Prinzipien in seinem 1952 posthum veröffentlichten Buch „Grundsätze der Wirtschaftspolitik" aufgestellt [EUCKEN, 1990]. International werden die Ordoliberalen gerne zu den Neoliberalen gezählt, die altliberale Forderungen um das Postulat einer staatlichen Wettbewerbspolitik und zurückhaltender Formen von Konjunktur- und Sozialpolitik ergänzen.

Die von EUCKEN [1990, S. 254–324] entwickelten Prinzipien können als *Transformationsprinzipien* verwendet werden und damit die Transformation in die Soziale Marktwirtschaft lenken (dies haben sie bei der Schaffung der Sozialen Marktwirtschaft 1948 und bei der Wiedervereinigung 1990 getan); sie können aber auch als *Evolutionsprinzipien* zur Weiterentwicklung dieser Wirtschaftsordnung beim Auftauchen neuer Regelungsbedürfnisse verwendet werden (Befriedigung wirtschaftsverfassungsrechtlicher *Adaptionsbedürfnisse*) sowie der Abwehr von inhärenten Fehlentwicklungstendenzen dienen (Befriedigung wirtschaftsverfassungsrechtlicher *Repressionsbedürfnisse*). Insgesamt sollen sie bewirken, dass die Wirtschaftsverfassung ein kohärentes, widerspruchsfreies und vollständiges System von wirtschaftsrechtlichen Institutionen bildet, das zu einer möglichst hohen Koordinationseffizienz führt. Solche Prinzipien sind bei Transformationsprozessen allein schon deshalb erforderlich, weil Institutionen und Organisationen gleichen Namens in verschiedenen Wirtschaftsordnungen unterschiedliche Rollen spielen können. So erfüllen Kartelle, Gewerkschaften oder Genossenschaften in Marktwirtschaften z. B. völlig andere Funktionen als in einer Organisierten Ver-

Ordoliberale

Transformations-
prinzipien

bandswirtschaft oder in einer Sozialistischen Zentralverwaltungswirtschaft [EUCKEN, 1990, S. 111].

Die einzelnen Prinzipien werden im *Infokasten 4.1* in tabellarischer Form dargestellt. Sie gliedern sich in (1) *konstituierende Prinzipien* für die Ordnungspolitik und (2) *regulierende Prinzipien* für die Prozesspolitik im Bereich der Wirtschaftspolitik i. e. S. sowie (3) *Ergänzungsprinzipien* für die Finanzpolitik und die Eindämmung der Macht von Interessengruppen im politischen Feld. Die Ergänzungsprinzipien konnte EUCKEN auf Grund seines frühen Todes leider nicht mehr voll ausarbeiten. Der Prinzipienkatalog verträgt sich insgesamt sehr gut mit den Postulaten der ÖTW und mit der insbesondere von ADOLF LAMPE (1897–1948) vertretenen Forderung, dass marktwirtschaftliche Wirtschaftspolitik stets so gestaltet werden müsse, dass die Abläufe in einer realen Marktwirtschaft denen in einer idealen angenähert werden, in der die funktionalen Marktprozesse transaktionskostenfrei ablaufen (*Lampesches Interventionsprinzip*). Die Realisierung des Prinzipienkataloges begann im Westen Deutschlands mit der Währungsreform 1948 und ist untrennbar mit dem ersten deutschen Wirtschaftsminister – LUDWIG ERHARD – verbunden, der sich selbst als politische Speerspitze des Ordoliberalismus empfunden hat.

Konstituierende Prinzipien

Das *Fundamentalprinzip des Strebens nach Konkurrenzpreisen* (1.1) wurde durch das Leitsätzegesetz und später auch durch das Gesetz gegen Wettbewerbsbeschränkungen (GWB) realisiert, auf das im Abschnitt 4.3 (→ vgl. S. 226 ff.) noch eingegangen wird. Es stellt einen Spezialfall der Anwendung des Dritten Postulats der ÖTW dar und entspricht auch dem LAMPEschen Interventionsprinzip. Blickt man nicht nur auf den Markträumungsprozess, sondern auch auf die höheren Marktprozesse, kann man das Fundamentalprinzip als einen kategorischen Imperativ für die Gestaltung des Wettbewerbsrechts auffassen: Dieses Recht ist so zu schaffen, anzupassen, zu ergänzen und zu interpretieren, dass eine Transaktionskostenstruktur entsteht, die ein reibungsloses Funktionieren aller Marktprozesse garantiert oder doch wenigstens begünstigt.

Das *Primat der Preisstabilität* (1.2) wurde durch die Währungsreform vom 21.6.1948 realisiert, welche den Geldüberhang aus dem Zweiten Weltkrieg und die damit verbundene zurückgestaute Inflation beseitigte. Später trat das Gesetz über die Deutsche Bundesbank vom 26.7.1957 hinzu, welches eine verstärkte Unabhängigkeit der deutschen Zentralbank mit sich brachte und das Ziel der Preisstabilität betonte.

Das *Prinzip des Offenhaltens der Märkte* (1.3) wurde über die Gewerbeordnung und das GWB, die Außenwirtschaftsordnung und das Unterzeichnen internationaler Abkommen über eine liberale Außenwirtschaftspolitik realisiert.

Infokasten 4.1

EUCKENS **Prinzipien der Wirtschaftspolitik**

1) *Konstituierende Prinzipien*
1.1 Fundamentalprinzip des umfassenden Strebens nach Konkurrenzpreisen
1.2 Prinzip des Primats der Preisstabilität
1.3 Prinzip des Offenhaltens der Märkte
1.4 Prinzip der Bevorzugung von Privateigentum als Mittel der Zuteilung von Gestaltungsmacht
1.5 Prinzip der wettbewerbskonformen Verwendung von Vertragsfreiheit
1.6 Prinzip der Vermeidung von Haftungsbeschränkungen und der Einheit von Gestaltungsmacht und Haftung
1.7 Prinzip der Vorhersehbarkeit und Stetigkeit der Wirtschaftspolitik

2) *Regulierende Prinzipien*
2.1 Prinzip der Eindämmung und Korrektur von Marktmacht
2.2 Prinzip der gerechtigkeitsorientierten Korrektur der Einkommensverteilung unter Berücksichtigung der Auswirkungen auf die Investitionen
2.3 Prinzip der Korrektur externer Effekte
2.4 Prinzip der Korrektur anomaler Angebotsreaktionen

3) *Ergänzungsprinzipien*
3.1 Prinzip der Vermeidung des Punktualismus und der Integration von Wettbewerbsordnung, Gesetzgebung, Rechtsprechung und Verwaltung
3.2 Prinzip der Zurückhaltung bei konjunkturpolitischen Maßnahmen
3.3 Prinzip der Hilfe zur Selbsthilfe
3.4 Prinzip der Begrenzung der Macht von Interessengruppen
3.5 Prinzip der Beachtung des Subsidiaritätsgrundsatzes bei der Übernahme neuer Aufgaben und des Vorrangs der Ordnungs- vor der Ordnungspolitik

Quelle: Eigene Kurzdarstellung in Anlehnung an GROSSEKETTLER [1997, S. 44–52].

Das *Prinzip der Bevorzugung von Privateigentum* (1.4) als Mittel der Zuteilung wirtschaftlicher Entscheidungskompetenzen wurde mit Art. 14 des Grundgesetzes realisiert.

Das *Prinzip der wettbewerbskonformen Verwendung von Vertragsfreiheit* (1.5) wurde hauptsächlich über das GWB verwirklicht, das Verträge verbietet, welche Wettbewerbsbeschränkungen zum Inhalt haben.

Das *Prinzip der Vermeidung von Haftungsbeschränkungen* (1.6) ist ebenso wie das *Prinzip der Vorsehbarkeit und Stetigkeit der Wirtschaftspolitik* (1.7) nicht kodifiziert worden; die Praxis hat in der Zeit nach ERHARD mehr und mehr dagegen (und damit auch gegen das Vierte Postulat der ÖTW) verstoßen. Insbesondere wurde und wird auf absehbare Fehlentwicklungen nicht so rechtzeitig reagiert, dass abrupte Änderungen mit einer schmerzlich-schnellen Umstellungsgeschwindigkeit vermieden werden können (beobachtbar etwa bei der seit 25 Jahren immer wieder aufgeschobenen Anpassung der Alters- und Gesundheitssicherungssysteme, die erst seit der letzten Jahrhundertwende in die Wege geleitet wird).

Regulierende Prinzipien

Das *Prinzip der Eindämmung und Korrektur von Marktmacht* (2.1) wurde mit Hilfe der Eingriffsmöglichkeiten realisiert, welche das GWB den Kartellämtern gibt.

Das *Prinzip der gerechtigkeitsorientierten Korrektur der Einkommensverteilung* (2.2) wurde vor allem durch die Sozialversicherungseinrichtungen realisiert, die auf der Basis von Gesetzen tätig werden, welche im Zuge der Rentenreform von 1957 geschaffen wurden. Sie brachten den Übergang zur dynamischen Rente mit sich, die an das Einkommen der Erwerbstätigen gekoppelt ist. Von ordoliberaler Seite wurde damals schon auf die Gefahren hingewiesen, die sich bei schrumpfender Bevölkerung oder hoher Arbeitslosigkeit ergeben könnten. Diese Warnungen wurden bis vor kurzem von allen Bundesregierungen vernachlässigt, weil man die Bürger aus Wiederwahlgesichtspunkten nicht mit schmerzlichen Wahrheiten konfrontieren wollte.

Das *Prinzip der Korrektur externer Effekte* (2.3) ist lange Zeit nicht beachtet worden; dies hat vor allem zu Umweltschäden geführt, denn diese Effekte wurden vom Preismechanismus wegen des Fehlens entsprechender gesetzlicher und verwaltungsmäßiger Rahmenvorschriften nicht berücksichtigt; seit etwa 1970 hat hier jedoch eine Korrekturbewegung eingesetzt. Da neben externen Effekten im engeren Sinn z.B. auch Informationsmängel korrigiert werden sollten, könnte man allgemeiner von einem *Prinzip der Korrektur von Verzerrungen des Preissystems* sprechen.

Das *Prinzip der Korrektur inverser Angebotsreaktionen* (2.4) hat dem Entwurf der Agrarpolitik zugrunde gelegen. Wie wir heute wissen, war dies ein Fehler, der allerdings auch durch den damaligen Stand der wissenschaftlichen Erkenntnis bedingt war. Vor der Durchführung von empirischen

Untersuchungen glaubten nämlich auch renommierte Wissenschaftler, dass die Angebotskurven im Agrarbereich invers verlaufen und dass infolgedessen eine Politik der Agrarpreisstützung erforderlich sei.

Das *Prinzip der Vermeidung von Punktualismus* (3.1) verlangt, wirtschaftspolitische Maßnahmen nicht nur isoliert und nach der Richtung ihres Anfangsimpulses zu beurteilen, sondern auch den Prinzipien der Erforderlichkeit und der Verhältnismäßigkeit Rechnung zu tragen. Außerdem sollen Neben- und Fernwirkungen auf andere Ziele und andere Sachgebiete jedenfalls dann berücksichtigt werden, wenn irreparable Schäden eintreten könnten. Bei der Gestaltung und Interpretation der Wirtschaftsverfassung muss man also die Erfüllung der Koordinationsaufgaben insgesamt vor Augen haben. Auch dieses Prinzip wurde in der deutschen Wirtschaftsverfassung nicht berücksichtigt, und es ist mehrfach dagegen verstoßen worden, z.B. im Bereich der Immigrationspolitik, bei der man die Folgewirkungen nicht beachtet hat (Familienzuzug, Integrationsproblematik).

Ergänzungsprinzipien

Auch gegen das *Prinzip der Zurückhaltung bei konjunkturpolitischen Maßnahmen* (3.2) wurde und wird verstoßen, weil es in der Wirtschaftsverfassung unzureichend verankert ist. Das Prinzip war unter den Ordoliberalen umstritten: EUCKEN und mit ihm die Mitglieder der Freiburger Schule schlossen konjunkturpolitische Maßnahmen nicht grundsätzlich aus, traten aber – wie heute die Mehrzahl der Ökonomen – für einen sehr zurückhaltenden Einsatz konjunkturpolitischer Mittel ein. MÜLLER-ARMACK war dagegen ein Befürworter entsprechender Maßnahmen und ließ auch schon Vorarbeiten zu einem Gesetz leisten, das dann 1967 unter dem Nachfolger LUDWIG ERHARDS als Wirtschaftsminister, dem Sozialdemokraten KARL SCHILLER, eingeführt wurde: *das Stabilitäts- und Wachstumsgesetz*, auf das wir im Abschnitt 5.3 (→ vgl. S. 273 ff.) noch eingehen werden. Seine leichtfertige Handhabung hat zu einem unvertretbaren Wachstum der Staatsverschuldung geführt.

Das *Prinzip der Hilfe zur Selbsthilfe* (3.3) war gegen das Leitbild des *Wohlfahrtsstaats* gerichtet, der politisch definierten „Benachteiligten" Mittel zum Nichtstun auf Kosten der Allgemeinheit gewährt; es verlangt statt dessen vom Staat, jedem Bürger die Möglichkeit zu eröffnen, sich mit seiner eigenen Hände Arbeit ein Leben in Würde verschaffen zu können. Dies setzt z.B. die Existenz eines Niedriglohnsektors voraus, in dem Arbeiten zu Marktlöhnen verrichtet werden, die durch staatliche Unterstützungszahlungen ergänzt werden. Heute gibt es Schritte in diese Richtung; die bisherigen Sozialhilferegelungen widersprechen dem Prinzip jedoch.

Auch das *Prinzip der Begrenzung der Macht von Interessengruppen* (3.4) wurde nicht verfassungsmäßig implementiert. Das hat dazu geführt, dass Repressionserfordernissen zur Unterdrückung von inhärenten Degenerationstendenzen nicht Genüge getan wurde und dass Deutschland heute – entgegen dem Leitbild der Sozialen Marktwirtschaft – wieder stark korporatistische Züge aufweist.

Das Gleiche gilt für die *Beachtung des Subsidiaritätsgrundsatzes* (3.5) bei der Übernahme neuer Aufgaben für den Staat. Dieser Grundsatz wurde nicht implementiert, und das hatte zur Folge, dass die deutsche Wirtschaft dem Streben der Politiker zum Opfer gefallen ist, „Handlungs- und Führungsfähigkeit" zu dokumentieren und deshalb immer wieder in einen prinzipienlosen Aktionismus zu verfallen.

Insgesamt kann man damit sagen, dass das angestrebte *Leitbild der Sozialen Marktwirtschaft* in der Wirtschaftsverfassung Deutschlands nur unzureichend umgesetzt worden ist. Dieses Leitbild entspricht einer Marktwirtschaft, die zum einen „sozial" im Sinne von „menschenwürdig und solidarisch" ist und zum anderen „sozial" im Sinne von „den Koordinationserfordernissen gesellschaftlichen Wirtschaftens entsprechend und damit funktionsfähig". Die mangelhafte Implementierung hat zu Fehlentwicklungen beigetragen. Insbesondere wurde und wird nicht rechtzeitig auf neue Herausforderungen reagiert (*Verstoß gegen Adaptionserfordernisse*) und wird der Einfluss von Interessengruppen nicht ausreichend eingedämmt (*Verstoß gegen Repressionserfordernisse*).

Transformation der DDR-Wirtschaft in die Soziale Marktwirtschaft

Die eben besprochenen Transformationsprinzipien spielten auch bei der wirtschaftlichen Wiedervereinigung eine Rolle. Das so genannte „*Leitsätzeprotokoll*" zur Übernahme der Sozialen Marktwirtschaft in den neuen Bundesländern knüpfte bewusst an das ERHARDsche *Leitsätzegesetz* an. Auch der These EUCKENS, dass Wirtschaftsordnungen nur in einem „großen Sprung" geändert werden können, weil sonst eine „Lenkung durch zwei verschiedene Dirigenten" erfolgt, wurde bewusst Rechnung getragen (zu Details vgl. GROSSEKETTLER, 1996 und 1998). Technisch gesprochen, mussten im Zuge der Transformation drei in *Abbildung 4.2* dargestellte Schritte vorgenommen werden:

(1) Die Staatsbank musste einen Teil ihrer Aufgaben an die Bundesbank abgeben; der Rest musste im Wege der Privatisierung Geschäftsbanken übertragen werden. Diese Aufgaben wurden von der Bundesbank und durch Übernahme von Bankstellen durch westdeutsche Geschäftsbanken im Wege der Privatisierung erledigt.

(2) Der Bestand an Unternehmen im Bereich der Industrieministerien musste privatisiert werden. Dies war die Hauptaufgabe einer zu diesem Zweck gegründeten *Treuhandanstalt*.

(3) Die bezirksorientierten Planungsstellen, die bisher Befehle der Zentrale „durchgestellt" hatten, wie man in der DDR sagte, mussten in selbständige Bundesländer und in Gemeinden transformiert werden, wie sie zu einem föderalistischen Staat gehören. Hierzu mussten de-

mokratische Gemeindestrukturen aufgebaut und die neuen Länder mit Hilfe der alten gegründet werden.

Der unmittelbare Umstellungsprozess ist seit einiger Zeit abgeschlossen. Er kann im großen und ganzen auch dann als Erfolg gewertet werden, wenn man berücksichtigt, dass das Wirtschaftswachstum in den neuen Bundesländern noch nicht selbsttragend ist, d. h. dass die Nachfrage, auf die sich das Angebot einstellt, noch nicht voll aus Einkommen finanziert wird, die im Zuge von ostdeutschen Produktionsprozessen entstehen. Deshalb werden die neuen Bundesländer noch lange auf Unterstützung aus dem Westen angewiesen sein. Die bisherigen Unterstützungszahlungen sind in der Wirtschaftgeschichte einmalig: Mit etwa 5 v. H. des westdeutschen BIP stellen sie – relativ gesehen – eine relativ stärkere Belastung für diesen Teil unserer Volkswirtschaft dar als der Versailler Vertrag insgesamt.

Damit wollen wir die Besprechung der Wege zur Sozialen Marktwirtschaft abschließen und uns den Funktionsschwächen von Marktwirtschaften und deren Berücksichtigung in der deutschen Wirtschaftsverfassung zuwenden.

Schritte zur Transformation der DDR-Wirtschaft | Abb. 4.2

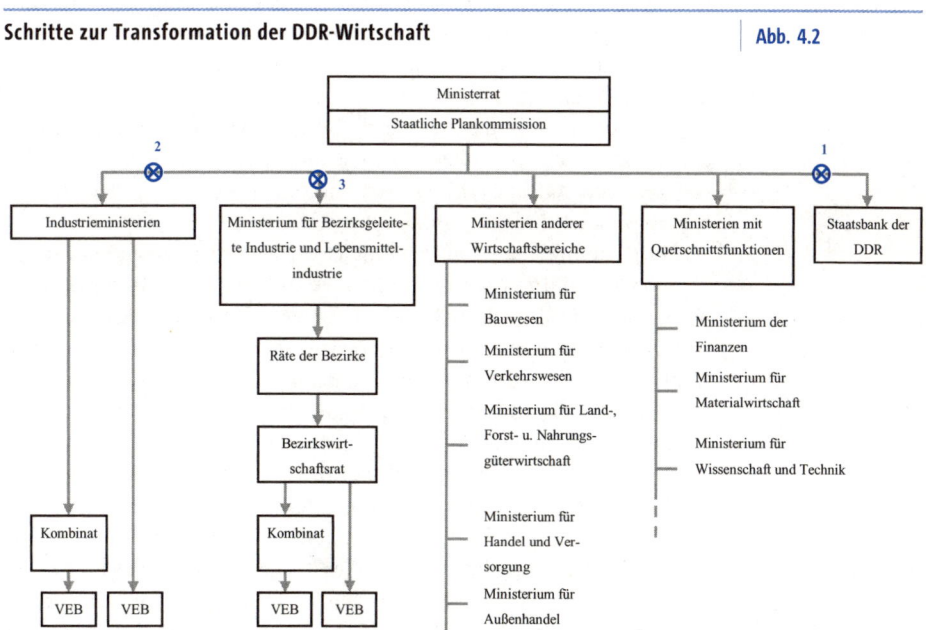

Quelle: In Anlehnung an DEUTSCHER BUNDESTAG [1987, S. 113].

4.3 Bekämpfung der generellen Tendenz zu Wettbewerbsbeschränkungen

Obwohl wir bisher nur Wettbewerbsmärkte untersucht haben, erfasst unser Bild einer Marktwirtschaft schon einen Großteil der Realität der deutschen Volkswirtschaft. Analysen zeigen nämlich, dass die meisten Märkte in der deutschen Wirtschaft durch Wettbewerb geprägt sind. Es gibt jedoch auch andere Märkte, und die Wirtschaftsgeschichte zeugt zudem davon, dass es ohne einen institutionellen Schutz eine generelle Tendenz in Marktwirtschaften gibt, Wettbewerbsmärkte in Monopolmärkte zu verwandeln oder sich dieser Marktform wenigstens anzunähern. Deshalb wollen wir nun den Unterschied zwischen Wettbewerbs- und Monopolmärkten zunächst etwas genauer betrachten und uns dann klarmachen, warum es in Deutschland ein Gesetz – das *Gesetz gegen Wettbewerbsbeschränkungen* (GWB) – gibt, das als Instrument zur Abwehr solcher Tendenzen fungieren soll.

Monopolmärkte

Monopolmärkte sind Extremfälle von so genannten vermachteten Märkten, d.h. von Märkten, auf denen der Übermachterosionsprozess nicht funktioniert und dauerhafte Machtpositionen einer Marktseite entstanden sind. Da solche Stellungen in der Realität auf der Angebotsseite sehr viel häufiger auftreten als auf der Nachfrageseite, wollen wir uns auf diese Seite konzentrieren.

Es ist für Märkte mit einer vermachteten Angebotsseite typisch, dass die Anbieter *nicht* so denken, wie dies in Infokasten 3.5 (→ vgl. S. 160) für Anbieter auf Wettbewerbsmärkten dargestellt wurde. Wir wollen uns das am Beispiel eines Extremfalls klar machen.

Der Extremfall eines auf der Anbieterseite vermachteten Marktes ist der eines eintrittsgeschützten Monopolisten. Solch ein Anbieter ist nicht nur der einzige aktuelle Anbieter auf dem Markt, sondern auch – wie es früher die Bundespost im Telefonbereich war – durch Gesetz oder hohe sonstige Eintrittshemmnisse vor so genannten potenziellen Konkurrenten geschützt, die ansonsten von hohen Gewinnen angelockt würden.

Anders als Anbieter auf Wettbewerbsmärkten braucht ein eintrittsgeschützter Monopolist auf andere Anbieter keine Rücksicht zu nehmen. Er muss lediglich die Reaktionen der Nachfrager berücksichtigen und sich fragen, welcher Preis angesichts dieser Reaktionen optimal wäre. Existiert die Möglichkeit zu einer so genannten *Preisdifferenzierung*, kann es aus der Sicht des Monopolisten sinnvoll sein, von verschiedenen Nachfragern unterschiedliche Preise zu verlangen; hiervon soll der Einfachheit halber jedoch abgesehen und damit angenommen werden, dass der Monopolist alle Nachfrager zum gleichen Preis bedienen muss (wie es bei der Bundespost z. B. auch der Fall war).

Würde der Anbieter die Gleichungen seiner Kosten- und Nachfragekurven kennen, könnte er die gewinnmaximale Preis-Mengen-Kombination einfach ausrechnen und den gewinnmaximalen Preis verlangen. Hierauf wird gleich eingegangen. Vorher wollen wir uns jedoch klar machen, welche Überlegungen ein Monopolist anstellen würde, der diese Kurven nicht kennt.

Ein Monopolist, der – genau wie ein Anbieter im Wettbewerbsfall – seinen Gewinn maximieren möchte, muss Grenzerlöse und Grenzkosten miteinander vergleichen und sich an die gewinnmaximale Menge herantasten. Er beginnt am besten bei kleinen Mengen und vergrößert die Produktions- und Absatzmenge in einem Gedankenexperiment schrittweise. Dabei muss er bei jedem Schritt fragen, ob der zusätzliche Ertrag (der Grenzerlös E') größer als die zusätzlichen Kosten (die Grenzkosten K') ist, d. h. ob der Grenzgewinn ($G' = E' - K'$) noch positiv ist. Die notwendigen Informationen kann er aus Gesprächen mit seinen Verkäufern und seinen Technikern als Schätzgrößen gewinnen. Er wird diejenige (gewinnmaximale) Menge realisieren, bei der $E' = K'$ gilt.

Die bisher geschilderten Überlegungen entsprachen den Überlegungen, die auch Anbieter auf Wettbewerbsmärkten anstellen. Anders als auf solchen Märkten ist der Grenzerlös auf einem Monopolmarkt aber nicht mit dem Preis identisch. Ein Monopolist bietet ja ex definitione das *Gesamt*angebot auf einem Markt an und kann deshalb nicht – wie ein Anbieter auf einem Wettbewerbsmarkt – davon ausgehen, dass Variationen seiner Angebotsmenge das Gesamtangebot nur so unwesentlich beeinflussen, dass Mengenänderungen praktisch keine Auswirkungen auf den Marktpreis haben. Stattdessen muss der Monopolist bedenken, dass der Absatz jeder weiteren Einheit eine Preissenkung erforderlich macht (die Nachfragekurve verläuft ja fallend), und zwar nicht nur für die zusätzliche Einheit, sondern für *alle* Einheiten, die in Zukunft verkauft werden sollen. Der Absatz einer weiteren Einheit würde unter der Fiktion, dass er ohne Preissenkung vorgenommen werden könnte, zu einem Grenzerlös in Höhe eben dieses Preises p führen; da diese Fiktion jedoch nicht stimmt, muss man von p die Ertragssenkung abziehen, die sich daraus ergibt, dass p für alle Mengeneinheiten gesenkt werden muss. Deshalb liegt der Grenzerlös aus der Sicht eines Monopolisten immer *unterhalb* des gerade realisierten Preises.

Die vorstehende Überlegung zur Höhe des Grenzerlöses und damit auch zum *Verlauf einer Grenzerlöskurve* kann man sich am besten mit Hilfe einer kleinen Rechnung in allgemeiner Form klar machen.

Gewinnmaximierung

Stellt man die Nachfragekurve des Monopolisten näherungsweise durch eine Gerade dar, so gilt:

(1) $p = a + bx$ mit $p|_{x=0} = a$ (Prohibitivpreis) und $x|_{p} = 0 = -1/b = x^S$ (Sättigungsmenge).

Für den Erlös $E = px$ erhält man hieraus:

(2) $E = px = ax + bx^2$.

Für die Grenzerlöskurve E' ergibt sich somit:

(3) $E' = a + 2bx$ mit $E'|_{x=0} = a$ und $x|_{E'=0} = -1/2 \cdot a/b = 1/2x^S$.

Bei einer linearen Nachfragefunktion ist die Grenzerlöskurve also ebenfalls linear, und die Achsenabschnitte dieser Kurve liegen beim Prohibitivpreis und bei der halben Sättigungsmenge. Bei $x > 0$ ist der Grenzerlös also stets kleiner als der zur gleichen Menge gehörende Preis.

Diesen Zusammenhang kann man nutzen, um zu zeigen, bei welcher Menge und bei welchem Preis das Gewinnmaximum des Monopolisten liegt. Dies ist in *Abbildung 4.3* dargestellt. Wir sehen hier eine Nachfragekurve N und die zugehörige Grenzerlöskurve E'. Diese wird von einer Grenzkostenkurve K' im Punkt G geschnitten. Fällt man nun das Lot von G auf die x-Achse, ergibt sich die gewinnmaximale Menge x^M des Monopolisten. Verlängert man das Lot über G hinaus nach oben, ergibt sich auf der Nachfragekurve der Punkt C. Dieser zeigt die Höhe des gewinnmaximalen Preises p^M des Monopolisten an. Der Punkt C wird

Cournotscher Punkt

auch *Cournotscher Punkt* genannt, weil der französische Nationalökonom ANTOINE COURNOT (1801–1877) die vorstehende Lösung erstmals in die Literatur eingeführt hat.

Abb. 4.3 | **Gewinnmaximum des Monopolisten**

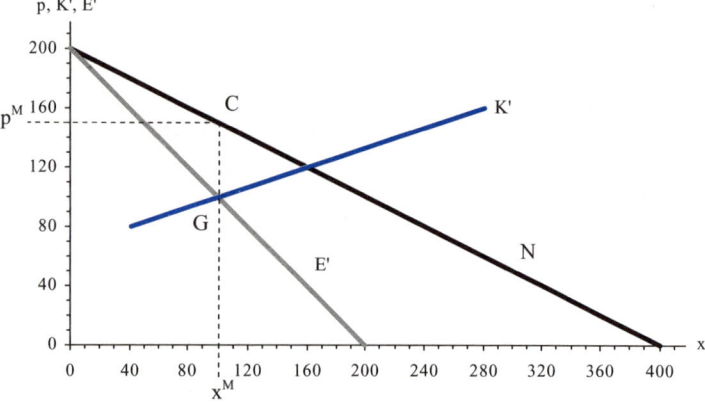

Wir wollen die in Abbildung 4.3 dargestellte Ermittlung des Gewinnmaximums eines Monopolisten gleich verwenden, um herauszuarbeiten, warum diese Art der Gewinnmaximierung – anders als die Gewinnmaximierung im Wettbewerbsfall – zu einem gesamtwirtschaftlich unbefriedigenden Ergebnis führt. Vorher soll die grafische Lösung aber noch durch ein Rechenbeispiel ergänzt werden.

Rechenbeispiel

Hierzu gehen wir von der Nachfragekurve $p = 200 - 0,5x$ und der Kostenkurve $K = 1/6x^2 + 200/3x + 160$ aus.
Daraus folgt:
$E = px = 200x - 0,5x^2$ und $E' = 200 - x$ sowie $K' = 1/3x - 200/3$.
Aus $E' = K'$ ergibt sich sodann:
$200 - x = 1/3x - 200/3$ oder $600 - 3x = x - 200$ oder $800 = 4x$ oder $x = 200$.
Die Nachfragekurve liefert für diese Menge: $p = 200 - 50 = 150$.
Der gewinnmaximale Preis des Monopolisten beträgt also $p^M = 150$, die gewinnmaximale Menge $x^M = 100$.

Nun wollen wir die Darstellung in Abbildung 4.3 zur Erläuterung der Unerwünschtheit von Monopolen verwenden. Dazu gehen wir von einem Beispiel aus, in dem es Unternehmern, die bisher auf einem Wettbewerbsmarkt tätig waren, gestattet wird, ein so genanntes *Kollektiv-*

Umwandlung eines Wettbewerbsmarktes in einen Monopolmarkt | **Abb. 4.4**

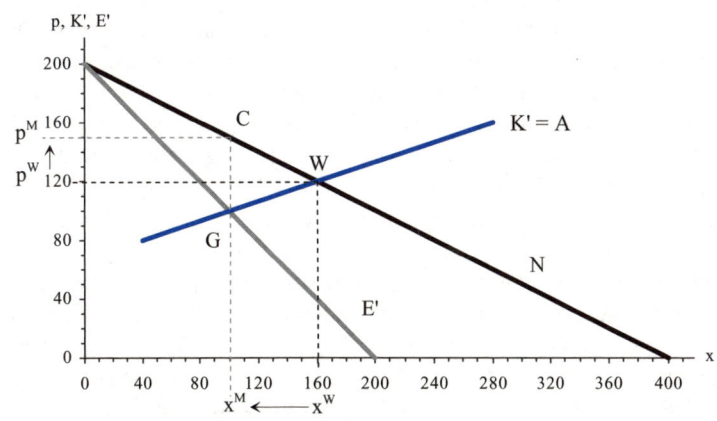

monopol in Form eines *Preiskartells* zu bilden. Tun sie das ohne sonstige Veränderungen, wird eine Ceteris-paribus-Variation der Marktform vorgenommen, d. h. alles außer der Marktform bleibt konstant. Das Ergebnis dieser Veränderung wird in *Abbildung 4.4* (→ vgl. S. 229) dargestellt.

Wir sehen hier zunächst das alte Wettbewerbsgleichgewicht mit den Koordinaten (x^W/p^W). Es kommt im Schnittpunkt W der Angebotskurve A mit der Nachfragekurve N zustande. Wie wir wissen, entspricht die Angebotskurve im Wettbewerbsfall den aggregierten Grenzkostenkurven der individuellen Anbieter. Genau die gleiche Kurve wird in unserem Kollektivmonopol nun zur Grenzkostenkurve des Monopolisten: Dieser verteilt die Produktionsaufträge innerhalb des Kartells wie in einer Aufsteigerung so an die Kartellmitglieder, dass jeweils die Betriebe mit den günstigsten Kostenstrukturen „angeschaltet" werden, während die zur Produktion von x^M nicht benötigte Produktionskapazität ruht. Die Menge x^M wird dabei so gewählt, dass der Punkt G mit der Eigenschaft $E' = K'$ realisiert wird.

Vergleicht man die Koordinaten der Punkte W und C miteinander, sieht man, was die Monopolisierung in unserem Beispiel bewirkt: Die Menge wird verknappt $(x^W \to x^M)$, und der Preis wird erhöht $(p^W \to p^M)$.

Monopolisierungshypothese

Wir können damit die *folgende Monopolisierungshypothese* aufstellen:
Wird (z. B. im Wege der Kartellbildung) ein Wettbewerbsmarkt ceteris paribus monopolisiert, führt dies
▶ zu einer künstlichen Angebotsverknappung $(x^M < x^W)$ und
▶ zu einer machtbedingten Preiserhöhung $(p^M > p^W)$.

Angebotsverknappung und Preiserhöhung sind dabei – dies lässt sich mathematisch beweisen, worauf hier aber verzichtet werden soll – so beschaffen, dass der Gewinn im Vergleich zum Wettbewerbsfall steigt. Dieser Zusatzgewinn kann an alle Kartellmitglieder verteilt werden. Dies macht Monopolpositionen und Kartellierung attraktiv und war schon den Händlern und Handwerkern der Antike bekannt. Im antiken Rom gab es deshalb auch schon ein Anti-Kartell-Gesetz. Insbesondere eine Kartellbildung im Getreidehandel wurde damals schwer bestraft (bis hin zur Kreuzigung). ADAM SMITH [2005, S. 196] kannte die Kartellierungstendenz der Unternehmer natürlich ebenfalls: „Leute vom selben Gewerbe kommen sogar zu Vergnügungen und zur Zerstreuung selten zusammen, ohne dass die Unterhaltung in eine Verschwörung gegen die Allgemeinheit, also in einem Plan zur Erhöhung der Preise, endet."

Die Tatsache, dass in der Wirtschaft jedenfalls dann ein Anreiz zur Umwandlung von Wettbewerbs- in Monopolmärkte besteht, wenn man keine Gegenmaßnahmen institutioneller Art ergreift, hat in vielen Ländern zu monopolistischen Machtmissbräuchen geführt. Ein Gegenmittel hätte darin bestehen können, die Vertragsfreiheit der Unternehmer einzuschränken (EUCKENsche Prinzipien Nr. 1.5 und 2.1 (→ vgl. S. 222). Weil man in Deutschland vor einer Einschränkung der Vertragsfreiheit aber zunächst zurückschreckte, wurde dieses Land gegen Ende des 19. Jahrhunderts und in der Weimarer Republik zu *dem* Land der Kartelle. In den USA hat man dagegen damals schon *Antitrust-Gesetze* erlassen, die solche Monopolisierungstendenzen abwehren sollten. Die Monopolisierungstendenzen breiteten sich in Deutschland wie Ölflecken auf dem Wasser aus (so genannte *Ölflecken-Theorie*), weil ein stromaufwärts gebildetes Verkaufskartell typischerweise stromabwärts ein Abwehrkartell der Nachfrager hervorrief und sich diese Umformung von Märkten in bilaterale Monopole dann fortsetzte. Die Ordoliberalen schlugen deshalb schon 1949 das Erlassen eines Gesetzes gegen Wettbewerbsbeschränkungen vor. Insbesondere die Großindustrie und ihr Interessenverband – der Bundesverband der Deutschen Industrie – wehrte sich jedoch mit allen politischen Mitteln dagegen, so dass das Gesetz gegen Wettbewerbsbeschränkungen erst 1957 durch den außerordentlich populären Bundeswirtschaftsminister ERHARD durchgesetzt werden konnte.

Es gibt verschiedene *Monopolisierungswege*: den Weg über Kooperationsverträge zwischen selbständig bleibenden Unternehmen und den Weg über eine Konzentration.

Die Kooperationsverträge können (1) die Form einer *expliziten horizontalen Kooperation* oder (2) einer *impliziten Kollusion* annehmen; sie können aber auch (3) über *vertikale Kooperationsverträge* zwischen den Lieferanten wichtiger Vorprodukte und ihren Abnehmern auf der Angebotsseite eines Marktes zustande kommen. Im Fall (1) spricht man von einer *Kartellbildung*, im Fall (2) von einer Form der *Preisführerschaft* (die in aller Regel aber nur bei weniger als zehn Unternehmen auftritt, d. h. in so genannten *engen Oligopolen*); im Fall (3) liegt eine V*ertikalbindung* vor. Ein Anti-Kartellgesetz, das diese Arten von Monopolisierungstendenzen verhindern will, muss deshalb – und das tut das GWB – Antikartellbestimmungen, Anti-Kollusions-Bestimmungen und Bestimmungen zur Überwachung von Vertikalbindungen enthalten.

Konzentration (d. h. eine Zusammenballung von Produktivvermögen und Marktmacht in wenigen Händen oder sogar nur einer) kann (1) im Wege der Fusion von Unternehmen (*fusionsbedingte Konzentration*), (2) durch Marktanteilsgewinne besonders effizienter Unternehmen (*effizienzbedingte Konzentration*) und (3) in Form von Vorsprungsmonopolen von inno-

Gesetz gegen Wettbewerbsbeschränkungen (GWB)
Monopolisierungswege

vativen Unternehmen auftreten, die neue Märkte schaffen (*innovationsbedingte Konzentration*). Die zuletzt genannten Formen der Konzentration können im Prinzip dazu führen, dass die Bildung eines Monopols auch aus der Sicht der Nachfrager positiv erscheint. Dies wird in *Abbildung 4.5* demonstriert.

Effizienzfördernde
Monopolisierung

Wir sehen hier ein anfängliches Wettbewerbsgleichgewicht mit x^W und p^W und einer Angebots- und Grenzkostenkurve $A = K'^W$. Wenn mit der Monopolisierung Effizienzgewinne verbunden sind (z. B. durch den Übergang von einer handwerklichen Fertigung zur Fließbandproduktion), dann führt das dazu, dass keine Ceteris-paribus-Monopolisierung stattfindet, sondern dass zwei miteinander verwobene Effekte zusammentreffen: eine Monopolisierung (durch Konzentration) und eine rationalisierungsbedingte Grenzkostenverschiebung. Dieser Doppeleffekt hat in Abbildung 4.5 zur Folge, dass das Gewinnmaximum des Monopolisten bei größeren Mengen und niedrigeren Preisen als das Wettbewerbsgleichgewicht liegt ($x^M > x^W; p^M < p^W$). Ein solches Ergebnis ist wie gesagt denkbar; der gegenwärtige Präsident des Bundeskartellamtes – ULF BÖGE [2005, S. 41 f.] – weist aber mit Recht darauf hin, dass diese Denkmöglichkeit einen Extremfall beschreibt und dass Unternehmen bei geringer werdendem Wettbewerbsdruck oft in ihren Anstrengungen nachlassen, so dass eventuelle Anfangsvorteile für die Nachfrager nicht von Dauer sind.

Zur *Bekämpfung der Konzentration* muss es Fusionsbeschränkungen und Bestimmungen gegen einen Machtmissbrauch von (wie auch immer

Abb. 4.5 | **Effizienzfördernde Monopolisierung**

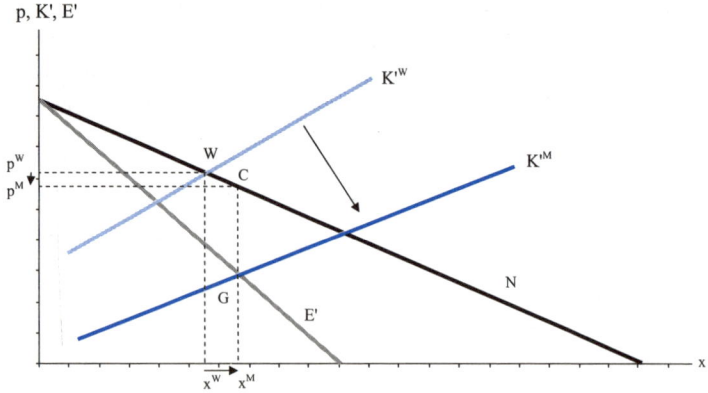

entstandenen) marktmächtigen Unternehmen geben. Wegen der in Abbildung 4.5 illustrierten Möglichkeit von Synergieeffekten entsteht bei der Bekämpfung unerwünschter Konzentrationen aber ein Abwägungsproblem. Es muss nämlich geprüft werden, was volkswirtschaftlich schwerwiegender ist: der Nachteil der Wettbewerbsbeschränkung oder der Vorteil der Wahrnehmung von Synergieeffekten. Das GWB verteilt die Prüfungen auf zwei Institutionen: Das *Kartellamt* prüft, ob sich durch eine Fusion eine wesentliche Wettbewerbsbeschränkung ergibt; die *Monopolkommission* untersucht dagegen, ob Synergieeffekte die Nachteile einer Wettbewerbsbeschränkung überkompensieren können.

Im *EG-Wettbewerbsrecht* gibt es ähnliche Regelungen wie im deutschen. Die Fusionskontrolle ist jedoch – anders als in Deutschland – nicht auf zwei verschiedene Organisationen wie das Kartellamt und die Monopolkommission verteilt, und es gibt auch kein unabhängiges Kartellamt. Die Bekämpfung von Wettbewerbsbeschränkungen ist vielmehr Aufgabe der Kommission und insgesamt stärker politisiert. Seit einer Reform im Jahre 2003 ist außerdem ein Netzwerk aller EG-Wettbewerbsbehörden eingeführt worden.

Rechtstechnisch kann man zur Bekämpfung unerwünschter Formen der Kooperation und der Konzentration drei Wege einschlagen:

(1) eine *Verbotsgesetzgebung mit Antragsausnahmen*, d.h. mit Erlaubnismöglichkeiten für die Wettbewerbsbehörden im Falle von durch die Unternehmen nachgewiesenen Effizienzgewinnen,

(2) eine *Missbrauchsgesetzgebung* mit Eingreifmöglichkeiten der Wettbewerbsbehörden für den Fall, dass sie den Unternehmen einen Missbrauch marktbeherrschender Stellungen nachweisen können, und

(3) eine *Verbotsgesetzgebung* mit im Gesetz deklarierten *Legalausnahmen* für effiziente Formen der Kooperation bzw. Konzentration, bei der die Beweislast für das Vorliegen der Ausnahmetatbestände bei einer Überprüfung durch die Kartellbehörden auf der Seite der Unternehmen liegt.

Im GWB machte man bis zur Novellierung 2005 den verschiedenen Kooperationsformen gegenüber überwiegend von der Verbotsgesetzgebung gemäß (1) Gebrauch, gegenüber Konzentrationsformen dagegen überwiegend von einer Missbrauchsgesetzgebung gemäß (2). In der EU schwenkt man seit 2003 vom Politikweg (1) auf den Weg (3) um, dem auch das GWB 2005 folgt. Die Unternehmensverbände hätten am liebsten Kooperations- und Konzentrationsfreiheit; wenn sie aber schon eine Regulierung akzeptieren müssen, dann bevorzugen sie eine Missbrauchsgesetzgebung mit einer Beweislast der Wettbewerbsbehörden.

Das GWB hat als Teil des Wirtschaftsverfassungsrechts das Nachkriegs-Deutschland vor den Monopolisierungseffekten der Weimarer

Republik geschützt. Hätten sich diese wie damals durchsetzen können, hätte dies in Bezug auf die Marktprozesse in weiten Teilen der Wirtschaft folgende Konsequenzen gehabt:

▶ Beim Markträumungsprozess wäre es auf Grund der Tendenz zur monopolistischen Verknappung zu Funktionsstörungen in Form einer mangelhaften Ausnutzung der Produktionskapazitäten gekommen,

▶ beim Renditenormalisierungsprozess hätten sich Tendenzen zu einer monopolistisch überhöhten Rendite ergeben, die letztendlich zu erhöhten Lohnforderungen der Gewerkschaften und zu einem allgemein überhöhten Kostenniveau geführt hätten,

▶ die für das Funktionieren des Markträumungsprozesses und sein Zusammenspiel mit dem Renditenormalisierungsprozess wichtige Preisflexibilität wäre gesunken und

▶ die Fortschrittsfreudigkeit ebenfalls.

Im Rahmen des volkswirtschaftlichen Studiums werden diese Zusammenhänge in Vorlesungen mit Namen wie *Industrieökonomik* oder *Wettbewerbstheorie und -politik* näher erläutert. Damit können wir die Besprechung der allgemeinen Funktionsschwäche „Neigung zur Wettbewerbsbeschränkung" beenden und uns Märkten mit spezifischen Funktionsschwächen zuwenden.

4.4 | Politik zur Bekämpfung spezifischer Funktionsschwächen

Übersicht

Spezifische Funktionsschwächen zeigen sich in Demokratien mit einer marktwirtschaftlichen Ordnung

▶ auf dem Wahlstimmenmarkt, auf dem die *Abgabenquote* bestimmt wird (→ vgl. Kapitel 5, S. 263 ff.),

▶ auf dem Arbeitsmarkt, auf dem der *Lohnsatz* bestimmt wird (→ vgl. Abschnitt 4.4.1),

▶ auf dem Kapitalmarkt, auf dem der *Zinssatz* bestimmt wird (→ vgl. Abschnitt 4.4.2, S.242 ff.),

▶ auf den Devisenmärkten, auf denen der *Wechselkurs* bestimmt wird (→ vgl. Abschnitt 4.4.3, S.249 ff.), und

▶ auf den Märkten für Unternehmensstandorte, auf denen die *Standortpreise* bestimmt werden (→ vgl. Abschnitt 4.4.4, S. 256 ff.).

Besonderheiten von Arbeitsmärkten und die Arbeitsmarktordnung

4.4.1

Auf *Arbeitsmärkten* wird die Arbeitskraft von Menschen gehandelt. Der Funktionsfähigkeit dieser Märkte kommt deshalb ein besonders starkes Gewicht zu – zumal in einer Wirtschaftsordnung, die das Prädikat „sozial" bereits im Titel trägt und der Menschenwürde in allen Bereichen Rechnung tragen möchte. Arbeitsmärkte weisen jedoch Besonderheiten

▶ auf der Angebotsseite (der Seite der Arbeitnehmer),
▶ auf der Nachfrageseite (der Seite der Arbeitgeber),
▶ bei der Preisbildung und
▶ im Hinblick auf die typische Vertragsdauer auf.

Diese lassen die Erfüllung der Existenz- und Stabilitätsbedingungen für Markträumungsprozesse unsicher erscheinen und machen Institutionen zur Streitschlichtung und zur Bekämpfung von Arbeitslosigkeit erforderlich. Im Einzelnen gilt Folgendes:

▶ Man kann davon ausgehen, dass die Angebotskurve von Vollarbeitskräften relativ starr verläuft, d. h. dass die Lohnelastizität des Arbeitsangebots gering ist,

(1) Besonderheiten auf der Angebotsseite (Arbeitnehmer)

   ▶ weil die meisten Menschen keine Alternative zur Einkommenserzielung durch Arbeit haben,

   ▶ weil das Ableisten eines Normalarbeitspensums – unabhängig von der Lohnhöhe – einer anerzogenen und gesellschaftlich erwarteten Gewohnheitshaltung entspricht und

   ▶ weil menschliche Bindungen an Beruf und Wohnort sowie hohe Transaktions- und Mobilitätskosten Arbeitskräftewanderungen zwischen Unternehmen, Sektoren und Regionen erschweren.

▶ Lohnsatz und Arbeitszeit bestimmen den Lohn und damit in der Regel einen Großteil des verfügbaren Einkommens; deshalb wird die Arbeitszufriedenheit stets auch von der Beurteilung des Lohnes im Lichte von Vorstellungen über die Gerechtigkeit der Einkommensverteilung bestimmt.

▶ Der erzielte Lohn hängt nicht nur von den subjektiven Anstrengungen der Arbeitnehmer ab, sondern auch von objektiven Fähigkeiten und der Konkurrenzsituation; und die Lohnzufriedenheit wird auch davon mitbestimmt, welche Sonderlasten individueller und familiärer Art der Arbeitnehmer zu tragen hat. Deshalb besteht ein unmittelbarer Zusammenhang zwischen dem Entlohnungssystem und der Sozialordnung.

▶ Löhne (und zwar Bruttolöhne einschließlich aller Abgaben) sind Kostenelemente. Bei Unternehmen, die im internationalen Wettbewerb

(2) Besonderheiten auf der Nachfrageseite

(Arbeitgeberseite) stehen, stellen die Lohnkosten pro Stück einen entscheidenden Wettbewerbsfaktor dar, weil Kapital-, Material- und Transportkosten international meist nicht sehr stark differieren.

▶ Arbeit kann vielfach – insbesondere bei geringer Qualifikation – durch Kapital (Maschinen) substituiert werden. Hat man dies auf Grund von Lohnsteigerungen getan, führen Lohnrückgänge nicht wieder zur ursprünglichen Beschäftigungssituation zurück (so genannter *Hysteresis-Effekt*).

▶ Löhne sind aus der Sicht der Arbeitgeber nicht nur ein Mittel zur Anlockung einer ausreichenden Zahl von Arbeitskräften (Markträumungsfunktion des Lohnes), sondern auch zur Belohnung eines effizienten Verhaltens. Diese Effizienzsicherungsfunktion kann betriebswirtschaftlich einen höheren Lohn angemessen erscheinen lassen als die Markträumungsfunktion.

▶ Eine als ungerecht empfundene Entlohnungsstruktur kann das Betriebsklima stören; ein als gerecht empfundener Lohn für eine Lohngruppe muss jedoch nicht mit dem markträumenden Lohn für diese Gruppe übereinstimmen.

▶ Der Betriebsfrieden verlangt es vielfach, freie Positionen zunächst unternehmensintern auszuschreiben. Insider mit ihren spezifischen Kenntnissen genießen auf diese Weise einen Vorteil gegenüber Outsidern, der von Arbeitslosen im Wege der Lohnunterbietung nur schwer zu kompensieren ist.

(3) Besonderheiten bei der Preisbildung
▶ Der Lohn wird – anders als die meisten Güterpreise – nicht auf einem Wettbewerbsmarkt ermittelt, sondern – jedenfalls für das Gros der Arbeitnehmer – zwischen Unternehmerverbänden und Gewerkschaften ausgehandelt, also zwischen zwei Kartellen. Hierbei spielt u. a. eine Rolle, dass in den Unternehmerverbänden die größeren Unternehmen und in den Gewerkschaften die Facharbeiter von entscheidender Bedeutung sind. Außerdem verfolgen die jeweiligen Verbandsvertreter auch eigene Interessen, und Verhandlungsergebnisse in anderen Branchen und Regionen übernehmen eine Beispielfunktion und begrenzen die Differenzierungsmöglichkeiten nach Lohngruppen und Regionen damit ebenso wie die Flexibilität der Lohnbildung.

▶ Die im bilateralen Monopol der Verbände ausgehandelten Löhne lösen in den einzelnen Unternehmen Reaktionen aus, die von den Verbandsvertretern oft nicht vorhergesehen werden und von ihnen auch nicht kontrolliert werden können.

▶ Steuern und Sozialabgaben orientieren sich in nicht unbeträchtlichem Ausmaß am Bruttoeinkommen. Das bedeutet, dass es „Keile" gibt, die zwischen die Löhne getrieben werden, mit denen die Arbeitgeber rechnen (Bruttolöhne einschließlich aller Abgaben und Lohnnebenkosten), und denen, mit denen die Arbeitnehmer rechnen (verfügbarer Teil der Nettolöhne). Faustformelmäßig kann man in Deutschland davon ausgehen, dass die Arbeitgeber mit doppelt so hohen Stundenlöhnen wie die Arbeitnehmer rechnen.

▶ Arbeitsverträge sind in aller Regel Langfristverträge, in denen Arbeitgebern Dauerherrschaftsrechte eingeräumt werden. Die Langfristigkeit bedingt eine natürliche Unvollständigkeit der Verträge (keine vollkommene Voraussicht auf spätere Streitpunkte) und erfordert Streitschlichtungsregelungen.

(4) Besonderheiten des Arbeitsvertrages

▶ Eine steigende Beschäftigungsdauer führt meist zu einer steigenden Spezialisierung der Arbeitnehmer und damit zu einem Ausfall von alternativen Einsatzmöglichkeiten und einer verstärkten Abhängigkeit vom Arbeitgeber.

▶ Es gibt – vom Beamtenvertrag abgesehen – in der Regel die Möglichkeit legaler Streiks zur Durchsetzung von Interessen und damit auch einen Bedarf an Vermittlungtätigkeiten.

Aus dem vorstehend aufgeführten Besonderheiten ergeben sich (1) generelle Folgen für alle Segmente des Arbeitsmarktes und (2) spezielle Folgen für den Niedriglohnbereich.

(1) Generell gilt Folgendes:

Generelle Folgen der Arbeitsmarktbesonderheiten

▶ Die Nominallöhne sind in der Regel nach unten nicht sehr stark beweglich, und die Lohnspreizung nach Lohngruppen und Regionen ist eingeschränkt.

▶ Es muss bezweifelt werden, ob der Lohn seine Markträumungsfunktion uneingeschränkt erfüllen kann.

▶ Das Arbeitsrecht muss Instrumente zur Schlichtung von Streitpunkten innerbetrieblicher und tarifvertraglicher Art bereitstellen.

▶ Es muss Institutionen und Organisationen zur Reduktion von Friktions- und Sucharbeitslosigkeit und zur Umqualifizierung falsch spezialisierter Arbeitskräfte geben.

▶ Konjunkturelle Arbeitslosigkeit muss bekämpft werden.

(2) Spezialfolgen für die Funktionsweise des Arbeitsmarktes im Niedriglohnbereich ergaben sich in der Vergangenheit (und z. T. auch heute noch) aus der Sozialgesetzgebung, aus dem Abgabenrecht und aus den „sozialen" Forderungen der Gewerkschaften. Diese Mixtur von Gründen hatte zur Folge, dass eine Situation entstand bzw. entsteht, wie sie in *Abbildung 4.6* (→ vgl. S. 238) dargestellt ist.

Spezielle Folgen der Arbeitsmarktbesonderheiten

Wir sehen hier, dass die Existenzbedingungen für die Markträumung nicht erfüllt sind, weil sich Angebots- und Nachfragekurven auf

Grund eines zu hohen Anspruchslohns l^A nicht schneiden. Es gibt zwar eine Nachfrage nach billigen Arbeitskräften, jedoch kein passendes Angebot, weil Unterstützungsempfänger – wenigstens zum Teil – ohne Arbeitsausübung besser gestellt sind als mit. Zu dieser Situation ist es gekommen, weil der Anspruchslohn im internationalen Vergleich zu hoch ist und die Unternehmer deshalb mit Kapitalintensivierung und Lohnfertigung in Billiglohnländern reagieren (müssen). Deshalb haben wir zwar wettbewerbsfähige Unternehmen und hohe Exporterfolge, aber keine wettbewerbsfähigen Arbeitnehmer in Bereichen, in denen Rationalisierung und Lohnfertigung im Ausland leicht durchführbar sind.

Die jüngeren Arbeitsmarktreformen sind unter anderem darauf gerichtet, diese Funktionsstörung dadurch zu beseitigen, dass der Anspruchslohn sinkt. Dies kann man erreichen, wenn man das Einkommen von Arbeitnehmern im Niedriglohnbereich in zwei Einkommensarten einteilt: ein Arbeitseinkommen, das sich aus einem wettbewerbsfähigen Lohnsatz und der Zahl der geleisteten Arbeitsstunden ergibt, und ein Zusatzeinkommen, das vom Staat über Steuern finanziert wird und dem Ziel dienen soll, das Gesamteinkommen auf eine menschenwürdige Höhe anzuheben.

Insgesamt haben die Besonderheiten auf dem Arbeitsmarkt dazu geführt, dass in Deutschland eine Reihe von Spezial-Einrichtungen geschaffen worden sind, die aber nur zum Teil als funktionsgerecht betrachtet werden können. Zu nennen sind vor allem:

Abb. 4.6 | **Probleme im Niedriglohnbereich**

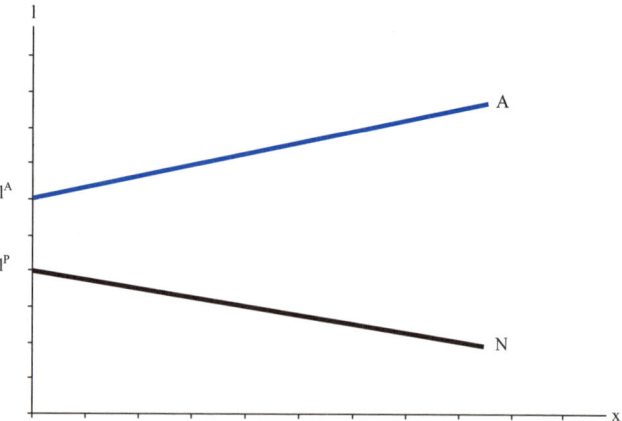

▶ das *Betriebsverfassungsgesetz*,

▶ das *Mitbestimmungsgesetz*,

▶ das *Tarifvertragsgesetz*,

▶ das *Kündigungsschutzgesetz*,

▶ die Arbeitsmarktausgleichspolitik der *Bundesagentur für Arbeit* und

▶ das *Stabilitäts- und Wachstumsgesetz*, das von Bund und Ländern eine Politik zur Realisierung des Vollbeschäftigungsziels fordert.

Wenn der Markträumungsprozess in manchen Segmenten des Arbeitsmarktes nicht funktioniert, klaffen – wie in Abbildung 4.6 illustriert – Arbeitsnachfrage und Arbeitsangebot auseinander. Man misst diese Differenz mit Hilfe von zwei Messzahlen: der Erwerbslosenzahl und der Arbeitslosenzahl.

Die *Erwerbslosenzahl* wird nach einer international verwendeten Methode der *International Labour Organization (ILO)* erhoben: 30.000 repräsentativ ausgewählte Bürger werden gefragt, ob sie weniger als eine Stunde pro Woche arbeiten, in den letzten vier Wochen aktiv nach Arbeit gesucht haben und bei einem Arbeitsangebot sofort verfügbar wären. Die Ergebnisse werden auf die Gesamtbevölkerung hochgerechnet. Bezieht man die so ermittelten Erwerbslosen auf die Summe aus Erwerbstätigen und Erwerbslosen entsteht die *Erwerbslosenquote*. Erwerbslosenzahl

Die *Arbeitslosenzahl* ergibt sich als Zahl derer, die beim Arbeitsamt als arbeitslos (d. h. Arbeit für mehr als 15 Stunden suchend) gemeldet sind und der Arbeitsvermittlung zur Verfügung stehen. Bezieht man die so ermittelte Arbeitslosenzahl auf die abhängig Beschäftigten mit und ohne Arbeit, ergibt sich die *Arbeitslosenquote*. Arbeitslosenzahl

Diese Zahlen ergänzen sich in ihrem Informationsgehalt: Ein Rentner, der sich durch wenige Stunden Arbeit etwas hinzu verdienen möchte, jedoch keine Arbeit findet, taucht in der Zahl der Erwerbslosen auf, nicht aber in der Zahl der Arbeitslosen. Andererseits zählen Menschen als Arbeitslose, nicht aber als Erwerbslose, die mehr als eine Stunde aber weniger als 15 Stunden arbeiten und beim Arbeitsamt als Arbeitssuchende gemeldet sind.

Nach ihrem Entstehungsgrund kann man vier verschiedene Formen der Arbeits- bzw. Erwerbslosigkeit unterscheiden: Formen der Arbeits- bzw. Erwerbslosigkeit

▶ *Saisonarbeitslosigkeit* entsteht bei Berufen, bei denen die Nachfrage nach Arbeitskräften saisonabhängig ist. Insgesamt spielt sie in Deutschland keine große Rolle.

▶ Unter *Friktionsarbeitslosigkeit* versteht man eine Arbeitslosigkeit vorübergehender Natur, die kurzfristig bei einem Jobwechsel auftritt. Die Quote dieser Arbeitslosigkeit beträgt etwa 1 Prozent.

▶ *Konjunkturelle Arbeitslosigkeit* nennt man denjenigen Teil der Arbeitslosigkeit, der vom Auslastungsgrad des Produktionspotenzials abhängig ist und mit diesem schwankt.

▶ *Strukturelle Arbeitslosigkeit* ergibt sich daraus, dass die Qualifikationsstrukturen von nachgefragten und angebotenen Arbeitsleistungen nicht zueinander passen (z. B. Überangebot an Niedriglohntätigkeiten und/oder Unterangebot an Facharbeitertätigkeiten) und/oder dass die Trendwachstumsrate so niedrig ist, dass ein einmal entstandener Sockel an Arbeitslosigkeit nicht wieder abgebaut wird.

Man kann die einzelnen Formen der Arbeitslosigkeit über mehrdimensionale Regressionsanalysen voneinander trennen. Tut man dies, so zeigt sich, dass etwa 80 v. H. der Arbeitslosigkeit in Deutschland struktureller Natur sind.

Die europäische Wirtschaftsgeschichte zeigt, dass hohe Arbeitslosenquoten in der Vergangenheit eher die Regel als die Ausnahme waren. Vom Ende der 50er bis zum Anfang der 70er Jahre schien dieser Koordinationsmangel in der Bundesrepublik Deutschland behoben zu sein; seither mussten wir uns aber wieder an die Geißel der Arbeitslosigkeit gewöhnen. Dies macht es verständlich, dass man in allen modernen Industriestaaten versucht, die Funktionsweise des Arbeitsmarktes mit Hilfe einer besonderen *Arbeitsmarktpolitik* zu verbessern.

Die Ziele der Arbeitsmarktpolitik ergeben sich aus den oben angeführten Besonderheiten. Man kann sie in Arbeitnehmerschutzziele, Ordnungsziele des Tarifvertragsrechts und Ausgleichsziele zur Sicherung der Vollbeschäftigung unterteilen.

▶ Die Arbeitnehmerschutzziele umfassen vor allem den Gefahrenschutz im Betrieb, Hilfsmaßnahmen für besonders schutzbedürftige Personen (z. B. schwangere Frauen) und den Kündigungsschutz.

▶ Die rechtliche Ordnung der Beziehungen der Tarifvertragsparteien soll sicherstellen, dass Streik und Aussperrung außerordentliche Mittel bleiben und dass es nicht zur Gewalteskalation kommt.

▶ Die ausgleichspolitischen Ziele sind darauf gerichtet, die Funktionsfähigkeit des Markträumungsprozesses zu erhöhen und überschneiden sich zum Teil mit den Zielen der Stabilisierungspolitik, die im fünften Kapitel (→ vgl. S. 273 ff.) besprochen werden.

Träger der Arbeitsmarktpolitik nennt man diejenigen staatlichen Organisationen, welche Maßnahmen durchführen, die der Erreichung arbeitsmarktpolitischer Zielsetzungen dienen sollen. Als erstes sind hier die Arbeitsgerichte zu nennen. Das ist insofern eine Besonderheit, als Gerichte normalerweise nur der Streitschlichtung in Fragen dienen sollen, die

Arbeitsmarktpolitik

bei der Anwendung von Gesetzen auftreten, welche von den jeweils zuständigen Parlamenten beschlossen worden sind. Im Bereich des Arbeitsrechts haben sich die Politiker beim Setzen von konkreten Zielen jedoch so weit zurückgehalten, dass große Teile des Arbeitsrechts und der darin enthaltenen Wertentscheidungen als Richterrecht auf der Basis von Einzelfallentscheidungen entstanden sind. Dabei wurde oft nur auf ein „angemessenen Interessenausgleich" im Einzelfall geachtet, nicht aber an die Auswirkungen von Urteilen auf die Funktionsfähigkeit des Arbeitsmarktes gedacht. Hierauf zu achten, wäre Aufgabe der Politiker als Träger der Arbeitsmarktpolitik gewesen, und zwar besonders der Bundespolitiker, denn das Recht der Arbeit gehört in weitem Ausmaß in den Kompetenzbereich des Bundes. In der Verwaltung ist vor allem die Bundesagentur für Arbeit aufzuführen, die Schwerpunkte im Bereich der Arbeitsvermittlung, Berufsberatung und Arbeitsförderung hat. Die Tarifvertragsparteien gehören an sich nicht zu den Trägern der Arbeitsmarktpolitik, sondern sollen auf dem Boden des Arbeitsrechts und ggf. in Zusammenarbeit mit Trägern der Arbeitsmarktpolitik tätig werden. Tatsächlich aber beeinflussen sowohl die Arbeitgeberverbände als auch die Gewerkschaften die Politiker natürlich im vorparlamentarischen Raum.

Die *Mittel der Arbeitsmarktpolitik* unterteilt man in solche der Arbeitsmarktordnungs- und der Arbeitsmarktprozesspolitik.

Träger der *Arbeitsmarktordnungspolitik* ist vorwiegend der Bundesgesetzgeber, Gegenstand ist der gesetzliche Rahmen der Arbeitsmarktpolitik. Als besonders wichtige gesetzliche Grundlagen sind die im Grundgesetz vorhandenen Bestimmungen zur Berufs- und Koalitionsfreiheit sowie die Gewerbeordnung, einzelne Bestimmungen des BGBs sowie Normen zur Ausgestaltung der Betriebs- und Unternehmensverfassung zu nennen, insbesondere das Betriebsverfassungsgesetz, das Mitbestimmungsgesetz, das Tarifvertragsgesetz und das Kündigungsschutzgesetz. Die sozialen Auswirkungen der Schutzgesetze für Arbeitnehmer sind durchaus nicht immer im Sinne der eigentlichen Zielsetzungen der Gesetze: Ein starker Kündigungsschutz wird aus der Sicht der „Arbeitsbesitzer" sicherlich stets begrüßt; er sorgt aber natürlich gleichzeitig dafür, dass Arbeitgeber bei Neueinstellungen besonders zurückhaltend sind und sie erst dann vornehmen, wenn sie sicher sind, dass eine Dauerbeschäftigung möglich ist; deshalb sind Kündigungsschutzklauseln aus der Sicht der Arbeitslosen oft Arbeitsaufnahmeverhinderungsklauseln.

Die auf den Arbeitsmarkt gerichtete *Prozesspolitik* wird auf der Basis des gesetzlichen Rahmens, zu dem hier auch das Stabilitäts- und Wachstumsgesetz gehört, von den Verwaltungen in ihrer Rolle als Ausführungsorgane der Regierungen durchgeführt. Neben der später zu besprechenden Stabilisierungspolitik (→ vgl. Abschnitt 5.3, S. 273 ff.), die vor allem von den Finanz- und Wirtschaftsministerien des Bundes und der Länder vorbereitet wird, ist hier insbesondere die Arbeitsmarktausgleichspolitik zu nennen, die vorwiegend von der Bundesagentur für Arbeit getragen wird.

Damit wollen wir die Besprechung der Besonderheiten des Arbeitsmarktes beenden und uns dem Kapitalmarkt zuwenden.

4.4.2 Besonderheiten von Geld- und Kapitalmärkten und die Ordnung des Währungs- und Kreditwesens

Die Besonderheiten von *Geld- und Kapitalmärkten* bestehen zum einen darin, dass auf diesen Märkten Vertrauen, Erwartungen und die Geldwertstabilität eine besonders große Rolle spielen, und zum anderen darin, dass es für den Kapitalmarkt makroökonomisch definierte Ausgleichsaufgaben gibt, die faktisch nur so erfüllt werden, dass daraus Konjunkturschwankungen entstehen können.

Vertrauen, Erwartungen und Geldwertstabilität Die besondere *Bedeutung des Vertrauens, der Erwartungen* und *der Geldwertstabilität* kommt in einem geflügelten Wort und in einem LENIN-Zitat besonders gut zum Ausdruck. Das geflügelte Wort lautet: „Kapital verhält sich wie ein scheues Reh"; das LENIN-Zitat findet man bei EUCKEN [1990, S. 255]: „Um die bürgerliche Gesellschaft zu zerstören, muss man ihr Geldwesen verwüsten". Auch die Begriffe, die wir gebrauchen, wenn wir von Geld- und Kapitalmärkten sprechen, spiegeln den besonderen Wert des Vertrauens wider:

Währung ▶ Der Begriff *Währung* ist etymologisch aus der Gewährleistungspflicht des Staates dafür entstanden, dass Münzen von „echtem Schrot und Korn" sein und „währen" (d. h. wertbeständig sein) müssen. Heute versteht man unter der Währung eines Landes die vom Staat gesetzlich bestimmten Zahlungsmittel (in Deutschland früher die Deutsche Mark und ihre Erscheinungsformen in Banknoten und Münzen, heute Euro und Cent).

Währungsordnung ▶ Die *Währungsordnung* stellt die Gesamtheit aller Institutionen zur Regelung des Geldwesens eines Landes dar; soweit sie ihren Niederschlag in Gesetzen gefunden hat, heißt sie *Währungsverfassung*. Aufgabe der Währungsordnung ist es, auf Dauer sicherzustellen, dass das Geld seine Funktionen erfüllen kann.

Geldmarkt ▶ Der *Geldmarkt* stellt den Ort des Zusammentreffens von Angebot und Nachfrage nach Zentralbankgeld dar (Bargeld und Guthaben bei der Zentralbank). Unter Geldmarktgeschäften i.e.S. versteht man den Kauf und Verkauf von Zentralbankgeld unter Geschäftsbanken. Die hier getätigten Geschäfte sind mit Kreditoperationen verbunden, die eine Laufzeit von einem Tag bis zu maximal einem Jahr haben. Zu den Geldmarktgeschäften i.w.S. gehören auch vergleichbare Geschäfte der Kreditbanken mit der Bundesbank und mit wenigen großen Unternehmen.

▶ Das Wort *Kredit* geht auf das lateinische Wort „credere" (vertrauen oder glauben) zurück und kennzeichnet das Vertrauen in die „Leihwürdigkeit" einer Person, d. h. in ihre Fähigkeit, aufgenommene Darlehen vertragsgemäß verzinsen und rückzahlen zu können. Da Banken in erhöhtem Maße über dieses Vertrauen verfügen, hat sich für die Gesamtheit der Banken die Bezeichnung Kreditinstitute oder Kreditwirtschaft eingebürgert; der Ort des Zusammentreffens von Angebot und Nachfrage nach Krediten aller Art heißt *Kreditmarkt*.   **Kredit**

▶ Unter dem *Kapitalmarkt* versteht man jenen Teil des Kreditmarktes, der   **Kapitalmarkt**
Geschäfte von Banken und sonstigen Finanzinstituten (vor allem Versicherungen) umfasst, die getätigt werden, um Investitionen zu finanzieren, und die damit der Umsetzung von Geldkapital (Ersparnissen) in Sachkapital (Investitionen) dienen. Der entscheidende Unterschied zwischen Geld- und Kapitalmarkt besteht darin, dass ersterer Geschäfte zur Liquiditätssicherung von Banken umfasst, während letzterer vorwiegend der Investitionsfinanzierung gewidmet ist. Kapitalmarktkredite i. e. S. haben eine Laufzeit von mehr als vier Jahren.

Auf dem Kapitalmarkt sollen folgende *Ausgleichsaufgaben* erfüllt werden: **Mengenausgleichs-,**
▶ der Ausgleich von Spar- und Investitionsentscheidungen der Summe   **Fristentransformations-,**
nach, d. h. von Liquiditätsüberschüssen der Sparer und Liquiditäts-   **Losgrößentransforma-**
defiziten von Investoren, die anstelle der Sparer jenen Teil des Pro-   **tions- und**
duktionspotenzials nutzen wollen, der durch den Konsumverzicht   **Risikotransformations-**
der Sparer frei geworden ist (Mengenausgleichsfunktion);   **funktion**
▶ der Ausgleich von Spar- und Investitionsentscheidungen den Fristen
nach (Fristentransformationsfunktion),
▶ der Ausgleich von Spar- und Investitionsentscheidungen den einzelnen Losgrößen nach (Losgrößentransformationsfunktion) und
▶ der Ausgleich den Risiken nach (Risikotransformationsfunktion).

Als Folge dieser Ausgleichsoperationen wird eine Auswahl unter Investoren und Investitionsobjekten in der Volkswirtschaft vorgenommen und damit ein Einfluss auf die Wachstumsrate der Volkswirtschaft und ihre Sektorstruktur ausgeübt.

Geld- und Kapitalmärkte weisen Besonderheiten auf, die z. T. gemeinsamer, z. T. aber auch spezifischer Natur sind.

Eine *Geldmarktbesonderheit* besteht darin, dass das Volumen dieses Mark-   **Besonderheiten von**
tes sehr stark von der Zentralbank beeinflusst werden kann und dass   **Geldmärkten**

der Austausch von Zentralbankgeld auf dem Geldmarkt die Gesamtheit der Geschäftsbanken in die Lage versetzt, sich – aufbauend auf der Zentralbankgeldmenge – analog zu dem Vorgehen der Goldschmiede (→ vgl. Abschnitt 2.2.2, S. 84 ff.) zu verhalten: Wie diese auf Basis von Vermögenseinlagen Kredite in Form von Noten schaffen konnten, können die Geschäftsbanken auf der Basis von Zentralbankgeld eigenes Buchgeld schaffen und damit die in einer Volkswirtschaft verwendete Bargeldmenge um Buchgeld auf M1 (= Bargeld + Buchgeld) ausweiten. Geldmarktgeschäfte haben aber auch zur Folge, dass sich Liquiditätsengpässe unter Banken sehr rasch fortpflanzen können: Wird eine Bank 1 zahlungsunfähig, kann dies sehr schnell zur Zahlungsunfähigkeit einer Bank 2 führen, die Bank 1 im Vertrauen auf deren Kreditwürdigkeit Zentralbankgeld geliehen hat, usw. Solche *Ansteckungseffekte* können dazu führen, dass die Inhaber von Konten bei in Verruf geratenen Banken misstrauisch werden und dass es im Extremfall zu einem *Run auf die Banken* kommen kann, der die Geldversorgung gefährden kann.

Besonderheiten von Kapitalmärkten
Eine *Kapitalmarktbesonderheit* besteht darin, dass es analog zum Geldmarkt auch auf dem Kapitalmarkt die Gefahr gibt, dass sich Insolvenzen sehr rasch ausbreiten. Hinzu tritt die Gefahr, dass die Ausgleichsaufgaben des Kapitalmarktes unter bestimmten Umständen in einer Weise erfüllt werden, die zu makroökonomischen Störungen führt: Es gibt eine enge Verbindung zwischen in- und ausländischen Kapitalmärkten sowie zum inländischen Geldmarkt. Diese hält einerseits die internationalen Zinsdifferenzen über Arbitragegeschäfte in Grenzen. Sie kann zusammen mit anderen Faktoren aber auch dazu führen, dass der Kapitalmarktzins nicht für einen Ausgleich des laufenden inländischen Sparvolumens mit dem laufenden inländischen Investitionsvolumen sorgt und damit auch nicht für den Ausgleich von Kontraktions- und Expansionsgrößen. Dies wird in *Abbildung 4.7* näher erläutert.

Abb. 4.7 | **Verfehlung des Ausgleichs von S und I**

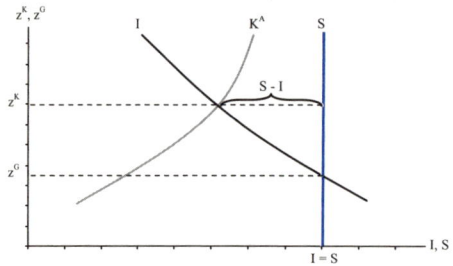
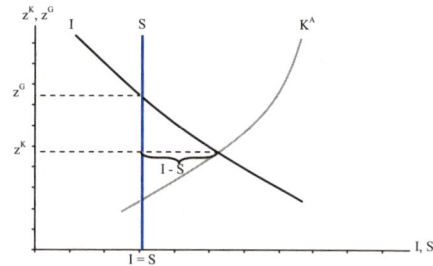

Wir sehen hier zwei Kapitalmarktdiagramme, die für verschiedene Situationen gelten. In beiden Diagrammen ist auf der vertikalen Achse der Zinssatz als Preis für Kredite abgetragen, während auf der horizontalen Achse die Kreditmengen abgetragen sind, die angeboten bzw. nachgefragt werden. Außerdem sieht man drei Kurven: die Kreditnachfragekurve I, die Sparfunktion S und die Kreditangebotskurve K^A.

Die *Kreditnachfragekurve I* ist zinsabhängig und spiegelt die bei verschiedenen Zinssätzen geplanten Investitionen wider. Bei dem Teil der Investitionen, der über Eigenkapital und damit nicht über Kredit i. e. S. finanziert wird, wird in der Darstellung so getan, als ob das Eigenkapital in die S-Funktion einginge und daraus dann über einen Kredit abgerufen würde.[14]

Die *Sparfunktion S* zeigt, was in der Volkswirtschaft intern laufend an Ersparnissen gebildet und dem Kapitalmarkt zur Verfügung gestellt werden könnte. Auf ihren Verlauf wird gleich noch näher eingegangen.

Die *Kreditangebotskurve* K^A umfasst die laufenden Ersparnisse, darüber hinaus aber auch noch Abzugsbeträge ($K^A < S$) oder Zusatzbeträge ($K^A > S$), auf die ebenfalls noch eingegangen werden muss.

Der Ausgleich von K^A und I und damit die Räumung des Kapitalmarktes erfolgt über das Wirken des *Zinsmechanismus*, d. h. dadurch, dass der Zins nach der Auktionatorregel variiert wird, bis $I = K^A$. Zinsmechanismus

Zum Verständnis der Diagramme beginnt man am besten mit einer Fiktion, die anschließend wieder aufgehoben wird: Wir denken uns in einem ersten Gedankenexperiment die senkrecht verlaufende Sparfunktion zunächst einmal weg und unterstellen für einen Moment, dass die Angebotsfunktion mit einer zinsabhängigen und damit steigenden Funktion identisch sei, die einzig und allein die in der Volkswirtschaft laufend gebildeten Ersparnisse umfasst. Dann hätten wir das Bild eines Marktes vor Augen, auf dem die Existenz- und Stabilitätsbedingungen für die Markträumung erfüllt sind. Dies würde unter den von uns unterstellten Umständen bedeuten, dass I und S nach exogenen Störungen immer wieder ausgeglichen werden. Das Zeitdiagramm würde in diesem Fall dem ähneln, welches wir in Abbildung 3.13 (→ vgl. S. 190) für den Markträumungsprozess in der Maschinenbauindustrie erhalten haben. Dies war das Bild, das die klassischen Ökonomen vom *Wirken des Zinsmechanismus* hatten: Der Zinsmechanismus sorgt für eine kybernetische Stabili-

---

14 Die Nachfragefunktion I kann auch Kredite für spekulative Anlagen in Vermögenswerten wie Immobilien und Aktien enthalten, die nicht zu einer Ausweitung des Produktionspotenzials führen, also nicht zu den Investitionen im eigentlichen Sinn zählen. Hierauf kann in diesem Buch aber nicht näher eingegangen werden.

sierung des Sollwertes $I - S = 0$ und damit im Durchschnitt einer längeren Zeitperiode für $I = S$.

Wie kommt es nun aber dazu, dass die S- *nicht* mit der K^A-Funktion identisch und außerdem *nicht* zinsabhängig ist?

Zinsstarrheit der Sparfunktion

Wir wollen zunächst die Frage beantworten, warum S nicht zinsabhängig ist. Die Antwort geben uns Umfragen, in denen nach Motiven für eine Ersparnisbildung gefragt wird. Auf den Antwortbögen wird relativ einheitlich folgendes angekreuzt: An erster Stelle steht stets das Motiv „Vorsorge für Alter und Krankheit", dann kommt das Motiv „Ansparen für teure Konsumgüter (wie z. B. ein Haus, eine Wohnungsausstattung, ein Auto, eine Ferienreise)" und erst weit abgeschlagen wird das Motiv „Verzicht auf Gegenwartskonsum zur Erzielung von Zinseinkünften" genannt. Alle Motive außer dem letzten sind so geartet, dass man unabhängig von den laufend wechselnden Kapitalmarktzinssätzen ein bestimmtes Sparziel vor Augen hat, für welches man laufend Teile des verfügbaren Einkommens als Sparbeträge reserviert und das man bei hohen Zinsen sogar schneller oder mit geringeren Sparbeträgen erreicht als bei niedrigen Zinssätzen. Wie kommt es bei der Starrheit (= Zinsunabhängigkeit) der volkswirtschaftlichen Sparfunktion nun aber dazu, dass jeder Bankier die einzelwirtschaftliche Erfahrung macht, dass er durch das Bieten höherer Zinsen mehr Einlagen gewinnen kann? Die Antwort lautet: Man muss zwei Entscheidungen unterscheiden: Die Sparentscheidung (bei welcher der Zinssatz keine Rolle spielt) und die Anlageentscheidung, die zinsgesteuert erfolgt. Ein Bankier, der einen höheren Zinssatz bietet, bekommt also einen höheren Anteil aus einem konstanten volkswirtschaftlichen Sparvolumen.

Nehmen wir nun in einem zweiten Gedankenexperiment einmal an, das Gesamtangebot auf dem Kapitalmarkt sei mit der senkrecht verlaufenden S-Kurve identisch. Unter diesen Umständen könnte es zu einer Verletzung der Existenzbedingungen für die Markträumung kommen, wie sie im linken Teil des Infokastens 3.6 ($\rightarrow$ vgl. S. 170) dargestellt ist: Angebots- und Nachfragekurve könnten sich in manchen Situationen nicht schneiden.

Tatsächlich ist die Angebotskurve nun aber nicht mit der Sparfunktion identisch (auf die Unterschiedsbeträge wird gleich eingegangen). Dies kann zur Folge haben, dass der Zinsmechanismus zwar K^A und I, *nicht* jedoch S und I ausgleicht. Eine solche Situation wird im linken Teil der Abbildung 4.7 ($\rightarrow$ vgl. S. 244) gezeigt. Wir sehen hier, dass sich K^A und I links von S schneiden. Der Zinsmechanismus sorgt also dafür, dass Angebot und Nachfrage nach Krediten gleich groß sind, dass das Sparvolumen aber größer als das Investitionsvolumen ist. Wie im Abschnitt 5.3 ($\rightarrow$ vgl. S 273 ff.) noch näher erläutert wird, wäre gesamtwirtschaftlich ein

Ausgleich von I und S erforderlich. In Situationen, wie sie in Abbildung 4.7 dargestellt sind, wäre z^G also der gesamtwirtschaftlich richtige Zinssatz; der Kapitalmarkt bildet aber den Zinssatz z^K und verhindert damit das Erreichen des gesamtwirtschaftlich richtigen Zinssatzes.

Während im linken Teil der Abbildung 4.7 eine Situation dargestellt ist, in der das Sparvolumen bei z^K im relevanten Bereich größer als das Kapitalmarktangebot ist, wird im rechten Teil der Abbildung eine Situation dargestellt, in der das Sparvolumen bei z^K kleiner als das Kapitalmarktangebot ist. Beide Situationen sind nicht stabil, sondern führen dazu, dass ein Mechanismus in Kraft tritt, den man *Einkommensmechanismus* nennt und der bewirkt, dass sich die Kurven letztlich so verschieben, dass sie beim gesamtwirtschaftlich richtigen Zinssatz alle durch einen gemeinsamen Punkt gehen. Auf diesen Einkommensmechanismus wird erst im 5. Kapitel (→ vgl. S. 273 ff.) eingegangen. Nun soll erst einmal die Frage diskutiert werden, wohin Sparmittel fließen, wenn das Kapitalmarktangebot bei z^K kleiner als das Sparvolumen ist, und woher Kapitalmarktmittel stammen, die das Kapitalmarktangebot bei z^K größer als das laufende Sparvolumen werden lassen.

Zunächst: Wohin fließt das Geldkapital, das im linken Teil der Abbildung 4.7 nicht auf dem deutschen Kapitalmarkt untergebracht wird? Die Antwort lautet: Es gibt ein „Reservoir", in das die (positive) Differenzmenge S − I „verschwinden" kann: ausländische Kapitalmärkte und der inländische Geldmarkt. Ins Ausland wird ein Teil des Sparvolumens vor allem dann fließen, wenn dort (risikobereinigt) höhere Zinserträge erzielbar sind. Auf den inländischen Geldmarkt wird ein Teil des Sparvolumens vor allem dann fließen, wenn die Haushalte als Sparer Angst vor Kursverlusten haben oder die Unternehmer als Sparer ihre Bilanzstrukturen aus Vorsichtsgründen verbessern wollen. Beide nehmen dann eine abwartende Haltung („Attentismus") ein und halten sich liquide. Erst bei besseren Aussichten tätigen sie wieder Anlagen auf dem Kapitalmarkt (z. B. in Form von Aktienkäufen) bzw. investieren in Sachkapital. Bei S > K^A wird der Geldmarkt dann z. T. und temporär zu einer so genannten *Spekulationskasse*, in der Geldkapital vorübergehend „geparkt" wird. Unterstützt wird dies oft durch Geschäftsbanken, die neben Kursverlusten auch Konkurse von Kreditnachfragern fürchten und deshalb ebenfalls Mittel auf dem Geldmarkt „parken". Dadurch entsteht dann eine so genannte „Kreditklemme".

Damit dürfte auch klar sein, woher das Kapital stammt, das – wie im rechten Teil der Abbildung 4.7 – dazu führen kann, dass I größer als S wird: von ausländischen Kapitalmärkten oder aus inländischer Spekulationskasse, die vorher gebildet worden ist.

Einkommens-
mechanismus

Insgesamt kommen wir damit zu folgenden Besonderheiten von Geld- und Kapitalmärkten.

▶ Vertrauen, Erwartungen und Geldwertstabilität sind besonders wichtig und erfordern Institutionen und Organisationen, die dafür Sorge tragen.

▶ Ausländische Kapitalmärkte und Teile des inländischen Geldmarktes können als „Reservoir" für Versickerungsmöglichkeiten von inländischem Sparvolumen bzw. Herkunftsquellen von Geldkapital dienen. Dies hat zur Folge, dass es einen Unterschied zwischen K^A und S gibt und dass neben dem Zinsmechanismus zur Stabilisierung der Gesamtnachfrage auch noch ein Einkommensmechanismus tätig werden muss (→ vgl. Abschnitt 5.3, S. 273 ff.).

▶ Teile der Nachfrage nach Investitionskrediten können in spekulative Vermögensanlagen auf Immobilien- und/oder Aktienmärkten fließen. Sie dienen dann nicht – jedenfalls nicht unmittelbar – der Erweiterung des Produktionspotenzials.

Es gibt *Träger* und *Instrumente*, die diesen Besonderheiten Rechnung tragen sollen:

▶ Die EZB und das Europäische System der Zentralbanken (ESZB) sollen für Geldwertestabilität sorgen (zum ESZB gehört in Deutschland die Bundesbank);

▶ es gibt nationale Aufsichtsbehörden für das Kreditwesen und die Versicherungswirtschaft;

▶ es gibt internationale Organisationen, die für ein Rating (= Bonitätseinschätzung) von Banken sorgen.

Die Instrumente solcher Organisationen zur Vertrauenssicherung und Erwartungsstabilisierung sowie der EZB-Politik zur Beeinflussung der Zinsstruktur am „kurzen Ende" (Geldmarkt) und am „langen Ende" (Kapitalmarkt) können hier nicht im Einzelnen erörtert werden. Die EZB kann mit ihrer Politik die Kosten und die Liquidität der Geschäftsbanken beeinflussen und auch deren Einschätzung der Risiken einer Kreditvergabe. Bei ihrem Instrumenteinsatz richtet sich die EZB allerdings an der *durchschnittlichen* Geldwertentwicklung in der EWU aus. Da die länderspezifischen Inflationsraten nun aber nicht unerheblich streuen, hat dies zur Folge, dass der EWU-weite Nominalzinssatz in den verschiedenen EWU-Ländern unterschiedlichen Realzinssätzen entspricht. In Deutschland, das eine vergleichsweise niedrige Inflationsrate hat, führt der EZB-Nominalzinssatz z. B. zu einem relativ hohen Realzinssatz und damit zu einer Zurückhaltung der Investoren, einer Reduzierung des

Wachstums und einer zusätzlichen Erschwerung des Ausgleichs von I und S durch den Zinsmechanismus.

Die rechtlichen Grundlagen für die Tätigkeiten der Aufsichtsbehörden und der Zentralbanken sind vor allem in den Zentralbankgesetzen der EWU-Länder (in Deutschland also im Bundesbankgesetz) und in Gesetzen für die Tätigkeit von Aufsichtsbehörden geregelt (in Deutschland z. B. im *Gesetz über das Kreditwesen* [KWG]), das auch die wirtschaftsverfassungsrechtliche Grundlage für die Tätigkeit *des Bundesaufsichtsamtes für Finanzdienstleistungen* [BaFin] bei der Überwachung der Kreditinstitute bildet).

Im Volkswirtschaftsstudium wird das Gebiet dieses Abschnitts in Vorlesungen mit Titeln wie „Geldtheorie und -politik" oder „Geld und Kredit" näher erörtert.

Besonderheiten von Außenhandelsmärkten und die Ordnung internationaler Transaktionen

4.4.3

Bis zum Beginn der *Europäischen Währungsunion (EWU)* deckte sich das Währungsgebiet der DM mit dem Staatsgebiet der Bundesrepublik Deutschland. Deshalb mussten alle Im- und Exporteure bei der Abwicklung ihrer Geschäfte von einer Währung in die andere wechseln. Seit der EWU gilt dies nur noch für einen (für Deutschland allerdings nicht unerheblichen) Teil des Außenhandels. Insgesamt zeichnet sich der Außenhandel heute vor allem durch *drei Besonderheiten* aus:

Besonderheiten auf Außenhandelsmärkten

(1) Soweit es gleich noch zu erläuternde *Wechselkursschwankungen* gibt (z. B. beim Handel zwischen Deutschland und den USA), sind die Geschäfte zwischen Währungsgebieten schwerer kalkulierbar, weil *Wechselkursrisiken* auftreten.

(2) Die *Steuerhoheit* der Staaten endet an ihren Grenzen. Das macht besondere Abkommen zur Aufteilung von Steuern aus grenzüberschreitenden Transaktionen oder zur Harmonisierung und Aufteilung von Steuern erforderlich. Außerdem müssen Maßnahmen zur Finanzierung internationaler Organisationen und von Entwicklungshilfe getroffen werden.

(3) Heimische Produzenten versuchen in allen Staaten, einen besonderen *Protektionsschutz* zu erringen, der die weltwirtschaftliche Arbeitsteilung verfälschen würde. Deshalb sind internationale Überwachungseinrichtungen erforderlich.

Nach dieser Grobübersicht sollen nun die Grundzüge des schon angesprochenen Wechselkursmechanismus erläutert werden. Hierzu sind allerdings Vorüberlegungen erforderlich.

Wechselkursmechanismus

Am einfachsten ist es, wenn man sich zunächst einmal vorstellt, überall auf der Welt würde ausschließlich Gold als Zahlungsmittel verwendet (was für die entwickelten Länder in der Vergangenheit näherungsweise tatsächlich zeitweilig der Fall war). Man könnte dann im internationalen Handel zwei Arten von Transaktionen unterscheiden: Das Inland könnte dem Ausland Güter gegen Gold liefern (und umgekehrt); es könnte dem Ausland aber auch Güter gegen Goldforderungen liefern (und umgekehrt). Eine Güterlieferung gegen eine Forderung läge z.B. vor, wenn ein deutsches Automobilwerk seine Golderlöse in den USA nicht nach Deutschland transferierte, sondern sie einer amerikanischen Bank zur Verfügung stellte (Wertpapiererwerb in Form von Goldnoten) oder sie zum Aufbau eines Vertriebsapparates in Amerika benutzte (bei Bedarf wieder gegen Gold verkaufbare Direktinvestition). Unterstellt man zur weiteren Vereinfachung nun auch noch,

▶ dass es nur Güterex- und -importe gibt (die in der Leistungsbilanz verbucht werden),

▶ dass diese durch wechselseitige Forderungen und Goldüberweisungen bezahlt werden und

▶ dass die wechselseitigen Transaktionen saldiert werden,

Zahlungsbilanz so kann man die saldierten Transaktionen mit Hilfe des Leistungsbilanzsaldos, des Forderungsbilanzsaldos und der Veränderung der Goldbestände in einem *Konto* darstellen, das *Zahlungsbilanz* heißt, das aber besser als die Aufwands- und Ertragsrechnung des Inlands bezeichnet werden könnte. Diese Zahlungsbilanz des Inlandes ist in *Tabelle 4.1* abgebildet.

Nehmen wir an, Deutschland hätte einen Exportüberschuss (der unter unseren vereinfachten Annahmen mit einem Leistungsbilanzüberschuss identisch ist) in Höhe von $L = 200$. Als Gegenwert erhalte es Nettoforderungen in Höhe von $F = 50$ einerseits und Goldüberweisungen

Tab. 4.1 | **Vereinfachtes Zahlungsbilanzkonto**

Nettoaufwand des Inlandes		Nettoertrag des Inlandes	
Leistungsbilanzsaldo	L	Forderungsbilanzsaldo	F
		Veränderung des Goldbestandes	G
Σ	L	Σ	F + G

Zahlungsbilanzgleichung: $L = F + G$

in Höhe von $\Delta G = 150$ andererseits. In einer *Gleichungsdarstellung* könnte man für das Zahlungsbilanzkonto dann schreiben:

$$L = F + \Delta G, \text{d.h. also } 200 = 50 + 150.$$

Außer als Konto oder als Gleichung kann man die Zahlungsbilanz auch als *Staffelrechnung* mit der Summe 0 darstellen. Damit die Leistungsbilanzgleichung erfüllt bleibt, müssen die Posten auf der linken Seite des Zahlungsbilanzkontos dabei mit einem Pluszeichen in die Rechnung eingehen, die Posten auf der rechten Seite dagegen mit einem Minuszeichen. Das Ergebnis für unser Beispiel ist in *Tabelle 4.2* dargestellt. Eine Umstellung der Staffelrechnung zeigt, dass die Zahlungsbilanzgleichung erhalten geblieben ist: $L = F + \Delta G$.

Vereinfachte Darstellung der Zahlungsbilanz als Staffelrechnung　　　Tab. 4.2

Posten	Vorzeichen der Zunahme	Betrag
(1) Leistungsbilanzsaldo	+	L
(2) Forderungsbilanzsaldo	-	F
(3) Goldbestandsveränderung	-	G
Summe:	$L - F - G = 0$, d.h. $L = F + G$	

Jetzt wollen wir in einem zweiten Schritt die vereinfachende Annahme aufgeben, dass alle Transaktionen in Goldforderungen beglichen werden, und zwischen Inlandsgeld (z. B. Euro) und *Devisen* (= Auslandsgeld, z. B. Dollar) unterscheiden.

Behalten wir wieder die obige Kontodarstellung bei und nehmen wir an, dass das Ausland in Dollar ($) zahlt, das Inland dagegen in Euro (€) rechnet, ergibt sich *Tabelle 4.3* (→ vgl. S. 252). Es entsteht jetzt das Problem, dass Dollar aus der Sicht des Inlands in Euros umgerechnet werden müssen. Dies geschieht mit Hilfe des *Wechselkurses*, der hier angibt, wie viel Euros man für einen Dollar erhält.[15]　　Wechselkurs

Nehmen wir zur Vereinfachung der Rechnung einmal an, man hielte für einen Dollar 0,5 €. Bei Verwendung der Zahlen aus unserem Goldbeispiel (mit $1G = 1€$) gälte dann in Euros: $L = 200$ (€), $F = 50$ (€) und $\Delta € = 150$ (€). Wenn wir jetzt aber berücksichtigen, dass das Inland in Euros und das Ausland in Dollars rechnet, stellen sich die Zahlen in unserer Tabelle folgendermaßen dar: $L = 200$ (€), $F = 100$ ($) und

---

15 Manchmal wird der Wechselkurs auch umgekehrt definiert.

Tab. 4.3 | **Kontendarstellung bei unterschiedlicher Inlands- und Auslandswährung**

Nettoaufwand des Inlands		Nettoertrag des Inlands	
	L(€)		F($)
			Δ$
Σ	L(€)	Σ	$F(\$) \cdot \frac{€}{\$} + \Delta\$ \cdot \frac{€}{\$}$

$\Delta\$ = 300\,(\$)$. Für die Zahlungsbilanzgleichung ergibt sich in diesem Beispiel somit:

$$200(€) = 100(\$) \cdot 0{,}5(€)/1(\$) + 300(\$) \cdot 0{,}5(€)/1(\$), \text{d.h.}$$
$$200(€) = 50(€) + 150(€).$$

Der Wechselkurs (€/$) ist in unserem Beispiel fiktiv gewählt worden. In der Realität bilden sich die Wechselkurse zwischen allen Währungen

Devisenmarkt

aber auf den *Devisenmärkten* heraus. Um diesen *Wechselkursmechanismus* zu verstehen, wollen wir einmal bei unserem Beispiel mit Euros und Dollars bleiben und annehmen, es sei beim Abschluss der Transaktionen vereinbart worden, dass die Forderungen des Inlands vom Dollar-Ausland in Euros bezahlt werden müsste. Auf dem Devisenmarkt gäbe es dann eine Nachfrage (N) nach Euros in Höhe von 100 $ (für F) und 300 $ (für Δ€). Dem stünden als Angebot (A) 200 € (für L) gegenüber. Damit Angebot und Nachfrage ausgeglichen werden, muss sich dann der Preis des Euro in Dollar (der Wechselkurs WK) so einstellen, dass

Tab. 4.4 | **Salden der deutschen Zahlungsbilanz 2004 (Staffelrechnung)**

Posten		Mrd. €
(1) Leistungsbilanzsaldo (Zunahme +)	+	84,0
(2) Saldo der Bilanz der Vermögensübertragungen (Zunahme +)	+	0,4
(3) Kapitalbilanzsaldo (Zunahme −)	−	99,8
(4) Veränderung der Währungsreserven (Zunahme −)	+	1,5
(5) Restposten (Zunahme +)	+	13,9
Summe:	+	0,0

Quelle: In Anlehnung an DEUTSCHE BUNDESBANK [2004, S. 69]

$200(€) = 100(\$) \cdot WK + 300(\$) \cdot WK$ gilt. Löst man diese Gleichung nach WK auf, erhält man:

$$200(€) = [100 + 300] \cdot WK \text{ oder}$$
$$WK = 200(€)/400(\$) = 0,5(€/\$).$$

Bei börsenmäßiger Organisation würde dieser *Gleichgewichtswechselkurs* bei Gültigkeit der Existenz- und Stabilitätsbedingungen für eine Markträumung nahezu verzögerungsfrei erreicht.

Gehen wir nun von unseren vereinfachten Bedingungen zur Realität über, so müssen wir – ausgehend von der *Tabelle 4.4* – Folgendes berücksichtigen:

▶ Es gibt nicht nur einen einzigen Leistungsbilanzsaldo, sondern für jedes Fremdwährungsland und zusätzlich für alle Mitglieder der EWU jeweils einen eigenen Saldo. Man kann diese partiellen Leistungsbilanzsalden – jeweils in Euro gerechnet – aber zusammenfassen. L muss in der Realität also als Leistungsbilanzsaldo mit der gesamten übrigen Welt aufgefasst werden. Außerdem umfasst L – wie wir schon wissen – nicht nur den Saldo der Güterexporte und Güterimporte, sondern weitere Posten, die in Abbildung 2.14 (Einkommenskreislauf) (→ vgl. S. 88) aufgezählt worden sind.

▶ F umfasst nicht nur den Eurowert von Direktinvestitionen und Wertpapieranlagen in einem einzigen Land, sondern in vielen Ländern. Außerdem gibt es auch noch forderungsähnliche Wertanlagen. Man spricht deshalb nicht von der Forderungsbilanz, sondern von der *Kapitalbilanz* (auch hier gegenüber dem gesamten Ausland).

▶ An die Stelle des Euro-Wertes von $\Delta\$$ tritt beim Außenhandel mit verschiedenen Währungsräumen eine Veränderung der *Devisenbilanz* ΔD.

▶ F und ΔD müssen von Außenhandelspartner zu Außenhandelspartner mit den jeweils zugehörigen Wechselkursen in Euro umgerechnet werden, wenn man die Zahlungsbilanzgleichung aufstellt oder die Zahlungsbilanzdarstellung in Staffelform vornehmen möchte.

▶ L, K und ΔD können für sich jeweils positive Zahlen sein (L-Überschuss, K-Überschuss oder D-Zunahme), es können aber auch negative Zahlen sein (L-Defizit, K-Defizit oder D-Abnahme). In der Staffelrechnung werden diese Euro-Zahlen dann jeweils so mit +1 oder –1 multipliziert, wie es in Tabelle 4.2 (→ vgl. S. 251) demonstriert worden ist.

Im Prinzip ähnlich wie in Tabelle 4.4 – nur wesentlich detaillierter – weist die Bundesbank die Zahlungsbilanz Deutschlands aus. Aus ihrer Darstellung ergibt sich Folgendes: Ein relativ hoher *Leistungsbilanzüberschuss* (1) – insbesondere im Bereich des Warenhandels, wegen der Reiselust der Deutschen jedoch nicht im Bereich des Handels mit Dienstleistungen – ist für Deutschland typisch. *Vermögensübertragungen* (2) spielen traditionell nur eine geringe Rolle. Der *Nettokapitalexport* (3) resultiert zu einem nicht unerheblichen Teil aus deutschen Wertpapieranlagen im Ausland und aus Rückgängen ausländischer Direktinvestitionen in Deutschland. Die *Devisenvorräte* (4) („Währungsreserven") haben etwas abgenommen. Was sich hinter dem Saldo der *Restposten* (5) verbirgt, weiß man natürlich nicht genau. In vielen Jahren fallen hierunter vermutlich „schwarze" Steuerfluchtgelder.

Gliedert man Zahlungsbilanzdarstellungen sachlich, räumlich und nach der zeitlichen Entwicklung stärker auf, kann man daraus entnehmen, (1) welche Ex- und Importgüter für Deutschland besonders wichtig sind, (2) welches unsere Haupthandelspartner sind und (3) wie sich die Salden im Zeitablauf verändern. Für Deutschland ist z. B. der Außenhandel mit Investitionsgütern (unter Einschluss von Automobilen) besonders wichtig, und unsere Haupthandelspartner sind die Mitgliedsländer der EU. In den letzten Jahren ist der Handel mit den Nachfolgestaaten des ehemaligen Ostblocks für uns so wichtig geworden, dass er den Handel mit den USA bereits übertrifft.

Greift man nun noch einmal auf das Beispiel zur Wechselkursbildung im Anschluss an Tabelle 4.3 (→ vgl. S. 252) zurück, so sieht man, dass der Wechselkurs nicht allein vom Leistungsbilanzsaldo bestimmt wird. Es spielen vielmehr auch der Kapitalverkehr und die Veränderung der Devisenbestände eine Rolle. Dies wiederum bedeutet, dass nicht garantiert ist, dass der Wechselkurs sich stets so einstellt, dass die Leistungsbilanz ausgeglichen wird. Letzteres wäre aber – wie wir im Kapitel 5 (→ vgl. S. 263 ff.) noch näher sehen werden – erforderlich, wenn Schwankungen des Einkommenskreislaufs vermieden werden sollten. Damit haben wir schon zwei Preise kennen gelernt, die normalerweise zwar zu einer Räumung ihrer Märkte führen, die – gesamtwirtschaftlich gesehen – aber gleichwohl „falsch" sein können: Der Zinsmechanismus kann zu „gesamtwirtschaftlich falschen Zinsen" führen (kein Ausgleich von I und S), und der Wechselkursmechanismus kann „gesamtwirtschaftlich falsche Wechselkurse" erzeugen (kein Ausgleich von X einerseits sowie M, P und U andererseits).

Wenden wir uns nun den Institutionen und Organisationen zu, die den geschilderten Besonderheiten der Außenhandelsmärkte Rechnung tragen sollen. Wir wollen in der Reihenfolge der am Anfang dieses Abschnitts erfolgten Problemauflistung vorgehen.

Zur *Eindämmung der Währungsrisiken* gibt es zum einen besondere Handelstechniken (wie z. B. das so genannte Hedging), zum anderen Kooperationsverträge zwischen den Regierungen. Besonders wichtig ist eine

Organisation, die so per Vertrag geschaffen wurde, der *Internationale Währungsfond* (IWF), englisch als International Monatory Fund (IMF) bezeichnet. Der IWF hat seinen Sitz in Washington und soll für weltweit geordnete Währungsbeziehungen sorgen. Für die meisten entwickelten Industrieländer sind als zusätzliche Organisationen zur Regelungen des Weltwährunssystems die *OECD* (englisch: Organization for Economic Co-Operation and Development), die *BIZ* (Bank für Internationalen Zahlungsausgleich), die *Weltbank* (englisch: International Bank for Reconstruction and Development, IBRD) von Bedeutung und – speziell für Europa – die EU.

Zur *Regulierung von Steuerhoheiten* und zur Finanzierung internationaler Organisationen sowie von Entwicklungshilfe gibt es Regierungsabkommen, die zu einem *Internationalen Finanzausgleich* führen. Innerhalb der EU wird dieser Finanzausgleich darüber hinaus durch die EU-Finanzierung und die EU-Regionalpolitik ergänzt.

Steuerhoheit

Nun zum *Protektionismusproblem.* Schaut man auf das deutsche *Außenhandelsrecht*, scheint dieses Problem keine große Rolle zu spielen, denn dieses Recht macht einen liberalen Eindruck und erlaubt – wie es das *Außenwirtschaftsgesetz* formuliert – alle Geschäfte, die nicht ausdrücklich verboten sind. Verboten bzw. streng reguliert ist z. B. der Export von Kriegswaffen (Kriegswaffenkontrollgesetz). Ebenfalls sehr stark reguliert ist das *Außensteuerrecht*. Aber auch bei einem grundsätzlich liberalen Ansatz verbleiben Regierungen viele Möglichkeiten zum Protektionismus. Deshalb spielen Regierungsabkommen zu dessen Abwehr weltweit eine besondere Rolle. Hierüber ist eine wichtige internationale Behörde geschaffen worden, die *World Trade Organization (WTO).* Diese Welthandelsorganisation verfügt über besondere Ausschüsse und Streitschlichtungsorgane und soll einen freien Handel mit Waren, Dienstleistungen und Rechten am geistigen Eigentum gewährleisten. Innerhalb der EU wacht der *Europäische Gerichtshof (EuGH)* außerdem über die in der EU per EG-Vertrag verfassungsmäßig geltenden *vier Grundfreiheiten* des freien Verkehrs für Waren, Personen, Dienstleistungen und Kapital, die einen *einheitlichen EU-Binnenmarkt* gewährleisten sollen. Auf die *Bedeutung des Wechselmechanismus* für Einkommensschwankungen wird im Abschnitt 5.3 (→ vgl. S. 273 ff.) über die finanzwirtschaftliche Stabilisierungspolitik näher eingegangen.

Protektionismus

Damit soll dieser Abschnitt beendet werden. Im Studium der Volkswirtschaftslehre lernt man mehr über die hier behandelten Probleme in Vorlesungen mit Titeln wie „Internationaler Handel" und „Außenwirtschaftstheorie".

4.4.4 | Besonderheiten von Standortmärkten und die Regionalpolitik

Für lokale, regionale, nationale und internationale Unternehmensstandorte gibt es Märkte: Anbieter sind die Gemeinden, die Bundesländer, die Nationalstaaten und übernationale Wirtschaftsräume wie die EU; Nachfrager sind Unternehmen, die Standorte und Absatzmärkte suchen und gleichzeitig Arbeitsplätze anbieten. Würden alle Teilmärkte des Standortmarktes richtig funktionieren, würde die Ansiedlungspolitik der Unternehmen so gelenkt werden, dass es keine fühlbaren Unterschiede in der räumlichen Arbeitslosigkeit gäbe. Tatsächlich ist dies jedoch nicht der Fall, denn weder die Funktionsbedingungen für den Markträumungsprozess noch die für den Renditenormalisierungsprozess sind erfüllt:

M-Prozess auf dem Standortmarkt

Der *M-Prozess* funktioniert nicht, weil der „Preis" für Standorte sich aus der Sicht der Unternehmen aus einer Mischung von Preisen zusammensetzt, die fast alle nicht flexibel reagieren, vor allem nicht nach unten:

▶ Lokale und regionale *Steuern* reagieren – jedenfalls in Deutschland – auf Arbeitslosigkeitsunterschiede (d. h. zu wenig Arbeitsplatzanbieter und damit Unternehmen in einem Raum) kaum.

▶ Auch die *Löhne* reagieren allenfalls sehr wenig auf räumliche Arbeitsplatzunterschiede (sie sind vor allem in den neuen Bundesländern angesichts des dortigen Arbeitsproduktivitätsniveaus für die meisten Unternehmen wenig attraktiv).

▶ Die Qualität der *Verwaltungsleistung* und die *Grundstückspreise* reagieren ebenfalls nur sehr träge auf eine überdurchschnittliche Arbeitslosigkeit.

Wenn nun aber der M-Prozess wegen der unzureichenden Erfüllung der Stabilitätsbedingung nicht richtig funktioniert, dann kommt es auch nicht zu einem Ausgleich räumlich unterschiedlich hoher Arbeitslosigkeit, der durch Unternehmenswanderungen bewirkt wird. Die Folge ist, dass – bildlich gesprochen – nicht die „Maschinen" (Unternehmen) zu den Menschen wandern, sondern dass die Menschen zu den „Maschinen" wandern müssen, d. h. dass es in Räumen mit überdurchschnittlich hoher Arbeitslosigkeit zu Entleerungserscheinungen kommt.

R-Prozess auf dem Standortmarkt

Auch der *R-Prozess* funktioniert bei dem geschilderten Preisverhalten nicht richtig. Aus der Sicht der Standortanbieter (Gebietskörperschaften) führt die Ansiedlung von Unternehmen zu Erträgen in Form von Steuereinnahmen. Bei einer für Gebietskörperschaften typischen Wiederverausgabung ihrer Einnahmen hat dies zur Folge,

▶ dass florierende Regionen mit überdurchschnittlich hohen Steuereinnahmen Investitionen in die Standortqualität vornehmen und damit weitere Unternehmen anlocken und

▶ dass Krisenregionen wegen des Fehlens von gesunden Unternehmen und der Zunahme der Arbeitslosigkeit im Infrastrukturwettbewerb nicht mithalten können und sogar mit Desinvestitionen reagieren müssen (Beseitigung von Industriebrache und Wohnungsleerständen), die eine zusätzliche Belastung darstellen.

Damit ergibt sich ein typischer Unterschied in der Funktionsweise des R-Prozesses einmal bei Unternehmen und einmal bei Gebietskörperschaften: Unternehmen können bei Unterrenditen aus einem Markt ausscheiden und ihr Angebot vergleichsweise schnell und einfach auf rentablere Produkte umstellen; Gebietskörperschaften sind dagegen an ihr Gebiet gebunden und können ihre Struktur nur sehr langfristig und meist auch nur mit äußerer Hilfe grundlegend ändern. Der R-Prozess bei Unternehmen funktioniert normalerweise also auch in Krisensituationen als ein negativ rückgekoppelter Regelkreis, während der R-Prozess bei Gebietskörperschaften – jedenfalls kurz- und mittelfristig – eher Eigenschaften eines Teufelkreises zeigt.

Die Funktionsweise des M- und des R-Prozesses führt also nicht zu einem Ausgleich von Arbeitslosigkeitsunterschieden und zu einer räumlich richtigen Lenkung der Unternehmen, sondern zu einer Verstärkung von Ungleichgewichten. Um diesen Fehlfunktionen entgegen zu wirken, wären Maßnahmen zur Flexibilisierung der o. g. Preise erforderlich, die – gekoppelt mit Zuschüssen eines jeweils zuständigen Regionalverbandes („Strukturkrisenversicherungsverbandes") – dazu führen, dass die Krisenregionen restrukturiert werden und dass von niedrigen Löhnen und sonstigen Standortpreisen angelockte Unternehmen neue und wettbewerbsfähige Arbeitsplätze schaffen.

Tatsächlich ist eine *staatliche Regionalpolitik* entwickelt worden, die es sowohl in Deutschland als Gemeinschaftsaufgabe von Bund und Ländern als auch in der EU gibt und die zu Ausgleichszahlungen zwischen den Regionen bzw. Mitgliedsstaaten führt. Auf die notwendige Flexibilisierung von Löhnen, Steuersätzen und Grundstückspreisen ist dabei allerdings verzichtet worden. Auf die Ausgestaltung dieser Politik im Einzelnen kann hier nicht eingegangen werden. Ihre Erfolge waren jedenfalls sowohl in Deutschland als auch in der EU mäßig. Dies hat auch etwas mit dem so genannten „Staatsversagen" zu tun, auf das im folgenden *Abschnitt 4.5* eingegangen wird.

Regionalpolitik

4.5 Koordinationsmängel, Marktversagen und Staatsversagen

Im Abschnitt 4.3 (→ vgl. S. 226 ff.) haben wir eine generelle Funktionsschwäche aller Märkte kennen gelernt und im Abschnitt 4.4 (→ vgl. S. 234 ff.) spezielle Funktionsschwächen bestimmter Märkte. In Kapitel 5 (→ vgl. S. 263 ff.) werden wir noch dazu sehen, dass es Bedürfnisse gibt, die ohne ein Tätigwerden des Staates überhaupt nicht befriedigt würden, weil es dann keine Märkte gäbe, auf denen entsprechende Güter angeboten werden.

Funktionsschwächen von Märkten nennt man auch Koordinationsschwächen, weil das Verhalten von Anbietern und Nachfragern nur unbefriedigend koordiniert wird. Eine ausgeprägte Koordinationsschwäche wie die eben angeführte Nichtexistenz von Märkten bezeichnet man als *Koordinationsmangel* oder *Marktversagen*. Hierbei kann man zwischen natürlichen und künstlichen Mängeln bzw. Versagensformen unterscheiden. Die im Abschnitt 4.4.1 (→ vgl. S. 235 ff.) besprochene und in Abbildung 4.6 (→ vgl. S. 238) dargestellte Niedriglohnproblematik (Nichtexistenz eines Arbeitsmarktsegments für Arbeitskräfte mit sehr niedriger Produktivität) ist ein Beispiel für ein – letztlich vom Staat zu verantwortendes – *künstliches* Marktversagen; die im fünften Kapitel noch zu besprechende Problematik der Nichtexistenz von Märkten für bestimmte Formen von Kollektivgütern ist dagegen ein Beispiel für ein *natürliches* Versagen.

Die Unterscheidung zwischen einem Marktversagen künstlicher bzw. natürlicher Art deutet schon auf einen Tatbestand hin, der nun besprochen werden soll: das *Staatsversagen*.

Wenn man sich in einer Marktwirtschaft darauf verlassen kann, dass das Gros aller Märkte funktioniert, nicht aber darauf, dass *alle* Märkte *zu allen* Zeiten funktionieren, liegt es in einer „sozialen" Marktwirtschaft nahe, dafür zu sorgen, dass das „gesellschaftliche (= soziale)" Wirtschaften so organisiert wird, dass Marktmängel vermieden oder beseitigt werden. Als Träger dieser Reparaturfunktion kommt der Staat in Frage. In einer gesellschaftlich richtig organisierten Marktwirtschaft sollte der Staat folglich als *Reparaturbetrieb für Marktversagen* reagieren. Die Abschnitte 4.3 und 4.4 haben gezeigt, dass der Staat dies in Deutschland auch in einem gewissen Umfang tut. Es wurde allerdings ebenfalls angedeutet, dass der Staat manchmal gar nicht, manchmal unzureichend und manchmal auch zu stark reagiert. Das führt zu einer Unterscheidung der Begriffe Marktversagen und Staatsversagen, die im fünften Kapitel noch durch den Begriff des Verfassungsversagens ergänzt werden wird.

Marginalien:
Koordinationsmangel; Marktversagen

Staatsversagen

Definition von Marktversagen

Marktversagen (→ Glossar) liegt vor, wenn Märkte zur Befriedigung von in der Bevölkerung verbreiteten und anerkannten Bedürfnissen fehlen oder in ihrer Entwicklung stark behindert sind. Das Vorliegen von Marktversagen ist ein notwendiger, nicht jedoch ein hinreichender Grund für Eingriffe des Staates in marktwirtschaftliche Selbstregulierungsprozesse. Hinreichend sind solche Eingriffe vielmehr erst dann, wenn der Staat Mittel einsetzt, die als effektiv, erforderlich und verhältnismäßig bezeichnet werden können. Für eine erfolgreiche Suche nach solchen Mitteln (einer kreativen Tätigkeit der Ministerialbürokratie) gibt es eine Faustregel, die meist zum Ziel führt: Man muss einerseits die EUCKENSchen Prinzipien beachten und andererseits fragen, wie die noch unbefriedigende Funktionsweise eines (vorhandenen oder nicht vorhandenen) Marktes durch Transaktionskostensenkungen (= Beseitigung von „Reibungen") an die Funktionsweise eines idealen („reibungslos funktionierenden") Marktes angeglichen werden könnte. Dies entspräche einem Handeln nach dem Dritten Postulat der ÖTW und dem LAMPEschen Interventionsprinzip. Nur wenn diese Faustformel zu keinem Ergebnis führt, sollte man an Instrumente wie Ge- und Verbote denken.

Die eben genannte Faustregel zeigt z. B., dass bei der Widervereinigung grundlegende Fehler begangen wurden: Die sozialistischen Betriebe in der DDR stellten in aller Regel kein wettbewerbsfähiges Produktionsvermögen dar, sondern waren völlig veraltet und verschlissen; die Arbeitskräfte waren dagegen relativ gut ausgebildet und arbeitswillig. Die Widervereinigung führte in Deutschland deshalb dazu, dass das verfügbare Arbeitsvolumen stark zunahm, während der Kapitalstock – relativ gesehen – verknappt wurde. Damit ergab sich eine Situation, die ein idealer Arbeitsmarkt folgendermaßen bewältigt hätte: Der Überhang an Arbeitskräften hätte zu einem Fallen der Löhne, die Knappheit an Kapital zu einem Steigen der Gewinne geführt. Letzteres hätte die Investitionen stimuliert und die Bildung von zusätzlichen Produktionskapazitäten zur Folge gehabt, was über Kapitalintensivierung die Arbeitsproduktivität erhöht und die Nachfrage nach Arbeitskräften gesteigert hätte. *Kurz*: Man hätte die folgende Ereignisabfolge beobachtet: Fallen der Löhne bei Erhalt der Vollbeschäftigung (M-Prozess auf dem Arbeitsmarkt) → Steigen der Gewinne und damit der Investitionen (R-Prozesse auf den Gütermärkten) → Erhöhung der Arbeitsproduktivität und Erweiterung der Nachfrage nach Arbeitskräften zur Bedienung der neuen Kapazitäten sowie Anstieg der Arbeitslöhne (M-Prozess auf dem Arbeitsmarkt). Lohnzurückhaltung hätte so zu Produktionspotenzialwachstum und nachhaltiger Prosperität geführt. Stattdessen haben Unternehmerverbände, Gewerkschaften und Politiker aus sozialen (und zusätzlich vermutlich auch gruppenegoistischen) Erwägungen heraus die deutschen Löhne hochgehalten und mit diesem Eingriff in die Bildung von Konkurrenzpreisen (Verstoß gegen das EUCKENSCHE Prinzip Nr. 1.1 (→ vgl. S. 220) statt der geschilderten Entwicklung dafür gesorgt, dass die Unternehmen zur Erhaltung ihrer internationalen Wettbewerbsfähigkeit zu Rationalisierungsmaßnahmen gezwungen wurden. Weniger produktive Arbeitskräfte wurden deshalb durch Maschinen ersetzt, und damit wurde Arbeitslosigkeit erzeugt. Das Nichtbeachten der eben genannten Faustregel war also ein Staatsversagen.

Definition von Staatsversagen

Staatsversagen (→ Glossar) ist gegeben, wenn der Staat
- ▶ im Falle des Vorliegens von (natürlichem) Marktversagen nicht eingreift, obwohl er über ein effektives, erforderliches und verhältnismäßiges Instrument verfügt,
- ▶ im Falle des Vorliegens von Marktversagen eingreift, obwohl er *nicht* über ein solches Mittel verfügt (d. h. wenn die Politiker lediglich „Handlungsfähigkeit" demonstrieren wollen) oder
- ▶ im Falle der *Nichtexistenz* von Marktversagen aktiv wird (meist um mächtigen Interessengruppen entgegen zu kommen).

Staatsversagen liegt also – kurz gesagt – vor, wenn der Staat zu wenig tut (keine Beseitigung effizient beseitigbaren Marktversagens) oder wenn er zuviel tut (Tätigwerden ohne ein Vorliegen von Marktversagen).

Zusammenfassung

In Kapitel 3 (→ vgl. S. 123 ff.) wurden lediglich die Grundzüge der Funktionsweise von Marktwirtschaften besprochen. Es wurde aber noch nicht gezeigt, wie man – von verschiedenen geschichtlichen Situationen ausgehend – zu einer Marktwirtschaft gelangt und wie über eine zweckmäßige Wirtschafts- und Finanzverfassung dafür gesorgt werden kann, dass diese Wirtschaftsordnung auch wirklich funktionsfähig wird. In diesem Kapitel haben wir die notwendigen Ergänzungen vorgenommen: Zunächst haben wir die allgemeine Struktur wirtschaftspolitischer Probleme und die daraus resultierende Anforderungen an die wirtschaftsverfassungsrechtlichen Rahmenbedingungen diskutiert. Anschließend haben wir uns den verschiedenen Wegen zugewandt, die zur Sozialen Marktwirtschaft geführt haben, und die Frage analysiert, welchen Funktionsschwächen Rechnung getragen werden muss, wenn eine marktwirtschaftliche Ordnung als „sozial" im Sinne von „gesellschaftlich gut organisiert" und „menschenwürdig" gelten können soll. Wir sind auf eine generelle Schwäche und mehrere Spezialprobleme gestoßen:

▶ Alle Märkte sind anfällig gegen eine Tendenz zu Wettbewerbsbeschränkungen,

▶ Arbeitsmärkte erfordern wegen ihrer Spezifika besondere Einrichtungen und zeichnen sich unter den gegebenen gesellschaftlichen Umständen durch eine Tendenz zur Unterbeschäftigung von Arbeitskräften mit einer geringen Produktivität aus,

▶ auf Geld- und Kapitalmärkten müssen Vertrauen, Erwartungen und der Geldwert stabilisiert werden und besteht die Gefahr, dass der markträumende Zins gegen gesamtwirtschaftliche Stabilitätsforderungen verstößt,

▶ auf Außenhandelsmärkten muss Wechselkursrisiken, Fragen des internationalen Finanzausgleichs und Protektionismustendenzen Rechnung getragen und darüber hinaus berücksichtigt werden, dass es – gesamtwirtschaftlich gesehen – neben „falschen Zinsen" auch „falsche Wechselkurse" geben kann, und

▶ auf Standortmärkten lokaler, regionaler und nationaler Art kommt es nicht zu einer zweckmäßigen Lenkung von Unternehmensansiedlungen, weil die Arbeits-, Abgaben- und Grundstückspreise in Krisensituationen zu wenig sinken und weil eine zweckmäßige Lenkung von Unternehmensansiedlungen außerdem Ausgleichszuschüsse erforderlich macht.

Auf alle diese Funktionsschwächen hat man in Deutschland mit der Einrichtung von Organisationen und Institutionen reagiert. Teilweise war man damit auch erfolgreich. Leider ist es neben einer Beseitigung von Funktionsschwächen oder einem Marktversagen auch zu staatlichen Eingriffen gekommen, die ineffizient waren und in die Kategorie des Staatsversagens fallen.

Kontrollfragen und Aufgaben

1 Auf dem betrachteten CD-Markt aus Aufgabe 4 des Kapitels 3.3 (→ vgl. S. 203) schließen sich die 26 Anbieter ceteris paribus zu einem (eintrittsgeschützten) Monopolunternehmen zusammen.

a) Berechnen Sie den COURNOT-Punkt sowie die zugehörigen Kosten und den Gewinn.

b) Stellen Sie tabellarisch die berechneten Ergebnisse des Wettbewerbsdenen des Monopolmarktes gegenüber. Zu welcher Burteilung gelangen Sie?

c) Würde sich Ihre Beurteilung ändern, wenn durch die Monopolisierung Synergieeffekte erzielt werden. Nehmen Sie an, dass die neue Grenzkostenfunktion folgenden Verlauf aufweist: $K' = 0{,}1x + 2$.

2 Im Niedriglohnbereich besteht z. T. das Problem, dass „teuere" inländische Arbeitskräfte durch „billige" ausländische Arbeitskräfte substituiert werden.

a) Angenommen, es ist politisch entschieden worden, dass gegen die Substitution inländischer Arbeitskräfte vorgegangen werden soll. Welchen ökonomischen Kriterien müsste ein staatlicher Instrumenteneinsatz dann genügen?

b) Die Regierung beschließt, als Mittel der Wahl einen gesetzlich fixierten Mindestlohn einzuführen. Verdeutlichen Sie die Wirkung mit Hilfe eines Marktdiagramms. Nehmen Sie hierzu an, dass im Niedriglohnsektor die Arbeitsangebots- und die Arbeitsnachfragekurve normal verlaufen und dass der gesetzlich fixierte Mindestlohn deutlich über dem Markt-Gleichgewichtslohn liegt.

c) Wozu würde ein solcher Mindestlohn führen?

3 Arbeit kann z. T. durch Kapital substituiert werden. Welche Änderung tritt nach dem zweiten Nachfragegesetz auf dem Arbeitsmarkt ein, wenn sich der Produktionsfaktor Kapital auf Grund von Subventionen ceteris paribus verbilligt?

a) Beantworten sie diese Frage grafisch mit Hilfe eines Marktdiagramms.

b) Begründen Sie Ihre Aussage nochmals verbal mit Hilfe des Zweiten Gossenschen Gesetzes.

Literatur

Wirtschaftsverfassungsrechtliche Probleme werden in der ökonomischen Theorie meist nur auf einem sehr abstrakten Niveau (d. h. ohne Bezug zu konkreten rechtlichen Regelungen) oder in Konzentration auf sehr enge Spezialfragen diskutiert. Zu den generellen Fragen der Institutionengestaltung aus ökonomischer Sicht und zum Marktversagen kann auf ERLEI/LESCHKE/SAUERLAND [1999] und auf FRITSCH/WEIN/EWERS [2005] verwiesen werden. Über die Arbeitsmarktproblematik informiert FRANZ [2003], über Geld- und Kapitalmärkte z. B. BORCHERT [2003], über Außenhandelsmärkte BENDER [2003], DIECKHEUER [2001] oder ROSE/SAUERNHEIMER [1999] und über die (vor allem europäische) Regionalpolitik KLEMMER [1998].

Grundprobleme einer Finanzverfassung für die Soziale Marktwirtschaft

5

Übersicht

Im Abschnitt 3.3 (→ vgl. S. 156 ff.) wurde die grundlegende Funktionsweise von Marktwirtschaften skizziert. Im Kapitel 4 (→ vgl. S. 205 ff.) wurde verdeutlicht, dass „reine" Marktwirtschaften allgemeine und spezielle Neigungen zu Funktionsschwächen zeigen und dass diesen durch eine zweckmäßige Ordnungs- und Prozesspolitik Rechnung getragen werden muss. Im vierten Kapitel ging es dabei um Schwächen im Bereich der Wirtschaftspolitik i. e. S.; im nun folgenden fünften Kapitel geht es um Funktionsschwächen, die der Staat finanzpolitisch (d. h. über Einnahmen und Ausgaben öffentlicher Körperschaften) lösen sollte, und damit um Fragen der Finanzverfassung.

Der moderne demokratische Staat zeichnet sich aus ökonomischer Sicht als Wirtschaftssubjekt vor allem dadurch aus, dass er über ein Machtmonopol verfügt, welches ihn im Rahmen der Finanzverfassung zur Erhebung von Zwangsabgaben berechtigt. Letzteres versetzt ihn in die Lage, Marktmängel im Allokationsbereich (→ vgl. Abschnitt 5.1), im Distributionsbereich (→ vgl. Abschnitt 5.2, S. 270 ff.) und im Stabilisierungsbereich (→ vgl. Abschnitt 5.3, S. 273 ff.) zu beseitigen. Es wurde aber bereits angedeutet, dass es neben einem Marktversagen auch ein Staatsversagen geben kann. Deshalb müssten in einer auf Menschenwürde und Funktionsfähigkeit ausgerichteten Finanzverfassung auch Maßnahmen gegen ein Staatsversagen vorgesehen werden, was jedoch mit besonderen Problemen behaftet ist (→ vgl. Abschnitt 5.4, S. 292 ff.).

Erst wenn auch die vorstehend genannten wirtschafts- und finanzverfassungsrechtlichen Probleme besprochen sind, kann die Gesamtskizze der Soll- und Ist-Funktionsweise der deutschen Wirtschaftsordnung als abgeschlossen betrachtet werden. Erst dann ist es auch möglich, die Koordinationseffizienz dieser Wirtschaftsordnung zu beurteilen (→ vgl. Abschnitt 5.5, S. 295 ff.).

5.1 Problematik von Kollektivgütern und externen Effekten und staatswirtschaftliche Allokationspolitik

Es wurde schon betont, dass die Hauptaufgaben des Staates in einer Marktwirtschaft in der Setzung der Rahmenbedingungen und in der Beseitigung von Marktversagen besteht. In diesem Abschnitt geht es um eine besonders krasse Form von Marktversagen: das systematische Fehlen von Märkten bestimmter Art. Hierzu gehören vor allem Märkte für manche Kollektivgütergruppen und solche für so genannte externe Effekte.

Kollektivgüter

Wenden wir uns zunächst der *Kollektivgüterproblematik* zu. **Kollektivgüter** (→ Glossar) haben wir bisher als Güter definiert, die Gebrauchsgüter darstellen, welche von Gruppen von Menschen gemeinsam genutzt werden. Zum Teil sind mit dieser gemeinsamen Benutzung aber Probleme verbunden. Um diese besser herausarbeiten zu können, wollen wir zunächst eine Unterteilung der Güterwelt in vier Gruppen vornehmen. Diese unterscheiden sich dadurch, dass die Umsetzung von Bedürfnissen in Bedarf mit unterschiedlichen Problemen behaftet ist.

Die Gütergruppen werden sichtbar, wenn man mit Hilfe von zwei 0-1-Variablen eine Vierfeldertabelle aufstellt. Eine 0-1-Variable ist eine Größe, die lediglich zwei Werte annehmen kann, in unserem Zusammenhang die Werte „0 = nicht vorhanden" und „1 = vorhanden". Die beiden Klassifikationsvariablen, die wir benutzen wollen, haben etwas komplizierte Namen. Sie heißen: „Rivalitätsgrad" und „Grad der privatrechtlichen Exkludierbarkeit" und sollen zunächst einmal erläutert werden:

Rivalitätsgrad

▶ Unter dem *Rivalitätsgrad* versteht man eine Variable, die eine Antwort auf die Frage gibt, ob sich Menschen beim Konsum eines knappen Gutes als Rivalen fühlen oder nicht. Gibt es für mehrere hungrige Menschen nur ein einziges Brötchen, fühlen sich die Menschen im Bezug auf dieses Konsumgut als Rivalen. Sehen sich mehrere Menschen aber das gleiche Fernsehprogramm an, fühlen sie sich nicht als Rivalen, weil der Konsum des anderen den eigenen Nutzen nicht mindert.

Grad der privatrechtlichen Exkludierbarkeit

▶ Der *Grad der privatrechtlichen Exkludierbarkeit* gibt eine Antwort auf die Frage, ob man einen Menschen mit privatrechtlichen Mitteln vom Genuss eines Gutes ausschließen (exkludieren) kann, wenn er sich weigert, für den Konsum einen Preis zu bezahlen. Möchte jemand ohne Bezahlung in den Besitz eines Brötchens gelangen, ist der Bäcker auf der Basis des Privatrechts in der Lage, ihm das Brötchen vorzuenthalten. Baut jemand einen Deich zur Abwehr von Hochwassergefahren, kann ein ebenfalls geschützter Deichhinterlieger vom Erbauer des Deiches dagegen vom Hochwasserschutz nicht ausgeschlossen werden, wenn er sich weigert, einen Preis dafür zu entrichten.

Kombiniert man die eben erläuterten Klassifikationsvariablen, entsteht die in *Tabelle 5.1* dargestellte Grobeinteilung von Kollektivgütern.[16]
Auf den Diagonalen der Tabelle werden zum einen „reine Güter" mit

---

Individual- und Kollektivgüter Tab. 5.1

Rivalitätsgrad	Grad der privatrechtlichen Exkludierbarkeit	
	0	1
0	(1) Pure Kollektivgüter (z. B. Deiche)	(2) Klubkollektivgüter (z. B. Tennisanlagen)
1	(3) Quasikollektivgüter (z. B. Fischbestände in Flüssen und Seen)	(4) Individualgüter (z. B. Lebensmittel)

---

den Koordinaten 0/0 (= pure Kollektivgüter) und 1/1 (= Individualgüter), zum anderen „Mischgüter" mit den Koordinaten 1/0 (= Klubkollektivgüter) und 0/1 (= Quasikollektivgüter) abgetragen. Organisatorisch unterscheiden sich diese Gütergruppen dadurch, wie die so genannte *Bereitstellungsfrage* beantwortet werden muss. Hierbei geht es um die Umwandlung von Bedürfnissen in Bedarf und damit auch um die Konkretisierung von Menge, Qualität und Finanzierung (Kostendeckung) der nachgefragten Güter:

Bereitstellung

▶ Bei *Individualgütern* (4) kann jeder Mensch selbst entscheiden, wie er die Bereitstellungsfrage beantworten will. Die Kosten der Güterherstellung können hier durch das Erheben normaler Marktpreise gedeckt werden.

---

16 Es wird nur von einer „Grob"-Einteilung gesprochen, weil die Klassifikationsvariablen an sich kontinuierliche Variablen darstellen und es deshalb zwischen den in der Tabelle dargestellten Extremformen von Gütern Zwischenformen gibt. Man könnte die Vierfeldertabelle im Prinzip durch ein Achsenkreuz ersetzen, das seinen Ursprung oben links hat und einen Raum aufspannt, der nach rechts und nach unten verläuft und in dem auch die Zwischenformen von Gütern eingetragen werden können [GROSSEKETTLER, 2003, S. 579–585]. Zur Herausarbeitung der Grundproblematik ist die Berücksichtigung solcher Möglichkeiten jedoch nicht erforderlich.

▶ Bei *Klubkollektivgütern* (2) wie etwa einer Tennisanlage kann man Mitglieder (= spielberechtigte Beitragszahler) und Nichtmitglieder (= nicht spielberechtigte Nichtzahler) voneinander unterscheiden und die Nichtmitglieder mit privatrechtlichen Mitteln von der Nutzung der Anlage ausschließen. Wer spielen will, wird dadurch „gezwungen", dem Klub beizutreten und einen Beitrag zu entrichten. Auf diese Art und Weise können die Kosten der Anlage gedeckt werden.

▶ Bei *Quasikollektivgütern* (3) wie der Nutzung der Fischbestände der Flüsse und Seen ist es nicht möglich bzw. unwirtschaftlich teuer, auf privatwirtschaftlicher Basis einen Nutzungspreis zu erheben und diejenigen auszuschließen, die sich nicht an der Erhaltung des Fischbestands beteiligen wollen. Deshalb könnte das Gut privatwirtschaftlich nicht bereitgestellt werden. Der Staat kann dieses Problem dadurch umgehen, dass er seine öffentlich-rechtlichen Möglichkeiten nutzt: Er schließt all diejenigen, die angeln wollen, zu einem Zwangsverband zusammen und legt diesem Verband die Pflicht auf, den Fischbestand zu erhalten. Durch Einschalten des Staates kann dann auch hier für die Umwandlung von Bedürfnissen (hier nach Bestandsschutz) in Bedarf gesorgt werden.

▶ Auch bei puren *Kollektivgütern* (1) wie einem Deich ist die Erhebung von Preisen auf privatrechtlicher Basis nicht möglich. Es kann ja niemand von den Vorteilen des Deiches ausgeschlossen werden, wenn dieser erst einmal gebaut ist. In einer Privatrechtswelt würde der Bau des Deiches mangels Gewinnträchtigkeit deshalb unterbleiben. Der Staat kann mit seinen öffentlich-rechtlichen Mitteln aber von all denen eine Abgabe erzwingen, bei denen er einen Vorteil vermutet. Auf diese Weise wird die Umwandlung von Bedürfnissen in Bedarf dann auch hier wieder sichergestellt.

Man sieht: Während man bei Individual- und Klubkollektivgütern Interessierte dadurch zur Kostendeckung (d. h. zum Zahlen eines Preises) „zwingen" kann, dass man ihnen bei einer Weigerung die Nutzung des Gutes vorenthält, ist dies bei puren Kollektivgütern und bei Quasikollektivgütern nicht möglich. Eine Regierung, die auch ohne eine direkte Beobachtung von Zahlungsbereitschaft weiß, dass ihre Bürger „eigentlich" mit einem puren Kollektivgut (wie z. B. einem Deich) oder einem Quasikollektivgut (wie z. B. nicht bepreisbaren Straßen) ausgestattet werden möchten, kann zum Mittel der Erhebung von Zwangsabgaben greifen und damit für eine Umwandlung von Bedürfnissen in Bedarf und für die Finanzierung der Bedarfsdeckung sorgen.

Man beachte: Bei der vorstehend geschilderten Kollektivgutproblematik, die große Teile der materiellen Infrastruktur betrifft, geht es *nicht* um die Herstellung von Gütern, sondern lediglich um die Umsetzung von Bedürfnissen in Bedarf und damit die Entfaltung von zahlungskräftiger Nachfrage. Die Herstellung von Gütern kann privat bleiben: Der Staat braucht nicht als Unternehmer tätig zu werden und Deiche, Straßen oder Kanäle selbst zu bauen, sondern muss lediglich als Agent der Bürger Nachfrage danach entfalten.[17]

Staat als Unternehmer

Nun zur Frage der **externen Effekte** ($\rightarrow$ Glossar). Hierunter versteht man Effekte, deren Verursacher beim gegebenen Stand des Rechts weder belohnt noch bestraft werden, obwohl sie für andere Bürger einen Nutzen oder einen Schaden stiften. *Tabelle 5.2* zeigt eine Zusammenstellung solcher Effekte.

Externe Effekte

Externe Effekte

Tab. 5.2

Qualität der Effekte	Entstehungsort der Effekte	
	Produktion	Konsum
negativ	(1) Abwasseremission	(2) Kfz-Emissionen
positiv	(3) Klimaschutzleistung des Waldanbaus	(4) Denkmalschutzleistung der Gebäudeeigentümer

Verursacher von externen Effekten, die für andere nützlich oder schädlich sind, können Produzenten oder Konsumenten sein: Wer giftige Abwässer in einen See einleitet, schädigt Leute, die darin schwimmen möchten; wer raucht, schädigt Nichtraucher in seiner Umgebung. Dies sind Beispiele für negative externe Effekte der Produktion (Abwassereinleitung) bzw. des Konsums (Rauchen). Beispiele für positive externe Effekte sind die private Erhaltung von Baudenkmälern (Konsumeffekt) bzw. die Unterhaltung eines Nutzholzwaldes, der nicht nur einen Bestand an verkaufbarem Holz darstellt, sondern auch als Klimaregulator und – möglicherweise – Naherholungsgebiet fungiert (Produktionseffekt). Positive externe Effekte sind Kuppelprodukte von Konsum- oder Produktionsaktivitäten, für die es keinen Markt gibt; negative externe Effekte sind ebenfalls Kuppelprodukte, allerdings solche, für deren Verhinderung es keinen Markt gibt. Allgemein gilt, dass positive externe Ef-

---

17 Es gibt auch Situationen, in denen der Staat als Hersteller von Gütern tätig werden sollte (z. B. bei der Erstellung von Polizei-, Verteidigungs- und vielen Verwaltungsleistungen). Diese Problematik, die völlig anders geartet ist als die oben besprochene Frage der Bereitstellung von Kollektivgütern, kann in einem Basics-Buch nicht diskutiert werden, vgl. hierzu z. B. GROSSEKETTLER [2003, S. 593–600].

fekte in der Erfahrungswelt eine geringere Bedeutung als negative haben und dass Produktionseffekte bedeutsamer als Konsumeffekte sind. Volkswirtschaftlich sind aber *alle* externen Effekte (positive wie negative) schädlich: Müssten Raucher nur für die reinen Kosten der Zigarettenherstellung zahlen, würde die Schädigung der Nichtraucher noch weniger als heute berücksichtigt, und es würde aus volkswirtschaftlicher Sicht damit „zu viel" geraucht; erhielte ein Waldbauer nur den Preis für das von ihm produzierte Holz, würden die Klimaregulierungsleistungen des Waldes nicht berücksichtigt, und es würde aus volkswirtschaftlicher Sicht deshalb „zu wenig" Wald angebaut.

Wie kann nun dafür gesorgt werden, dass – um im Beispiel zu bleiben – nicht „zu viel" geraucht und nicht „zu wenig" Wald angebaut wird? Die Antwort ist einfach: Der Staat kann z. B. eine Tabaksteuer zu Lenkungszwecken erheben und damit die Menge der gerauchten Zigaretten reduzieren; und er kann den Waldbauern eine Subvention zahlen, damit den Waldanbau lukrativer machen und so die Waldfläche vergrößern. Steuern und Subventionen dieser Art sollen im Prinzip nicht der Finanzierung des Staates dienen, sondern eine Lenkungswirkung entfalten (d. h. einen Teil der externen Effekte reduzieren oder – wie man auch sagt – „internalisieren"). Deshalb nennt man sie *Ordnungs-* oder *Lenkungssteuern bzw. Ordnungs-* oder *Lenkungssubvention.*

Wie aber kann die Bereitstellung von Kollektivgütern organisiert werden? Zur Erfüllung seiner allokativen Bereitstellungsaufgaben, die vor allem die Infrastruktur materieller Art (z. B. Verkehrsnetze), institutioneller Art (Rechtsrahmen) und den Bereich der Bildung von Humankapital betreffen (Ausbildung und Forschung), benötigt der Staat Ressourcen. Etwas vereinfacht ausgedrückt kann man sagen, dass der laufende Ressourcenverbrauch als *öffentlicher Konsum* bezeichnet wird, der Verbrauch zur Errichtung von Nutzungsvermögen (wie z. B. Straßen) dagegen als *öffentliche Investition.* Die Ausgaben für den öffentlichen Konsum und die öffentlichen Investitionen bilden zusammen die Transformationsausgaben des Staates. Sie beanspruchten in der jüngeren Vergangenheit etwa die Hälfte der Staatsausgaben bzw. zwischen 20 und 25 v. H. des BIP. Den Anteil der Transformationsausgaben des Staates am BIP be-

Ressourcenverbrauchs-quote oder Staatsquote i. e. S.

zeichnet man auch als *Ressourcenverbrauchsquote* oder *Staatsquote i. e. S.* Was an öffentlichen Ausgaben geleistet werden soll, muss vom Parlament bzw. – in unserem föderalistischen Staat – von den Parlamenten beschlossen werden. Dies geschieht im Zuge der *Haushaltsberatung* über die Struktur und das Niveau der *Budgets* der einzelnen Gebietskörperschaften. Die Jahresbudgets werden jeweils in eine *Mittelfristige Finanzplanung* eingebettet, die eine Zeitperiode von fünf Jahren umfasst. *Tabelle 5.3* zeigt die Ausgabenstruktur für Bund, Länder und Gemeinden in Deutschland.

**Ausgabenstruktur: Hauptaufgaben der Gebietskörperschaften[1]
(Nettoausgaben[2] 2001)**

Tab. 5.3

Aufgabenbereiche	Einheit[3]	Aufgabenträger		
		Bund	Länder	Gemeinden
Verteidigung	Mio. EUR	36.130	0	0
	v. H.	12,19	0,00	0,00
Öffentliche Sicherheit und Ordnung	Mio. EUR	3.664	22.379	10.103
	v. H.	1,24	7,10	6,47
Schulen und vorschulische Bildung	Mio. EUR	90	73.992	26.730
	v. H.	0,03	23,49	17,11
Hochschulen	Mio. EUR	2.088	26.627	0
	v. H.	0,70	8,45	0,00
Soziale Sicherung[4]	Mio. EUR	101.148	22.896	33.964
	v. H.	34,12	7,27	21,74
Gesundheit, Sport und Erholung	Mio. EUR	1.364	6.307	10.630
	v. H.	0,46	2,00	6,81
Verkehrs- und Nachrichtenwesen	Mio. EUR	15.384	9.012	13.431
	v.H.	5,19	2,86	8,60
Sonstige	Mio. EUR	136.605	153.800	61.344
	v.H.	46,08	48,82	39,27
Gesamtnettoausgaben	**Mio. EUR**	**296.473**	**315.013**	**156.202**
	v.H.	100,00	100,00	100,00

[1] Weitere Aufgabenträger sind Lastenausgleichsfonds, Sozialversicherung und Zweckverbände.

[2] Als Nettoausgaben bezeichnet man diejenigen Ausgaben der Gebietskörperschaften, die um Verrechnungssalden bereinigt sind und aus dem eigenen Budget finanziert werden müssen.

[3] Die Prozentzahl gibt den Anteil an den Gesamtausgaben der jeweiligen Gebietskörperschaft an.

[4] Zur sozialen Sicherung tragen nicht nur die Gebietskörperschaften bei, sondern v. a. auch die Sozialversicherung.

Quelle: Eigene Berechnungen anhand der Daten des STATISTISCHEN BUNDESAMTES, Genesis-Datenbank, Öffentlicher Gesamthaushalt.

5.2 Sozialversicherungsproblematik und Distributionspolitik des Staates

Wir haben gesehen, dass Einkommen im Zuge von Produktionsprozessen entsteht. Nun sind aber nicht alle Bürger erwerbstätig. Damit erhebt sich die Frage, wie denjenigen Personen zu einem Einkommen verholfen werden kann, die noch nicht, nicht mehr oder – etwa wegen einer Behinderung – überhaupt nicht erwerbstätig sind oder sein können. Die Antwort auf diese Frage gibt der Staat dadurch, dass er Einkommen umverteilt. Er verwandelt die primäre (d. h. im Markt entstandene) Einkommensverteilung also in eine sekundäre, die auch die genannten Personenkreise mit Einkommen ausstattet. Es gibt zwei Wege, auf denen man dieses erreichen kann: (1) den Einsatz von Versicherungen und (2) das Einziehen von Steuern von Zahlungsverpflichteten, gekoppelt mit dem Zahlen von Transfers an Empfangsberechtigte.

Versicherungen sind auf Grund ihrer Risikoausgleichsfunktion Umverteilungseinrichtungen, denn man zahlt an sie Beiträge, aus denen man bei Eintritt des Versicherungsfalles Leistungen erhält. Privatwirtschaftlich kann man allerdings nicht alle Risiken, die zu Einkommensausfällen führen könnten, über (freiwillige) Versicherungen abdecken. Auf Versicherungsmärkten spielen nämlich so genannte *Informationsasymmetrien* eine besonders große Rolle (der Versicherungsnehmer weiß in der Regel besser über seine Risikosituation Bescheid als der Versicherungsgeber und kann sich mehr oder weniger versicherungsfreundlich verhalten). Besonders wichtig sind in diesem Zusammenhang das *moralische Risiko* (Neigung eines Versicherungsnehmers zur Unvorsichtigkeit oder zum Versicherungsbetrug) und das *Risiko einer Fehlauslese* (es versichern sich vor allem diejenigen, bei denen die Wahrscheinlichkeit eines Schadeneintritts besonders groß ist). Diesen Schwierigkeiten können Versicherer z. T. über eine besondere Vertragsgestaltung Rechnung tragen (z. B. Bonus-Malus-Regelungen, Selbstbeteiligung). Auf manchen Märkten sind diese Instrumente aber nicht hinreichend. So hat es wegen offensichtlicher Missbrauchsmöglichkeiten und Fehlselektionstendenzen z. B. nie eine rein privatwirtschaftliche Arbeitslosenversicherung gegeben. Dies zeigt, dass auch Versicherungsmärkte fehlen können und dass der Staat dieses Marktversagen erforderlichenfalls ausgleichen sollte. Er kann das in vielen Fällen durch Erlass eines Versicherungszwangs erreichen (Beispiel: Kfz-Haftpflichtversicherung). Im Beispiel der Arbeitslosenversicherung sorgt er auf diese Weise dafür, dass sich nicht nur diejenigen gegen Arbeitslosigkeit versichern, die kurz vor einer Kündigung stehen, sondern dass es einen Kreis von Zwangsversicherten

Marginalien:

Einkommensumverteilung

Einkommensumverteilung durch Versicherung

mit ausreichend großem Beitragspotenzial gibt. Ähnliches gilt – wenn auch weniger ausgeprägt – für die anderen Zweige der *Sozialversicherung*. Hinzu kommt in diesem Bereich aber die folgende Erfahrungstatsache: Menschen – vor allem in jungen Jahren – neigen dazu, nicht rechtzeitig und zureichend für das Alter, Krankheit oder Unfälle vorzusorgen. Sie unterschätzen den Wert einer hinreichenden Vorsorge in der Gegenwart und würden ihre Entscheidung für unzureichende Vorsorge im Alter bedauern. Langfristig gesehen verstoßen sie damit gegen ihr objektives Eigeninteresse. Güter, bei denen erfahrungsgemäß die Neigung besteht, dass ihr Wert unterschätzt wird, nennt man **meritorische Güter** (→ Glossar) (weil sie objektiv *nützlicher* sind als es erkannt wird). Es gibt auch **demeritorische Güter** (→ Glossar). Das sind solche Güter, bei denen Gefahren des Konsums – wie etwa beim Rauschgiftkonsum – unterschätzt werden, was langfristig dann auch wieder dazu führt, dass frühere Entscheidungen bedauert werden. Zur Entscheidungsverzerrung bei dem meritorischen Gut „Vorsorge für das Alter, Krankheit oder Unfälle" kann bei manchen Menschen das Vertrauen darauf hinzutreten, dass sie schlimmstenfalls ja von der staatlichen Sozialhilfe als Sicherheitsnetz aufgefangen würden. Um eine daraus resultierende Unterversicherung zu vermeiden, ist der staatlich erzwungene Versicherungsschutz in Deutschland sehr umfassend. Unnötigerweise hat sich der Staat dabei aber nicht nur auf einen Versicherungszwang beschränkt (bloße Organisation der Nachfrage nach Versicherungsleistungen wie bei der Kfz-Versicherung), sondern betreibt im Wege einer unternehmerischen Herstellungstätigkeit selbst Versicherungsanstalten als öffentliche Einrichtungen (z. B. die Bundesversicherungsanstalt für Angestellte). Diese sind kaum Wettbewerb ausgesetzt (was zur Ineffizienz verleitet) und finanzieren sich allein über das so genannte *Umlageverfahren* (Deckung der laufenden Ausgaben durch laufende Einnahmen). Private Versicherungen (etwa Lebensversicherungen) bauen dagegen einen Kapitalstock auf und bestreiten ihre Ausgaben (auch) aus Kapitaleinkünften (*Kapitaldeckungsverfahren*). Das deutsche Sozialversicherungssystem kann angesichts der absehbaren Bevölkerungsentwicklung nicht als nachhaltig bestandssicher bezeichnet werden. Da das Umlageverfahren besonders anfällig gegen eine Abnahme der Zahl der Beitragszahler ist, muss das System stärker auf eine Teil-Kapitaldeckung ausgerichtet werden. Außerdem sind weitere Reformmaßnahmen erforderlich, vor allem eine Erhöhung der Lebensarbeitszeit: Bei Errichtung der Rentenversicherung im 19. Jahrhundert betrug die Rentenbezugszeit eines Durchschnittsversicherten etwa ein Jahr, heute beträgt sie etwa 20 Jahre (!).

Auch das *Steuer-Transfer-System* kann dazu genutzt werden, denjenigen zu einem Einkommen zu verhelfen, die sonst mittellos wären (z. B. über

Marginalien (rechter Rand):

Meritorische und demeritorische Güter

Umlageverfahren

Kapitaldeckungsverfahren

Einkommensumverteilung durch das

Steuer-Transfer-System Zahlungen von Sozialhilfeleistungen aus Steuermitteln); es kann darüber hinaus aber auch als Instrument zur Umgestaltung der Einkommensverteilung im Sinne von bestimmten Gerechtigkeitsprinzipien eingesetzt werden, insbesondere im Sinne des so genannten *Leistungsfähigkeitsprinzips*. Dieses verlangt, dass jeder nach seinen ökonomischen Möglichkeiten zur Finanzierung der Staatsausgaben herangezogen wird. Viele Menschen interpretieren das so, dass Empfänger höherer Einkommen einen überproportional hohen Beitrag leisten sollen, d. h. dass die Einkommensteuer progressiv sein soll. Dies ist gleichbedeutend damit, dass der Durchschnittssteuersatz der Einkommensteuer mit steigendem Einkommen ebenfalls ansteigt. Näher wird auf diese Frage in Lehrbüchern der Finanzwissenschaft und der Steuerrechtslehre eingegangen.

Die Distributionspolitik des Staates als solche erfordert – abgesehen von Transaktionskosten (insbesondere Verwaltungskosten) – keinen Ressourcenaufwand, denn der Staat verteilt die Einkommen ja nur zwischen verschiedenen Gruppen von Bürgern um (die Transferabgaben der Privaten sind aus seiner Sicht ein durchlaufender Posten). Die Höhe der Transferausgabenquote entsprach in den letzten Jahren ungefähr derjenigen der Transformationsausgabenquote. Bezieht man die Gesamtausgaben des Staates (Transformations- und Transferausgaben) auf das BIP, erhält man eine in der Öffentlichkeit gern zitierte *Staatausgabenquote* in Höhe von 45–50 v. H. (dies ist keine wirklich Quote, weil die

Steuerquote, Transferausgaben ja nur ein durchlaufender Posten sind). Die Steuer-
Abgabenquote quote (Relation der Steuern i. e. S. zum BIP gemäß VGR) beträgt etwa 22 v. H. und erscheint im internationalen Vergleich nicht sehr hoch; die Abgabenquote (gemäß VGR), die auch die Sozialbeiträge enthält, liegt dagegen bei etwa 41 v. H., was im internationalen Vergleich sehr hoch ist. *Tabelle 5.4* zeigt das Aufkommen der wichtigsten deutschen Steuern. Dass die Abgabenquote insgesamt relativ hoch ist, muss als ein Wachstumshemmnis betrachtet werden; noch dazu ist die Struktur des deutschen Abgabesystems so geartet, dass sie ebenfalls als wachstumshemmend bezeichnet werden muss, weil sie relativ stark an der Entstehung von Einkommen anknüpft und nicht nur an der Verwendung zu Konsumzwecken.

Kassenmäßige Steuereinnahmen 2003

Tab. 5.4

Steuer	Mio. EUR	v. H. des Gesamt- steuerauf- kommens	v. H. kumuliert
Einkommensteuer	172.847	39,08	
Lohnsteuer	133.090	30,09	
nicht veranlagte Steuern vom Ertrag	16.633	3,76	
Solidaritätszuschlag	10.280	2,32	
Zinsabschlagsteuer	7.632	1,73	
veranlagte Einkommensteuer	4.568	1,03	39,08
Umsatzsteuer (einschl. Einfuhrumsatzsteuer)	136.996	30,98	70,06
Mineralölsteuer	43.188	9,77	79,83
Tabaksteuer	14.094	3,19	85,41
Grundsteuer	9.658	2,18	87,59
Versicherungsteuer	8.870	2,01	89,60
Körperschaftsteuer	8.275	1,87	82,22
Kfz-Steuer	7.336	1,66	91,26
Gewerbesteuer	2.307	0,52	80,35
Sonstige	38.667	8,74	100,00
Steuereinnahmen insgesamt	442.238	100	

Quelle: Eigene Zusammenstellung nach BUNDESMINISTERIUM DER FINANZEN [2004], Steuereinnahmen
nach Gebietskörperschaften und Steuereinnahmen nach Steuerarten.

Problematik der Konjunkturschwankungen und der finanzwirtschaftlichen Konjunkturpolitik (Fiskalpolitik)

5.3

Konjunkturschwankungen sind Schwankungen des Auslastungsgrades des ge- samtwirtschaftlichen Produktionspotenzials. Man kann empirisch zei- gen, dass mit solchen Schwankungen vier unerwünschte Erscheinungen einhergehen:

Konjunktur- schwankungen

▶ Sehr hohe Auslastungsgrade (so genannte Boomphasen = Phasen eines Konjunkturhochs im Anschluss an einen Konjunkturauf- schwung) gefährden (1) die Preisstabilität und haben (2) in vielen Staaten zur Folge, dass die Leistungsbilanz auf Grund erhöhter Importe defizitär wird;

▶ sehr niedrige Auslastungsgrade (d. h. Konjunkturtiefs im Anschluss an einen Konjunkturabschwung) sind (3) mit konjunkturbedingter Arbeitslosigkeit verbunden und (4) mit unbefriedigend niedrigen Wachstumsraten.

Konjunkturzyklus

Ein Konjunkturzyklus besteht aus den folgenden vier Phasen: Aufschwung, Konjunkturhoch, Abschwung und Konjunkturtief. Sinkt das BIP im Zuge eines Abschwungs über mehr als zwei Quartale, spricht man auch von einer *Rezession*; sind Abschwung und Konjunkturtief sehr ausgeprägt, bezeichnet man dies auch als *Depression*. Der Zyklus dauert in Deutschland in der Regel vier bis sechs Jahre und kann die Trendwachstumsrate (1,1 v.H.) um $\pm 1,5$ v.H. variieren (i.d.R. um deutlich weniger). Weil er sich in der beschriebenen Weise auf die Gemeinwohlziele Preisstabilität, Leistungsbilanzausgleich, Vollbeschäftigung und hinreichendes Wirtschaftswachstum auswirkt und weil für zwei Ziele ein Konjunkturhoch günstig ist und für zwei andere ein Konjunkturtief, sagt man auch, dass diese Ziele ein *magisches Viereck* bilden: Es gibt keine Konjunkturphase, die für alle Ziele gleich günstig ist. Der beschriebene Zusammenhang zwischen den Zielrealisationsgraden und den Auslastungsgradschwankungen ist empirisch gut gesichert (vgl. z.B. GROSSEKETTLER [1996, S. 260]) und dürfte auch unmittelbar verständlich sein: In Konjunkturtiefs sind Arbeitskräfte mangels Nachfrage unterausgelastet und werden deshalb z.T. entlassen; außerdem werden vergleichsweise wenige Vormaterialien und Konsumgüter importiert. Darüber hinaus besteht kein Anlass zu Preissteigerungen, und das Wachstum ist unterdurchschnittlich oder sogar negativ. Kommt es dann zu einem Aufschwung, so verschieben sich die Nachfragekurven auf nahezu allen Märkten nach rechts. Dies führt zu Preis- und Mengensteigerungen und damit auch zu einem erhöhten Bedarf an Arbeitskräften und importierten Vormaterialien. Außerdem wird die Gesamtwachstumsrate dadurch erhöht, dass zum langfristigen Trendwachstum das kurzfristige konjunkturelle Wachstum hinzutritt.

Wie sich die Indikatoren für die o.a. Gemeinwohlziele in Deutschland entwickelt haben, zeigt *Abbildung 5.1.*

Stabilitäts- und Wachstumsgesetz

Da im Konjunkturhoch und im Konjunkturtief jeweils zwei der vier genannten Gemeinwohlziele besonders gefährdet sind, schreibt das deutsche *Stabilitäts- und Wachstumsgesetz* vor, dass die Bundesregierung und die Länderregierungen zur besseren Realisation der Ziele dafür sorgen sollen, dass extreme Konjunkturschwankungen vermieden werden. Wie kann das nun aber bewerkstelligt werden? Um diese Frage beantworten zu können, müssen wir uns nun mit dem schon mehrfach angesprochenen Einkommensmechanismus befassen. Zu seinem Verständnis wollen wir von *Abbildung 5.2* (→ vgl. S. 276) ausgehen, die eine sehr große Ähnlichkeit mit der Abbildung 2.14 (→ vgl. S. 88) hat. Sie enthält zusätzlich aber noch ein „Reservoir", in das geplante Ersparnisse oder Teile des verfügbaren Einkommens des Auslandes (= M + T + U) versickern können und das in noch zu erklärender Weise mit Unterschieden zwischen einer Ex-post-Darstellung und einer Ex-ante-Darstellung des Einkommenskreislaufs verbunden ist.

Einkommens-
mechanismus

Die Ex-post-Darstellung beschreibt den Wirtschaftskreislauf so, wie ihn das Statistische Bundesamt im Statistischen Jahrbuch abbildet. Sie heißt so, weil sie erst „nach" dem Vollzug von wirtschaftlichen Trans-

---

Realisationsgrade der Ziele des Stabilitäts- und Wachstumsgesetzes im Zeitablauf | Abb. 5.1

Arbeitslosenquote:

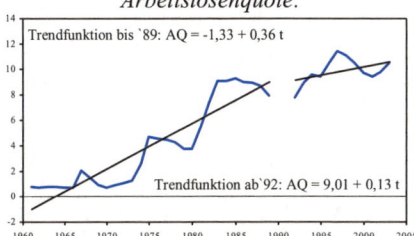

Leistungsbilanzsaldo in v.H. des BNE:

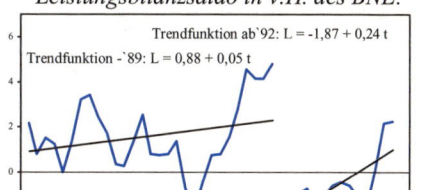

Preissteigerungsrate:

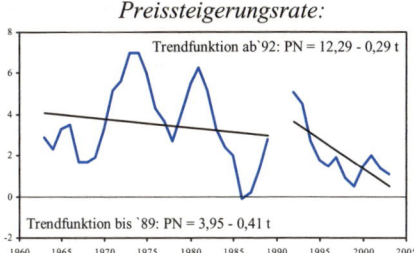

Wachstumsrate des BNE:

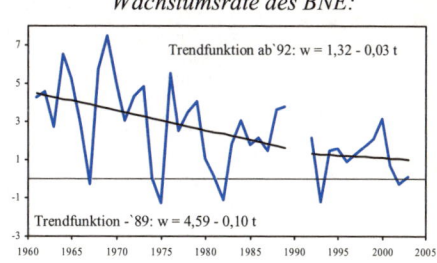

Quelle: Eigene Darstellung in Anlehnung an GROSSEKETTLER [1996/1997, S. 260] und SACHVERSTÄNDIGENRAT [2004]. In den Trendfunktionen symbolisiert t = 1 den Wert für 1961 bzw. 1992. Die Jahre 1990 und 1991 sind nicht dargestellt, weil sich hier auf Grund der Wiedervereinigung ein Strukturbruch ergeben hat.

aktionen aufgestellt werden kann, also „ex post". Wir wissen von dieser Darstellung bereits, dass die Summenwerte der Expansionsgrößen und der Kontraktionsgrößen hierbei stets ausgeglichen sind. Dies kommt dadurch zustande, dass das Statistische Bundesamt eine ganz bestimmte Buchungstechnik anwendet:

▶ Es definiert aus erhebungstechnischen Gründen Investitionen (für die es keinen statistischen Meldeweg gibt) als denjenigen Teil der Nettoendnachfragegüter, der weder für den privaten Konsum noch für den Staat noch für den Export produziert worden ist ($I = N - C - A - X$), d. h. der nicht für Zwecke verwendet worden ist, für die es statistische Meldewege gibt.

Abb. 5.2 | **Einkommenskreislauf: Ex-ante-Größen**

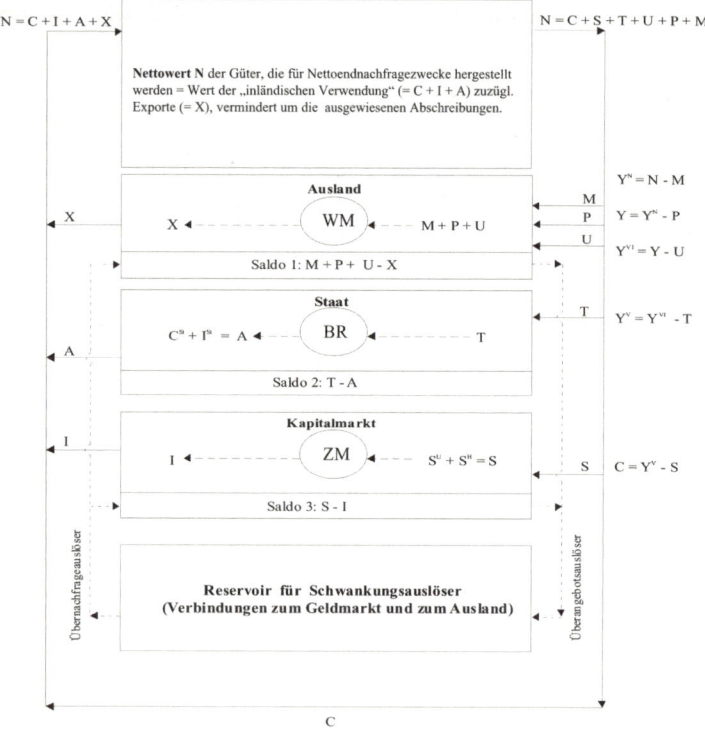

WM = Wechselkursmechanismus; BR = Budgetregel; ZM = Zinsmechanismus.

▶ Und es definiert die privaten Ersparnisse (für die es ebenfalls keinen Meldeweg gibt) als denjenigen Teil des verfügbaren Einkommens der Privaten, der nicht für Konsumzwecke verausgabt worden ist $(S = Y^V - C)$.

Benutzt man solche Definitionen, lässt sich mathematisch zeigen, dass die Summe der Expansionsgrößen $(E = I + A + X)$ und die Summe der Kontraktionsgrößen $(K = M + P + U + T + S)$ aus logischen Gründen exakt gleich groß sein müssen $(E \equiv K)$.

Wendet man diese Definitionen an (und das geschieht wie gesagt in der Ex-post-Rechnung des Statistischen Bundesamtes), erfasst man neben geplanten Investitionen und Ersparnissen aber auch ungeplante:

▶ Ungeplante Investitionen positiver Art treten auf, wenn die Unternehmen nicht alles absetzen können, was sie absetzen wollten, d. h. wenn sie auf einem Teil ihrer Erzeugnisse ungeplant „sitzen bleiben". Solche ungeplanten Investitionen sind ein Anlass, die Produktionsmengen pro Jahr zu reduzieren und dadurch überflüssig gewordene Arbeitskräfte zu entlassen.

▶ Ungeplante Investitionen negativer Art treten auf, wenn die Unternehmen mehr verkaufen können, als sie sich erhofft haben, wenn es also zu einem überplanmäßigen Lagerabbau kommt. Dies werten die Unternehmen als Zeichen dafür, dass es sinnvoll ist, die Produktionsgeschwindigkeit zu erhöhen und neue Arbeitskräfte einzustellen.

▶ Ungeplante Ersparnisse sind weniger bedeutsam als ungeplante Investitionen. Positive ungeplante Ersparnisse treten auf, wenn überraschend hohe Gewinne und Einkommen gemacht werden, die erst verzögert in Ausgabenpläne umgesetzt werden, oder wenn Unternehmen mangels Lieferkapazität Aufträge nicht erfüllen können und bei den Konsumenten deshalb temporäre Ersparnisse auf Grund von Wartezeiten auftreten.

▶ Ungeplante Ersparnisse negativer Art entstehen, wenn die Privaten zur Erfüllung ihrer Konsum- und Investitionspläne mehr ausgeben müssen, als sie eigentlich wollten, und deshalb auf Geldvermögensbestände oder Kredite zurückgreifen.

Insgesamt spielen für die Konjunktur die ungeplanten Investitionen eine besonders große Rolle: Sind sie positiv (d. h. kann man nicht alle Produkte wie geplant verkaufen), wird die Produktion gedrosselt und werden Arbeitskräfte entlassen; sind sie negativ (d. h. kann man mehr verkaufen als geplant), wird die Produktion erhöht und werden Arbeitskräfte eingestellt. Das wiederholte Auftreten ungeplanter Investitionen positiver Art (nicht absetzbare Produkte/Überkapazitäten) ist Marktwirtschaften zum Teil inhärent: In solchermaßen geordneten Wirtschaftssystemen gibt es ja keine Ex-ante-Abstimmung der Investitionstätigkeit, denn dies wäre nur über einen Zentralplan oder über Kooperationsabkommen möglich. Deshalb kommt es häufig dazu, dass Gewinnsignale auf einem Markt zu einer Überreaktion der Investoren und damit zu einer zu starken Kapazitätsausweitung führen. Das dadurch entstehende Überangebot führt dann über das Sinken von Preisen zu einem Ausleseprozess unter den auf den Gütermärkten vorhandenen Kapazitäten. Dies hat zur Folge, dass nur die produktivsten Kapazitäten „überleben" und dass das Produktionspotenzial auf den einzelnen Märkten dem dortigen Nachfragevolumen wieder angepasst wird. Häufen sich Überreaktionen von Investoren, kann dies auch makroökonomisch relevant werden und zur Entstehung von Schwankungen der Gesamtnachfrage beitragen.

Der buchhalterische Ausgleich der Ex-post-Werte von E und K in der VGR wird dadurch erreicht, dass das Statistische Bundesamt bei seinem Ansatz Gesamtgrößen von I und S veranschlagt, für die jeweils Folgendes gilt:

$$I \text{ (gesamt)} = I \text{ (geplant)} + I \text{ (ungeplant) und}$$
$$S \text{ (gesamt)} = S \text{ (geplant)} + S \text{ (ungeplant).}$$

Will man vorhersagen, ob es zu einem Aufschwung oder einem Abschwung kommt, muss man jeweils wissen, ob die Pläne der Wirtschaftssubjekte in Erfüllung gegangen sind (d. h. ob die Gesamtgrößen allein aus geplanten Größen bestehen, oder ob sie auch ungeplante Elemente enthalten). Planabweichungen führen nämlich zu Verhaltensänderungen und damit dann auch zu Veränderungen des Nettonationaleinkommens Y.

Die Plangrößen nennt man auch Ex-ante-Größen, weil Pläne vor Beginn einer Wirtschaftsperiode aufgestellt werden (= „ex ante"). Einen gleichgewichtigen (d. h. von sich aus konstanten) Y-Wert kann man deshalb nur erwarten, wenn die Ex-ante-Werte von E und K übereinstimmen. Diese Übereinstimmung (Koordination) der Pläne ist eine echte Gleichgewichtsbedingung (K = E), die nur unter noch zu erläuternden Voraussetzungen erfüllt ist. Sie unterscheidet sich also grundlegend von der Ex-post-Identität K ≡ E.

Innerhalb der Plangrößen von E und K ist vor allem die Ermittlung der Plangrößen von I und S schwierig, weil es dafür ja keine Meldewege gibt. Wie kann man mit diesem Problem fertig werden?

In manchen Ländern (z. B. in Frankreich im Zuge der so genannten „planification") hat man versucht, die Unternehmer durch Anreize zu Exante-Meldungen ihrer geplanten Investitionen zu veranlassen. Diese Verhaltensweise hat sich jedoch als unfruchtbar herausgestellt, weil die Investitionen stark erwartungsabhängig sind und die Investitionspläne deshalb auch unterjährig häufig geändert werden. Ähnliches gilt für die geplanten S-Werte: Ersparnisse fungieren als Puffer zur Stabilisierung des Konsums, und das hat zur Folge, dass Sparpläne häufig geändert werden.

Man kann aber auch einen zweiten Weg beschreiten: Man weiß aus Erfahrung, dass alle Kontraktionsgrößen außer P stark von der Höhe des Nettonationaleinkommens bzw. des verfügbaren Einkommens der Privaten beeinflusst werden. Bildlich gesprochen, kann man den äußeren Ring in Abbildung 5.2 (→ vgl. S. 276) – den *Basiskreislauf* – als einen Ringkanal auffassen, dessen Wasserstand Y entspricht. Dieser Ringkanal weist Abflussöffnungen auf, aus denen ein Teil des K-Stroms in ein „Reservoir" fließen kann, und Zuflussöffnungen, durch die E-Werte aus dem „Reservoir" in den Ringkanal einströmen können. Nach diesem Bild bliebe die Höhe von Y (des „Wasserstandes") nur dann konstant, wenn es Ausgleichsmechanismen gäbe, die zuverlässig für einen Ausgleich der geplanten K- und E-Werte (der Ab- und Zuströme) sorgen. Wir werden sehen, dass die Unzuverlässigkeit der Ausgleichsmechanismen ein wichtiger Grund für das Auftreten von Konjunkturschwankungen ist. Vorher soll aber erst einmal weiter geschildert werden, wie die geplanten Kontraktionsgrößen geschätzt werden können.

Wie groß der Abstrom aus dem „Ringkanal" ist, hängt vom „Wasserstand" Y ab, weil alle geplanten Kontraktionsgrößen (außer P) von der Höhe des Nettonationaleinkommens bzw. des verfügbaren Einkommens der Privaten beeinflusst werden: Der Import hängt von der Höhe der inländischen Produktion und des inländischen Einkommens ab, denn diese bestimmen den Bedarf an Vormaterialien und importieren Konsumgütern; die unentgeltlichen Zahlungen an internationale Organisationen werden direkt oder indirekt in Abhängigkeit von der Höhe des Nettonationaleinkommens berechnet; die Transformationssteuern werden von den Abgabengesetzen ebenfalls größtenteils direkt oder indirekt von der Höhe des Nettonationaleinkommens abhängig gemacht; und die Ersparnisse der Privaten schließlich dienen vor allem der Stabilisierung des Konsums über die Lebenszeit hinweg und hängen damit ebenfalls vom Einkommensniveau ab. Deshalb kann man erwarten, dass die Kontraktionsgrößen mit steigendem Nettonationaleinkommen ebenfalls steigen werden. Hieraus folgt, dass man aus Diagrammen, in denen jeweils die einzelnen Kontraktionsgrößen auf der senkrechten Achse den Y-Werten auf der waagerechten Achse gegenübergestellt werden, per Regressionsrechnung *Normalverhaltensfunktionen* ermitteln können müsste. Dies ist tatsächlich der Fall, und diese Normalverhaltenswerte können als Näherungswerte für die längerfristigen Plangrößen betrach-

Normalverhaltensfunktionen

tet werden. Der Verlauf der Normalverhaltensfunktionen in Deutschland entspricht der Form nach (nicht aber in den absoluten Werten) dem Verlauf der K-Größen-Funktionen in allen entwickelten Ländern der Welt und ist in *Abbildung 5.3* dargestellt.

Abb. 5.3 | **Verlauf der Normalverhaltensfunktionen in Deutschland (1991–2003)**

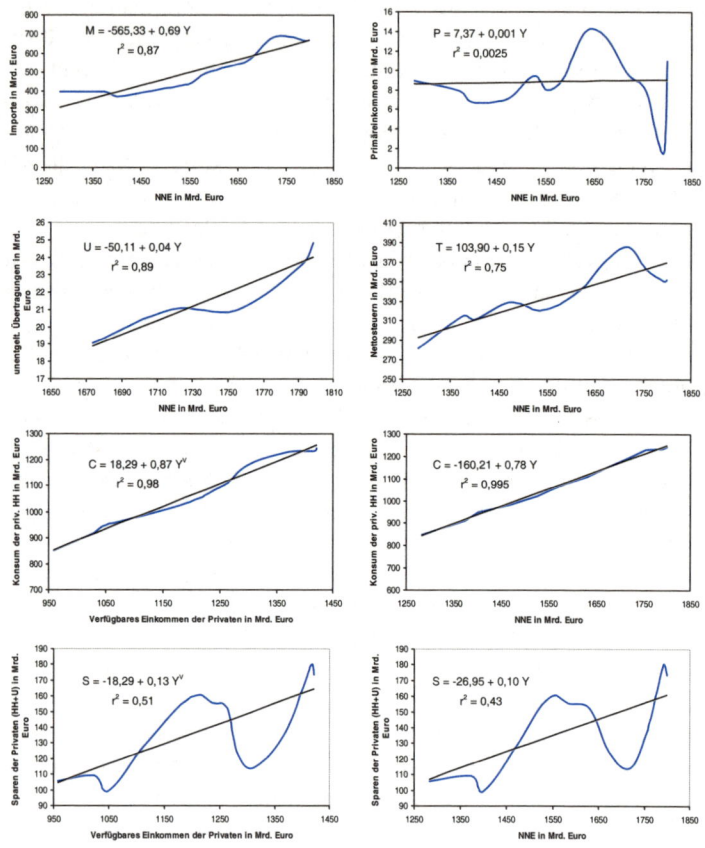

Quelle: Eigene Darstellung anhand der Daten des STATISTISCHEN JAHRBUCHES, verschiedene Jahrgänge. Die unentgeltlichen Übertragungen werden wesentlich von der Nettoposition Deutschlands gegenüber der EU bestimmt. Die Finanzierungsregeln wurden 1999 geändert. Deshalb ist die Normalverhaltensfunktion für die unentgeltlichen Übertragungen erst ab diesem Zeitpunkt berechnet worden.

Anders als die Planwerte der Kontraktionsgrößen sind die Planwerte der Expansionsgrößen nicht direkt von der laufenden Höhe des Y-Wertes abhängig, denn

▶ I hängt vor allem von Erwartungen der Unternehmer über zukünftige Gewinne und Auslastungsgrade ab,

▶ X ergibt sich aus der Höhe des Nettonationaleinkommens im „Rest der Welt" (X ist der Import des Auslandes und hängt deshalb vom Einkommen des Auslandes ab) und

▶ A wird von den Planungen der öffentlichen Haushalte bestimmt.

Aus den vorstehenden Überlegungen ergibt sich, dass die einzelnen Kontraktionsgrößen zu einer integrierten Kontraktionsgrößenfunktion zusammengefasst werden können (→ zum rechnerischen Weg vgl. S. 283). Der Verlauf dieser Funktion wird von der Höhe von Y beeinflusst, und zwar so, dass höhere K-Werte höheren Y-Werten zugeordnet sind. Die E-Werte sind dagegen von den laufenden Werten von Y unabhängig und müssten deshalb in einem E-Y-Diagramm als Parallelen zur Y-Achse eingezeichnet werden. Damit ergibt sich ein Bild des so genannten Einkommensmechanismus, wie es im linken Teil der *Abbildung 5.4* dargestellt ist.

Einkommensmechanismus

Wir sehen hier die von Y abhängige und steigende K-Funktion sowie die von Y unabhängige E-Funktion. Da im Gleichgewicht K = E gelten muss (weil – bildlich gesprochen – nur dann gleich viel aus dem Ringkanal heraus fließt wie hinein fließt), gibt es nur einen einzigen Y-Wert, der stabil ist. Er liegt im Schnittpunkt der E- und der K-Funktion, d. h. dort, wo Y einen K-Wert erzeugt, der dem E-Wert genau gleicht. Alle anderen Y-Werte wären instabil, weil dann entweder E > K oder K > E gel-

Der Einkommensmechanismus | Abb. 5.4

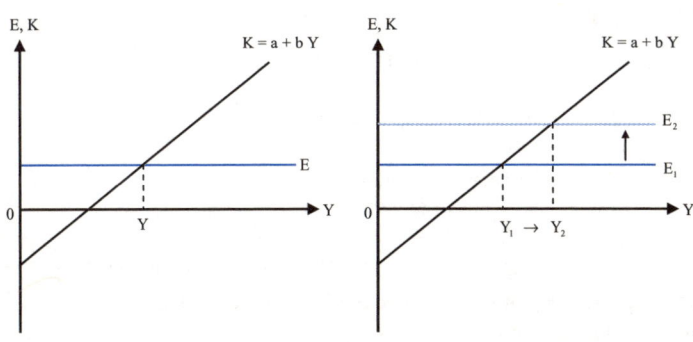

ten würde, d. h. weil die geplanten Ab- und Zuflüsse in den Ringkanal ungleich groß wären.

Im rechten Teil der Abbildung 5.4 wird gezeigt, was passiert, wenn Y zunächst den Gleichgewichtswert Y_1 hat und dann eine Gleichgewichtsstörung eintritt, weil sich E_1 auf E_2 erhöht (z. B. weil die Gewinnerwartungen der Investoren optimistischer geworden sind). Im allerersten Moment hat Y dann noch den Wert Y_1. Wegen der Erhöhung von E_1 auf den neuen Wert E_2 ist der Zufluss in den Basiskreislauf (d. h. E_2) nun aber größer als der Abfluss ($K_1 = a + bY_1$). Deshalb steigt der „Wasserstand" (Y) im „Ringkanal" (= Basiskreislauf). Dieser Anstieg dauert genau so lange an, bis K den Wert $K_2 = a + bY_2$ erreicht hat und deshalb erneut K = E gilt. Würde sich die E-Funktion nicht nach oben, sondern nach unten verschieben, ergäbe sich natürlich der umgekehrte Prozess. Y würde dann sinken, bis erneut K = E gilt. Analoges gilt ceteris paribus für eine Verschiebung der K-Funktion nach unten (z. B. durch eine Steuersenkung mit der Folge eines Y-Anstiegs) oder einer Verschiebung nach oben (z. B. auf Grund einer exogen bedingten Erhöhung des Vorsorgesparens oder der autonomen Importe und mit der Folge einer Y-Senkung). Wie gleich genauer gezeigt wird, kommt es dabei nur deshalb zu den Y-Bewegungen, weil der Wechselkurs- und der Zinsmechanismus nur unbefriedigend funktionieren. Gäbe es diese Funktionsstörungen nicht, gäbe es auch keine konjunkturellen Y-Schwankungen: Im zuletzt genannten Beispiel einer Erhöhung der autonomen Importe würde der Wechselkursmechanismus dann z. B. dafür sorgen, dass sich gleichzeitig die Exporte erhöhen, d. h. dass das Gleichgewicht von E und K allenfalls kurzfristig irritiert würde.

Was eben geometrisch erläutert wurde, kann man natürlich auch rechnerisch darstellen. *Tabelle 5.5* zeigt eine solche Rechnung. Sowohl die Zeichnung (→ vgl. Abbildung 5.4, S. 281) als auch die Rechnung illustrieren,

Gleichgewichts-
bedingung K = E

dass sich der Gleichgewichtswert von Y einstellt, wenn die *Gleichgewichtsbedingung K = E* erfüllt ist, d. h. wenn die folgende ausführliche Plangrößengleichung gilt:

$$M + P + U + T + S = X + A + I.$$

Diese globale Gleichgewichtsbedingung ist erfüllt, wenn die folgenden partiellen Gleichgewichtsbedingungen realisiert werden:

(1) M + P + U = X (Leistungsbilanzgleichgewicht),

(2) S = I (Kapitalmarktgleichgewicht) und

(3) T = A (Budgetgleichgewicht).

Bis zur Weltwirtschaftskrise, die zum Untergang der Weimarer Republik und dem Aufstieg des Dritten Reiches beigetragen hat, glaubten die Ökonomen, dass sowohl der Wechselkursmechanismus als auch der Zins-

Beispielsaufgabe zur Ermittlung des Gleichgewichtseinkommens Y | Tab. 5.5

A. Vorgegebene Werte bzw. Normalverhaltensfunktionen:

$$I = 64{,}19 \qquad\qquad S = -18{,}29 + 0{,}13Y^V$$
$$A_1 = 407{,}69 \qquad\qquad T = 103{,}90 + 0{,}15Y$$
$$X = 760{,}98 \qquad\qquad U = -50{,}11 + 0{,}04Y$$
$$P = 7{,}37$$
$$M = -565{,}33 + 0{,}69Y.$$

B. Lösung

(1) Ermittlung einer indirekten Sparfunktion $S = f(Y)$ aus der direkten Sparfunktion $S = f(Y^V)$ durch Ersetzen von Y^V:

$$Y^V = Y - U - T = Y - (-50{,}11 + 0{,}04Y) - (103{,}90 + 0{,}15Y)$$
$$\Leftrightarrow Y^V = Y - (53{,}79 + 0{,}19Y) = -53{,}79 + 0{,}81Y$$
$$\Rightarrow \ S = -18{,}29 + 0{,}13(-53{,}79 + 0{,}81Y) \approx -25{,}28 + 0{,}11Y.$$

(2) Ermittlung der K-Funktion:

$$
\begin{aligned}
S &= -25{,}28 + 0{,}11Y && + \\
T &= 103{,}90 + 0{,}15Y && + \\
U &= -50{,}11 + 0{,}04Y && + \\
P &= 7{,}37 && + \\
M &= -565{,}33 + 0{,}69Y && \\
\hline
K &= -529{,}45 + 0{,}99Y. &&
\end{aligned}
$$

(3) Ermittlung des E-Wertes:

$$
\begin{aligned}
I &= 64{,}19 && + \\
A_1 &= 407{,}69 && + \\
X &= 760{,}96 && + \\
\hline
E_1 &= 1.232{,}86. &&
\end{aligned}
$$

(4) Anwendung der Gleichgewichtsbedingung $K \overset{!}{=} E$:

$$-529{,}45 + 0{,}99Y = 1.232{,}86$$
$$\Leftrightarrow Y \approx 1.780{,}11.$$

(5) Eine Ceteris-paribus-Änderung von A auf $A_2 = 417{,}69$ führt zu folgendem Y-Wert:

$$E_2 = 1.242{,}86$$
$$\Rightarrow -529{,}45 + 0{,}99Y = 1.242{,}86$$
$$\Leftrightarrow Y \approx 1.790{,}21.$$

(6) Die Ceteris-paribus-Änderung von A um $\Delta A = 10$ hat also zu einer Y-Änderung von $\Delta Y = 10{,}10$ geführt, d. h.

$$\Delta Y / \Delta E = 10{,}10/10 \approx 1{,}01.$$

mechanismus ebenso zuverlässig zu einem kybernetisch stabilen Gleichgewicht führen würden, wie dies auf den meisten Gütermärkten über den Preismechanismus geschieht, wenn die Bedingungen für eine

Markträumung erfüllt sind (hier insbesondere die kritische Forderung der Preisvariation nach der Auktionatorregel). Unter diesen Umständen konnten die Gleichungen (1) und (2) als kybernetisch stabilisierte Werte angesehen werden. Es erschien den älteren Ökonomen deshalb als eine selbstverständliche Forderung, dass der Staat sein Budget ausgleichen und damit Gleichung (3) erfüllen sollte. Dieser Ausgleich wurde bis zum Ende der 60er Jahre auch im Grundgesetz und im deutschen Haushaltsrecht gefordert. Die Erfüllung der Bedingungen (1) bis (3) musste nach Ansicht der älteren Ökonomen zu einer kybernetischen Stabilisierung von K = E führen und ließ damit nur kleinere Schwankungen von Y um seinen Gleichgewichtswert zu. Anders ausgedrückt: Die älteren Nationalökonomen glaubten daran, dass das bei der Produktion von Nettoendnachfragegütern erzielte Einkommen über die partiellen Ausgleichsmechanismen (1) bis (3) wieder nachfragewirksam werden würde, d. h. dass jede Produktion von Nettoendnachfragegütern gesamtwirtschaftlich wieder zu einer Nachfrage in Höhe der damit verbundenen

Sayches Theorem

Einkommen führen würde (so genanntes *Sayches Theorem*, benannt nach dem französischen Nationalökonomen J.-B. SAY [1767–1832]). Exogen bedingte Veränderungen von E hätten nach Ansicht der Klassiker wegen der Konstanz von K = E also nicht (oder jedenfalls nur für eine kurze Irritationsphase) zu Veränderungen des *Niveaus* von Y geführt, sondern lediglich zu einer Veränderung der *Struktur* der Gesamtnachfrage. Hätten sich die Investitionen wegen gestiegener Gewinnaussichten z. B. erhöht (d. h. zu einer Außenverschiebung der Nachfragefunktion auf dem Kapitalmarkt geführt), hätte der Zinsmechanismus einen Ausgleich von I und S bei erhöhten Zinsen sowie Spar- und Investitionsmengen herbeigeführt. Die Gleichgewichtsbedingung K = E wäre erhalten geblieben und Y wäre somit kybernetisch stabilisiert worden.

Wir hatten freilich schon gesehen, dass die Funktionsweise des Wechselkursmechanismus (Gleichung 1) und des Zinsmechanismus (Gleichung 2) *nicht* als zuverlässig angesehen werden kann (→ vgl. Abschnitte 4.4.2, S. 244 ff. und 4.4.3, S. 254 ff.), insbesondere dass Zinsen und Wechselkurse nicht immer so reagieren, dass die eben genannten Gleichgewichte kybernetisch stabilisiert werden (Verletzung der Stabilitätsbedingung). Der Ökonom, der diese Unzuverlässigkeit erstmals deutlich herausgearbeitet und damit entscheidend zur Erklärung des langen und tiefen Sinkens von Y in der langen Depression von 1929 bis ca. 1935 (Tiefpunkt 1932)

J. M. KEYNES

beigetragen hat, war der englische Nationalökonom J. M. KEYNES (1883–1946). Nach KEYNES ist der Ausgleich von K und E nicht vorrangig dem Wechselkurs- und dem Zinsmechanismus zu verdanken, sondern vor allem dem Einkommensmechanismus. So wären z. B. die folgenden beiden Entwicklungsketten denkbar:

Entwicklungsketten

(1) Verunsicherung der Bürger aus exogenen Gründen → Erhöhung des Vorsichtssparens (d.h. Verschiebung der S-Y-Funktion nach oben) und Anlage der Mittel in liquider Form auf dem Geldmarkt → kein Tätigwerden des Zinsmechanismus auf dem Kapitalmarkt (der Zins sinkt dort trotz der S-Erhöhung nicht) → $\Delta S > 0$ führt zu $\Delta K > 0$ und damit zu $K > E$, woraufhin Y sinkt → ungeplante Investitionen → weiteres Sinken von Y bis erneut $K = E$ gilt.

(2) Verlagerung von Investitionen ins Ausland aus exogenen Gründen = Anlage von Teilen von S im Ausland → Wechselkursmechanismus reagiert nicht, Zinsmechanismus auch nicht → weil im Inland $\Delta I < 0$, folgt $K > E$ und sinkt Y → ungeplante Investitionen → weiteres Sinken von Y bis erneut $K = E$ gilt.

In das „Reservoir", das vom Geldmarkt und/oder dem Ausland gebildet wird, sind in diesen beiden Beispielen Teile der geplanten Ersparnisse geflossen, und dies hat zu einem Sinken von Y und damit eine Herausbildung von ungeplanten Investitionen geführt, welche das Sinken von Y weiter verstärkt haben. Wegen des Nichtanspringens des Zinsmechanismus kam es im Fall (1) nicht zu einer Zinssenkung und damit auch nicht zu einer Investitionserhöhung, sondern lediglich zu einem Versickern von Ersparnissen auf dem Geldmarkt (in der Presse würde in einem solchem Fall einem „Attentismus" der Geldkapitalanleger gesprochen) und damit zu einem Ausfall von Teilen der Gesamtnachfrage. Im Fall (2) ergab sich das gleiche Endergebnis wegen des Versickerns eines Teiles der geplanten Ersparnisse im Ausland, denn diese wurde in ausländische, nicht aber in inländische Investitionen umgewandelt. Dass der Zins- und Wechselkursmechanismus – wie in den beiden Beispielen – überhaupt nicht anspringt, ist kurzfristig häufig (aber nicht immer) der Fall; mittelfristig ergeben sich oft langsame Änderungen in die richtigen Richtung. In jedem Fall aber kommt es zu einem temporären Ausfall von Gesamtnachfrage.

Mit der Unzuverlässigkeit des Zins- und Wechselkursmechanismus und der Funktionsweise des Geldmarktes und des Auslandes als Auffangbecken für Teile der geplanten Ersparnisse oder nicht in Export umgewandelte Teile des Auslandseinkommens (M + P + U) erscheint auch eine Rezession von langer Dauer und eine lang anhaltende Depression mit starker Unterbeschäftigung theoretisch möglich. Die Weltwirtschaftskrise hat gezeigt, dass diese theoretische Möglichkeit auch empirisch relevant ist. Auch ein umgekehrter Verlauf ist möglich und empirisch relevant: Der Export kann sich ohne Wechselkursreaktionen erhöhen, und aus dem „Reservoir" (Geldmarkt/Ausland) können Teile des dort geparkten Geldkapitals wegen guter Aussichten in inländische Investitionen strömen, ohne dass der Zins- oder Wechselkursmechanismus für eine Gegenbewegung sorgt; dies würde dann zu einem Anstieg von E und damit auch von Y führen, über negative ungeplante Investitionen (einem unerwartet hohen Lagerabbau) den Anstieg von Y beschleunigen und schließlich wieder in einem Gleichgewicht mit $K = E$ münden. Ganz typisch für die deutsche Wirtschaft ist der folgende Ablauf:

Beispiel

Erhöhung von X auf Grund eines höheren Wachstums der Weltwirtschaft $\to$ Erhöhung von $E \to E > K \to$ Anstieg von Y $\to$ unerwarteter Lagerabbau $\to$ Erhöhung von I $\to$ abermaliger Anstieg von Y bis zum erneuten Gleichgewicht von K und E mit gleichzeitigem Anstieg von C (Bewegung auf der C-Y-Funktion).

Mit dem Verweis auf die Unzuverlässigkeit des Zins- und des Wechselkursmechanismus war die klassische Hypothese der Unmöglichkeit einer langen Unterbeschäftigung und der Stabilität des privaten Sektors theoretisch als fragwürdig herausgearbeitet und empirisch falsifiziert worden. Gleichzeitig entfiel damit die Selbstverständlichkeit der Forderungen nach einem Budgetausgleich. Das hat zu der Vorstellung geführt, dass die Unzuverlässigkeit des Zins- und des Wechselkursmechanismus ein Marktversagen darstelle, welches der Staat heilen müsse: Wenn diese Mechanismen bei einem Budgetausgleich nicht zu einem Ausgleich von K und E führen, muss der Staat – so die neue Sichtweise – T und A seinerseits so einstellen, dass die Globalbedingung $K = E$ realisiert wird, und zwar trotz des Nichtausgleichs von I und S sowie von M, T und U einerseits und X andererseits. Würde der private Sektor für sich also zu einem *Gleichgewicht bei Unterbeschäftigung* führen, müsste der Staat über ein bewusst herbeigeführtes Budgetdefizit (Erhöhung von A und/oder Senkung von T) für den Ausgleich von E und K auf einem Vollbeschäftigungsniveau sorgen. Dies Konzept nennt man a*ntizyklische Konjunkturpolitik*, und eine solche Politik mit finanzpolitischen Mitteln

Antizyklische Fiskalpolitik

bezeichnet man kurz als *antizyklische Fiskalpolitik*.

Stabilitäts- und
Wachstumsgesetz

Das Konzept der antizyklischen Fiskalpolitik wurde 1967 zur Grundlage des Stabilitäts- und Wachstumsgesetzes, das von der Bundesregierung und den Landesregierungen eine antizyklische Fiskalpolitik mit dem Ziel der kybernetischen Stabilisierung des Auslastungsgrades des Produktionspotenzials auf seinem normalen Niveau fordert. Das Stabilitäts- und Wachstumsgesetz bietet dem Staat dazu verschiedene Möglichkeiten an, entweder die A- oder die T-Funktion mit Maßnahmen wie z. B. einer schuldenfinanzierten Erhöhung der Transformationsausgaben zu verschieben. Von den im Gesetz vorgesehenen Möglichkeiten wurde in der politischen Praxis die Erhöhung der Transformationsausgaben über eine zusätzliche Staatsverschuldung allen anderen Möglichkeiten vorgezogen. Für die Planung der staatlichen Ausgaben bedeutet dies Folgendes:

Bezeichnet man den Auslastungsgrad des Produktionspotenzials mit α und denjenigen Auslastungsgrad, den der Staat mit Hilfe von fiskalpolitischen Mitteln für realisierbar hält, mit $\hat{\alpha}$, so ergibt sich für den realisierbaren Y-Wert Folgendes:

(1) $Y = \hat{\alpha}Y^{pot.}$

Für die Kontraktionsgrößenfunktion kann man dagegen allgemein schreiben:

(2) $K = K^a + kY$ mit

K^a = Absolutglied der K-Funktion und

k = marginale Kontraktionsgrössenquote = Steigung der K-Funktion.

Will der Staat den Auslastungsgrad des Produktionspotenzials stabilisieren, folgt für das anzustrebende K-Niveau aus (1) und (2):

(3) $K = K^a + k\hat{\alpha}Y^{pot.}$.

Aus $K = E$ ergibt sich weiterhin:

(4) $K^a + k\hat{\alpha}Y^{pot.} = X + A + I$.

Löst man diese Gleichung nach A auf, ergibt sich das Ausgabenniveau, welches der Staat zur Realisierung von $\hat{\alpha}$ anstreben muss:

(5) $A = K^a - X - I + k\hat{\alpha}Y^{pot.}$

Die herkömmliche Planungsregel für das A-Niveau hieß dagegen einfach:

(6) $A = T$.

Vergleicht man die Ausgabenplanungsregeln (5) und (6) miteinander, werden unmittelbar wechselseitige Vor- und Nachteile sichtbar: Die traditionelle Regel (6) hat den Vorteil, relativ einfach zu sein: Sie verlangt lediglich eine Vorausschätzung der Einnahmen aus Transformationssteuern (was allerdings schon schwer genug ist) und eine Ausrichtung der Ausgaben daran. Dafür hat sie den Nachteil, dass das Absinken der Steuern einen Rückgang der Transformationsausgaben nach sich zieht. Wird ein Abschwung z. B. durch den Rückgang von I ausgelöst, sinkt im Zuge des Abschwungs auch T und damit nach (6) auch A. Dies aber verstärkt den Abschwung, weil nun ein weiterer Teilwert von E sinkt. Umgekehrt analog zum Prozess im rechten Teil der Abbildung 5.4 (→ vgl. S. 281) ergibt sich nämlich die folgende Wirkungskette des Einkommensmechanismus:

Beispiel

Sinken von I $\rightarrow$ Verschiebung von E nach unten $\rightarrow$ Sinken von Y $\rightarrow$ Rückgang von T ($\rightarrow$ vgl. die zugehörige Normalverhaltensfunktion in Abbildung 5.3, S. 280) $\rightarrow$ Rückgang von A gemäß Gleichung (6) $\rightarrow$ abermaliger Rückgang von E und damit abermaliges Sinken von Y, bis schließlich wieder K = E gilt. (Eine von ungeplanten Investitionen ausgelöstes Sinken von I ist hier der Einfachheit halber ausgeblendet worden.)

Prozyklische Politik

Wegen dieser prozyklischen Wirkung bezeichnet man ein Verhalten nach der Ausgleichsregel (6) als eine *prozyklische Politik*. Ihr wurde die antizyklische Politik nach Regel (5) entgegengestellt. Deren Befolgung wird allerdings durch erhebliche Schätzprobleme sowie Verzögerungen bei der Bestimmung des richtigen A-Wertes erschwert: Die Instabilität in der Entwicklung des privaten Sektors muss ja erst einmal erkannt werden (*Erkennungsverzögerung*), man muss sich politisch auf ein Maßnahmenpaket zur Gestaltung von A einigen (*Entscheidungsverzögerung*), in der Ministerialdemokratie müssen die politischen Entscheidungen in eindeutige Ausführungsanweisungen für die nachgeordnete Verwaltung umgesetzt werden (*Ausführungsverzögerung*), und die Umsetzung der Maßnahmen (also z. B. die Verausgabung von zusätzlichen Mitteln) und deren Auswirkung auf die Pläne der Privaten erfordern ihrerseits wiederum Zeit (*Wirkungsverzögerung*). Hinzu kommt, dass der A-Wert in einem föderativen Staat auf den Bund (einschließlich Sozialversicherung) und alle Länder (einschließlich ihrer Gemeinden) verteilt werden muss. Die Regel (5) erfordert also eine Aufteilung der Transformationsausgaben auf alle Körperschaften. Die Regel (6) ist in einem Föderalstaat dagegen sehr viel einfacher implementierbar: Jede Körperschaft muss „lediglich" dafür sorgen, dass sich ihre geplanten Ausgaben nach den erwarteten Einnahmen richten.

Trotz der Kompliziertheit von Regel (5) war die antizyklische Politik Ende der 60er und Anfang der 70er Jahre zunächst erfolgreich in dem Sinn, dass tatsächlich eine Schwankungsdämpfung erreicht wurde. Schon Mitte der 70er Jahre zeigte sich jedoch, dass die antizyklische Fiskalpolitik auf einer Voraussetzung beruhte, die in Deutschland spätestens mit Beginn der 80er Jahre nicht mehr erfüllt war und heute – ausweislich vieler empirischer Studien – international allenfalls z. T. noch in den USA realisiert ist. Zur Herausarbeitung dieser impliziten Voraus-

setzung wollen wir von der allgemeinen Gleichgewichtsbedingung
$K = E$ ausgehen. Berücksichtigen wir, dass K eine Funktion von Y ist,
folgt:

$$K^a + kY = X + A + I.$$

Die implizite Voraussetzung der antizyklischen Fiskalpolitik war nun
die Geltung der Ceteris-paribus-Bedingung, dass eine staatliche Variation von A alle anderen Größen nicht systematisch beeinflusst und sie
somit im Normalfall konstant lässt. Versieht man bei einem Vergleich
zweier Jahre nur diejenigen Größen mit einem Zeitindex, die im Sinne
der antizyklischen Politik bewusst geändert werden sollen, ergeben sich
die folgenden Gleichungen:

$$\text{Jahr } 2 : K^a + kY_2 = X + A_2 + I$$
$$\underline{\text{Jahr } 1 : K^a + kY_1 = X + A_1 + I}$$
$$\text{Differenz} : k(Y_2 - Y_1) = A_2 - A_1 \text{ oder}$$
$$\Delta Y = 1/k \cdot \Delta A.$$

Da sich ΔY nach diesem Ansatz aus ΔA ergibt, wenn man ΔA mit dem
Faktor 1/k multipliziert, nennt man die zuletzt genannte Formel auch
Multiplikatorformel. Bei $k < 1$ und damit einem k-Kehrwert > 1 (was in   Multiplikatorformel
Deutschland gerade noch erfüllt ist) ergibt sich nach dieser Formel
$\Delta Y > \Delta A$ (→ vgl. auch Tabelle 5.5, S. 283).

Diese Formel gilt wie gesagt unter der Ceteris-paribus-Bedingung:
„ΔA führt einzig und allein zu ΔY und lässt alle anderen Werte unverändert". Es hat sich nun aber herausgestellt, dass die Ceteris-paribus-Bedingung in der Realität häufig *systematisch* verletzt wird und folglich als
kritisch zu betrachten ist:

▶ Der Staat muss Ausgabenerhöhungen finanzieren. Will er dies ohne
Steuererhöhungen tun, muss er sich auf dem Kapitalmarkt zusätzlich
verschulden. Dies verschiebt dort die Nachfragekurve nach außen
(zu den Investoren tritt der Staat als Nachfrager hinzu) und führt bei
einer fühlbaren Außenverschiebung zu einer Zinserhöhung, die einen Rückgang der Investitionen zur Folge hat. Dies bezeichnet man
als *Zins-Crowding-out*. Die Erhöhung von A lässt die anderen Expansions-   Zins-Crowding-out
größen also nicht unberührt, sondern führt zu einer Senkung von I.
Je nach den Größenordnungen von ΔA (+) und ΔI (-) kann der Einfluss von ΔA auf ΔE also positiv, negativ oder neutral sein.

▶ I kann nicht nur durch eine Zinserhöhung verändert werden, sondern auch dadurch, dass sich die Erwartungen der Investoren ändern,
und zwar nach der Devise: „Die Erhöhung der Staatsverschuldung
von heute ist die Steuererhöhung von morgen". Einen hierdurch be-

Erwartungs-
Crowding-out

wirkten Rückgang der Investitionen bezeichnet man als *Erwartungs-Crowding-out.*

▶ In allen entwickelten Staaten außer in den USA hat eine Erhöhung der Staatsverschuldung außerdem eine Verunsicherung der Konsumenten zur Folge, die sich in einem erhöhten Vorsichtssparen äußert: Das Absolutglied der Sparfunktion (und damit auch die gesamte Sparfunktion) verschiebt sich nach oben und mit ihr die Kontraktionsgrößenfunktion. Dieser Verunsicherungseffekt führt seinerseits nun aber zu einer Verminderung von Y.

Verunsicherungseffekt

Insgesamt zeigt sich damit, dass die antizyklische Politik nicht nur sehr schwer durchführbar ist (die o. g. Verzögerungen können sich z. B. so auswirken, dass die A-Veränderung ungewollt prozyklisch wirkt); das Verhalten der Investoren und Konsumenten kann vielmehr auch dazu führen (und dies ist in neuerer Zeit regelmäßig geschehen), dass eine schuldenfinanzierte Erhöhung von A wegen der Verletzung der Ceteris-paribus-Bedingung entgegen der Multiplikatorformel nicht zu einer Erhöhung von Y führt, sondern in aller Regel lediglich dazu, dass die Staatsverschuldung steigt. Der Hauptgrund dafür ist wie gesagt das Misstrauen in die Verlässlichkeit der staatlichen Politik (d. h. die Befürchtung, dass es auch dann zu Netto-Abgabenerhöhungen kommen wird, wenn die Politiker etwas anderes versichern). Anders verhält es sich dagegen, wenn z. B. der Export steigt: Dann glauben die Unternehmer vielfach an einen dauerhaften Markterfolg, und es kommt zu der schon geschilderten Ceteris-paribus-Erhöhung von Y. Für deutsche Konjunkturaufschwünge ist es deshalb geradezu typisch, dass man im Basiskreislauf nacheinander zunächst eine Erhöhung von X, dann eine von I und Y und schließlich eine von C beobachtet.

Angesichts der hohen Gefahr von Cowding-out- und Verunsicherungs-Effekten empfehlen Ökonomen dem Staat heute, die antizyklische Politik aufzugeben und stattdessen eine so genannte *Verstetigungspolitik* zu betreiben: Die Politiker sollen sich auf eine längerfristig (z. B. 10 Jahre) einzuhaltende Transformationsausgabenquote für den Staat insgesamt einigen (also z. B. auf $\hat{a}$ = 25 v. H. des jeweiligen Produktionspotenzials für Transformationsausgaben des Staates) und das Steuersystem (die T-Funktion) dann so einstellen, dass bei Normalauslastung des Produktionspotenzials A = T gilt. Diese Regel hätte zur Folge, dass A in jedem Jahr in Abhängigkeit vom jeweiligen Produktionspotenzial geplant wird (A = $\hat{a}Y^{pot.}$). Bei unternormaler Auslastung von $Y^{pot.}$ würde A dann z. T. nicht durch die laufenden Steuereinnahmen gedeckt (diese sind ja vom laufenden Y-Wert abhängig und deshalb bei Unterauslastung niedriger als bei Normalauslastung); bei einer übernormalen Aus-

Verstetigungspolitik

lastung käme es dagegen zu einer Überdeckung. Über einen gesamten Konjunkturzyklus hinweg würde sich also in etwa ein Ausgleich von A und T ergeben. Das hätte den Vorteil, dass die Staatsverschuldung nicht systematisch wächst. Auch bewirkt eine Verstetigung des staatlichen Ausgabenverhaltens bei den Privaten und speziell in den Zulieferbereichen des Staates ebenfalls eine Verstetigung: Das verfügbare Einkommen der Privaten wird über das Wirken der so genannten *automatischen Stabilisatoren* verstetig (= Reduktion der Steuerabflüsse beim Unterschreiten der Normalbeschäftigung bei gleichzeitiger Erhöhung der Unterstützungszahlung sowie Erhöhung des Steuerabflusses beim Überschreiten der Normalbeschäftigung bei gleichzeitiger Verminderung der Unterstützungszahlungen); gleichzeitig wird die Nachfrage des Staates nach Investitionsgütern wie z. B. Tiefbauleistungen ebenfalls stabilisiert.

Die EU fordert eine solche Politik, und der *Europäische Stabilitäts- und Wachstumspakt* setzt in diesem Sinne Grenzen für die Entwicklung der Staatsverschuldung: Die laufende Verschuldung soll unterhalb von 3 v. H. des BIP bleiben, der Schuldenstand soll kleiner als 60 v. H. des BIP sein, und die Entwicklung der laufenden Neuverschuldung soll sich über einen Konjunkturzyklus hinweg in Richtung auf einen Ausgleich von A und T hinbewegen. Deutschland missachtet diesen Pakt aber weitgehend. Hierfür gibt es zwei Gründe:

> Deutschland verfügt über keine Einrichtungen zur Aufteilung der jeweils zulässigen Staatsausgaben- und Verschuldungswerte auf den Bund (einschließlich Sozialversicherung) und die Länder (einschließlich Gemeinden). Der *Finanzplanungsrat*, der diese Aufgabe an sich lösen soll, ist mangels wichtiger Informationen über die Entwicklung der Länderfinanzen und fehlender Entscheidungsbefugnisse ein „zahnloser Tiger".

> Das Verzichten auf einen Einsatz von A zur angeblichen Konjunkturstabilisierung und der mittelfristige Ausglich von A und T verlangen Einschränkungen, die für die Bürger kurzfristig schmerzlich (langfristig aber nützlich) sind und damit aus der Sicht der jeweils herrschenden Regierung eine Wiederwahl gefährden könnten.

Die bisherige Konsequenz war, dass Deutschland den Europäischen Stabilitäts- und Wachstumspakt mehrfach verletzt hat und statt auf eine disziplinierte Ausgabenplanung zusammen mit Frankreich „erfolgreich" auf eine Aufweichung des Paktes gedrängt hat. Dies zeugt von einem erheblichen Mangel in der deutschen Finanzverfassung [WISSENSCHAFTLICHER BEIRAT BEIM BMF, 2003].

Europäischer Stabilitäts- und Wachstumspakt

Damit wollen wir die Einführung in die Problematik einer zweckmäßigen Konjunkturpolitik beenden und uns den ökonomischen Wirkungen des „Wahlstimmenmarktes" zuwenden.

5.4 Besonderheiten des „Wahlstimmenmarktes": die Ökonomische Theorie der Politik und das Dilemma des Verfassungsversagens

Das Wort „Wahlstimmenmarkt" in der Überschrift dieses Abschnitts steht in Anführungszeichen, weil der demokratische Wahlstimmenmechanismus zwar Ähnlichkeiten mit Marktprozessen hat, aber auch erhebliche Unterschiede zu ihnen aufweist:

Die *Ähnlichkeit* besteht darin, dass Koalitionen von Politikern (wie Parteien oder Parteilager wie „Rot/Grün" oder „Schwarz/Gelb") als Anbieter auf dem Markt „Güter" anbieten (hier „Lösungspakete" für politische Probleme) und dass die „Politiknachfrager" (die Wahlbürger) sich „Politikpakete" in dem Sinn „kaufen" können, dass sie ihre Stimme für eine Partei oder einen Kandidaten abgeben.

Es gibt aber auch große *Unterschiede*:

(Marginalie: Besonderheiten des „Wahlstimmenmarktes"*)*

▶ Wahlen finden nur in großen Abständen statt, und die Bürger können sich keinen eigenen Warenkorb von Politikangeboten für verschiedene Bereiche zusammenstellen (Politik X von der CDU, Politik Y von der SPD usw.), sondern müssen sich auf die Auswahl zwischen komplexen „Politikpaketen" beschränken.

▶ Wer Spitzenpolitiker in einer Partei wird, ist das Ergebnis eines innerparteilichen Wettbewerbs, auf den die Bürger mit ihren Wahlenstimmen keinen direkten Einfluss haben. Die Bürger können zwar die relative Stärke der Parteien bestimmen, die tonangebenden Spitzenpolitiker in den Parteien können sie aber nicht selbst auswählen. So bleiben Spitzenpolitiker immer Spitzenpolitiker, mal in der Regierung, mal in der Opposition. Lediglich Kanzler- oder Ministerpräsidentenkandidaten müssen manchmal ihren Hut nehmen, wenn ihre Partei eine Wahl verliert.

▶ Neben den Parteien wirken auch die Bürokratie, Interessenverbände und die Medien auf die politische Willensbindung ein. Sie alle können trotz ihrer erheblichen Einflussstärke nicht von den Bürgern kontrolliert werden, und die Medien beeinflussen über ihre selektive Informationstätigkeit noch dazu die Bürger.

▶ Wahlverfahren enthalten stets eine Zufallskomponente, und Parteien können unterschiedliche Koalitionen eingehen. Eine „gewählte" Regierung braucht also nicht unbedingt dem „Wählerwillen" zu entsprechen.

▶ Parteien stellen ihre Grundsatzprogramme in Frage, wenn sie das Festhalten daran Wahlstimmen kosten würde, und sie sind stets auf die jeweils nächsten Wahlen fixiert. Deshalb tendieren sie dazu, Langfristprobleme jedenfalls dann ungelöst zu lassen, wenn Problemlösungen schmerzliche Einschnitte verlangen, welche bei der nächsten Wahl Stimmen kosten könnten.

In summa: Wer auf einem „richtigen" Markt ein Produkt kauft, weiß recht genau, was er bekommt, und ist er mit einem Produkt nicht zufrieden, kann er in der Regel schnell (z. B. beim Nachkaufen) zu einem neuen Produkt greifen. Wer mit seiner Wahlstimme für eine bestimmte Partei votiert (d. h. sich eine bestimmte Politik „kaufen" möchte), weiß sehr viel weniger genau, was er erhält; darüber hinaus ist vieles in der Politik nicht über Wahlen kontrollierbar.

Weil Politiker miteinander ähnlich wie Anbieter auf einem Markt um Macht und Einfluss konkurrieren, haben Ökonomen Theorien über das Verhalten im *politischen Feld* (d. h. im Kräftefeld von Regierungen, Verwaltungen, Parteien, Verbänden, Medien und Wählern) aufgestellt, die der ökonomischen Theorie des Verhaltens der Akteure auf einem Markt ähneln. Wie bei der Prognose des Unternehmerverhaltens gehen die Ökonomen in dieser **ökonomischen Theorie der Politik (ÖTP)** (→ Glossar) davon aus, dass alle beteiligten Akteure eigennützig handeln und nicht etwa das Gemeinwohl maximieren wollen. Empirisch überprüfbare Vorhersagen der ÖTP sind z. B.,

Ökonomische Theorie
der Politik (ÖTP)

▶ dass soziale Versprechungen von Regierungen und Parteien als Mittel zur Gewinnung von Wahlen eingesetzt werden und dass hieraus eine Zwangsabgabenquote entsteht, deren Niveau insgesamt zu hoch und deren Struktur verzerrt ist. Die Folgen sind eine Fehllenkung von Produktionsfaktoren und die Begünstigung gut organisierter Gruppen auf Kosten von schlecht organisierten.

▶ dass die Bürokratie durch einen Kampf um Mittel (nicht um Effizienz) geprägt ist,

▶ dass der Wettbewerb der Interessenverbände zu einer systematischen Benachteiligung schlecht organisierter Gruppen führt (Konsumenten, Sparer, jüngere Generationen),

▶ dass der Wettbewerb der Parteien vor Wahlen zu einer Ausrichtung der Parteiprogramme auf die Wähler „in der Mitte" führt (und damit evtl. frühere Grundsatzprogramme verletzt), gleichzeitig aber die Vernachlässigung von Langfristproblemen zur Folge hat,

▶ dass Medien effektorientiert sind und nicht mit Blick auf die wahre Bedeutung von Problemen informieren und
▶ dass die Wahlbürger zwar alle eine gute Kontrolle ihrer Politiker wünschen, dass sie selbst aber aus egoistischen Gründen eine intensive Kontrolle von politischen Problemen vernachlässigen (Informationskosten) und damit zu schlechten Kontrolleuren werden.

All dies müsste man eigentlich berücksichtigen, wenn man eine Verfassung entwerfen wollte, die zu einer ökonomisch effizienten und demokratischen Ordnung für den Staatssektor führt und die den Wettbewerb der Politiker so in Richtung auf einen Leistungswettbewerb kanalisiert, wie es das Gesetz gegen Wettbewerbsbeschränkungen mit dem Wettbewerb der Unternehmer macht. Nur: Wer soll solch eine Verfassung installieren? Es können ja eigentlich nur die gerade herrschenden Politiker sein, und diese müssten sich dann selber (!) Grenzen für den Einsatz ihrer Machtmittel setzen. Dies ist das *Dilemma des Verfassungsversagens*: Hat man in einem demokratischen Staat erst einmal irgendeine Verfassung verabschiedet, macht sich das Eigeninteresse der Akteure im politischen Feld dahingehend bemerkbar, dass vorhandene Machtpositionen möglichst nicht gefährdet werden sollen und Wege zu einer ökonomisch besseren Verfassung deshalb oft nicht beschritten werden. Verfassungsversagen ist eine Gefahr, muss allerdings nicht bei allen Regelungen auftreten. Bei der Schaffung einer unabhängigen Deutschen Bundesbank und im Anschluss daran einer unabhängigen EZB haben die Politiker in weiser Erkenntnis der auf sie wirkenden Fehlanreize auf Kompetenzen verzichtet. Ähnlich haben sie bei der Schaffung unabhängiger Gerichte oder unabhängiger Rechnungshöfe und bei der Verabschiedung des Europäischen Stabilitäts- und Wachstumspaktes reagiert. Das Scheitern einer Verstetigungspolitik im Bereich der finanzwirtschaftlichen Konjunkturpolitik und das Scheitern der Schaffung eines funktionsfähigen nationalen Stabilitätspakts in Deutschland sind auf der andern Seite aber ebenso Beispiele für ein Verfassungsversagen wie das bisherige Scheitern einer dringend benötigten Reform des deutschen Föderalismus, die zu klaren Verantwortungsstrukturen führt.

Wie könnte man das Verfassungsversagen bekämpfen? Wer das potenzielle Dilemma des Verfassungsversagens erkannt hat, verfügt nur über eine einzige Handlungsmöglichkeit: Er muss geduldig versuchen, seine Mitbürger von der Notwendigkeit verfassungsmäßiger Änderungen zu überzeugen und das Verfassungsgericht von der Notwendigkeit ordnungskonformer Interpretationen des Grundgesetzes. Dadurch muss er im Verein mit anderen ein Klima zu schaffen versuchen, das es auch egoistischen Politikern individuell nützlich erscheinen lässt, sich für

Dilemma des Verfassungsversagens

Vorschläge zur Beseitigung von Verfassungsmängeln bzw. ordnungswidriger Verfassungsinterpretationen einzusetzen. EUCKEN [1990, S. 333 f. und S. 339 f.] hat mit Recht darauf hingewiesen, dass der demokratische Rechtsstaat im 19. Jahrhundert – wenn auch über Umwege – letztlich auch auf diesem Wege geschaffen worden ist.

Koordinationseffizienz der Sozialen Marktwirtschaft | 5.5

Es wurde schon darauf hingewiesen, dass man in einer Marktwirtschaft zwischen Zielen unterscheiden muss, die (1) über Marktprozesse erfüllt werden können, und (2) Zielen, die der Staat mit Hilfe von finanzpolitischen Mitteln realisieren muss. Erst wenn man beides besprochen hat, ist das Bild der Funktionsweise einer Marktwirtschaft vollständig. Erst dann kann auch die Koordinationseffizienz dieser Ordnung beurteilt werden. In einem Wirtschaftssystem wie der DDR war diese Unterscheidung nicht notwendig, weil der Staat der Inhaber des gesamten Produktionsapparates war. Deshalb brauchte er keine Abgaben zu erheben, um finanzpolitische Ziele erfüllen zu können, sondern hatte die Erfüllung aller Koordinationsaufgaben in seiner Hand. In der organisierten Verbandswirtschaft der Weimarer Republik gab es die Unterscheidung zwischen der Privatrechtsgesellschaft mit ihren Marktprozessen und dem hoheitlichen Sektor der Finanzpolitik im Prinzip ebenfalls. Das Vertragsgeflecht zwischen Ministerialbürokratie und Verbänden ließ aber ein Gebilde entstehen, das – wie in einer Zentralverwaltungswirtschaft – auf die Erfüllung *aller* Koordinationsaufgaben ausgerichtet werden konnte. Die Trennung zwischen den Aufgaben der Privatrechtsgesellschaft (d. h. von Marktprozessen) und denen des Staates ist also nur in echten Marktwirtschaften ausgeprägt.

Will man die Koordinationseffizienz einer bestimmten Marktwirtschaft mit der einer anderen Marktwirtschaft oder mit der von Wirtschaftssystemen mit einer anderen Wirtschaftsordnung vergleichen, ergeben sich drei Arten von Problemen:

▶ Bürger in marktwirtschaftlichen Gesellschaften können (1) unterschiedliche Wertvorstellungen haben und unter unterschiedlichen Knappheitsverhältnissen leben,

▶ in marktwirtschaftlichen Demokratien muss (2) zwischen der Effizienz des politischen und des wirtschaftlichen Systems unterschieden werden, und

▶ in der Realität existieren (3) keine reinen Formen von Wirtschaftsordnungen, so dass es schwer fällt zu entscheiden, ob festgestellte Mängel in jeder Art von Marktwirtschaft auftreten würden (*genotypi-*

sche Mängel) oder ob sie nur in einem ganz bestimmten Wirtschaftssystem zu einer ganz bestimmten Zeit – z. B. im heutigen Deutschland – auftreten (*phänotypische Mängel)*.

Unterschiedliche Wertvorstellungen

(1) *Unterschiedliche Wertvorstellungen.* – Vergleicht man die Umweltschutzvorstellungen, die im heutigen Deutschland vom Gros der Bevölkerung geteilt werden, mit den Umweltschutzzielen armer Entwicklungsländer, stellt man fest, dass dort Umweltschutz als ein Problem reicher Länder aufgefasst wird, welches im Vergleich zu anderen Zielen – etwa dem einer ausreichenden Ernährung – als völlig unwichtig angesehen werden kann. Unter solchen Umständen wäre es unzulässig zu behaupten, die Koordinationseffizienz in einem Entwicklungsland sei geringer als die in Deutschland, weil dort offenkundig weniger für den Umweltschutz getan wird. Man muss vielmehr Werturteile und die Aussagen der Gossenschen Gesetze berücksichtigen: Gemessen an den eigenen Werturteilen und Knappheitsverhältnissen des Entwicklungslandes kann eine weitgehende Vernachlässigung des Umweltzieles effizient sein; gemessen an den Wertvorstellungen und Knappheitsverhältnissen im heutigen Deutschland wäre sie dagegen unbefriedigend. Was ist nun aber, wenn „schmutzige Produktionsprozesse" von Deutschland aus in Entwicklungsländer verlagert werden? Gemessen an den dortigen Wertvorstellungen und Knappheitsverhältnissen steigt dann der dortige Wohlstand, weil der Wohlstandssaldo aus einer gestiegenen Güterproduktion und Beschäftigung und einer gestiegenen Umweltbelastung als positiv empfunden wird; gemessen an den hiesigen Wertvorstellungen und Knappheitsverhältnissen steigt die inländische Koordinationseffizienz, denn in unserem Land findet – isoliert betrachtet – weniger Umweltverschmutzung statt. Objektiv und positiv beschrieben, bleibt die gesamte Umweltbelastung in der Welt aber natürlich gleich (oder steigt vielleicht sogar an), und dies wiederum widerspricht deutschen Wertvorstellungen. Man sage nicht, dies sei eine rein akademische Gedankenspielerei: Der Atomausstieg Deutschlands wird vermutlich zu genau solchen Problemen führen! Was ist dann die richtige Urteilsweise: Steigt die Koordinationseffizienz in der Welt, wenn man sich nach deutschen Wertvorstellungen richtet, oder ist die Sichtweise der Mehrheit der Weltbevölkerung maßgeblich?

Politische versus ökonomische Effizienz

(2) *Abgrenzung zwischen politischer und ökonomischer Effizienz.* – Auch dieses Problem soll am Beispiel der Atomausstiegspolitik erläutert werden. Angenommen, die Regierung habe der Bevölkerung in einer fairen Weise alle Nutzen- und Kostenkomponenten eines Atomausstiegs

vorgetragen und eine Abstimmung zeige dann, dass einer Ausstiegs-
politik einstimmig zugestimmt wird. Was wäre die Folge eines Effi-
zienzvergleichs etwa zwischen Deutschland (das aussteigen möchte)
und Frankreich (das vermutlich nicht aussteigen würde)? Nun, in
Deutschland würden die Stromkosten erhöht, es müssten Produktionsfaktoren umgelenkt werden, die Arbeitslosigkeit nähme – zumindest vorübergehend – zu, und das Wachstum nähme ab, weil zusätzliche Umstellungsarbeit erforderlich wäre. Wären die zuletzt
genannten Folgen Anzeichen einer geringeren Koordinationseffizienz in Deutschland etwa im Vergleich zu Frankreich? Offensichtlich nicht: Sie wären nur die Konsequenz unterschiedlicher Werturteile, die von der Politik unter den von uns gesetzten Annahmen in
effizienter Weise umgesetzt worden wären. Ineffizienz – und zwar
politische im Sinne eines Verfassungsversagens – läge ökonomisch
erst vor, wenn die Bevölkerung über Kosten und Nutzen nicht richtig
informiert würde.

(3) *Genotypische versus phänotypische Mängel.* – Für die Ziele des Stabilitäts- und
Wachstumsgesetzes spielt es eine Rolle, dass der Zins- und der Wechselkursmechanismus dazu tendieren, die globale Gleichgewichtsbedingung K = E nur unzureichend zu erfüllen. Qualitativ gesprochen, kann man dies als einen stabilitätspolitischen Mangel ansehen,
der für Marktwirtschaften genotypisch ist und durch das Fehlen einer Ex-ante-Abstimmung der Investitionen noch verstärkt wird. Die
Gründung der EWU hat diese Problematik im Verein mit der Nicht-
einhaltung des Europäischen Stabilitäts- und Wachstumspaktes in
quantitativer Hinsicht nun abermals verstärkt. Ist letzteres ein phä-
notypischer Mangel der EWU oder ein genotypischer Mangel aller
marktwirtschaftlichen Wirtschaftsgemeinschaften? Hypothesen zu
dieser Fragestellung sind empirisch kaum überprüfbar, weil EWU-
ähnliche Gründungen nahezu singuläre Ereignisse sind.

Genotypische versus phänotypische Mängel

Die vorstehenden Überlegungen zeigen, dass die Beurteilung einer
Volkswirtschaft auf Koordinationseffizienz viel komplizierter ist, als es
bisher dargestellt wurde. In Deutschland stellt sich insbesondere die Frage, was dem Konzept „Soziale Marktwirtschaft" anzulasten ist und was
der unzureichenden Umsetzung dieses Konzepts durch unterschiedliche
Regierungen. Wollte man diese Frage bei einem Vergleich verschiedener
Marktwirtschaften ausführlich beantworten, müsste man auf alle unter
(1) bis (3) genannten Probleme explizit eingehen. Bei der Entscheidung,
ob die Koordinationseffizienz der heutigen Sozialen Marktwirtschaft
größer oder kleiner als die Koordinationseffizienz der DDR oder der
Weimarer Republik ist, fällt die Entscheidung dagegen weniger schwer,
weil die Mängel dieser Ordnungen sehr groß waren und die meisten

ökonomischen Wertvorstellungen in Deutschland – vom Umweltschutz- und vom Gleichheitsziel einmal abgesehen – vermutlich nicht sehr stark geschwankt haben. Die folgenden Ausführungen zielen deshalb vor allem auf den Vergleich der heutigen Wirtschaftsordnung Deutschlands mit diesen früheren Wirtschaftsordnungen.

Die Erfüllung der Koordinationsaufgaben des Infokastens 2.3 (→ vgl. S. 95) ergibt sich wie in den anderen Wirtschaftsordnungen aus der Güte des Lenkungssignalstroms sowie der Angemessenheit der Verhaltensanreize und der Kompetenzverteilung, die mit diesem Strom verknüpft sind. Wir besprechen wie in Übersicht 2.3 zunächst die Allokationsaufgaben. Bei denjenigen Allokationsaufgaben, die von Märkten erfüllt werden sollen (→ vgl. die ersten fünf Aufgaben im Infokasten 2.3), unterscheiden wir aber zwischen der Funktionsweise „normaler" Märkte und derjenigen mit spezifischen Funktionsschwächen, wie sie im Abschnitt 4.4 (→ vgl. S. 234 ff.) behandelt wurden.

Erfüllung von Allokationsaufgaben auf „normalen" Märkten

Zunächst zur Erfüllung der Allokationsaufgaben auf „normalen" Märkten.

Vermeidung von dauerhaften Angebots- und Nachfrageüberschüssen. – Wenn jemand in Deutschland irgendein Gut kaufen möchte, findet er in der Regel ein Angebot. Sieht man von mittelfristigen Einflüssen der Konjunkturentwicklung ab, finden die meisten Anbieter von Gütern auch Nachfrager. Dieser Globaleindruck spricht dafür, dass das Gros der Markträumungsprozesse in Deutschland funktioniert. Empirisch ist dies bisher nur für weit abgegrenzte Märkte im Bereich des Verarbeitenden Gewerbes untersucht worden, und zwar mit Hilfe des KMD-Konzepts.[18] Dabei hat sich der geschilderte Grobeindruck bestätigt. Es gibt aber natürlich auch Ausnahmen von der Regel, etwa die Überproduktion in der „geordneten" Agrarwirtschaft in der EU. Wie vielfach bei Koordinationsmängeln, handelt es sich hierbei aber nicht um Marktversagen, sondern um Staatsversagen

Vermeidung von dauerhaften Kapazitätsengpässen und Überkapazitäten. – Der Normaleindruck in Deutschland ist, dass Kapazitätsengpässe und Überkapazitäten zwar vorübergehend auftreten, dass der Renditenormalisierungsprozess aber meistens funktioniert. Im KMD-WebCenter werden Arbeiten genannt, die diesen Grobeindruck für das Verarbeitende Gewerbe empirisch bestätigen. Auch hier gibt es aber Ausnahmen – erhebliche sogar –, und meist handelt es sich wiederum nicht um Markt-, sondern um Staatsversagen: Der Staat hat z. B. in der Landwirtschaft, in der Montanindustrie (Extrembeispiel: Steinkohle) und in der Werftindustrie den Strukturwandel sehr stark verzögert und in der Bauindustrie zu-

---

18 Vgl. hierzu die im KMD-WebCenter aufgeführten Arbeiten (www.wiwi.uni-muenster.de/kmd).

gunsten der Erhaltung von Großunternehmen in R-Prozesse eingegriffen. Dadurch hat er ein hohes Volumen falscher Subventionen und eine verzögerte Anpassung der deutschen Volkswirtschaft an geänderte Bedingungen verursacht. Vielfach wurden durch Subventionen und so genannte Regulierungsmaßnahmen auch Rahmenbedingungen gesetzt, die zu falschen Kapazitätsstrukturen geführt haben (z. B. beim Wohnungsbau in den neuen Bundesländern). In manchen Bereichen wurde diese Politik inzwischen – vor allem auf Druck der EU – aufgegeben, in anderen fehlt es aber immer noch an einer Deregulierung.

Vermeidung von dauerhaften Übermachtpositionen. – Im Normalfall kann ein Nachfrager in Deutschland zwischen vielen Anbietern wählen, und Anbieter können mit verschiedenen Nachfragern kontrahieren. Außerdem haben das Gesetz gegen Wettbewerbsbeschränkungen und die einschlägigen Regelungen im EG-Vertrag ein Gegengewicht gegen Vermachtungstendenzen in der Wirtschaft gebildet. Es hat jedoch auch vom Staat geschaffene Monopolstellungen gegeben, etwa die der ehemaligen Bundespost und der ehemaligen Bundesbahn. Die Bundespost hat mit ihrer Tarifstruktur Deutschlands Anpassung an die Möglichkeiten der modernen Telekommunikationstechnik und der modernen Datenverarbeitung lange behindert. Auch im Bereich des Handwerks und der Freien Berufe konnte man lange Zeit von einer eindeutigen Überregulierung sprechen, die im Endeffekt einen wettbewerbsfeindlichen Charakter hatte (im Einzelnen vgl. SIEBERT [2005], S. 259–288). Insgesamt kann man die Wettbewerbsintensität auf den deutschen Gütermärkten vor allem seit der Öffnung der Ost-Grenzen aber als hoch einschätzen. Im Vergleich mit den Verhältnissen in der DDR und in der Weimarer Republik ist sie geradezu immens.

Vermeidung von dauerhaften Fortschrittsrückständen bei Produkten und Verfahren. – Für das Verarbeitende Gewerbe zeigen die im KMD-WebCenter aufgeführten Studien, dass die Fortschrittsprozesse in aller Regel funktionieren. Einen weiteren Beweis für die Effizienz der deutschen Unternehmen bildet die Leistungsbilanzentwicklung, vor allem die Entwicklung der Überschüsse im internationalen Warenhandel. Erwähnt seien die Erfolge beim Export von Automobilen sowie von Investitionsgütern mit mittlerer bis hoher Fortschrittsintensität sowie die internationalen Vorsprungsmonopole mancher Spezialunternehmen. Vielfach werden in diesem Zusammenhang die sehr engen Regulierungsvorschriften im Hinblick auf neue technische Möglichkeiten beklagt (etwa in den Bereichen Atomkraftwerkstechnik, Biotechnologie, Arzneimittelherstellung). Bei der Beurteilung dieser Frage stellen sich jedoch die zu Beginn dieses Abschnitts diskutierten Werturteilsprobleme. Als ökonomisch falsch kann man allerdings eine Technologiepolitik des Staates bezeichnen, bei welcher der Staat eigene Auswahlentscheidungen an die Stelle von Auswahlentscheidungen des Marktes setzt, indem er z. B. ganz bestimmte Techniken subventioniert. Er sollte allenfalls Ziele setzen, und das Finden von Realisierungsmöglichkeiten den Unternehmern überlassen (Drittes Postulat der ÖTW) (→ vgl. S. 210). Falsche industriepolitische Maßnahmen hat es in Deutschland gegeben; im Vergleich etwa zu Frankreich waren solche Eingriffe in die Entwicklung von Produkten und Verfahren aber weniger schwerwiegend.

Erfüllung von Allokationsaufgaben auf Problemmärkten

Damit können wir uns den *Problemmärkten* zuwenden.

An erster Stelle ist hier der *Arbeitsmarkt* zu nennen und im Zusammenhang damit dann auch der *Standortmarkt*. Der Markträumungsprozess funktioniert auf dem Arbeitsmarkt ausweislich der beharrlich hohen Arbeitslosigkeit offensichtlich nur unbefriedigend ($x^D = x^N - x^A < 0$). Das liegt vor allem an einer zu hohen Regulierungsdichte und der Politik der Gewerkschaften, die ein ausreichendes Sinken von Löhnen auch dann verhindert haben, wenn dadurch Arbeitslosigkeit entstand. Besonders deutlich geworden sind die hieraus resultierenden Nachteile im Anschluss an drei exogene Schocks: (1) die Erdölschocks in den 70er Jahren, (2) die deutsche Wiedervereinigung und (3) die Osterweiterung der EU zusammen mit dem Sinken von Transport- und Transaktionskosten und der damit verbundenen Globalisierung. In einer idealen Marktwirtschaft wären die Löhne unter diesen Umständen gesunken. Dann hätte sich folgende Wirkungskette ergeben: Lohnsenkung → Gewinnerhöhung → Investitionserhöhung und damit Kapitalstockausweitung → mehr Nachfrage nach Arbeitskräften → Wiederanstieg der Löhne. Da dieser Prozess unterdrückt wurde, ist es zu Arbeitslosigkeit gekommen. Das Beispiel vieler anderer Länder zeigt jedoch, dass ein solcher Koordinationsmangel für Marktwirtschaften nicht etwa genotypisch ist, sondern dass er ein spezifisches Phänomen der heutigen deutschen Wirtschaftsordnung darstellt (in den Jahren nach 1948 hatte man den Prozess dagegen laufen lassen!). Auch bei den höheren Marktprozessen weist der Arbeitsmarkt unbefriedigende Aspekte auf. So wird die heutige Ausbildung in den Betrieben sowie an Schulen und Hochschulen vielfach kritisiert. Empirisch sind die Mängel des Arbeitsmarktes bisher allerdings nur unzureichend untersucht worden.

Im Bezug auf die *Außenhandels- sowie die Geld- und Kapitalmärkte* wird man sagen können, dass diese Märkte in Deutschland nicht schlechter als auf den meisten ausländischen Vergleichsmärkten funktionieren und dass insbesondere dem Sicherheitsaspekt in relativ umfassender Weise Rechnung getragen wird. Dass der Zins- und der Wechselkursmechanismus nicht völlig stabil sind, ist eine Schwachstelle genotypischer Art, die in allen Marktwirtschaften und somit auch in Deutschland auftritt.

Bereitstellung von Kollektivgütern. – Die deutsche Infrastruktur ist im internationalen Vergleich (noch) gut und im Vergleich zur DDR und zur Weimarer Republik geradezu hervorragend. Man kann in neuerer Zeit aber von einer Art Investitionsstau beim Staat sprechen, der dazu führt, dass die Qualität der Infrastruktur abnimmt. So verschlechtert sich z. B. der Erhaltungszustand der Straßen und vieler Gebäude (etwa im Schulbereich) und nimmt das Alter des genutzten Produktivvermögens zu. Angesichts der absehbaren Bevölkerungsentwicklung zeichnen sich zudem Engpässe im Gesundheits- und im Pflegebereich ab. Dass hier nicht rechtzeitig und umfassend genug gehandelt worden ist und wird, deutet auf ein Staatsversagen hin.

Beseitigung von externen Effekten. – Konzentriert man sich in diesem Bereich auf den besonders wichtigen Umweltschutz, so ist festzustellen, dass Umweltschutzüberlegungen im heutigen Deutschland im Vergleich zu fast allen anderen Ländern (und erst recht im Vergleich zur ehemaligen DDR und der Weimarer Republik) eine herausragende Rolle spielen. Ob die Strenge der Umweltschutzvorschriften den Präferenzen der Bevölkerung bei voller Kenntnis der Kosten entspricht, wird von vielen Beobachtern bezweifelt. Die Umsetzung von Umweltschutzzielen war lange Zeit unnötig kostspielig. Sie ist in neuerer Zeit aber rationalisiert worden. Ein Beispiel dafür ist die Einführung von so genannten Zertifikatslösungen. Hierbei wird eine tolerierbare Menge von Erlaubnisscheinen für Emissionen ausgegeben. Diese Scheine können auf Märkten gehandelt werden, und ihre begrenzte Zahl garantiert die Einhaltung der Toleranzgrenzen. Dies kann den Umweltschutz im Endeffekt wesentlich billiger machen als reine Ge- und Verbotslösungen polizeirechtlicher Art.

Nun wollen wir uns den Distributionsaufgaben zuwenden.

Versicherungs- und Umverteilungsaufgaben. – In Deutschland ist dafür gesorgt, dass alle Bürger über soviel Kaufkraft verfügen, dass sie ein menschenwürdiges Dasein führen können. Manchen Menschen – insbesondere Arbeitslosen – mag diese Aussage zu optimistisch erscheinen. Wer anderer Ansicht ist, sollte sich einmal im Ausland umsehen: Fast nirgendwo ist die Unterstützung höher und wird der Bezug von Hilfsgeldern so leicht gemacht und so wenig kontrolliert wie in Deutschland. Versicherungslücken gibt es in Deutschland seit Einführung der Pflegeversicherung nicht mehr. Marktwirtschaftlich gesehen, ist der Staat über das Ziel einer sinnvollen Bereitstellung von Versicherungsleistungen allerdings vielfach hinausgeschossen. Er hat nämlich nicht nur einen Versicherungszwang nach dem Vorbild der Kfz-Versicherung geschaffen, sondern ist selbst als Unternehmer im Versicherungsbereich tätig geworden und hat Zwangsversicherungsanstalten eingeführt (ins-

Erfüllung der
Distributionsaufgaben

besondere die Sozialversicherungsanstalten). Im Namen der Gerechtigkeit ist in Deutschland ein riesiges Sozialbudget entstanden (die Hälfte aller Einnahmen des Staates dient Transferzwecken). Empirisch ist kaum feststellbar, ob die Struktur dieses Systems wirklich Gerechtigkeitsüberlegungen genügt, denn dazu ist es zu undurchschaubar und kompliziert. Viele Volkswirte haben den Verdacht, dass die Umverteilungspolitik vielfach nur Herrschaftssicherungspolitik ist, und dieser Verdacht ist gut begründet.

Erfüllung der Stabilisierungsaufgaben

Als letztes sollen die Fragen der Konjunkturstabilisierung betrachtet werden.

Stabilität der Preisniveaus. – Die Stabilität des Preisniveaus war in Deutschland in der Vergangenheit meistens sichergestellt und kann im internationalen Vergleich als hoch gelten.

Hoher Beschäftigungsstand. – Die Diskussion der Funktionsweise des Arbeitsmarktes hat schon gezeigt, dass dieses Ziel in Deutschland seit den 70er Jahren nicht mehr in befriedigender Weise erreicht wird. Die Gründe, die zu einer *strukturellen* Arbeitslosigkeit führen, waren dabei das Hauptproblem. Aber auch die Konjunkturpolitik des Staates war und ist falsch: Die Politiker haben in der Öffentlichkeit immer betont, dass sie eine antizyklische Politik durchführen wollen; der tatsächliche Instrumenteneinsatz war aber so beschaffen, dass unabhängig vom Stand des Konjunkturzyklus in Wahljahren stets ein relatives Verschuldungshoch erreicht wurde. Dies bedeutet, dass keine wirklich antizyklische Politik, sondern eine wahlstimmenorientierte Politik betrieben wurde. Das angestrebte Ziel (Konjunkturaufschwung) wurde jedoch i.d.R. nicht erreicht. Das lag zum einen daran, dass die marginale Kontraktionsquote in Deutschland ausweislich der Normalverhaltensfunktionen nur knapp unter dem Wert 1 liegt (d.h. dass eine schuldenfinanzierte Erhöhung der Staatsausgaben um den Wert x die Gesamtnachfrage selbst bei Gültigkeit der Ceteris-paribus-Bedingung nur um etwa den Wert x erhöht hätte (→ vgl. Tabelle 5.5, S. 283); zum anderen lag es daran, dass die Ceteris-paribus-Bedingung nicht gegolten hat und dass es zu Crowding-out- und Verunsicherungs-Effekten gekommen ist. Diese haben den Effekt der Ausgabenerhöhung des Staates auf die Gesamtnachfrage zunichte gemacht, weil die Privaten ihre Ausgaben in Reaktion auf die Erhöhung der Staatsverschuldung vermindert haben. Die hektische Politik des Staates stand im Widerspruch zum EUCKENschen Stetigkeitsprinzip (→ vgl. S. 222) und zum Vierten Postulat der ÖTW (→ vgl. S. 213) und hat letztlich nur dazu geführt, dass das Zukunftsvertrauen der Privaten vermindert wurde. Es wäre deshalb dringend erforderlich, zu einer Verstetigungspolitik überzugehen, wie sie der Vertrag von Maastricht und der

Europäische Stabilitäts- und Wachstumspakt fordern. Dass dies bis jetzt noch nicht geschehen ist, ist ein Ausdruck von Staatsversagen.

Außenwirtschaftliches Gleichgewicht. – Von der Periode unmittelbar um die Wiedervereinigung einmal abgesehen, neigt Deutschland dazu, Leistungsbilanzüberschüsse zu erwirtschaften. Dies beruht auf einer Reihe von Gründen und hat im Ausland manchmal schon zu Missfallensäußerungen geführt (die deutschen Überschüsse sind ja das Defizit des Auslandes). Aus deutscher Sicht braucht man sich um das außenwirtschaftliche Gleichgewicht normalerweise aber keine großen Sorgen zu machen.

Befriedigendes Wirtschaftswachstum. – Ebenso wie die Funktionsweise des Arbeitsmarktes ist das Wirtschaftswachstum völlig unbefriedigend: Die neuere Trendwachstumsrate liegt – wie schon ausgeführt – bei etwa 1,1 v. H. und sollte eigentlich möglichst etwa 4 v. H. betragen. Es gibt eine ganze Reihe von Ursachen für dieses schlechte Ergebnis. Schaut man auf die Tabelle der Triebkräfte des Wirtschaftswachstums (→ vgl. Infokasten 2.5, S. 116), so fehlt es an

▶ privaten Investitionen und öffentlichen Investitionen in Engpassbereichen,

▶ einer besseren Ausbildungsinfrastruktur,

▶ Freiheit von Überregulierung und

▶ Vertrauen in eine stetige und vorhersehbare Wirtschafts- und Finanzpolitik.

Zu hoch sind dagegen

▶ die Gesamtabgabenquote,

▶ der Anteil der wachstumshemmenden Steuern an den Gesamtsteuern und

▶ die Hürden, die sich einer Flexibilisierung des Arbeitsmarktes entgegenstellen.

Ebenso wie die schlechte Funktionsfähigkeit des Arbeitsmarktes ist das unbefriedigende Wirtschaftswachstum keine genotypische Schwachstelle von Marktwirtschaften (man schaue nur in das Ausland), sondern ein typisches Phänomen der neueren deutschen Entwicklung. Seine Wurzeln reichen bis in die 70er Jahre zurück, von denen ab die laufenden Sozialleistungen so stark erhöht wurden, dass die Sozialleistungsquote die Investitionsquote überholt hat; davor war die Wachstumsrate hoch und die Arbeitslosenquote niedrig. Deutschland tut mithin zu viel für die Gegenwart und zu wenig für die Zukunft.

Zusammenfassung

Das Kapitel 5, das dieses Buch abschließt, war den Staatsaufgaben in der Sozialen Marktwirtschaft und der Beurteilung der Koordinationseffizienz der heutigen deutschen Wirtschaftsordnung gewidmet.

Immer dann, wenn es privatrechtlich nicht gelingt, das Exklusionsprinzip durchzusetzen (die Maxime, dass sich jeder Nutzer eines Gutes an den Produktionskosten beteiligen soll), käme es in einer reinen Privatrechtsgesellschaft, in welcher der Staat nur einen minimalen Rechtsrahmen garantiert, zum Fehlen von Märkten: Märkte für pure Kollektivgüter und Quasikollektivgüter, wie sie für den Infrastrukturbereich charakteristisch sind, würden fehlen (Kollektivgutproblematik), und vom Preissystem nicht erfasste Kuppelprodukte von Produktions- oder Konsumhandlungen gingen ebenfalls nicht in die Kalküle der Bürger ein (Emission von externen Effekten, insbesondere im Bereich des Umweltschutzes). Für Menschen typische Fehlentscheidungstendenzen würden zusammen mit charakteristischen Funktionsschwächen von Versicherungsmärkten außerdem zum Fehlen von manchen dieser Märkte führen. All dem kann der Staat durch Einsatz seiner Machtmittel vorbeugen. Das Erheben von Zwangsabgaben ohne systematische Gegenleistung (Steuern) kann außerdem zu Umverteilungszwecken eingesetzt werden, die mit Gerechtigkeitsüberlegungen gerechtfertigt werden.

Analog zum Einsatz des Steuer-Transfer-Systems zur personellen Umverteilung von Einkommen kann man das Steuer-Verschuldungs-System im Prinzip zur Stabilisierung der Nettoendnachfrage über eine zeitliche Umverteilung von Kaufkraft nutzen. Der Missbrauch der staatlichen Verschuldungsmöglichkeiten hat allerdings dazu geführt, dass eine anfangs erfolgreiche antizyklische Fiskalpolitik mittlerweile nicht mehr funktioniert. Eine Dämpfung der Konjunkturschwankungen muss deshalb heute mit einer auch von der EU geforderten Verstetigungspolitik erfolgen, von der in Deutschland jedoch noch kein Gebrauch gemacht wird.

Bei der Nutzung all seiner Möglichkeiten sollte der Staat an die Devise denken, dass ein Instrumenteneinsatz effizient, d.h. effektiv, erforderlich und verhältnismäßig sein sollte. Er muss also stets auch die entstehenden Kosten prüfen. Dieser Grundsatz wird in der praktischen Wirtschafts- und Finanzpolitik oft nicht beachtet. Das ist kein Zufall, sondern liegt vor allem daran, dass die staatlichen Möglichkeiten von den Akteuren im politischen Feld oft zur Realisierung von Partialzielen auf Kosten von Allgemeinwohlzielen missbraucht werden und dass die Politiker insbesondere ihre konjunkturpolitischen und ihre sozialpolitischen Instrumente vorrangig zur Herrschaftssicherung einsetzen. Diesen Ergebnissen der ÖTP sollte an sich mit Hilfe einer Wirtschafts- und Finanzverfassung Rechnung getragen werden, welche die Macht der Politiker in ähnlicher Weise beschränkt, wie es das Gesetz gegen Wettbewerbsbeschränkung mit der Macht der Unternehmer tut. Weil solch eine Verfassung aber nur von den Politikern selbst eingeführt werden könnte und diese oft an der Erhaltung von Machtbastionen interessiert sind, muss man z.T. ein Versagen der gegenwärtigen Wirtschafts- und Finanzverfassung feststellen.

Der letzte Abschnitt des Kapitels stellte eine Kurzevaluation der Koordinationseffizienz der gegenwärtigen deutschen Wirtschaftsordnung dar. Es zeigte sich, dass die meisten Koordinationsaufgaben befriedigend erledigt werden (besser jedenfalls als in vielen anderen Ländern und vor allem besser als in der DDR und der Weimarer Republik). Es gibt aber zwei miteinander verbundene fundamentale Schwachstellen, deren Wurzeln bis in die 70er Jahre zurück reichen und die durch die Wiedervereinigung, die EU-Erweiterung und die Globalisierung schonungslos aufgedeckt worden sind: einen überregulierten Arbeitsmarkt, der ein vorübergehendes Sinken von Löhnen nach unten kaum zulässt, und eine viel zu niedrige Trendwachstumsrate, deren Niveau daraus resultiert, dass eine Reihe von Triebkräften des Wirtschaftswachstum nur unzureichend genutzt wird.

Kontrollfragen und Aufgaben

1   Sie haben verschiedenen Ursachen für ein Marktversagen kennen gelernt. Eine zentrale Rolle hierbei spielen u. a. die Kollektivgüter. Erklären Sie, warum es bei einem puren Kollektivgut – anders als bei einem Individualgut – zum Marktversagen kommen wird, indem Sie folgende Fragen beantworten:

    a) Wie werden die Anbieter auf Grund der charakteristischen Eigenschaften der beiden Güter handeln?

    b) Welche Verhaltensweisen der Nachfrager in Bezug auf diese Güter sind zu beobachten?

2 Welche Phänomene be- bzw. verhindern die Entstehung und Entwicklung von Versicherungsmärkten (z. B. Märkte für die Alterssicherung oder die Sicherung im Fall von Arbeitslosigkeit)?

3 Für den Wirtschaftskreislauf eines Landes gelten *ex ante* folgende Daten:

Bezeichnung:	Abkürzung:	Wert
Ersparnisse	S	$-30.000 + 0{,}2Y^V$
Transformationssteuern	T	$-25.000 + 0{,}25Y$
Saldo der unentgeltlichen Übertragungen	U	$5.000 + 0{,}15Y$
Saldo der Primäreinkommen	P	4.000
Importe	M	$-18.000 + 0{,}18Y$
Investitionen	I	140.000
Transformationsausgaben des Staates	A	130.000
Exporte	X	160.000

a) Auf welchen Wert wird sich das Nettonationaleinkommen Y einschwingen?

b) Wie hoch sind dann die Konsumausgaben C?

c) Angenommen, unter den Bedingungen des Aufgabenteils a) erhöht der Staat ceteris paribus die autonomen Transformationssteuern von $T^a = -25.000$ um 35.000 auf $T^a = +10.000$. Wie hoch ist die Änderung von Y? Berechnen Sie auch den Einkommensmultiplikator.

d) Fertigen Sie zu Aufgabenteil c) eine Zeichnung an.

4 Analysieren sie im Lichte der ÖTP das Verhalten einer Regierung, indem Sie am Beispiel der Konjunkturpolitik die objektiven Aufgaben der Regierung, ihr tatsächliches Ziel, ihre Nebenbedingungen, ihre Aktionsparameter und das Ergebnis ihres Maximierungskalküls aufzeigen.

5 Zu welchem Ergebnis führt die Beurteilung der Koordinationseffizienz der Sozialen Marktwirtschaft? Vervollständigen Sie hierzu die nachfolgende Tabelle (zu den Abkürzungen vgl. Kapitel 3.1, Aufgabe 2, S. 142):

Volkswirtschaftliche Koordinationsaufgabe	E(D)	Kurzbegründung
…	…	…

Literatur

Zu den Allokationsaufgaben des Staates vgl. GROSSEKETTLER [2003] oder ZIMMERMANN/HENKE [2001], welche auch auf die Distributionsaufgaben und die Probleme der finanzwirtschaftlichen Konjunkturpolitik eingehen. Zur Ökonomischen Theorie der Politik kann KIRSCH [2004] empfohlen werden. Eine gute Einschätzung insbesondere der Schwachpunkte der heutigen deutschen Wirtschaftsverfassung findet man bei SIEBERT [2005] und SINN [2003].

Lösungen[19]

Kapitel 1

1 Die Spezialkompetenz der Volkswirte besteht darin zu erklären, wie stark arbeitsteilige Wirtschaftssysteme unter alternativen institutionellen Rahmenbedingungen funktionieren und wie man das Verhalten einzelner Systemmitglieder untereinander koordinieren kann. Die Analyse und Lösung der Koordinationsaufgaben im Allokations-, Distributions- und Stabilisierungsbereich stehen im Mittelpunkt volkswirtschaftlicher Fragestellungen. Allokationsentscheidungen betreffen die Frage, wer, was, wann, wo und wie produzieren soll, Distributionsentscheidungen fragen, ob die Einkommensverteilung bestimmten Gerechtigkeitsüberlegungen genügt und ob sichergestellt ist, dass alle Bürger einerseits einen Anreiz zur Teilnahme am Produktionsprozess haben und andererseits ein menschenwürdiges Dasein führen können. Stabilisierungsentscheidungen richten sich auf die Realisation der Ziel der Geldwertstabilität, Vollbeschäftigung, befriedigendes Wirtschaftswachstum und gleichgewichtige wirtschaftliche Beziehungen mit dem Ausland (→ vgl. Abschnitt 2.2.3, S. 93 ff.).

2 Der mittelalterliche Personenverbandsstaat lässt sich durch vier Arten von Verträgen kennzeichnen, nämlich Lehens-, Grund-, Stadt- und Hausherrschaftsverträge. Charakteristisch für die Städte im Mittelalter war, dass sie stärker arbeitsteilig als das Land ausgerichtet waren. Verhindert bzw. erschwert wurden freier Wettbewerb und Arbeitsteilung durch die Zunftordnung, Bannmeilen, Binnenzölle sowie extrem hohen Informations- und Transportkosten. Die Koordinationsaufgaben konnten auf Grund der überschaubaren, kleinräumlichen und kleinbetrieblichen Struktur der damaligen Wirtschaft durch innerbetriebliche Anordnungen der Kaufleute, Handwerker und Landwirte, durch zwischenbetriebliche Abmachungen oder mit Hilfe der Zünfte geregelt werden.

3 Die Personenverbandsstaaten entwickelten sich weiter zu so genannten Flächenstaaten. Die jeweiligen Landesherren verfolgten dabei innerhalb ihrer Landesherrschaft das Ziel, ihren Reichtum zu mehren und ihre Steuereinnahmen langfristig zu maximieren. Dazu bauten sie die Infrastruktur aus, warben Unternehmen an und bauten Binnenzölle und Zunftrechte ab. Aus den isolierten mittelalterlichen Wirtschaften entwickelten sich so komplexe arbeitsteilige Wirtschaftssysteme. Die Lösung der Koordinationsaufgaben in arbeitsteiligen Wirtschaftssystemen und die Lenkung von Wirtschaftsprozessen wurde zu einem nicht-trivialen Problem,

---

19 Ein Repetitorium sowie Musterklausuren mit Lösungen findet man unter http://www.wiwi.uni-muenster.de/iff1/.

das nur mit Hilfe von Gedankenmodellen gelöst werden konnte; die Spezialkompetenz der Volkswirte war erstmals gefragt.

4 In der Anfangszeit der Volkswirtschaftslehre lassen sich drei Schulen unterscheiden. Als erstes zu nennen sind die Merkantilisten/Kameralisten. An ihrer einseitigen Handels- und Gewerbeförderung übten die Physiokraten heftige Kritik. Sie identifizierten sich mit der aus ihrer Sicht einzig produktiven Klasse der Landwirte, die nicht nur die Güter umwandelten (Handel/Handwerk) oder verprassten (Adel). Die Schule der ökonomischen Klassiker hingegen betonte die Bedeutung der menschlichen Arbeit als Wohlstandsquelle und forderte Gewerbefreiheit und Freihandel.

Kapitel 2.1

1 Unter einem Bedürfnis versteht man einen Mangelzustand, verbunden mit dem Wunsch, diesen Mangel zu beseitigen. Stattet man Bedürfnisse in einer Geldwirtschaft mit Zahlungskraft aus, so spricht man von Bedarf. Während die Bedürfnisempfindung einen rein subjektiven innermenschlichen Vorgang darstellt, kann die Bedarfskonkretisierung sowohl von den Individuen selbst als auch von Dritten wie bspw. dem Staat vorgenommen werden.

2 Bedürfnisse stellen eine Mangelempfindung dar. Setzt man Güter – verstanden als Oberbegriff für Waren, Dienstleistungen und Rechte – ein, um Bedürfnis zu befriedigen, so entsteht Nutzen. Der Zusammenhang zwischen den Gütern, die ein Mensch konsumiert, und dem Nutzen, der hieraus resultiert, wird durch eine Nutzenfunktion abgebildet. Die Nutzenfunktion steigt mit abnehmenden Zuwachsraten bis zu einem Maximum, an dem die Grenznutzenfunktion (erste Ableitung der Nutzenfunktion) den Wert 0 annimmt. Die zugehörige Menge nennt man Sättigungsmenge. Jede weitere konsumierte Einheit würde einen negativen Zusatznutzen, d. h. einen Schaden, stiften.

3 Der Preis stellt in der ökonomischen Theorie nicht einen Indikator für die Lebensnotwendigkeit von Gütern dar, sondern für den Nutzen, den diese stiften. Vor diesem Hintergrund lässt sich das „klassische Wertparadoxon" auflösen. Auf der Erde – mit Ausnahme der Trockenregionen – ist Trinkwasser relativ reichlich vorhanden. Nach dem Ersten Gossenschen Gesetz stiftet damit das Gut Trinkwasser einen relativ geringen Grenznutzen; auf Grund der relativ reichlichen Ausstattung lässt sich für dieses Gut nur ein relativ niedriger Preis erzielen. Diamanten hingegen sind relativ selten und stiften damit einen relativ hohen Grenznutzen; ihr Preis ist deshalb hoch.

Nach dem Zweiten Gossensche Gesetz muss bei optimaler Budgetaufteilung der Grenznutzen des Geldes in allen Verwendungsrichtungen gleich sein. Mathematisch muss also die Steigung der Indifferenzkurve derjenigen der Budgetgeraden entsprechen. Die GRS ist hier definiert als das Verhältnis des Grenznutzens von Wasser zum Grenznutzen der Diamanten. Auf der Grundlage der o. g. Ergebnisse zum Ersten Gossenschen Gesetz ist die GRS damit absolut gesehen relativ klein. Der Tangentialpunkt von Indifferenzkurve und Budgetgerade muss daher bei einer relativ reichlichen Ausstattung mit Trinkwasser und einer relativ geringen Ausstattung mit Diamanten liegen.

4 a) Für die Gleichung der Budgetgeraden BG_1 ergibt sich:

$B^v = p_1x_1 + p_2x_2 \Leftrightarrow x_2 = B^v/p_2 - p_1/p_2 \cdot x_1$

$\Rightarrow x_2 = 200/5 - 10/5 \cdot x_1 \Leftrightarrow x_2 = 40 - 2x_1.$

b) Der Preis des Gutes 2 beträgt nun $p_2 = 10$. Damit ergibt sich für die Gleichung der Budgetgeraden BG_1^*:

$B^v = p_1x_1 + p_2x_2 \Leftrightarrow x_2 = B^v/p_2 - p_1/p_2 \cdot x_1$

$\Rightarrow x_2 = 200/10 - 10/10 \cdot x_1 \Leftrightarrow x_2 = 20 - x_1.$

c) Berechnung der Budgetsumme B^n:

$B^n = p_1x_1 + p_2x_2$

$\Rightarrow B^n = 10 \cdot 10 + 10 \cdot 20 = 300.$

Die Gleichung der kaufkraftkompensierten Budgetgerade BG_2 lautet:

$B^n = p_1x_1 + p_2x_2 \Rightarrow x_2 = B^n/p_2 - p_1/p_2 \cdot x_1$

$\Rightarrow x_2 = 300/10 - 10/10 \cdot x_1 \Leftrightarrow x_2 = 30 - x_1.$

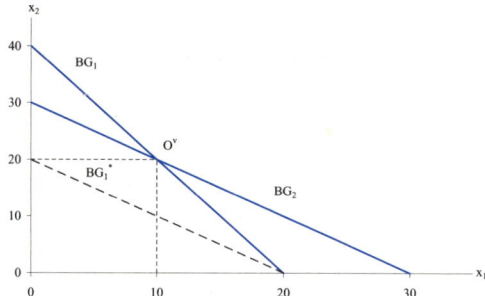

d) Damit das Experiment dem Zweiten Gossenschen Gesetz nicht widerspricht, müsste ein reiner Substitutionseffekt zugunsten des relativ billiger gewordenen Gutes beobachtet werden. Der Preis des Gutes 2 hat sich verdoppelt; damit ist Gut 1 relativ billiger geworden. Nach dem Zweiten Gossenschen Gesetz müsste erwartet werden, dass die Versuchsperson eine größere Menge von diesem Gut und weniger vom Gut 2 konsumiert. Denn eine Verdoppelung des Preises p_2 bedeutet, dass die 1-€-Einheit dieses Gutes (volumenmäßig) kleiner geworden ist und im Vergleich zur Ausgangssituation einen geringeren Grenznutzen stiftet.

Im fiktiven Experiment wird aber das Gegenteil beobachtet, so dass das beobachtete Verhalten der Versuchsperson dem Zweiten Gossenschen Gesetz widerspricht. In der Realität ist solche ein Verhalten allerdings noch nicht beobachtet worden.

5

Kategorie	Prüfmethodik	Anwendungsbereich
Analytische Aussagen	Überprüfung auf Übereinstimmung mit Definitionen und Regeln	Formalwissenschaften; Messvorschriften
Empirische oder erfahrungswissenschaftliche Aussagen	Experimente, Ersatzuntersuchungen	Erfahrungswissenschaften
Normative Aussagen	subjektive Urteile, Expertenmeinungen, Abstimmungen	Kulturwissenschaften; Zielsetzungen

6 Unter Produktionsfaktoren – Arbeit, Kapital und Boden bzw. Arbeit, Kapital und technisches Wissen – versteht man alles, was dazu geeignet ist, Güter herzustellen. Das Produktionspotenzial stellt hingegen den Wert der Leistungen dar, die bei Normalauslastung des Produktionsfaktorbestandes innerhalb eines Jahres in einer Volkswirtschaft produziert werden können. Der Zusammenhang zwischen dem Produktionsergebnis und den eingesetzten Produktionsfaktoren wird durch eine Produktionsfunktion abgebildet. Sie steigt mit abnehmenden Zuwachsraten. Diese Gesetzmäßigkeit wird analog zum Ersten Gossenschen Gesetz durch das Gesetz vom abnehmenden Grenzertrag beschrieben.

Produktivitätskennziffern ergeben sich, wenn man das Ergebnis eines Produktionsprozesses auf einen oder mehrere Inputfaktoren bezieht. Intensitäten hingegen beschreiben das Faktoreinsatzverhältnis. Mit Hilfe von Elastizitäten als dimensionslose Kennzahlen kann man ermitteln, wie sich eine Veränderung einer Ursachenvariablen prozentual bei einer Effektvariablen auswirkt.

7 a) Das Arbeitsstundenpotenzial für ein Jahr beträgt
$300 \cdot 100 \cdot 12 = 360.000$ Stunden. Spezialisiert sich das Unternehmen auf Gut 2, könnte es folgende Menge produzieren:
$x_2^{max} = 360.000/4 = 90.000$.

b) Wird auf die Produktion einer Einheit von Gut 2 verzichtet, werden 4 Stunden für die Produktion von Gut 1 frei. Für die Produktion einer Einheit von Gut 1 werden 12 Stunden benötigt, so dass bei einem Verzicht auf die Produktion einer Gut-2-Einheit $4/12 = 1/3$ Einheiten von Gut 1 produziert werden können. Für die Grenzrate der Transformation (GRT) ergibt sich somit:

$$GRT = \frac{\Delta x_2}{\Delta x_1} = \frac{-1}{1/3} = -3.$$

c) Die Transformationskurvengleichung berechnet sich wie folgt:
$$x_2 = x_2^{max} + GRT \cdot x_1 \Rightarrow x_2 = 90.000 - 3x_1.$$

d) Die Gleichung für die Verzichtsmenge in Bezug auf Gut 1 lautet:
$$v = x_1^{max} - x_1 \text{ mit } x_2 = 90.000 - 3x_1 \Leftrightarrow x_1 = 30.000 - 1/3x_2$$
$$\Rightarrow v = 30.000 - (30.000 - 1/3x_2) \Leftrightarrow v = 1/3x_2.$$

Kapitel 2.2

1 Während Freitag im Punkt C eine Indifferenzkurve erreicht, die ein niedrigeres Nutzenniveau als in Punkt A repräsentiert, erreicht er in den Punkten D und E Indifferenzkurven, die grafisch weiter entfernt vom Ursprung seines Koordinatensystems liegen und damit ein höheres Nutzenniveau symbolisieren. Er würde daher nur die Tauschverhältnisse in den Punkten D und E akzeptieren, wobei er Punkt E auf Grund des höheren Nutzenniveaus präferieren würde.

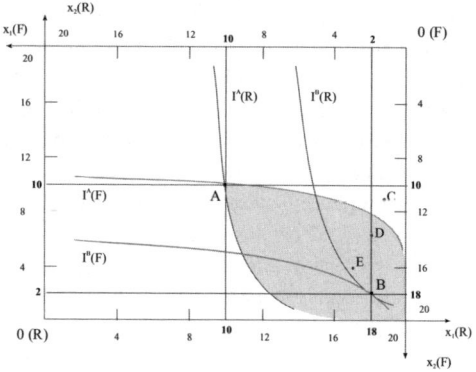

2 a) Berechnung des Saldos der unentgeltlichen Übertragungen U:
$$U = Y^N - Y^{VI} - P \Rightarrow U = 1050 - 850 - 75 = 125.$$
Berechnung der Transformationsabgaben T:
$$T = Y^{VI} - Y^V \Rightarrow T = 850 - 600 = 250.$$
Berechnung der Konsumausgaben C:
$$C = Y^V - S \Rightarrow C = 600 - 250 = 350.$$
Berechnung der Exporte X:
Aus $X = N - C - I - A$ und $N = Y^N + M$ folgt: $X = Y^N + M - C - I - A$
$$\Rightarrow X = 1050 + 150 - 350 - 175 - 375 = 300.$$
Berechnung des Bruttonationaleinkommens Y^{Brutto}:
$$Y^{Brutto} = Y^N + P + D \Rightarrow Y^{Brutto} = 1050 - 75 + 250 = 1225.$$

b) Für die Ex-post-Identität gilt:

$K = E \Leftrightarrow S + T + U + P + M = I + A + X$

$\Rightarrow 250 + 250 + 125 + 75 + 150 = 175 + 375 + 300 \Leftrightarrow 850 = 850.$

c) Berechnung des Bruttoinlandsprodukts Y^B:

$Y^B = Y^N + D \Rightarrow Y^B = 1050 + 250 = 1300.$

Berechnung der Geldmenge M3:

$G \cdot V = Y^B \Leftrightarrow G = Y^B/V \Rightarrow G = 1300/1,5 \approx 817.$

3 Während der Güterstrom mit Transformationskosten – also Kosten der physischen, zeitlichen und räumlichen Umformung von Gütern – verbunden ist, ist der Signalstrom mit Transaktionskosten in Form von Anbahnung-, Aushandlungs- und Durchführungskontrollkosten verbunden. Transaktionskosten als Faktorverzehr bzw. Nutzenverzicht wirken sich einerseits negativ auf den Wohlstand einer Nation aus. Sie mindern die Vorteile von Arbeitsteilung und Tausch. Andererseits können sie aber auch dort wohlstandssteigernd wirken, wo sie bspw. unerwünschte Ergebnisse wie eine Kartellbildung verhindern.

4 Die unterschiedlichen Vertragsformen dienen der Reduzierung von Transaktionskosten und/oder der Gewinnung von Reaktionsgeschwindigkeit und/oder der Absicherung langfristiger Ziele (Planungssicherheit) und/oder der besseren Berücksichtigung spezifischer Eigenschaften einer Transaktion.

Ein Beispiel für einen Spotmarktvertrag ist der Zeitungserwerb an einem Kiosk, für einen Arbeitsgemeinschaftsvertrag eine kurzfristige Zusammenarbeit zweier Unternehmen im Rahmen einer Baumaßnahme, für einen Kooperationsvertrag ein Joint Venture, für einen Projektführungsvertrag ein kurzfristiger Dienstvertrag sowie für einen Dauerherrschaftsvertrag ein Arbeitsvertrag.

Kapitel 2.3

1 Nachhaltiges Wirtschaftswachstum lässt sich nur dann erzielen, wenn der Ausbruch aus den „vier Teufelskreisen" erreicht wird. Dazu müssen rechtliche und kulturelle Trade-off-Voraussetzungen erfüllt werden wie das Loslösen der Menschen von der fatalistischen Grundhaltung religiöser Art, die Schaffung von Eigentumsrechten, eine positive Wirtschaftsgesinnung sowie die Herausbildung eines staatlichen Gewaltenmonopols.

2 Die Gleichung für das (Potenzial-)Wachstum lautet:

$w(Y) = w(\pi^A) + w(\tau) + w(\beta) + w(\varepsilon) + w(\varphi) + w(B)$. Wachstum ist also abhängig von der Entwicklung der Arbeitsproduktivität, der mittleren Arbeitszeit, der Beschäftigungsquote, der Erwerbsquote, der Quote der altersmäßig Arbeitsfähigen und der Erwerbsbevölkerung.

Diese Größen kann man in bestimmten Grenzen beeinflussen, wobei man die Triebkräfte des Wirtschaftswachstums systematisch in 3 Gruppen erfassen kann. Als erstes zu nennen sind exogene Faktoren wie die ausländische Nachfrage nach eigenen Bodenschätzen oder die geografische Lage. Zweitens beeinflussen endogene Faktoren mit fallenden Grenzerträgen wie eine Verbesserung des Sach- oder Humankapitalstocks positiv das Wirtschaftswachstum. Als letzte Gruppe zu nennen sind die endogenen Faktoren mit katalytischer Wirkung. Hierzu zählt bspw. der Übergang zu einer rechtsstaatlich abgesicherten marktwirtschaftlichen Ordnung.

3 In allen langfristig wachsenden Volkswirtschaften lassen sich gemeinsame „stilisierte Fakten" des Wirtschaftswachstums erkennen. Erstens kann man Kenngrößen mit einem steigenden Trend beobachten: die Arbeitsproduktivität, das Durchschnittseinkommen der Beschäftigten, die Kapitalintensität sowie das Ausbildungsniveau. Zweitens sind Größen zu nennen, die wie die Kapitalproduktivität, der Zinssatz, die Lohn- und Gewinnquote sowie die Wachstumsrate des Produktionspotenzials keinen längerfristigen Trend aufweisen.

Kapitel 3.1

1 Die Defizite hinsichtlich des Signalstroms ergeben sich aus den begrenzten Informationskapazitäten der Systemmitglieder. Zu nennen sind hier die Unvollständigkeit der Planung, verbunden mit mikro- und makroökonomischen Planungslücken, die Trägheit der Datenverarbeitung sowie die verzerrte Dateneingabe. Das Motivationsproblem ergibt sich hingegen aus dem Auseinanderfallen von individueller und kollektiver Rationalität. Die Anreizstruktur in der DDR führte zu Problemen wie dem Streben nach weichen Plänen, der Drückebergerei, der Fortschrittsfeindlichkeit, der Bildung von Konglomeraten sowie dem Entstehen einer Ausweichwirtschaft. Wirtschaftlich begünstigt wurden in der DDR nur die Mitglieder der Nomenklatur.

2

Volkswirtschaftliche Koordinationsaufgabe	E(DDR)	Kurzbegründung in wenigen Stichworten
Mikroökonomische Koordination (Allokation)		
1) Beseitigung von dauerhaften Angebots- oder Nachfrageüberschüssen	–	Die Planungstechnik führte zu Warteschlangen und Lieferfristen.
2) Beseitigung von dauerhaften Kapazitätsengpässen oder Überkapazitäten	–	Es gab dauerhafte Unterschiede zwischen der politisch bestimmten und der von der Bevölkerung gewünschten Kapazitätsstruktur.

3) Beseitigung von dauerhaften Übermachtpositionen	–	Keine Konkurrenz auf den Endverbrauchermärkten.
4) Beseitigung von dauerhaften Fortschrittsrückständen gegenüber Welt-Produktführern bei der Produktentwicklung	–	Prämierung der Planerfüllung führte zur Fortschrittsfeindlichkeit.
5) Beseitigung von dauerhaften Fortschrittsrückständen gegenüber Welt-Kostenführern bei der Verfahrensentwicklung	–	
6) Bereitstellung von Kollektivgütern	0	Prinzipiell möglich, tatsächlich „Aufzehrung des Saatgutes".
7) Beseitigung von externen Effekten und Präferenzverzerrungen	–	Prämiensystem und Konsumdruck der Bevölkerung führten zu starker Umweltverschmutzung.
Bereitstellungs- und Umverteilungsprozesse (Distribution)		
8) Gewährung hinreichender Mindestkaufkraft für alle durch Bereitstellung von Versicherungsmöglichkeiten und gerechtigkeitsorientierte Umverteilungsmaßnahmen	0	Begünstigung der Nomenklatura, ansonsten egalitäre Einkommensverteilung auf niedrigem Niveau mit hinreichender Mindestkaufkraft.
Makroökonomische Steuerung von Kreislaufprozessen (Stabilisierung)		
9) Stabilität des Preisniveaus	–	Scheinstabilität auf Grund zurückgestauter Inflation.
10) Hohe Beschäftigungsgrade	0	Formal keine, tatsächlich aber versteckte Arbeitslosigkeit.
11) Außenwirtschaftliches Gleichgewicht	0	Prinzipiell möglich; tatsächlich Überschuldung.
12) Befriedigendes Wirtschaftswachstum	–	Wegen der Fortschrittsfeindlichkeit kein intensives Wachstum.

Kapitel 3.2

Volkswirtschaftliche Koordinationsaufgabe	E(WR)	Kurzbegründung in wenigen Stichworten
Mikroökonomische Koordination (Allokation)		
1) Beseitigung von dauerhaften Angebots- oder Nachfrageüberschüssen	–	Starrheit von Kooperationsplänen und vor allem Preisstarrheit in Kartellen verhinderten eine flexible Anpassung.
2) Beseitigung von dauerhaften Kapazitätsengpässen oder Überkapazitäten	–	In Kartellen wurden Überkapazitäten und Kapazitätsengpässe allenfalls langsam abgebaut.
3) Beseitigung von dauerhaften Übermachtpositionen	–	Kartellierung raubte der Marktgegenseite Alternativen. Die Übermachterosion versagte oder wurde stark behindert.
4) Beseitigung von dauerhaften Fortschrittsrückständen gegenüber Welt-Produktführern bei der Produktentwicklung	–	Der Produkt- und Verfahrensfortschritt litt unter der Fortschrittsfeindlichkeit von Kartellen, die durch vertraglich bedingte Starrheiten verursacht wurde.
5) Beseitigung von dauerhaften Fortschrittsrückständen gegenüber Welt-Kostenführern bei der Verfahrensentwicklung	–	
6) Bereitstellung von Kollektivgütern	0 oder –	Die Aufgaben des Staates im Rahmen einer ökonomisch zweckmäßigen Bereitstellung von Kollektivgütern waren zur Zeit der Weimarer Republik noch nicht so weit erforscht wie heute. Im Prinzip hätten sie erfüllt werden können. Dies gilt auch für die Internalisierung externer Effekte. Der starke Verbandseinfluss hätte jedoch vielfach hemmend gewirkt.
7) Beseitigung von externen Effekten und Präferenzverzerrungen	0 oder –	
Bereitstellungs- und Umverteilungsprozesse (Distribution)		
8) Gewährung hinreichender Mindestkaufkraft für alle	0 oder +	Das Bewusstsein, dass der Staat im Bereich der sozialen Sicherung Auf-

durch Bereitstellung von Versicherungsmöglichkeiten und gerechtigkeitsorientierte Umverteilungsmaßnahmen		gaben zu übernehmen hat, war noch nicht so weit entwickelt wie heute. Im Prinzip war die Erfüllung eines Mindestmaßes an Verteilungsgerechtigkeit und die Bereitstellung von Mindestkaufkraft für alle jedoch nicht ausgeschlossen.
Makroökonomische Steuerung von Kreislaufprozessen (Stabilisierung)		
9) Stabilität des Preisniveaus	–	Mikroökonomische Preisstarrheit förderten Inflations- und Unterbeschäftigungserscheinungen, die sich im Wege eines Strukturwandels ergaben, auf den der Preismechanismus an sich flexibel hätte reagieren müssen.
10) Hohe Beschäftigungsgrade	–	
11) Außenwirtschaftliches Gleichgewicht	–	Voraussetzung und Folge von Kartellierung ist Protektionismus im Außenhandel. Das außenwirtschaftliche Gleichgewicht war deshalb gefährdet.
12) Befriedigendes Wirtschaftswachstum	–	Fortschrittsfeindlichkeit und Strukturkonservierung hemmten das Wirtschaftswachstum.

Kapitel 3.3

1 a)   b)

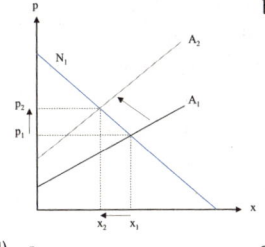

c) und d)   e) und f)

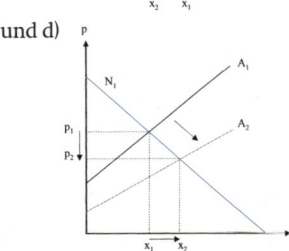

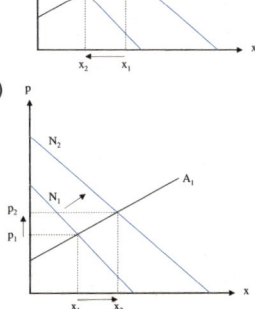

2 Die Zeichnung für die Reaktion auf dem CD-Markt entspricht der des Aufgabenteils 1b).

Damit das Verhalten der Wirtschaftssubjekte nicht dem Zweiten Gossenschen Gesetz widerspricht, müsste nach Kaufkraftkompensation ein reiner Substitutionseffekt zugunsten des relativ billiger gewordenen Gutes beobachtet werden, denn durch die Preissenkung ist eine 1-Euro-Mengeneinheit des Gutes DVD (volumenmäßig) größer geworden und stiftet im Vergleich zur Ausgangssituation einen höheren Grenznutzen.

Ohne Kaufkraftkompensation führt die Einkommensänderung in Folge der Preissenkung bei den DVDs zu einer Mehrnachfrage nach beiden Gütern. Da der Substitutionseffekt aber erfahrungsgemäß größer als der Einkommenseffekt ist, wird auch hier weniger vom Gut CD konsumiert.

3 Berechnung der Preiselastizität der Nachfrage:

$$\varepsilon_{x^{CD}/p^{CD}} = \frac{\left(x_2^{CD} - x_1^{CD}\right)\big/x_1^{CD}}{\left(p_2^{CD} - p_1^{CD}\right)\big/p_1^{CD}} = \frac{(240 - 160)/160}{(0{,}80 - 1{,}20)/1{,}20} = -\frac{1/2}{1/3} = -\frac{3}{2} = -1{,}5.$$

Bei einer Erhöhung des Preises um 1 % sinkt die Nachfrage um 1,5 %; die Nachfragekurve verläuft fallend.

Berechnung der Kreuzpreiselastizität:

$$\varepsilon_{x^{DVD}/p^{CD}} = \frac{\left(x_2^{DVD} - x_1^{DVD}\right)\big/x_1^{DVD}}{\left(p_2^{CD} - p_1^{CD}\right)\big/p_1^{CD}} = \frac{-0{,}1}{-1/3} = 0{,}3.$$

Bei einer Senkung des CD-Preises um 1 % sinkt die Nachfrage nach DVDs um 0,3 %; dies zeigt, dass CDs und DVDs Substitutionsgüter sind.

4 Ermittlung der Marktangebotsfunktion über Horizontaladdition der individuellen Angebotsfunktionen:

Für die individuellen Angebotsfunktionen der Anbieter 1 bis 10 bzw. 11 bis 26 gilt: $K_1' = 10x + 40 \overset{!}{=} p \Leftrightarrow x = 0{,}1p - 4$ bzw.

$K_2' = 8x + 80 \overset{!}{=} p \Leftrightarrow x = 0{,}125p - 10$.

Bei einem Preis von 40 würden lediglich die Anbieter 1 bis 10 anbieten, jedoch 0 Einheiten, da hier ihr Anspruchspreis liegt. Ein möglicher Punkt A hat die Koordinaten (0;40). Erst wenn ein Preis von 80 erreicht wird, bieten alle 26 Anbieter an, und zwar die Anbieter 1 bis 10 jeweils 4 Einheiten und die Anbieter 11 bis 26 0 Einheiten, da hier ihre Minimalforderung liegt. Die Marktangebotsmenge beträgt 40 Einheiten; der Punkt B hat die Koordinaten (40;80). Bei einem weiteren möglichen Preis von 160 bieten die Anbieter 1 bis 10 jeweils 12 Einheiten an, die Anbieter 11 bis 26 jeweils 10. Die Koordinaten des Punktes C lauten damit (280;160).

Die Funktionsgleichungen ermitteln sich nach der Gleichung $p = a + bx$. Für die Strecke AB gilt:

$40 = a + b \cdot 0$ und $80 = a + b \cdot 40$. Daraus folgt: $a = 40$ und $b = 1$. Die Gleichung dieser Teilstrecke lautet damit: $p = 40 + x$. Analog ergibt sich für die Teilstrecke BC: $p = 662/3 + 1/3x$.

Für die Marktangebotsfunktion ergibt sich damit:

$$p = \begin{cases} 40 + x \text{ für } 0 \le x \le 40 \\ \\ 662/3 + 1/3x \text{ für } 40 < x. \end{cases}$$

Berechnung des Marktpreises nach der Formel A = N:

$40 + x = 200 - 0{,}5x \Leftrightarrow x \approx 107$ liegt nicht im Definitionsbereich bzw.

$662/3 + 1/3x = 200 - 0{,}5x \Leftrightarrow x = 160$.

Damit ergibt sich für den Marktpreis: $p = 662/3 + 1/3 \cdot 160 = 120$.

Berechnung der individuellen gewinnmaximalen Menge nach der Formel $p = K'$ sowie der zugehörigen Kosten und des Gewinns:

Für die Anbieter 1 bis 10 gilt jeweils:

$120 = 10x + 40 \Leftrightarrow x^W = 8$.

$K = 5 \cdot 8^2 + 40 \cdot 8 + 20 = 648$.

$G = U - K = 120 \cdot 8 - 856 = 312$.

Für die Anbieter 11 bis 26 gilt jeweils:

$120 = 8x + 80 \Leftrightarrow x^W = 5$.

$K = 4 \cdot 5^2 + 80 \cdot 5 + 5 = 505$.

$G = U - K = 120 \cdot 5 - 505 = 95$.

5

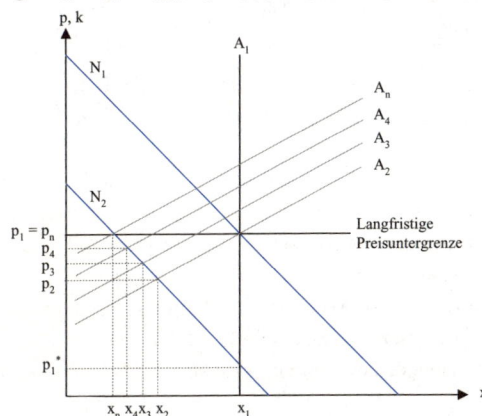

Kapitel 4

1 a) Die Angebotsfunktion des Monopolisten entspricht der Marktangebotskurve der 26 Unternehmen:

$$p = \begin{cases} 40 + x \text{ für } 0 \le x \le 40 \\ \\ 662/3 + 1/3x \text{ für } 40 < x. \end{cases}$$

Die Kostenfunktion (K) des Monopolisten lautet also:

$$K = \begin{cases} 40x + 0{,}5x^2 + 80 \text{ für } 0 \le x \le 40 \\ \\ 662/3x + 1/6x^2 + 160 \text{ für } 40 < x. \end{cases}$$

Für die Grenzerlösfunktion (GE) gilt:

$E = p(x) \cdot x = (200 - 0{,}5x)x = 200x - 0{,}5x^2$ und $GE = 200 - x$

Berechnung der *gewinnmaximalen Menge* des Monopolisten nach der Formel $GE = GK$:

▶ 1. Möglichkeit:

$200 - x = 40 + x \Leftrightarrow x = 80$ (liegtnichtimDefinitionsbereich).

▶ 2. Möglichkeit:

$200 - x = 662/3 + 1/3x \Leftrightarrow x = 100$.

Berechnung des gewinnmaximalen Preises:

$p = 200 - 0{,}5 \cdot 100 = 150$.

Berechnung der *Kosten* und des *Gewinns* des Monopolisten:

$K = 662/3 \cdot 100 + 1/6 \cdot 100^2 + 160 = 84931/3$.

$G = U - K = 150 \cdot 100 - 84931/3 = 65062/3$.

b) Vergleich der Monopol- mit der Wettbewerbslösung:

	Wettbewerb	Monopol	Differenz
Preis	120	150	+ 25 %
Angebotsmenge	160	100	− 37,5 %
Gesamtkosten	14560	8493 1/3	− 42 %
Gesamtgewinn	4640	6506 2/3	+ 40 %

Insgesamt kommt es bei einer Ceteris-paribus-Monopolisierung also zu einer Versorgung der Verbraucher mit geringeren Mengen zu höheren Preisen. Dies führt zu einer Nutzeneinbuße entsprechend dem Ersten und Zweiten Gossenschen Gesetz.

c) Die Angebotsfunktion des Monopolisten lautet nun $K' = 0{,}1x + 2$.

Für die Grenzerlösfunktion (GE) gilt weiterhin: $GE = 200 - x$.

Damit ergibt sich folgende gewinnmaximale Menge des Monopolisten $GE = GK$:

$200 - x = 2 + 0{,}1x \Leftrightarrow x = 180$.

Berechnung des gewinnmaximalen Preises:

$p = 200 - 0{,}5 \cdot 180 = 110$.

Vergleich der Monopollösung mit Synergieeffekten mit der Wettbewerbslösung:

	Wettbewerb	Monopol	Differenz
Preis	120	110	− 8,3 %
Angebotsmenge	160	180	+ 12,5 %

Eine effizienzfördernde Monopolisierung führt zu einer Versorgung der Verbraucher mit höheren Mengen zu geringeren Preisen. Auf Seiten der Verbraucher entstehen so Nutzenzuwächse.

2 a) Ein staatliches Instrument, das bei Vorliegen eines Marktversagens zum „Heilen" des entsprechenden Koordinationsmangels eingesetzt

wird, müsste dem Kriterium der Effizienz genügen, d. h. es müsste effektiv, erforderlich und verhältnismäßig sein.

b)

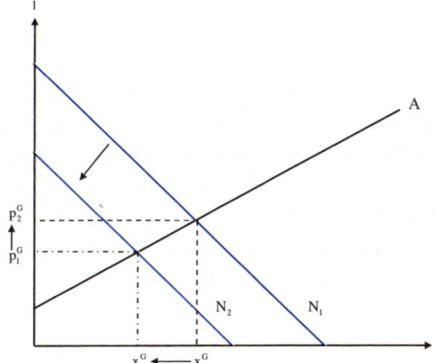

c) Ein gesetzlich fixierter Mindestlohn würde zu einem Koordinationsmangel führen, den man als Staatsversagen bezeichnet. Im beschriebenen Fall greift die Regierung in Marktprozesse ein, obwohl diese – zumindest nach der Aufgabenstellung – funktionsfähig sind. Darüber hinaus wählt sie ein Instrument, welches nicht dem Kriterium der Effizienz genügt.

3 a)

b) Damit das Verhalten der Unternehmer nicht dem Zweiten Gossenschen Gesetz widerspricht, müsste bei Kaufkraftkompensation ein reiner Substitutionseffekt zugunsten des relativ billiger gewordenen Produktionsfaktors (Kapital) beobachtet werden. Denn durch die Preissenkung ist eine 1-Euro-Mengeneinheit des Faktors Kapital (volumenmäßig) größer geworden und stiftet im Vergleich zur Ausgangssituation einen höheren Grenznutzen. Bei Kaufkraftkompensation würden die Unternehmen daher den Produktionsfaktor Arbeit solange durch den Produktionsfaktor Kapital substituieren, bis der Grenznutzen des Geldes wieder in allen Verwendungsrichtungen gleich groß ist.

Ohne Kaufkraftkompensation führt die Einkommensänderung zu einer Mehrnachfrage nach beiden Faktoren. Da der Substitutionseffekt i.d.R. größer als der Einkommenseffekt ist, wird hier weniger vom Produktionsfaktor Arbeit eingesetzt.

Kapitel 5

1 a) Bei *Individualgütern* müssen potenzielle Nutzer ihre Zahlungsbereitschaft artikulieren, um in den Genuss dieser Güter zu gelangen. Zahlungsunwillige Nutzer hingegen können mit privatrechtlichen Mitteln von der Nutzung ausgeschlossen werden. Hinzu tritt bei diesen Gütern das Phänomen der Rivalität im Konsum. So kann ein Gut nur von einem einzelnen Konsumenten genutzt werden. Auf einem Markt bildet sich daher ein Preis heraus, der für die Nutzung eines Gutes gezahlt werden muss. Anbieter werden diese Güter entsprechend der Gewinnmaximierungshypothese anbieten, sofern der Marktpreis die Kosten deckt.

Ist ein *pures Kollektivgut* erst einmal hergestellt, kann kein Nutzer von der Nutzung dieses Gutes privatwirtschaftlich ausgeschlossen werden. Niemand kann daher privatrechtlich gezwungen werden, sich an der Finanzierung zu beteiligen. Es kommt deshalb nicht zu einer Bedarfsartikulation bzw. zu einer Bekanntgabe von Zahlungsbereitschaften. Ein Preis ist so weder bestimmbar noch durchsetzbar. Die Folge ist, dass kein Anbieter dieses Gut anbieten wird.

b) Da zahlungsunwillige Nutzer von der Nutzung eines *Individualgutes* ausgeschlossen werden können, werden die potenziellen Nutzer ihren Bedarf als individuelle Zahlungsbereitschaft auf einem Markt artikulieren.

Da es bei einem *puren Kollektivgut* nicht möglich ist, jemanden mit privatrechtlichen Mitteln zu zwingen, sich an der Finanzierung zu beteiligen, kommt es zu dem so genannten Trittbrettfahrerproblem. Die Folge ist, dass niemand die Höhe seines individuellen Nutzens und somit seine individuelle Zahlungsbereitschaft artikulieren wird.

2 Verhindert wird die Entstehung und Entwicklung von (privatwirtschaftlichen) Versicherungsmärkten u. a. dadurch,

▶ dass die Versicherungsnehmer ihr eigenes Risikoprofil besser kennen als die Versicherungsgeber (Informationsasymmetrie). Versicherungsnehmer mit einem hohen Risiko (hohe Eintrittswahrscheinlichkeit des Schadenfalls) werden versuchen, Informationen, die hierauf hindeuten, zu verbergen;

▶ dass sich Versicherungsnehmer nach Versicherungsabschluss anders verhalten, als wenn sie keinen Vertrag abgeschlossen hätten: Sie werden unvorsichtiger oder nutzen die Versicherung sogar vielleicht betrügerisch aus;

▶ dass Personen sich erst kurz vor Eintritt des Schadenfalls versichern werden;

▶ dass das Gesetz der Minderschätzung zukünftiger Bedürfnisse sich bemerkbar macht, insbesondere da es sich bei der Absicherung für das Alter oder die Arbeitslosigkeit um so genannte „meritorische Güter" handelt.

3 a) Ermittlung der indirekten Sparfunktion durch Substitution von Y^V durch Y:

$Y^V = Y - U - T = Y - (5.000 + 0,15Y) - (-25.000 + 0,25Y)$

$\Leftrightarrow Y^V = Y - (-20.000 + 0,4Y) = 20.000 + 0,6Y.$

$S = -30.000 + 0,2 \,(20.000 + 0,6Y) = -30.000 + 4.000 + 0,12Y \Leftrightarrow S = -26.000 + 0,12Y.$

Ermittlung der K-Funktion: Ermittlung des E-Wertes:

$S = -26.000 + 0,12\,Y$		
$T = -25.000 + 0,25\,Y$	$+$	
$U = 5.000 + 0,15\,Y$	$+$	
$P = 4.000$	$+$	
$M = -18.000 + 0,18\,Y$		

$K = -60.000 + 0,70\,Y.$

$I = 140.000$	$+$
$A = 130.000$	$+$
$X = 160.000$	
$E = 430.000.$	

Aus K = E folgt:

$-60.000 + 0,7 \ Y = 430.000$

$Y = 1/0,7 \cdot 490.000$

$Y = 700.000.$

b) Ermittlung der Höhe der Konsumausgaben:

$C = Y^V - S$ mit

$S = -26.000 + 0,12Y \Rightarrow S = -26.000 + 0,12 \cdot 700.000 \Leftrightarrow S = 58.000$

und

$Y^V = 20.000 + 0,6Y \Rightarrow Y^V = 20.000 + 0,6 \cdot 700.000 \Leftrightarrow Y^V = 440.000.$

$\Rightarrow C = 440.000 - 58.000 \Leftrightarrow C = 382.000.$

c) Berechnung der neuen indirekten Sparfunktion:

$Y^V = Y - U - T = Y - (5.000 + 0,15Y) - (10.000 + 0,25Y)$

$\Leftrightarrow Y^V = Y - (15000 + 0,4Y) = -15.000 + 0,6Y$

$S = -30.000 + 0,2(-15.000 + 0,6Y)$

$= -30.000 - 3.000 + 0,12Y \Leftrightarrow S = -33.000 + 0,12Y.$

Ermittlung der K-Funktion:

$$S = -33.000 + 0,12\,Y$$
$$T = 10.000 + 0,25\,Y \quad +$$
$$U = 5.000 + 0,15\,Y \quad +$$
$$P = 4.000 \quad +$$
$$M = -18.000 + 0,18\,Y$$
$$K = -32.000 + 0,70\,Y.$$

Der E-Wert bleibt gleich. Aus K = E folgt damit:

$$-32.000 + 0,7\ Y = 430.000$$
$$Y = 1/0,7 \cdot 462.000 = 660.000.$$
$$\Delta Y = 660.000 - 700.000 = -40.000.$$

Für ΔT ergibt sich damit:

$$\Delta T = \Delta T^a + 0,25 \Delta Y$$
$$\Rightarrow \Delta T = +35.000 + 0,25 \cdot (-40.000) = +25.000.$$

Es ergibt sich damit folgender Einkommensmultiplikator:

$$\Delta Y / \Delta T = -40.000 / +25.000 = -1,6.$$

d)

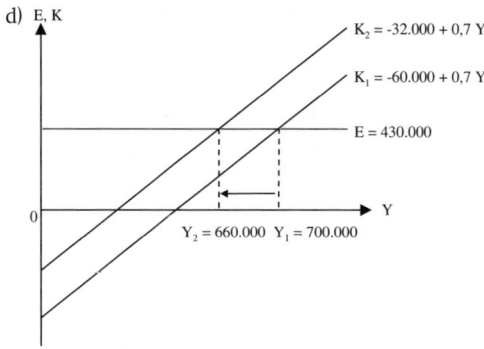

4 Aus gesellschaftlicher Sicht wäre es die Aufgabe einer Regierung, allokations-, distributions- und stabilisierungspolitische Vorschläge zu erarbeiten und diese umzusetzen. Nach der ÖTP wird es aber das Ziel einer Regierung sein, die eigene Machtbasis zu erhalten bzw. wiedergewählt zu werden. Nebenbedingungen sind bspw. die Aktivitäten der Opposition, die darauf abzielen, die Regierungspartei bzw. -parteien abzulösen. Als Aktionsparameter zum Erhalt der eigenen Macht stehen einer Regierung Einnahmen und Ausgaben zur Verfügung.

Versucht nun die Regierung, ihr Ziel unter Beachtung der Nebenbedingungen und ihrer Aktionsparameter zu maximieren, d. h. ihre Machtbasis zu erhalten bzw. im Extremfalle sogar zu vergrößern, so führt dies in der Realität häufig zu einem so genannten politischen Konjunkturzyklus: Wahljahre sollen zu Aufschwungjahren gemacht werden. Wegen der Unwirksamkeit der Fiskalpolitik gelingt dies jedoch meist nicht, und es verbleibt lediglich ein Anstieg der Staatsverschuldung.

5

Volkswirtschaftliche Koordinationsaufgabe	E(D)	Kurzbegründung in wenigen Stichworten
Mikroökonomische Koordination (Allokation)		
1) Beseitigung von dauerhaften Angebots- oder Nachfrageüberschüssen	+	Die Funktionsweise der Märkte wurde vorerst nur im Verarbeitenden Gewerbe systematisch untersucht. Alle vorhandenen Analysen und Indikatoren deuten aber darauf hin, dass die Koordinationsaufgaben i.d.R. gut erfüllt werden. Es gibt – wie gezeigt – allerdings auch Krisenbereiche, in denen bspw. der freie Wettbewerb eingeschränkt ist oder der Preismechanismus außer Kraft gesetzt ist.
2) Beseitigung von dauerhaften Kapazitätsengpässen oder Überkapazitäten	+	
3) Beseitigung von dauerhaften Übermachtpositionen	+	
4) Beseitigung von dauerhaften Fortschrittsrückständen gegenüber Welt-Produktführern bei der Produktentwicklung	+	
5) Beseitigung von dauerhaften Fortschrittsrückständen gegenüber Welt-Kostenführern bei der Verfahrensentwicklung	+	
6) Bereitstellung von Kollektivgütern	+	Infrastruktur im internationalen Vergleich (noch) gut.
7) Beseitigung von externen Effekten und Präferenzverzerrungen	+	Im internationalen Vergleich gute Erfüllung der Umweltschutzaufgaben.
Bereitstellungs- und Umverteilungsprozesse (Distribution)		
8) Gewährung hinreichender Mindestkaufkraft für alle durch Bereitstellung von Versicherungsmöglichkeiten und gerechtigkeitsorientierte Umverteilungsmaßnahmen	+	Im internationalen Vergleich gute soziale Sicherung; relativ gleichmäßige Einkommensverteilung.
Makroökonomische Steuerung von Kreislaufprozessen (Stabilisierung)		
9) Stabilität des Preisniveaus	+	Im internationalen Vergleich gute Aufgabenerfüllung.
10) Hohe Beschäftigungsgrade	-	Insbesondere in letzter Zeit auch im internationalen Vergleich schlechte Aufgabenerfüllung.

| 11) Außenwirtschaftliches Gleichgewicht | 0 bis + | Längerfristige Abweichungen vom Ausgleichsziel, insgesamt aber noch befriedigend. |
| 12) Befriedigendes Wirtschaftswachstum | 0 | In neuerer Zeit unbefriedigendes Wachstum. |

Literatur

ABELSHAUSER, W. [1994]: Wirtschaftliche Wechsellagen, Wirtschaftsordnung und Staat. Die deutschen Erfahrungen. In: Staatsaufgaben. Hrsg.: GRIMM, D., Baden-Baden, S. 199–232.

ALBERT, H. [1984]: Modell-Platonismus. Der Neoklassische Stil des ökonomischen Denkens in kritischer Beleuchtung. In: Logik der Sozialwissenschaften. Hrsg.: TOPITSCH, E., Königstein, S. 352–380.

ANSCHÜTZ, G. [1960]: Die Verfassung des Deutschen Reiches vom 11. August 1919, Bad Homburg.

BANDHOLZ, H./FLAIG, G./MAYER, I. [2005]: Wachstum und Konjunktur in OECD-Ländern: Eine langfristige Perspektive. In: ifo-Schnelldienst 4/2005, S. 28–36.

BENDER, D. [2003]: Internationaler Handel. In: Vahlens Kompendium der Wirtschaftstheorie und Wirtschaftspolitik. Hrsg.: BENDER, D. et al., Bd. 1, 8., überarb. Aufl., München, S. 484–494.

BENDER, D./GABISCH, G. [2003]: Wachstum und Entwicklung. In: Vahlens Kompendium der Wirtschaftstheorie und Wirtschaftspolitik. Hrsg.: BENDER, D. et al., Bd. 1, 8., überarb. Aufl., München, S. 495–560.

BECK, D./FISHER, S./DORNBUSCH, R. [1994]: Economics, 4. Aufl., London u. a. O.

BORCHARDT, K. [1980]: Wirtschaftliche Ursachen des Scheiterns der Weimarer Republik. In: Weimar: Selbstpreisgabe einer Demokratie. Eine Bilanz heute. Hrsg.: ERDMANN, K.-D./SCHULZE, H., Düsseldorf, S. 211–257.

BORCHERT, M. [2003]: Geld und Kredit. Einführung in die Geldtheorie und Geldpolitik, München/Wien.

BRÜMMERHOFF, D. [2000]: Volkswirtschaftliche Gesamtrechnung, München.

BUCHHEIM, C. [2001]: Die Wirtschaftsentwicklung im Dritten Reich – mehr Disaster als Wunder. In: Vierteljahreshefte für Zeitgeschichte, Jhrg. 1949, S. 652–664.

BURTLESS, G. [1995]: The Case for Randomized Field Trials in Economic and Policy Research. In: Journal of Economic Perspectives, Vol. 9, S. 63–84.

CICHY, E.U. [1990]: Wirtschaftsreformen und Ausweichwirtschaft im Sozialismus, Hamburg, S. 68 ff.

DEUTSCHE BUNDESBANK [2003]: Monatsbericht 3/2003, Frankfurt/M.

DEUTSCHE BUNDESBANK [2004]: Geschäftsbericht 2004, Frankfurt/M.

DEUTSCHER BUNDESTAG [1987]: Bericht zur Lage der Nation im geteilten Deutschland 1987. In: BT-Drucksache 11/11, Bonn.

DIECKHEUER, G. [2001]: Internationale Wirtschaftsbeziehungen, 5., vollst. überarb. Aufl., München/Wien.

EUCKEN, W. [1942]: Wettbewerb als Grundprinzip der Wirtschaftsverfassung. In: Der Wettbewerb als Mittel volkswirtschaftlicher Leistungssteigerung und Leistungsauslese. Hrsg.: SCHMÖLDERS, G., Heft 6 der Schriften der Akademie für Deutsches Recht, Gruppe Wirtschaftswissenschaft, Berlin, S. 29–49.

EUCKEN, W. [1947]: Nationalökonomie – Wozu?, 3. Aufl., Godesberg.

EUCKEN, W. [1990]: Grundsätze der Wirtschaftspolitik, posthum hrsg. v. E. EUCKEN und K.P. HENSEL, 6. Aufl. m.e. Vorwort von E.-J. MESTMÄCKER, Tübingen.

EUCKEN, W. [2001]: Wirtschaftsmacht und Wirtschaftsordnung. In: Londoner Vorträge zur Wirtschaftspolitik. Hrsg.: WALTER-EUCKEN-ARCHIV, Münster/Hamburg/London.

ERHARD, L. [1978]: Rede zur Lesung des „Gesetzes über die wirtschaftspolitischen Leitsätze nach der Geldreform". In: FAZ, 15.6.1978, Frankfurt/M., S. 12.

ERHARD, L. [1990]: Wohlstand für Alle, 3. Aufl., Düsseldorf.

ERLEI, M./LESCHKE, M./SAUERLAND, D. [1999]: Neue Institutionenökonomik, Stuttgart.

FRANZ, W. [2003]: Arbeitsmarktökonomik, 5. Aufl., Berlin u. a. O.

FRIEDMAN, D./SUNDER, S. [1994]: Experimental Methods: A Primer for Economists, Cambridge/M.

FRITSCH, N./WEIN, Th./EWERS, H.-J. [2005]: Marktversagen und Wirtschaftspolitik, 6. Aufl., München.

GROSSEKETTLER, H. [1996]: Die ersten fünf Jahre. Ein Rückblick auf die gesamtdeutsche Finanzpolitik der Jahre 1990–1995. In: Finanzarchiv, N. F. Bd. 53, S. 194–303.

GROSSEKETTLER, H. [1998]: Vereinigungs-Zwischenbilanz. Ein Rückblick auf die Wirtschafts- und Finanzpolitik zur Integration der neuen Bundesländer. In: Unternehmensrechnung und -besteuerung (Festschrift BÖRNER). Hrsg.: MEFFERT, H./KRAWITZ, N., Wiesbaden, S. 737–774.

GROSSEKETTLER, H. [1999]: Das Koordinationsmängel-Diagnosekonzept als didaktisches Instrument. In: Beiträge zur Finanz- und Wirtschaftspolitik (Festschrift METZE). Hrsg.: LÜBKE, E./GROSSEKETTLER, H., Berlin, S. 95–142.

GROSSEKETTLER, H. [2003]: Öffentliche Finanzen. In: Vahlens Kompendium der Wirtschaftstheorie und Wirtschaftspolitik, Hrsg.: BENDER, D. et al., 8., überarb. Aufl., München, S. 563–717.

GROSSEKETTLER, H. [2005]: Volkswirtschaftliches Controlling mit Hilfe des Koordinationsmängel-Diagnosekonzepts. In: Entscheidungsorientierte Volkswirtschaftslehre (Festschrift DIECKHEUER). Hrsg.: GÖCKE, M./KOOTHS, S., Berlin, S. 387–424.

HARDACH, K. [1986]: Deutschland 1914–1970. 3. Die Weimarer Zeit (1918–1933). In: Europäische Wirtschaftsgeschichte. Hrsg.: CIPOLLA, C.M./BORCHARDT, K., Band 5: Die europäischen Volkswirtschaften im zwanzigsten Jahrhundert, Stuttgart u. a. O., S. 53–60.

HARDACH, K. [1986]: Deutschland 1914–1970. 3. Die Wirtschaft im „Dritten Reich" (1933–1945). In: Europäische Wirtschaftsgeschichte. Hrsg.: CIPOLLA, C.M./BORCHARDT, K., Band 5: Die europäischen Volkswirtschaften im zwanzigsten Jahrhundert, Stuttgart u. a. O., S. 60–65.

HAASE, H.E. [1990]: Das Wirtschaftssystem der DDR – Eine Einführung, 2. Aufl., Berlin.

HEMMER, H.-R. [2002]: Wirtschaftsprobleme der Entwicklungsländer, 3. Aufl., München.

HEMMER, H.-R./LORENZ, A. [2004]: Grundlagen der Wachstumstheorie, München.

HENNING, F. W. [1994–1997]: Wirtschaft und Sozialgeschichte, 3 Bände; Band 1: Das vorindustrielle Deutschland 800 bis 1800, Band 2: Die Industrialisierung in Deutschland 1800 bis 1914, Band 3: Das industrialisierte Deutschland 1914 bis 1992, München u. a. O.

HOF, H.-J. [1991]: Zentralisierung wirtschaftlicher Entscheidungen: Informationsverlust durch Freiheitsbeschränkung. In: Studies in contemporary economics. Hrsg.: HARTWIG, K.-H./THIEME, H. J., Berlin u. a. O.

HÜBL, L. [2003]: Wirtschaftskreislauf und gesamtwirtschaftliches Rechnungswesen. In: Vahlens Kompendium der Wirtschaftstheorie und Wirtschaftspolitik. Hrsg.: BENDER, D. et al., Bd. 1, 8., überarb. Aufl., München, S. 55–79.

INSTITUT DER DEUTSCHEN WIRTSCHAFT [2005]: Vision Deutschland. Der Wohlstand hat Zukunft. In: Schriften zur Wirtschaftspolitik aus dem Institut der Wirtschaft Köln, Köln.

KAGE, J. u. a. [1975]: Experimental Studies of Consumer Demand Behavior Using Laboratory Animals. In: Economic Inquiry, March 1975.

KAGEL, J.H./BATTALIO, R.C./GREEN, L. [1995]: Economic choice theory. An experimental analysis of animal behavior, Cambridge/Mass.

KIRSCH, G. [2004]: Neue politische Ökonomie, 5. überarb. Aufl., Stuttgart.

KLEMMER, P. [1998]: Regionalpolitik, in: Handbuch europäische Wirtschaftspolitik, Hrsg.: KLEMMER, P., München, S. 457–517.

KREUTZKAMP, F.-P. [2003]: Bauernbefreiung auf Cappenberg. Die Entwicklung der grundherrlich-bäuerlichen Rechtsverhältnisse vom ausgehenden 18. bis zum Ende des 19. Jahrhunderts am Beispiel der ehemaligen Bauernschaft Übbenhagen, Münster.

KROHN, C.-D. [1978]: Autoritärer Kapitalismus. Wirtschaftskonzeptionen im Übergang von der Weimarer Republik zum Nationalsozialismus. In: Industrielle Gesellschaft und politisches System. Hrsg.:: STEGMANN, D./WENDT, B.-J./WITT, P.-C., Bonn (Neue Gesellschaft), S. 113–129.

KUSCH, G. [1991]: Schlußbilanz – DDR: Fazit einer verfehlten Wirtschafts- und Sozialpolitik, Berlin.

MAURER, R.W. [2004]: Zwischen Erkenntnisinteresse und Handlungsbedarf. Eine Einführung in die methodologischen Probleme der Wirtschaftswissenschaft, Marburg.

MESTMÄCKER, E.J. [1976]: An den Grenzen der Wettbewerbspolitik. In: Wettbewerb im Wandel. E. GÜNTHER zum 65. Geburtstag. Hrsg.: GÜTZLER, H. et al., Baden-Baden, S. 57 ff.

MISSONG, M. [2004]: Demographisch gegliederte Nachfragesysteme und Äquivalenzskalen für Deutschland, Berlin.

NAPHTALIE, F. [1966]: Wirtschaftsdemokratie. Ihr Wesen, Weg und Ziel, Frankfurt/M.

NEEBE, R. [1983]: Unternehmerverbände und Gewerkschaften in den Jahren der Großen Krise 1929–1933. In: Geschichte und Gesellschaft, 9. Jg., S. 203–220.

NÖRR, K.W. [1994]: Auf dem Weg zur Kategorie der Wirtschaftsverfassung: Wirtschaftspolitische Ordnungsvorstellungen im juristischen Denken vor und nach dem Ersten Weltkrieg. In: Geisteswissenschaften zwischen Kaiserreich und Republik. Zur Entwicklung von Nationalökonomie, Rechtswissenschaft und Sozialwissenschaft im 20. Jahrhundert. Hrsg.: NÖRR, K.W./SCHEFOLD, B./TENBROCK, F., Stuttgart, S. 423–452.

NORTH, D.C. [1988]: Theorie des institutionellen Wandels, Tübingen.

NORTH, D.C. [1992]: Institutionen, institutioneller Wandel und Wirtschaftsleistungen, Tübingen.

OBERENDER, P./DAUMANN, F. [1995]: Industriepolitik, München.

PRESSE- UND INFORMATIONSAMT DER BUNDESREGIERUNG [1995]: Unser Land verändert sich. Deutschland 1990–1995, Bonn.

REICHEL, R. [1994]: Manchesterliberalismus. Dogmengeschichtliche Grundlage und wirtschaftspolitische Erfahrung in Deutschland. In: WiSt, 23. Jg., S. 451–554.

REUPKE, H. [1930]: Das Wirtschaftssystem des Faschismus, Berlin.

REUTER, H.-G. [1997]: Die Entwicklung der Gewerbeordnung in Deutschland von 1731 bis 1897. In: Dimensionen des Wettbewerbs. Seine Rolle in der Entstehung und Ausgestaltung von Wirtschaftsordnungen. Hrsg.: DELHAES, K.v./FEHL, U., Stuttgart, S. 429–448.

RÖPKE, W. [1935]: Fascic Economics. In: Economica, S. 85–100.

ROSE, K./SAUERNHEIMER, K. [1999]: Theorie der Außenwirtschaft, 13. Aufl., München, S. 375–395.

SACHVERSTÄNDIGENRAT zur Begutachtung der gesamtwirtschaftlichen Entwicklung [2002]: Zwanzig Punkte für Beschäftigung und Wachstum, Jahresgutachten 2002/03, Stuttgart.

SCHEFOLD, B./CARSTENSEN, K. [2002]: Die klassische politische Ökonomie. In: Geschichte der Nationalökonomie. Hrsg.: ISSING, O., 4. Aufl., München, S. 67–91.

SCHMIDT, K.-H. [2002]: Merkantilismus, Kameralismus, Physiokratie. In: Geschichte der Nationalökonomie. Hrsg.: ISSING, O., 4. Aufl., München, S. 37–66.

SCHUMANN, J./MEYER, U./STRÖBELE, W. [1999]: Grundzüge der mikroökonomischen Theorie, 7. Aufl., Berlin.

SIEBERT, H. [2005]: Jenseits des sozialen Marktes, München.

SINN, H.-W. [2003]: Ist Deutschland noch zu retten?, München.

SMITH, A. [2005]: Untersuchung über Wesen und Ursachen des Reichtums der Völker. Hrsg.: STREISSLER, E.W, UTB Taschenbuchausgabe, Tübingen.

SMITH, V.L. [1976]: Experimental Economics: Induced Value Theory. In: American Economic Review, Vol. 66, S. 274–279.

THIEME, H.J. [2003]: Wirtschaftssysteme. In: Vahlens Kompendium der Wirtschaftstheorie und Wirtschaftspolitik. Hrsg.: BENDER, D. et al., Bd. 1, 8., überarb. Aufl., München, S. 1–52.

VOLCKART, O. [2002a]: Wettbewerb und Wettbewerbsbeschränkungen im vormodernen Deutschland 1000–1800, Tübingen.

VOLCKART, O. [2002b]: Wettbewerb und Wettbewerbsbeschränkung in Politik und Wirtschaft. Deutschland in Mittelalter und Früher Neuzeit, Marburg.

VOLLMER, U. [2003]: Geld und Kredit. In: Vahlens Kompendium der Wirtschaftstheorie und Wirtschaftspolitik. Hrsg.: BENDER, D. et al., Bd. 1, 8., überarb. Aufl., München, S. 191–203.

WALKER, J. [1998]: Stichwort „Giffen's paradox". In: The New Palgrave. A Dictionary of Economics, Hrsg.: EATWELL, J./MILGATE, M./NEWMAN, P., Vol. 2, London, Basingstoke und New York.

WEBER, M. [1993]: Die protestantische Ethik und der Geist des Kapitalismus: Textausgabe auf der Grundlage der 1. Fassung von 1904/1905. In: Neue Wissenschaftliche Bibliothek. Hrsg.: LICHTBLAU, v. K/WEISS, J., Bodenheim.

WELTER, E. [1956]: Falsch und richtig Planen. Eine kritische Studie über die deutsche Wirtschaftslenkung im Zweiten Weltkrieg, Heidelberg.

WILLGERODT, H. [2005]: Wirtschaftspolitik und bürokratischer Wettbewerb im Dritten Reich (1933–1939). In: Erfolg und Versagen von Institutionen. Hrsg.: EGER, T., Berlin 2005, S. 113–118.

WINSCH, D. [1976]: Das Aufkommen der Volkswirtschaftslehre als Wissenschaft 1750 bis 1870. In: Europäische Wirtschaftsgeschichte (deutsche Ausgabe der Fontana Economic History of Europe). Hrsg.: BORCHARDT, K., Band 3: Die Industrielle Revolution, Stuttgart/New York.

WISSENSCHAFTLICHER BEIRAT BEIM BMF [2003]: Verbesserungsvorschläge für die Umsetzung des Deutschen Stabilitätspakts, Berlin (Schriftenreihe des BMF, Band 75).

ZIMMERMANN, H./HENKE, K.-D. [2001]: Finanzwissenschaft, 8. Aufl., München.

Glossar

(Die folgenden Definitionen sind Kurzdefinitionen. Ausführliche Erläuterungen findet man auf den Seiten, die im Register fett gedruckt sind)

ABGABEN Oberbegriff zu Steuern, Gebühren und Beiträgen, die der Staat Kraft seiner Finanzhoheit einzieht und in Form von Transformationsausgaben für Nachfrage nach Faktoren und Gütern für öffentliche Investitionen (wie etwa Straßenbau) oder kollektiven Konsum (wie z. B. die Gewährleistung von innerer und äußerer Sicherheit) verwenden oder in Form von Transferausgaben zu Umverteilungszwecken nutzen kann

ALLOKATION(SPOLITIK) Aufteilung der Ressourcen einer Volkswirtschaft (ihrer → PRODUKTIONSFAKTOREN) auf die Güterproduktion (Beantwortung der Frage nach dem Wer, Was, Wann, Wo und Wie des Faktoreinsatzes).

BEDARF Bedürfnisse, die im Zuge eines Entscheidungsprozesses mit Zahlungskraft ausgestattet werden und sich auf Märkten als diejenige Gütermengen zeigen, welche bei gegebenem Preis effektiv nachgefragt werden.

BEDÜRFNIS Empfindung eines (manifesten oder diffusen) Mangels, verbunden mit dem Wunsch, diesen Mangel zu beseitigen.

BRUTTOINLANDSPRODUKT (BIP) Wert der Leistungen, die in einem Staat oder einer Teilregion in einem bestimmten Zeitraum (normalerweise in einem Jahr) erwirtschaftet werden = Wert der produzierten Bruttoendnachfragegüter minus Wert des Imports.

BRUTTONATIONALEINKOMMEN Wert des Einkommens aus der Produktion von Gütern, die von den ständigen Einwohnern einer Verwaltungseinheit in einem bestimmten Zeitraum hergestellt worden sind = → BIP minus Primäreinkommen von Ausländern im Inland plus Primäreinkommen von Inländern im Ausland.

DEMERITORISCHE GÜTER Güter, deren Nutzen von den Konsumenten überschätzt oder deren Gefahren (wie etwa beim Zigarettenkonsum) unterschätzt werden.

DISTRIBUTION(SPOLITIK) Einkommensverteilungspolitik in einer Volkswirtschaft. Die Primärverteilung durch Marktprozesse soll nach Redistribution durch den Staat als Sekundärverteilung einerseits bestimmten Gerechtigkeitsüberlegungen genügen und Anreize zur Teilnahme am Produktionsprozess setzen, andererseits aber

auch ein menschenwürdiges Dasein aller Bürger gewährleisten.

EINKOMMENSEFFEKT Ändert sich ceteris paribus der Preis eines Gutes 1, hat dies für einen Konsumenten zwei Folgen: (1) das Preisverhältnis zwischen diesem → GUT und einem Gut (oder Güterbündel) 2 ändert sich ebenso wie die Steigung der Budgetgeraden, und (2) die Kaufkraft des Budgets ändert sich. Beides zusammen führt zu einem neuen Optimalpunkt. Den Weg dorthin kann man sich in zwei Teileffekten aufgeteilt vorstellen: Der → SUBSTITUTIONSEFFEKT führt zu einer Mehrnachfrage nach dem relative billiger gewordenen Gut, und der Einkommenseffekt kann diese Mehrnachfrage stärken, abschwächen oder im Extremfall sogar überkompensieren.

EINKOMMENSKREISLAUF (WIRTSCHAFTSKREISLAUF) Verwendung und Verteilung der Einkommen, die im Zuge von Produktionsprozessen im Inland entstanden sind.

ELASTIZITÄT Prozentuale Änderung einer Effektvariablen (z. B. prozentuale Mengenänderung), die sich aus der Veränderung bei einer Ursachenvariablen (z. B. Preis- bzw. einer Einkommensänderung) ergibt.

EXTERNE EFFEKTE REALER NATUR Auswirkungen von Produktions- oder Konsumaktivitäten eines Wirtschaftssubjekts auf ein anderes, die einen Nutzen oder einen Schaden bewirken und nicht durch Zahlungen ausgeglichen werden.

FINANZPOLITIK Summe aller Entscheidungen, welche die Ausgaben und Einnahmen öffentlicher Haushalte betreffen.

GOSSENSCHE GESETZE

ERSTENS: Für alle Güter gilt, dass der Grenznutzen ceteris paribus mit steigenden Ver- bzw. Gebrauchsmengen auf Grund fallender Bedürfnisspannung abnimmt, bis schließlich ein Sättigungspunkt erreicht wird.

ZWEITENS: Handlungsanweisung, die eine Aussage darüber macht, wie man sich verhalten sollte, wenn man nur ein beschränktes Budget zur Verfügung hat und mit diesem knappen Budget ein Nutzenmaximum erreichen möchte. Im optimalen Konsumpunkt muss gelten, dass der Grenznutzen des Geldes in allen Verwendungsrichtungen gleich groß ist. Diese Handlungsanweisung wird von Menschen intuitiv befolgt.

GRENZRATE DER SUBSTITUTION Steigung einer → INDIFFERENZKURVE im x_2-x_1-Raum. Die Grenzrate der Substitution ist negativ; ihr Absolutwert entspricht dem Verhältnis der Grenznutzen von x_1 und x_2.

GUT Bezeichnung für alles, was → BEDÜRFNISSE befriedigen kann (Waren, Dienstleistungen oder Rechte).

HOMO OECONOMICUS Gedanklicher Extremtyp eines Menschen, der als Unternehmer nichts anderes im Kopf hat, als egoistisch seinen Gewinn zu maximieren, und der als Konsument nur nach Nutzenmaximierung strebt; in der ökonomischen Theorie wird er aus Vereinfachungsgründung in beiden Rollen als (nahezu) perfekt informiert abgebildet.

INDIFFERENZKURZVE Kurve von Güterkombinationen, die nach den Nutzenvorstellungen eines Menschen gleichwertig sind und denen gegenüber er sich bei einer Wahl deshalb indifferent verhält.

INSTITUTIONEN Spielregeln für das menschliche Verhalten, deren Nichtbeachtung Sanktionen nach sich zieht.

KOLLEKTIVGÜTER Gebrauchsgüter, die typischerweise nicht von einzelnen Menschen, sondern von Gruppen von Menschen gemeinsam genutzt werden.

KOSTEN = Nutzenverzicht = Wert der Verzichtsmenge = Opportunitätskosten (volkswirtschaftliche Definition) = bewerteter Faktorverzehr, der durch eine Aktion (z. B. Produktion) bedingt ist (betriebswirtschaftliche Definition und Operationaldefinition).

MAKROÖKONOMIK Teilbereich der Volkswirtschaftslehre, in dem die wirtschaftlichen Beziehungen zwischen den Aggregaten des → EINKOMMENSKREISLAUFS analysiert werden.

MARKTVERSAGEN Koordinationsmangel, der vorliegt, wenn Märkte zur Befriedigung von in der Bevölkerung verbreiteten und anerkannten → BEDÜRFNISSEN fehlen oder in ihrer Entwicklung stark behindert sind.

MERITORISCHE GÜTER Güter, deren Nutzen zumindest innerhalb bestimmter Zeitperioden typischerweise unterschätzt wird (z. B. Wert einer hinreichenden Alterssicherung), was in späteren Jahren typischerweise bedauert wird.

MIKROÖKONOMIK Teilbereich der Wirtschaftswissenschaften, in dem die Beziehungen zwischen den Anbietern und Nachfragern auf einem einzelnen Markt analysiert werden.

NETTONATIONALEINKOMMEN → siehe BRUTTONATIONALEINKOMMEN abzüglich Abschreibung

ÖKONOMISCHE THEORIE DER POLITIK (ÖTP) Theorie des Verhaltens von Vertretern der Regierung, der Parteien, der Bürokratien, der Verbände, der Medien und der Wähler. Analog der Theorie des Unternehmerverhaltens geht die ÖTP davon aus, dass sich repräsentative Vertreter der aufgezählten Gruppen eigennützig verhalten.

ÖKONOMISCHE THEORIE DES WIRTSCHAFTSVERFASSUNGSRECHTS (ÖTW) Katalog von Anforderung an das Wirtschaftsverfassungsrecht im formellen Sinn, der für eine verfassungsmäßige Programmierung einer guten (d. h. ordnungskonformen) → WIRTSCHAFTSPOLITIK i. w. S. sorgen soll.

ORDNUNGSPOLITIK Summe der wirtschaftsverfassungsrechtlichen Maßnahmen, die vom Parlament beschlossen und durch Richterrecht ergänzt werden und durch die mit Hilfe von Gesetzen Kompetenzen verteilt, Informationsflüsse erzeugt und Anreize zur Lenkung von Wirtschaftsprozessen gesetzt werden.

ORGANISATIONEN Hierarchisch gegliederte Kooperationsgruppen, die wie Unternehmen und Behörden im Wege der Arbeitszerlegung gemeinsam Outputziele realisieren, d. h. die intern eine zentralverwaltungswirtschaftliche Ordnung aufweisen.

PRODUKTIONSFAKTOREN Summe all dessen, was geeignet ist, Güter zu produzieren. Hierzu zählen auch Zwischenprodukte. In der Volkswirtschaftslehre unterscheidet man heute die Faktoren Arbeit, Kapital und technisches Wissen (früher Arbeit, Kapital und Boden).

PRODUKTIONSPOTENZIAL Wert der Leistungen, die bei Normalauslastung des Produktionsfaktorbestands innerhalb eines Jahres in einer Volkswirtschaft produziert werden können.

PROZESSPOLITIK Politik, die von der Regierung und der Verwaltung betrieben wird und auf die Anwendung von Gesetzen in einem Einzelfall oder das Ergreifen von Maßnahmen in einer bestimmten Situation gerichtet ist.

STAATSVERSAGEN Koordinationsmangel, der vorliegt, wenn der Staat
- ► bei einem → MARKTVERSAGEN nicht eingreift, obwohl er über ein effizientes Instrument verfügt, oder
- ► im Falle des Vorliegens von Marktversagen eingreift, obwohl er nicht über ein solches Mittel verfügt, oder
- ► im Falle der Nichtexistenz von Marktversagen aktiv wird.

STABILISIERUNG(SPOLITIK) Maßnahmen zur Vermeidung von Schwankungen der Auslastungsgrades des Produktionspotenzials einer Volkswirtschaft, die für alle schädlich sind, von niemand bewusst herbeigeführt werden und zu Schwankungen des Preisniveaus, des Beschäftigungsgrades, des Leistungsbilanzsaldos und der Wachstumsrate führen.

SUBSTITUTIONSEFFEKT Veränderung des Budgetaufteilung eines Wirtschaftssubjekts auf Grund von kaufkraftkompensierten Preisänderungen. Der Substitutionseffekt wirkt sich (anders als der → EINKOMMENSEFFEKT) stets zugunsten eines billiger gewordenen → GUTES aus.

TRANSAKTIONSKOSTEN Betriebskosten eines → WIRTSCHAFTSSYSTEMS. Diese → KOSTEN dienen weder einer sachlichen noch einer zeitlichen oder räumlichen Transformation von Gütern und schlagen sich folglich auch nicht in der Qualität eines → GUTES nieder. Sie entstehen vielmehr durch die Anbahnung, Aushandlung und Ausführungskontrolle von Verträgen zur Beeinflussung des Güterstromes und würden in einer Welt vollkommener Information entfallen.

TRANSFORMATIONSKOSTEN → KOSTEN, die durch die zeitliche, räumliche und sachliche Umwandlung eines → GUTES entstehen und sich damit in der Qualität eines Gutes niederschlagen.

VOLKSWIRTSCHAFTLICHE GESAMTRECHNUNG (VGR) Statistik, welche die Daten für den → EINKOMMENSKREISLAUF und viele andere volkswirtschaftliche Analysen liefert.

WIRTSCHAFTLICHES PRINZIP Maxime, die verlangt, entweder ein vorgegebenes Ziel mit minimalen Mitteln zu erreichen (Minimalvariante) oder mit vorgegebenen Mitteln eine maximale Zielrealisation zu bewerkstelligen (Maximalvariante).

WIRTSCHAFTSORDNUNG Gesamtheit der → INSTITUTIONEN und → ORGANISATIONEN einer Volkswirtschaft, durch die Entscheidungskompetenzen verteilt, Informationsflüsse erzeugt und Verhaltensanreize gesetzt werden.

WIRTSCHAFTSPOLITIK Summe aller Entscheidungen des Staates zur Beeinflussung der Funktionsweise von Märkten durch ordnungs- und prozesspolitische Maßnahmen (Wirtschaftspolitik i.e.S.) oder zur Gestaltung öffentlicher Einnahmen und Ausgaben → FINANZPOLITIK).

WIRTSCHAFTSSYSTEM Arbeitsteiliges Sozialsystem, das über eine einheitliche, systemtypische → WIRTSCHAFTSORDNUNG verfügt und eine Grenze zu anderen Wirtschaftssystemen aufweist, die an kulturellen Eigenarten und an der Häufigkeit von Interaktionen zu erkennen ist.

WIRTSCHAFTSVERFASSUNG rechtlich geregelter Teil der → WIRTSCHAFTSORDNUNG.

Register